张家港市名村志系列丛书

横泾村志

HENGJING CUNZHI

《横泾村志》编纂委员会　编

广陵书社

图书在版编目（CIP）数据

横泾村志 / 《横泾村志》编纂委员会编. -- 扬州：
广陵书社，2022.7
（张家港市名村志系列丛书）
ISBN 978-7-5554-1876-4

Ⅰ. ①横… Ⅱ. ①横… Ⅲ. ①村史－张家港 Ⅳ.
①K295.35

中国版本图书馆CIP数据核字(2022)第101067号

书　　名　横泾村志
编　　者　《横泾村志》编纂委员会
责任编辑　王浩宇

出版发行　广陵书社

扬州市四望亭路2-4号　　　邮编 225009
（0514）85228081（总编办）　85228088（发行部）
http://www.yzglpub.com　　E-mail:yzglss@163.com

印　　刷　南京凯德印刷有限公司

开　　本　787毫米×1092毫米　　　1/16
印　　张　25.75
字　　数　380千字
版　　次　2022年7月第1版
印　　次　2022年7月第1次印刷
标准书号　ISBN 978-7-5554-1876-4
定　　价　218.00元

序

　　历经三载，《横泾村志》如期出版，这是横泾村文化建设的一项丰硕成果。村志的付梓印行，为回望历史提供了详实史料，为乡村振兴提供了资政参考，为教化育人提供了鲜活教材，可喜可贺。

　　横泾村位于张家港市塘桥镇，起源于一条名为"横泾"的小河，至今已有数百年的历史，小河弯弯，养育了一方百姓，见证了发展历程。如今的村民们过着美满生活，走上了"党建领村、经济强村、生态美村、文化立村"的希望之路，社会主义现代化新农村的图景日益壮美。

　　走进横泾村，绿野田畦，阡陌纵横；工业集中区、村民集中生活区，规整有序，"四纵四横"的道路主框架，连结着便捷的水陆交通网络，畅达五湖四海。

　　横泾村是著名的针织村。早在20世纪60年代中期，横泾人敢为人先，探索富民之路，办起了针织业。90年代初期，境内拥有享誉海内外的妙桥羊毛衫市场，通过发挥大市场优势，大办村级针纺产业，并向电脑横机加工产业进发，形成全市最大的电脑横机加工集群，开辟了富民强村之路。

　　进入21世纪，横泾村全力打造"金色五园"，即红色活动阵地"金色党园"、百姓服务阵地"金色家园"、文化惠民阵地"金色乐园"、志愿帮扶阵地"金色梦园"、乡村振兴阵地"金色产园"，将"党建引领"的理念打造成最耀眼的"金色"工程。

　　为加快新农村发展建设，横泾村按照"立足长远、适度超前、提高起点、科学布局"的规划要求，设计开发了配套齐全的新型小高层集中居住区——黄金湾小区，一个绿化满眼、文化配套、管理规范的新型生活小区崛立在希望的田野上。2019年，横泾村根据美丽乡村建设要求，加快老村庄环境整治、改造，建设成了一个新型小区与传统村落相得益彰的新农村。

随着时代的不断发展，昔日田园相望的农村景象已被高楼大厦所替代。乡村的飞速巨变，迫切要求我们把历史变迁记录、保留下来。《横泾村志》在编纂者的辛勤耕耘下，按照详今略古的原则，全面记述了横泾村在自然、政治、经济、文化、社会等方面的变迁与发展，体例严谨，史料翔实，内容丰富，特色鲜明，文辞规范，图照精美。《横泾村志》既是一部浓缩横泾历史与现实的志书，也是探索社会发展规律、反映改革开放在基层实践的乡村"宝典"。"望得见山、看得见水、记得住乡愁"，这是时代赋予我们的职责与担当。我们当以张家港市名村志《横泾村志》出版为契机，读好用好志书，放大"横泾现象"，弘扬优秀文化，传播时代精神，努力开创现代化新横泾更加美好的明天。

中共塘桥镇横泾村委员会书记　　　　陆学军
塘桥镇横泾村村民委员会主任

2022年4月15日

《横泾村志》编纂委员会

主　任　陆学军
副主任　姜卫义　卢伟刚　顾爱兵
委　员　黄雪忠　陆明祥　李　亚　季丽霞　刘建宇　黄　超

《横泾村志》编纂人员

主　审　卢伟刚　季丽霞
主　编　周正刚
编　辑　陶全坤　陈明华　王祥华　张维民　杨鹤财
摄　影　许海斌　陈　东　张维民　刘志刚

《横泾村志》主要资料员

王正球　卢明华　季祖元　王仁雄　朱根兴　邹春华　邹建刚　顾明娟　谢福林
纪金元　殷建华　郭祖昌　杨仁明　杨正环　邹世根　查永祥　苏建明　顾雪忠
谈建江　李俊民　李达如　戴忠林　李　亚　李玉良　杨伟江　杨文斌

《横泾村志》审定单位

中共张家港市委党史地方志办公室
张家港市塘桥镇人民政府

凡例

    一、以马克思列宁主义、毛泽东思想、邓小平理论、"三个代表"重要思想、科学发展观、习近平新时代中国特色社会主义思想为指导，坚持辩证唯物主义和历史唯物主义的立场、观点和方法，全面、客观地记述横泾村的历史和现状，着重反映时代特色，激发爱国情怀，为推进乡村振兴、加快现代化新农村建设提供历史智慧和资政借鉴。

    二、为全面反映入志事物发展脉络，本志上限尽量追溯至事物发端，下限断至2020年，图片延至2021年12月。

    三、记述地域范围以2020年横泾村行政辖区为准。

    四、全志由志首、专志、志尾等组成。志首为序、编审机构、凡例、彩页、概述、大事记，其中，概述以叙为主，叙议结合；大事记以编年体为主。专志采用篇、章、节、目层次结构，横分门类，以记史实，按照自然、政治、经济、文化、社会等科学分类。志尾设志余和编后记。

    五、人物设人物传记、人物名录2类。人物传记遵循生不立传原则，收录横泾籍已故知名人士，按卒年为序；人物名录收录张家港市级条线以上先进人物、高级职称知识分子、行政单位副科级以上干部、军队正营级以上干部，以生年为序。

    六、清及以前的纪年采用朝代纪年，括注公元年份，1912年1月1日起使用公元纪年。文中未注明世纪的年代，均为20世纪年代。"新中国成立前（后）"以1949年10月1日为界；"改革开放前（后）"，以中共十一届三中全会召开的

1978年12月为界。名称第一次出现用全称，其后用简称。凡未用全称的省、市（县）、镇（公社、乡）均分别指江苏省、张家港市（沙洲县）、妙桥镇（公社、乡）。本志所言"党"均指中国共产党。

七、本志语言采用现代汉语语体文，述、记、志、传、图、表、录诸体并用，以志为主，记物叙事遵循《江苏省地方志行文规范》。

八、数字书写、文字规范以国家统一规范为准。中华人民共和国成立后的内容，用国家法定计量单位。土地面积计量单位公顷和亩同时使用。"文章辑录"和"志余"的时间表述和计量单位依据原文。

九、本志资料来源于文献、档案、调查材料，均经考证核实，一般不注明出处。

泰州市

长 家 沙

张家港

护槽港口
太字圩港口
张泉汽渡
段山港口

德积街道
朝东圩港口
大新港口

S259

双山岛旅游度假区
千斤港口
上江港口
大新镇

S604

巫山港口
张家港港口旅游度假区
老套港口
张家港保税区

双杏寺

张家港香山旅游度假区
金港街道
保税区互通
S82 沿江高速
晨阳办事处

香山风景区
晨阳互通

G348
后塍街道
善港互通

寿山立交桥
苏南沿江铁路
苏南沿江铁路
泗港办事处

S122
张家港西互通
张家港经济技术开发区
杨舍镇
★ 张家港市

无
城西街道办事处
城北街道办事处
城东街道办事处
港城公交枢纽站

S259

梁丰生态园

城南街道办事处
暨阳湖生态园
汽车客运站
乘航办

G42 沪武高速
华西互通
新桥互通
塘市办事处

S159
杨舍枢纽
张家港互通
G42z1 沪武高速
张家港枢纽

锡
市
顾山互通
S442

S19

S357

S3

图 例

★ 市政府驻地
◉ 镇政府驻地
● 管委会驻地
◎ 办事处驻地
⊙ 村委会驻地
⨝ 桥梁
绿地
河流
火车站
汽车站

省辖市界
市级界
高速公路
国道
省道
高速铁路
在建高速铁路
普通道路
互通
汽渡

图内界线不作实地划界依据

审图号：图苏E审（2021）031号
苏州吴文化地名研究所
江苏图博地理信息科技有限公司 编制

横泾村位置图

韩山村

黄 人 民 东 路 顾 家 村

顾家 ⊙ 顾

华妙河桥 华

北宅 李家 任家桥 任家

北宅桥 谈家

洞泾 ⊙ 光 ● 泊洋织布 ● 达鑫纺织

周巷村 新三吉服饰 ● 逸洋轴承 谊 东帆针织

南 瑞衡毛纺 ● 三晶玻璃

迈步迈 妙 钱家 沁诺利
妙 佳达制帽厂 ● 妙桥 ● 针织
G204 欣茂电子 ● 办事处 ◎ 三条桥 众智纺织
步 一 路 盛祥服饰 ●

潘桥 友诚 雪儿 东祥帽业 中石油
机电 服饰 纪家 马家宕加油站 广川超导 ●
友谊桥 翔翔机械 陶桥 正大 盛亿马
商 博格 针织 针织 昊盛实业投资
永 机械 博腾新材料 巨鸿超细
鑫诚玻璃 ● 纤维制造 瑞泰美弹性材料

王家宕 兄华服饰 ● 协兴纺织

兄 俞家 何家湾 西阳塘桥
朱家宕
新 俞家桥

沪苏通铁路
通苏嘉甬铁路
苏南沿江铁路

进

陆巷桥

凤 凰 镇

恬庄 ⊙ 杏市 ⊙

恬 北 杏

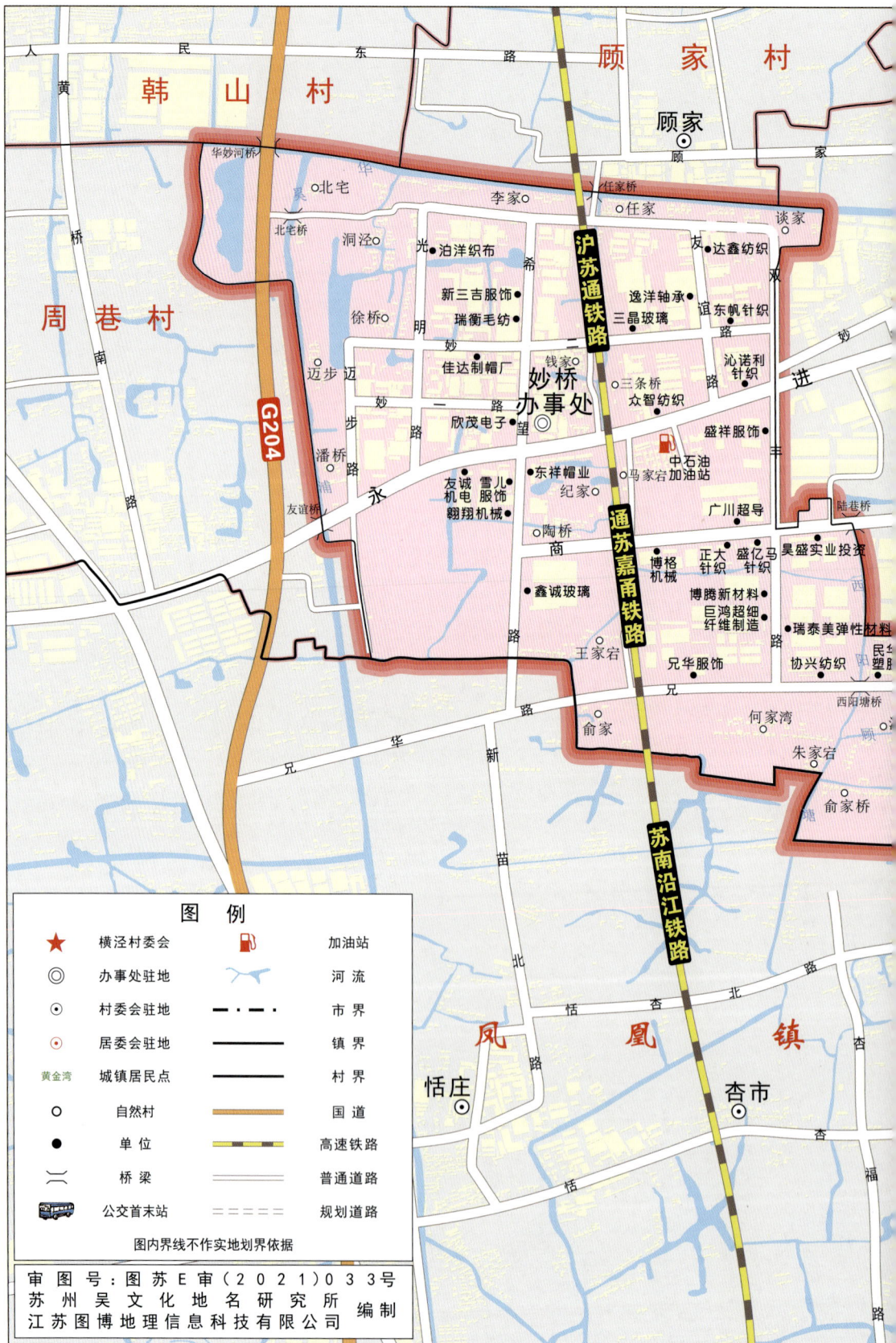

图 例

★ 横泾村委会　　⛽ 加油站
◎ 办事处驻地　　⑆ 河流
⊙ 村委会驻地　　— · — · 市界
● 居委会驻地　　——— 镇界
黄金湾 城镇居民点　　——— 村界
○ 自然村　　　　国道
● 单位　　　　高速铁路
〉〈 桥梁　　　　普通道路
🚌 公交首末站　　===== 规划道路

图内界线不作实地划界依据

审图号：图苏E审（2021）033号
苏州吴文化地名研究所
江苏图博地理信息科技有限公司 编制

横泾村行政区域示意图

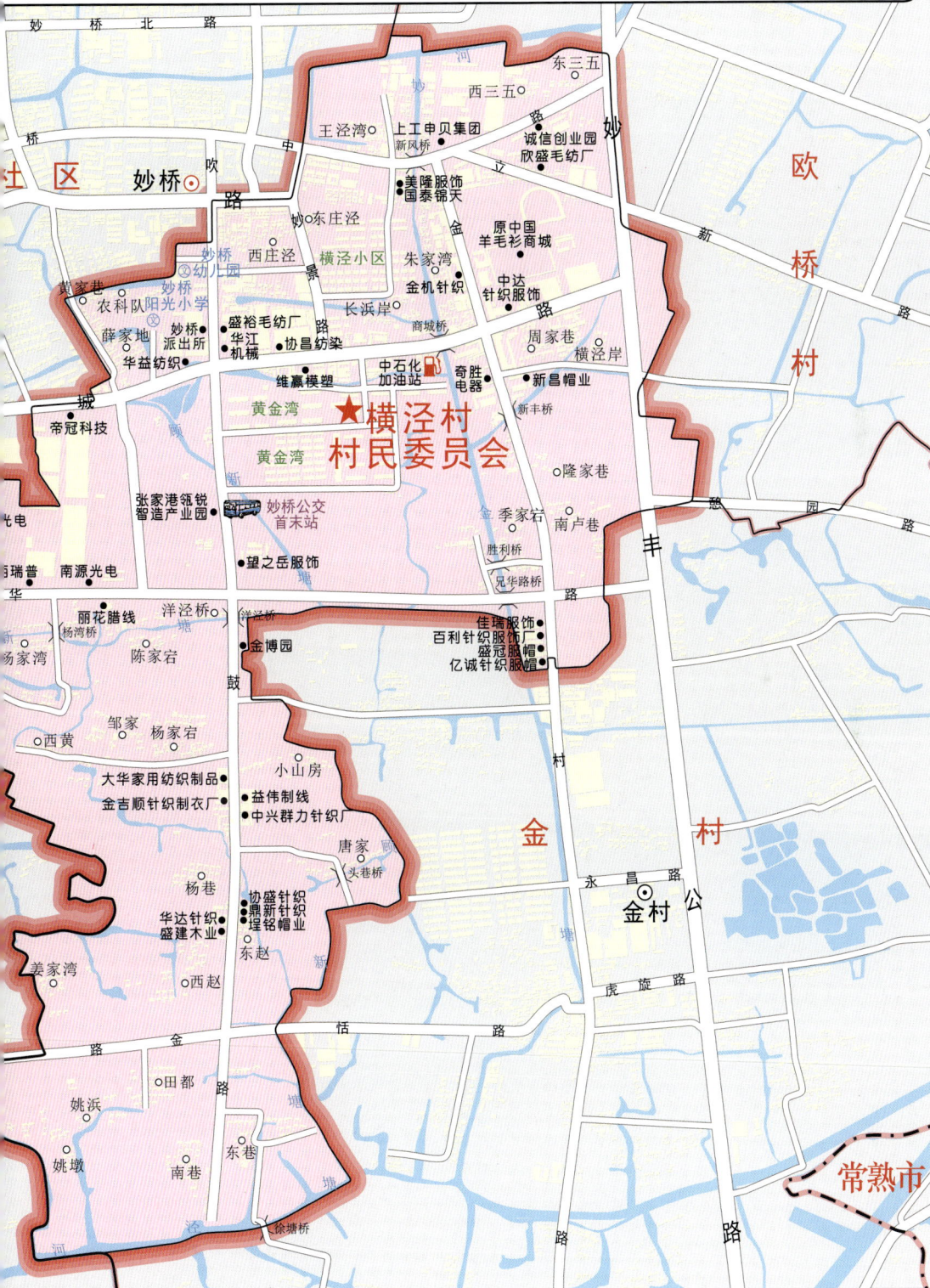

妙桥北路

社区　妙桥◎

河
妙
立
路

东三五
西三五◎

妙
桥
村

王泾湾
上工申贝集团
新风桥

诚信创业园
欣盛毛纺厂

美隆服饰
国泰锦天

欧
桥
村

妙东庄泾
西庄泾
横泾小区

金
景
路

原中国
羊毛衫商城
朱家湾
金机针织
中达
针织服饰

新
泾
路

妙桥
幼儿园

黄家巷
农科队阳光小学
薛家地
华益纺织

妙桥
派出所

妙桥
机械

盛裕毛纺厂
华江
协昌纺染

长浜岸
商城桥

周家巷
横泾岸

维赢模塑
中石化
加油站

奇胜
电器

新昌帽业

城

帝冠科技

黄金湾

新丰桥

黄金湾

★横泾村
村民委员会

隆家巷

张家港邻锐
智造产业园

妙桥公交
首末站

季家宕
南卢巷

丰

胜利桥

望之岳服饰

兄华路桥

光电

瑞普
南源光电

华

丽花腊线
杨湾桥
陈家宕

洋泾桥◎
金博园

洋泾桥

佳瑞服饰
百利针织服饰厂
盛冠服帽
亿诚针织服帽

鼓

杨家湾

西黄
邹家
杨家宕

小山房

大华家用纺织制品
金吉顺针织制衣厂

益伟制线
中兴群力针织厂

金

村

村

公

杨巷

唐家
头巷桥

永
昌
路

金村◎

金村

协盛针织
鼎新针织
捏铭帽业

华达针织
盛建木业

东赵

姜家湾

西赵

虎
旋
路

路
金

路

田都◎

姚浜

姚墩

南巷

东巷

塘

徐塘桥

常熟市

河

中共横泾村委员会驻地

横泾小区

徐塘桥

沪苏通高铁

永进路

黄金湾小区

羊毛衫商城

友诚新能源科技股份有限公司

商业区

妙桥书场

登高庆重阳

横泾村的希望

村庆祝建党百年大会

党纪读本赠送会

追梦学堂主题党日

中秋侨胞联谊会

目 录

妙丰公路

康居黄金福地
乡村美丽家园

横泾村位于塘桥镇东南部,东贯妙丰公路,西临204国道,沪苏通铁路穿村而过,中连妙桥集镇,村镇融为一体。2004年,原横泾、洞泾、吹鼓、薛家四村合并成新的横泾村,区域面积8.9平方千米,有65个村民小组、1990户,常住人口18000余人。2015年升格为党委村,先后获评江苏省卫生村、江苏省文明村、苏州市先锋村、苏州市健康村,是村强民富、景美人和的现代化新农村。

泾河纵横,路网交织

横泾村为典型的江南水乡。西旸塘初通于康熙年间,南北走向,贯通全境,与奚浦、华妙河、河泾塘等河流纵横交错,排灌顺畅。河泾塘上建于清代乾隆年间的徐塘桥,为市级文物保护单位。

旧时，村域东部有座崇古庵，因香火旺盛，当地百姓视周边土地为宝地。民国初年，庵东老芦浦塘与庵西老顾仙塘东西贯通，河名为横泾，沿河两岸逐渐形成村落，"横泾岸"因此得名。

村域北部有个地名叫"三五叉口"，1972年妙桥公社建造全省第一条民办公路，打开境内向外通道，连接金村和西旸、妙桥3个集镇，在此形成三路交叉，将村落划分成5个居住处，三五叉口之名由此而得。80年代，三五叉口建有一座六角亭，名叫"新风亭"，为乡村小憩凉亭。亭西有条桥，名叫"新风桥"。90年代，新风亭东建有闻名大江南北的"妙桥·中国羊毛衫商城"，新开辟的商城路、永进路等道路车流不息。由此，三五叉口成为妙桥地区的商业黄金地段。

进入21世纪后，随着镇工业开发区的入驻与拓展，境内相继开辟光明路、希望路、妙一路、妙二路、妙三路、友谊路、双丰路、卢厅路、兄华路等道路，后又拓展吹鼓路，形成密集的"井"字形路网格局，极大地改善交通运输条件。

今天，进入横泾村，一条条宽敞的六车道、四车道公路，让村融入大公路网。公路两侧，宽敞的绿化带终年绿意盎然。境内道路四通八达，形成"四纵四横"框架，从工业集中区向村委驻地延伸，从生活小区向散居村庄伸展。2020年7月1日，沪苏通铁路通车，横泾进入高铁时代。另有两条高铁——南沿江高铁、通苏嘉甬高铁，也将贯穿境内。乡

道、国道与高铁交织，成为横泾村振兴腾飞的翅膀。

横泾福地，人才辈出

明代以后，横泾境内人才辈出，进士、贤达、学者、专家、先进人物不胜枚举。

古老的横泾大地上有个古地名叫"吹鼓"。从村西的北杨家巷村落走出的"杨家清官"杨伸，任过明代刑部主事、江西瑞州府推官等职务，其为官忠于职守，清正廉明，晚年在北杨家巷设立私塾"颐乐堂"，受业者颇多。明监察御史吴讷为之著《颐乐堂记》。相传杨伸去世后，弟子、学生与乡亲前往送葬，队伍长达一里许，一路鼓乐高奏。于是，百姓筑墩建墓，称"吹鼓墩"。80年代初，该墩被夷为平地，而"吹鼓"地名沿用至今。杨伸侄子杨集，明代景泰进士，官至安州知府，为官正直，重视人才，体察民情，减免徭役，深受百姓爱戴。杨集之子杨舫，明代成化举人，任山东莒州知府，为官清廉，为政一方，以民为本，减轻赋役。杨舫之子杨仪，嘉靖进士，授工部主事，后转任礼、兵两部郎中，迁山东按察司副使，赢得"文人带兵，盗贼全尽"美称，有七桧山房万卷藏书楼，为明代著名藏书家。

明末，从横泾走出海口总兵赵牧。清兵攻海口时，他坚守四月，城破身亡，后人将他立入昭忠祠。道光举人邓润泉，乐于助人，热心修桥、补路等公益事业。民国年间，从

横泾走出了1926年金村党支部党员卢宝云和现代乡村名医卢宝钧。中华人民共和国成立后，从横泾走出了中国社科院荣誉学部委员和中国社会科学研究所教授及中国近代文学学会会长邓绍基、邮电部第五研究所教授邓祖煜、广西壮族自治区纺织工业厅高级工程师卢祖康等学术精英。改革开放后，从横泾走出了美国休斯敦光电研究院研究员谢玉明、加州软件开发公司博士后卢爱国等一批海外赤子。

农科基地　希望农场

传统农业低产量，低收入。为改变农业落后面貌，早在60年代，横泾境内就开始探索先进农科技术，后来，这里一直是妙桥农业科技示范、推广基地。

1968年7月，妙桥公社在境内薛家地建立农业技术推广站，开展杂交稻试验与推广。1978年，农技站搬迁至境内朱家湾，后更名为妙桥公社农科站。1985年，该站又搬迁至洞泾村。90年代，依托先进农业技术，开辟千亩丰产方，推行统防统治、机械作业，成为全市现代农业样板。

改革开放后，境内多次探索农业改革，从联产承包责任制到统分结合、合作经营，农业基础地位日益稳固。从90年代起，横泾村率先探索"两田分离"，村民保留口粮田，将其余田转包给种田能手。1994年秋，浙江长兴籍农民宋自强，率先包田办起农场，经营规模不断扩大，后又有外地种田大户经营农场。21世纪初，横泾村率先启动农田规模经营。通过土地经营权流转，本村4户农户开辟了"双百亩"桃园，建立了水蜜桃合作社。2020年，全村共有耕地2268.36亩，规模经营率达90%以上。以原来的桃园为基础，村民肖坤开辟了金博园家庭农场，在他的精心打理下，农场开辟"三园一棚"，即桃园、梨园、葡萄园和蔬菜大棚，成为港城一处绿色农产品基地，也成为村民休闲的好去处。农场产的"果春园"果品获得江苏省绿色农产品证书，"翠冠梨""湖景桃""黄金梨"分别获得市优质果品鉴会一等奖和两个三等奖。同时，全村推进农业合作化、机械化进程，综合生产能力显著提高。2020年，境内种粮大户有15户，总承包耕地2100余亩。

60年代，境内探索过队办养猪、养羊场等多种副业生产。改革开放后，推行多种经营，探索过水稻改种苎麻，并开辟鱼池、蔬菜地和厂办副业基地。80年代，涌现养猪、养兔、养羊、养鱼和养狐狸等养殖专业户。90年代，村里涌现5个超百头养猪大户，王兴祥养猪规模达千余头，成为全市养殖能手。

希望的田野

针织名村　繁荣兴旺

横泾境内工业起步早，针织业是特色产业，为全市有名的针织乡村。民营经济比较集中，并最终形成全镇工业园区。

早在60年代，境内办过回纺、砖瓦、粮饲、手套等工厂。70年代，随着队办工业的兴起，办起针纺、服装企业7家。1975年，吹鼓大队39名裁缝自带缝纫机，创办服装厂。随着改革开放的推进，队办工业日益发展，至1989年，境内有26家村办企业，涉及针织、纺织、服装、化工、冶炼、建材等行业。1992年，张家港盛美机械有限公司在境内三五叉口成立，现为百福工业缝纫机（张家港）有限公司。1997年始，村办工业企业全面实施产权制度改革，转制为个体私营企业。境内还建办过多家乡镇企业。

妙桥是"针织之乡"，针织业是横泾优势产业。早在60年代中期，境内兴起针织手套业，至80年代，境内有8家针织厂。产品经历了黄纱手套—尼龙衫—腈纶衫—兔羊毛衫的升级换代过程。70年代，针织品已销往国内外。1992年，妙桥镇在横泾村建立妙桥羊毛衫市场，1994年命名为妙桥·中国羊毛衫商城，有3440个经营门店，名扬大江南北。在羊毛衫市场的助推下，横泾境内针织服装业十分红火，最多时涌现1378家个体针织户。21世纪初，针织业进入"电脑横机"时代，境内形成国内重点"电脑横机加工板块"，传统针织业走上品质化、品牌化发展

横机车间

之路。与此同时，崛起的羊毛衫产业向内衣、帽子、围巾等领域延伸。2020年，全村有张家港市中达针织服饰制造有限公司（简称"中达服饰"）、张家港顺祥服饰制造有限公司（简称"顺祥服饰"）、张家港雪儿服饰有限公司（简称"雪儿服饰"）等针织企业112家。

新的204国道东侧，有片绿树葱葱的开发区，为新世纪到来时诞生的妙桥工业西区。园区内有条希望路，两侧有多家横泾村办企业。并镇后，园区拓展成塘桥镇工业集中区。2010年，获批"江苏张家港新能源产业园"。利用区位优势，村里建造一批标准型厂房，通过"腾笼引凤"，崛起一批新能源产业，并有2家在"新三板"上市。至2020年，村厂房租赁面积达4万多平方米，并创办了诚信创业园，安置动迁小微企业。全村有私营企业221家，其中有张家港众智纺织品有限公司、苏州兄华服饰有限公司、张家港市荣臻机械有限公司、张家港市诚佳机械有限公司、张家港市博格机械有限公司、张家港逸洋精密轴承有限公司、张家港友诚新能源科技股份有限公司（简称"友诚科技"）、江苏索尔新能源科技股份有限公司等规模型企业。境内创办的张家港兰生产业园，成为先进制造业、新能源产业集聚的新型板块。是年末，村各类收入达1703万元，其中资产租赁性收入900多万元。

与此同时，随着羊毛衫市场、工业集中区和新型居民小区的出现，境内人气旺盛，商贸服务业日趋兴旺，形成繁荣的商业景象，金村路、商城路、吹鼓路、妙景路、江南路等相继形成街市，还涌现沙钢超市、吉麦隆超市等大型商贸企业，周边商业区夜市人潮如织，呈现"火树银花不夜天"景象。2020年末，境内有各类商业门店270家。

金色家园　日新月异

20世纪60年代中后期，随着人们生活水平有所提高，乡村开始将草房翻建成平瓦房。80年代，改革开放后的农民，逐渐富裕起来，翻建楼房成为生活时尚。至20世纪末，境内90%以上的农户住上楼房，人均住房面积达到58.13平方米。人们在生活条件上的追求逐渐由"楼上楼下，电灯电话"，向"别墅洋房，电视网络"过渡。

进入21世纪，由于妙桥镇工业集中区建设，境内农房成片动迁，传统自然村落格局被打破。通过规划，横泾村率先推进城乡一体化改革，试点集约化人居革命，相继开辟洞泾小区、妙桥卢厅小区等别墅型集中安置小区。随着妙丰公路、沪苏通高铁等工程推进，大量自然村落因动迁而消失。为此，塘桥镇又在横泾村开辟了横泾小区、黄金湾小区等安置区，人居环境日新月异，许多居民还在市镇购置商品房。至2020年末，全村人均住房面积逾70平方米。

黄金湾小区是全镇规模较大的安置小区。小区于2010年开始兴建，先建联排式别墅，后建小高层（含地下室）住宅。至2018年末，小区占地24万余平方米，建筑面积27

金色家园

富强民主　文明和谐　自由平等　公正法治　敬业　业　诚信友善

万余平方米，住户785户。2019年，小区又启动12幢小高层建设。整个小区设计新颖，配套齐全，道路宽敞，绿草如茵。配套设施有社区综合服务中心、村委办公室、综合文化活动室、农家书屋、老年大学、居家养老服务中心、喜宴厅、农民书场、文化广场、塑胶球场、健身路径、健身步道，并引入物业管理，新时代城市化气息浓郁。

随着城乡一体化战略有序推进，文明创建持久深入发展，传统的农民向市民转型，村级管理转向社区服务化管理，生活更趋城市化，家园更加美好，百姓更有获得感。村党委以民为本，提升百姓幸福指数，以党建为引领，打响"金色五园"惠民品牌。"金色党园"以党员服务中心"红堡"阵地为依托，通过便民服务微信平台优化物业管理、设置网格楼道长等举措，打造党员服务为民的平台，为"小区域，大党建"和书记党建项目赋予新的活力。"金色家园"以黄金湾小区为重点，依托自治管理和各类阵地，营造便民、助民、乐民的环境，村内有妙桥幼儿园、阳光学校、妙桥社区卫生服务中心、妙桥文化中心、公交首末站等公共服务设施。境内实施环卫保洁市场化运作，全面推广垃圾分类，推进"三优三保"，村容村貌焕然一新。"黄金湾"成为百姓心目中的"金色家园"。为打造"金色乐园"，村成立"新时代"文化艺术团，先后组建"杨柳青"舞蹈队、"舞飞艳"艺术舞蹈队、"银杏树"舞蹈队，广场舞、太极拳、戏曲等表演十分活跃，每年邀请市锡剧团到村演出。依托"我们的节日""文化村演""志愿者才艺秀"等载体，各类文化活动异彩纷呈。社区开辟妙桥书场，设有固定座位180个。镇老年大学横泾分校开设锡剧、书法、柔力球、唱歌、广场舞、瑜伽、民族舞等培训班。"金色田园"通过传统村落建设、大环境整治、开辟乡风文明岗、邻里互助、家风家训教育、法制教育等举措，致力乡村振兴。金博园合作社打造融绿色、观光、休闲、增收与党建一体的新型田园产业。"金色梦园"依托新时代文明实践站，整合各类服务资源，开辟"圆梦墙"，建立"圆梦志愿队"，开展各类"圆梦"服务，打响以"小橘灯"命名的关爱新市民儿童志愿服务品牌，打造百姓心中的"金色梦园"。在这种情况下，村内涌现一批身边好人。金博园农场主肖坤，多年来积极参与爱心捐款、关爱老人、文明交通志愿服务等公益活动，成为活雷锋。

横泾，古老的土地，普通的乡村，在走向美丽乡村道路上，发生着天翻地覆的巨变。横泾村正披着金色的霞光，走在"党建领村、经济强村、生态美村、文化立村"的锦绣大道上，描绘着21世纪乡村振兴的最美蓝图。

大 事 记

汉

东汉永建四年（129） 境内隶属吴郡吴县南沙乡管辖。

晋

东晋咸康七年（341） 南沙乡升置南沙县，县治在境域之东铜官山。

南北朝

南朝梁大同六年（540） 南沙县改置为常熟县，县治仍在境域之东铜官山。

唐

武德七年（624） 常熟县治迁至海虞城（今虞山镇），境内隶属常熟县太平乡。

宋

南宋政和年间（1111—1118） 常熟县组织千余民工疏浚流经境内的奚浦。

南宋宝祐二年（1254）　常熟县归并成九乡五十都。境内隶属南沙乡十四都。

元

至正年间（1341—1370）　吹鼓杨氏定居境内吹鼓（朱扈墩）。

至正十四年（1354）春　境内淫雨连绵达80余日。

至正十五年（1355）　张士诚拥兵南渡，驻扎福山殿山一带。境内及周边地区一度由其管辖。

明

洪武年间（1368—1398）　境内卢、殷两家族先祖分别从嘉定、如皋迁至妙桥，开店设铺，形成妙桥集镇。

永乐十年（1412）　杨伸中进士，授刑部主事。

景泰二年（1451）　疏浚顾新塘，南起尚湖，北至扬子江。

景泰四年（1453）　杨伸卒后葬于朱扈墩（吹鼓墩），里人章珪为其撰写墓志铭。

景泰五年（1454）　杨集中进士，于兵部观政，后任安州知府。

嘉靖五年（1526）　杨仪中进士，授工部主事，后转任礼、兵两部郎中。

万历年间（1573—1620）　邑人钱受征在南横塘上建造长春桥，后改为横塘桥。

崇祯十七年（1644）　赵牧任海口总兵。清顺治四年（1647）元月，赵牧与清兵决战，不敌身亡。

崇祯年间（1628—1644）　无锡邓氏移居境内刘家桥（合兴桥），繁衍境内邓氏一族。

清

康熙十二年（1673） 疏浚西旸（洋）浦，长10.33千米。

康熙年间（1662—1722） 里人集资在杨家巷德福禅院原址建造观音堂。

康熙年间（1662—1722） 邑人钱世臣在南横塘上建造木桥，本名永龄桥，后称任家桥。

乾隆三十年（1765） 缪桥（妙桥）程氏在河泾塘上建石板桥，初名万寿桥，后更名徐塘桥。

乾隆年间（1736—1795） 里人在横泾岸捐建崇古庵。

道光二十九年（1849） 初夏，金村、恬庄一带连日大雨，徐塘桥北农田内可行船。

道光年间（1821—1850） 金村金茂声在顾新塘上建造杨巷桥。

道光年间（1821—1850） 邓润泉乡试考取举人。

同治年间（1862—1874） 金村金云卿在顾新塘上分别建造杨泾桥和窦巷桥。

宣统二年（1910） 常熟县实行地方自治，境内隶属慈妙乡。

中华民国

1914年
境内久无大雨，亢旱燥烈，河浜干涸。

1917年
疏浚河泾塘。

1928年
7月16日 大批蝗虫从江阴方向飞经境内，所歇之处，稻黍被殃及。

1929年

8月　常熟县实行区乡制，境内隶属福山区慈妙乡。

1934年

4月　常熟县改划8区260个乡镇，境域分别隶属梅李区妙桥乡、兴教乡、金村乡。

1935年

10月　稻禾被蝗虫滥食，秋收减产严重。

1937年

11月15日　日军从福山港登陆西进，境内沦陷。

1938年

春　境内地方武装（土匪）称霸一方。

1940年

7月　伪常熟县政府变更区划，境内隶属慈妙区。

1941年

日伪在境内强行砍伐竹木，用于修筑篱笆，实行清乡。

1942年

8月11—13日　暴雨连下两昼夜，西旸港洪水倒灌。境内低洼农田被淹失收。

1945年

9月　小股日军离开境内到常熟城受降。

1946年

春　时留云在杏市乡大坝桥开办周桥私塾，1948年迁至杨家巷观音堂内。

是年　常熟县对区以下乡镇实行扩并，境内属梅李区妙桥乡。

1947年

秋　徐景炀在迈步宅开办私塾。

1948年

2月　国民党在城乡抓丁，境内许多青年有家难回。其中顾六保、杨元保、杨关金等青年被抓入伍。

是年5月　常熟县缩并乡镇，除沙洲区外，其余乡镇各区尽撤。境内分别隶属常熟县妙桥乡、慈乌乡。

是年　常熟县县长令各区乡武装征粮，境内农民开展抗粮抗税斗争。

1949年

2月　常熟县划为6个区。境内隶属梅李区妙桥乡。

4月23日　妙桥地区解放。翌日，中共常熟县地下党组织派吴鹤接管妙桥。

6月　梅李区区长任天环到妙桥，推选李育民担任妙桥乡乡长。9月，常熟县人民政府正式任命陈宗华为妙桥乡乡长。

7月24日　6号台风过境，伴长江洪水、暴雨，西旸港水倒灌，境内农田全部受淹。

中华人民共和国

1949年

10月1日　境内人民群众热烈庆祝中华人民共和国成立。

是月　境内各村（保）开始秋征，按亩均产量的10%征收。

是年　境内开办民校，开展扫盲和宣传教育活动。

1950年

3月　常熟县废除保甲制，划区建乡、村、组。境内隶属福山区，分属妙桥、金村、兴教、杏市四个乡。

是月　在常熟县人民政府领导下，境内各村组织民工参加长江复堤工程建设。

4月　境内农民改老式秧田为合式秧田。

11月　境内全面开展镇压反革命运动。

是年　境内各行政村建立农民协会。

1951年

1月　境内各村全面进行土地改革运动，6月结束。

春　境内大力开展"抗美援朝，保家卫国"运动，朱元保、严庆生、周祥保、杨永元等一批青年参加中国人民志愿军，入朝参战。

是年　境内各行政村对反动党、团、特、军、警、宪等人员开展全面登记工作。

1952年

2月　由福山区人民政府组织疏浚西旸港，北自西旸港口，南至港口火烧桥。境内各村出动民工300余人，共挑土方1万余立方米。

春　在金村乡四村张福林互助组的影响下，境内各村建立季节性互助组。

秋　中共常熟县委在东张乡举办党训班，境内多人参加。其中沈仲年、谈根等在培训学习期间入党。

是年　境内各村全民普种牛痘，并开展伤寒、疟疾、天花、鼠疫等病防治工作。

是年　境内推广祁建华"速成识字法"，开展扫盲运动。

1953年

3月　妙桥乡建立党支部，支部书记为邵小金；金村乡建立党支部，支部书记为曹志坚。境内党员归属所在妙桥乡、金村乡党支部管理。

4月中旬至5月中旬 30余天未下雨,旱田禾苗枯死。

7月1日 境内开展全国第一次人口普查工作。

11月 境内各村贯彻执行粮食统购统销政策,对粮食生产和粮食供应实行计划供销,食油实行凭票供应。

是年 境内各村以自然村为单位,组织成立常年性互助组,入互助组农户占总农户的90%以上。

是年 开展反对封建婚姻制度的宣传教育,进一步宣传贯彻《中华人民共和国婚姻法》。

1954年

2月 各乡建立信用合作社,境内各村农户均入股,每股2元。

是月 境内百姓踊跃购买中国人民银行发行的经济建设公债。

3月 境内民工参与疏浚横塘,工段从妙桥经洞泾至塘桥,历时1月竣工。

5月下旬 境内暴雨成灾,洞泾、吹鼓等地农田被淹。

10月 常熟县颁发《1954年秋季粮食统购实施办法》,境内妙桥乡五、六、七、八、九、十、十一等村自报认售,超额完成福山区政府的定购任务。

是年 境内各村在西旸乡十三村红旗初级合作社的带动和影响下,纷纷组建初级农业生产合作社(简称"初级社")。

1955年

3月 在福山区人民政府组织下,境内各村出动民工1000余人,疏浚福山塘。

是月 国家新版人民币发行,境内农民持1万元旧币可兑换1元新币。

4月 境内各村贯彻常熟县农业生产互助合作代表会议精神,全面实施"小棉改大棉、早中稻改晚稻""籼稻改粳稻"的种植改制计划。

5月 境内各村贯彻中央关于粮食"定产、定购、定销"政策。至11月"三定"政策全部落实到户(初级社)。

12月　境内各村根据《中华人民共和国兵役法》第十三条规定，进行预备役登记。

是年底　境内各村学习毛泽东《关于农业合作化问题》的报告，掀起农业合作化高潮，建办高级农业生产合作社（简称"高级社"）。

1956年

3月　妙桥地区合并为妙桥、金村、西旸3个中乡。境内原兴教乡、杏市乡部分行政村并入妙桥乡，隶属于塘桥区，尹家自然村隶属谢桥区金村乡。

8月1日　受强台风、江潮和暴雨袭击，境内房屋倒塌数十间，数千亩农田受灾。

是年底　境内各高级社先后建立社务委员会，设正副社长，行使行政村职能。

1957年

8月　常熟县撤区建乡，妙桥地区妙桥、金村、西旸3乡合并为妙桥乡，境内全部归属妙桥乡管辖。

10月　境内各高级社开始在低产田试种撒播麦，翌年夏熟三麦大增产。

11月　境内民工参与疏浚西旸塘，从西旸集镇南1千米处至港口火烧桥。

12月4日　常熟县召开乡社干部扩大会议，贯彻《一九五六年到一九六七年全国农业发展纲要（修正草案）》，首次提出农业"大跃进"。

是年　境内各高级社都建立党支部和共青团支部。

是年　境内高级社主要干部参加整风运动，划分鸣放小组，开展"反右"斗争。

是年末　妙桥乡先后成立"三部"（水利和围垦、消灭"三类田"和治水、扫盲和"除四害"指挥部）、"一团"（长期性评比参观团）。境内各高级社组织青年突击队，"大跃进"运动开始。

1958年

2月　境内各高级社组织劳力参与围垦跃进圩。

9月　常熟县妙桥人民公社成立，境内各高级社更名为洞泾、陶桥、邓家（薛家）、吹鼓等生产大队，公社实行一级所有管理体制。

秋　境内各大队都办起公共食堂，社员开始集体用膳，吃饭不要钱。

深秋　在妙桥公社统一指挥下，境内各大队大搞土地深翻。

12月3日　在苏州地区行政专署的统一领导下，常熟县组织民工开挖望虞河，境内各大队抽调大批民工赴水利工地，历时4个月。

是年　在刮"共产风""一平二调"中，境内部分农户住房被拆。至1963年全部退赔。

是年　妙桥公社设邮电局，境内各生产大队办公室通上电话。

1959年

7月　妙桥公社两级会计集中参加县农工部组织的算账大会后，开始实行公社、大队二级所有管理体制。

9月　在妙桥公社党委副书记邵仁祥带领下，境内有6户20人到新疆落户。

11月　妙桥公社拓浚新泾塘，境内各大队组织民工2000余人，完成500余米开挖任务。

是年　洞泾大队并入陶桥大队。

1960年

2月　境内各大队少数农户移居妙桥北部跃进圩。

9月　落实中央关于"全党动员，大办农业、大办粮食"的方针，境内各生产小队垦种"十边"地，广种粗粮、杂粮。

1961年

6月　夏熟登场而阴雨连绵，境内社员家家晾晒潮麦。

7月　妙桥公社全面落实中央农村经济政策，实行公社、大队、生产队三级所有,境内建立以生产队为基本核算单位的农村经济管理体制。

8月 补划社员自留地,平均每人0.06—0.08亩。

9月 贯彻落实中央《农村人民公社工作条例(修正草案)》,取消分配上的供给制,停办公共食堂。

11月8日 中共苏州地委决定,常熟县划出妙桥、塘桥、鹿苑等14个公社和常阴沙农场归属新设置的沙洲县。境内划归沙洲县。

是年底 境内薛家大队分设薛家和横泾两个大队。

是年 根据中央关于国民经济实行"调整、巩固、充实、提高"的方针,境内许多新老职工、干部家属、城镇居民回原属大队、生产队务农。

1962年

1月1日 沙洲县正式成立,境内各大队隶属沙洲县妙桥公社。

4月 妙桥公社划出陶桥大队北部10个生产队,复建洞泾大队。

5月5日 中共苏州地委书记储江在沙洲县委书记李聚茂陪同下,考察横泾大队东章泾生产队。

7月1日 根据上级指示精神,境内对棉布、针纺、鞋帽、调味品、副食品、食糖、火油等14类商品执行平价定量供应。

8月15日 境内受龙卷风袭击,兼有冰雹,损坏房屋200余间。

8月 境内三代三化螟虫灾暴发,水稻受害,产量大幅减产。

是年 境内集体耕地面积8012亩,户籍人口5253人。

1963年

3月5日 毛泽东"向雷锋同志学习"题词发表,境内各大队团支部纷纷组织团员青年开展"向雷锋同志学习"教育活动。

3月 境内各大队组织民工参与围垦六三圩。

是年 吹鼓大队参与建办金村回纺厂。

1964年

1月 在妙桥公社党委领导下,境内各大队开展社会主义教育运动。

5月　境内薛家大队率先建办砖瓦厂。

7月1日　境内开展全国第二次人口普查工作。

秋　境内各大队成立贫下中农协会(简称"贫协"),各生产队设贫协组长。

11月　妙桥公社组织民工疏浚河泾塘。

是年　境内各大队、生产队组织学习毛泽东著作。

是年　境内大办耕读小学(简称"耕小"),有徐桥耕小、薛家耕小、横泾耕小、田堵耕小、宋家宕耕小。

1965年

2月　境内各大队学习贯彻中共中央二十三条(即《关于农村社会主义教育运动中目前提出的一些问题》),深入开展以"清政治、清经济、清组织、清思想"为内容的社会主义教育运动。

11月　妙桥公社组织民工开凿妙金塘,全长3.5千米。

是年　境内开办5家商店(代销店),资金由妙桥供销社投放。

是年　境内各大队农业总收入95万元,其中,横泾大队24万元,洞泾大队18万元,陶桥大队16万元,薛家大队16万元,吹鼓大队21万元。

1966年

3月　境内各大队组织民工参与围垦六六圩。

4月　境内各生产队建立学习毛泽东思想小组。

9月16日　境内各大队学"毛选"积极分子出席公社召开的学"毛选"积极分子代表大会。

12月15日　中共中央《关于农村无产阶级文化大革命的指示》(草案)发表后,驻境内各大队社教工作队撤离。

冬　境内各大队主要干部普遍受到冲击。

是年　境内各大队在开展"农业学大寨"运动中,强调突出政治,开始推行"大寨式评分记工"。

是年　境内有26户、82人迁居跃进大队。

1967年

1月　在"文化大革命"冲击下，境内各大队党组织处于瘫痪状态。

2月　境内群众组织纷纷成立。至5月，形成两大派群众组织，一派名为"妙红三司"，另一派名为"工农学"。

是年　境内各大队推广三熟制，种植双季稻。

1968年

3月　21名城镇知识青年在境内插队落户。

7月　境内各大队开展忠于毛主席、忠于毛泽东思想、忠于毛主席革命路线的"三忠于"活动，建"忠"字堂，唱"忠"字歌，跳"忠"字舞。

8月　境内各大队组织400余人参加妙桥公社革命委员会召开的庆祝中国人民解放军建军41周年大会，会后举行盛大的庆祝游行。

10月　境内各大队建立革命生产领导小组。

是年　妙桥公社革命委员会开始清理阶级队伍，境内被揪斗审查的干部、群众近百人。

是年　吹鼓大队改名为红星大队。

是年　境内半耕半读小学改为全日制民办小学。

1969年

3月30日　妙桥公社召开第二次"贫协"代表大会，境内洞泾大队的瞿增元任主任委员，陶桥大队的陈歧根任副主任委员。

是月　境内各大队相继成立革命委员会。

7月　红星大队手套厂转办针织厂，生产腈纶衫和尼龙衫。

下半年　境内各大队建立合作医疗管理小组，设立卫生室。

是年　境内横泾小学、洞泾小学、陶桥小学、薛家小学和红星小学下放属地大队办学，由贫下中农管理。

1970年

2月　陶桥大队建办针织厂，生产尼龙衫、腈纶衫、涤纶衫，进行涤纶加捻。

3月8日　境内飞雪打雷，夏熟三麦、油菜冻害严重。

10月　境内各大队恢复建立党支部。

12月　横泾大队种植的240亩棉花喜获大丰收，亩产平均皮棉60.15千克。

是年　境内各大队配备一名"赤脚兽医"，经培训后，负责生猪防疫工作。

是年　境内开展"三打"（打击现行反革命、打击贪污犯、打击投机倒把分子）运动。

1971年

夏秋　连续高温干旱89天，35摄氏度以上高温20多天，虽及时抗旱，但秋熟仍减产。

12月　境内各大队传达中央专案组调查整理的《粉碎林彪反党集团反革命政变的斗争》材料，开展批林（林彪）整风运动。

是年　境内各生产队全面推广塘桥公社新千斤生产队三麦高产经验。

是年　陶桥大队水稻亩产530.66千克，名列境内各大队之首。

1972年

5月　徐年保任红星大队党支部书记、革委会主任。

冬　妙桥公社修筑妙桥乡村公路，途经境内横泾、洞泾、陶桥大队。

是年　境内相继安装恬庄至吹鼓、洞泾、陶桥的高压电线，部分生产队使用高压电。

是年　受"马振扶事件"影响，境内学校狠批"复辟回潮"和"师道尊严"，教学秩序陷入混乱。

是年　陶桥大队人均分配128.3元，名列妙桥公社各大队第一。

1973年

春　境内全面推行火葬。

4月　红星大队率先建办预制场，生产各种水泥制品。

12月17日　钱德生任横泾大队党支部副书记、革委会副主任，主持大队工作。

1974年

2月　境内各大队以政治夜校为阵地，开展批林批孔运动。

8月12日　卢明华任横泾大队党支部书记、革委会主任。

是年　陶桥大队奚浦塘河段建造友谊桥，荷载8吨。

是年　横泾大队妙金塘河段建造工农桥（新风桥）。

是年　境内各大队先后建立广播放大站，形成以大队为中心的专线广播网络。

1975年

3月　红星大队建办服装厂，生产男女服装。

春　境内横泾、洞泾等大队试行制钵棉花尼龙育苗。

7月9日　李小友任陶桥大队党支部书记、革委会主任。

9月28日　黄金华任红星大队党支部副书记、革委会副主任，主持大队工作。

11月　境内各大队抽调民工疏浚浏河，历时1月余。

是年　境内各大队绝大部分生产队通上高压电。

是年　境内各大队贯彻全国农业学大寨会议精神，填河浜，开挖中心河并平整土地。

是年　陶桥大队队办工业产值达到29.72万元，列全公社第二。工业产值占全大队工农业总产值的55%。

1976年

2月　横泾大队建办针织厂，生产尼龙衫、腈纶衫。

8月中旬　省、地、县相继发出地震紧急预报，境内村民普遍搭建简易防震棚，移居室外，时间延续1月余。

9月9日　中共中央主席、中央军委主席、中国人民政治协商会议全国委员会名誉主席毛泽东逝世，各大队设灵堂、敬献花圈，干部群众深切哀悼。

10月　各大队传达贯彻中共中央关于粉碎江青反革命集团的有关文件。

11月　各大队干部群众代表参加妙桥公社召开的千人大会，声讨江青反革命集团的罪行。

12月23日　黄金华任红星大队党支部书记、革委会主任。

1977年

3月　薛家大队建办蜡线厂，主要生产棉纱线和涤纶线。

5月　境内三麦遭赤霉病严重危害，夏熟粮食减产20%。

8月　境内开展争创民兵工作"三落实"（组织落实、政治落实、军事落实）先进单位和"五好"民兵活动。

是年　境内各大队深入开展"农业学大寨"运动，大搞农田基本建设。

是年　改建薛家大队顾新塘交界河上的杨泾桥（木桥）为砖拱桥，可通行中型拖拉机。

是年　国家恢复高考，境内赵惠良、谢建良被高校录取。

1978年

2月　境内陆正元（横泾）、谭云祥（横泾）、杨招娣（洞泾）、谢明保（陶桥）、邹仕传（薛家）、赵惠品（红星）等出席沙洲县"农业学大寨"群英大会。

8月　横泾大队建办气垫薄膜厂，生产塑料袋。

7月10日　龙卷风袭击陶桥、薛家、红星等大队，并伴有大暴雨，房屋倒塌10余间，5人受伤。

是年　妙桥公社农科所迁至横泾大队，更名妙桥公社农科站（农业技术推广站）。

是年　境内各生产队停止"大寨式"评分记工方式，实行分组劳动定额记工和包工计分，坚持多劳多得的分配原则。

1979年

3月 根据中共中央1979年5号文件精神,境内各大队对"四类分子"(地富反坏)进行摘帽纠错。

5月 红星大队建办并线厂。

10月 妙桥公社党委根据中央文件精神,全面开展调整自留地工作。

是年 妙桥公社在横泾大队朱家湾生产队建办畜种场。

是年 境内各大队对独生子女发放独生子女证书,对独生子女父母发放奖励金。

1980年

4月 红星大队建办有机玻璃纽扣厂。

12月 境内各大队组织民工参与开凿市级航道华妙河。

是年 境内各生产队农田开始使用化学除草剂"除草醚"。

是年 洞泾大队人均分配229元,列全公社第二。

1981年

1月 妙桥公社举办农村党员冬训班后,贯彻中央1980年《关于进一步加强和完善农业生产责任制的几个问题》的文件精神,落实农业生产责任制措施。

春 在政府资金扶持下,境内大部分生产队铺设水泥场,改善生产条件。

5月 冰雹袭击红星等大队,夏熟作物受到严重损害。

7月 地名复查后,境内红星大队复名为吹鼓大队。

是年 社队两级支持村民打井,境内共打井590余口。

是年 境内各大队成立精神文明建设领导小组。

是年 改建洞泾大队华妙河上的任家桥为双曲砖拱桥,荷载6吨。

是年 境内各大队平整沟河和高墩,其中横泾大队完成土方36万立方米,增加耕地面积30亩。

1982年

2月4日 洞泾大队严鼎丰任妙桥公社党委书记。

3月 妙桥公社在横泾村朱家湾生产队兴建敬老院，占地1334平方米。

7月1日 境内开展全国第三次人口普查工作。

冬 境内全面实行家庭联产承包责任制。

是年 在沙洲县土地普查办公室指导下，妙桥公社组织专业人员对境内各大队土壤状况进行普查。

1983年

7月 农村实行体制改革，大队改称行政村，生产队改称村民小组。

7月 横泾村建办新丰织带厂。

8月 境内各村先后建立村民委员会（简称"村委会"）。

是年 境内各村开展"五讲四美三热爱"教育活动。

是年 境内各村实行联队会计制。

1984年

1月 沙洲县羊毛衫厂征用洞泾村三条桥组土地，建办蔬菜基地。

5月 妙桥乡在横泾村章泾头北侧建造麻纺织厂。

6月 妙桥乡在洞泾村谈家组建办第三袜厂。

12月 戴忠林任陶桥村党支部副书记，主持全村工作。

是月 顾炳如任陶桥村委会主任。

是年 洞泾大队工业总产值228.17万元，列全乡第二。

1985年

1月 妙桥乡在横泾村王泾湾建办毛线厂。

春 境内横泾、洞泾、陶桥等村农户将棉田逐步改种苎麻。

8月 妙桥乡在横泾村三五叉口建办轻工材料厂。

秋 妙桥乡农业公司在境内各村全面推广种植"复土免耕"麦。

是年　妙桥乡在横泾村章泾头自然村兴建章泾新村。

1986年

1月　薛家村全面深化工业企业生产责任制，实行"三定（定任务、定人员、定工资）一考核（根据各道管理的好坏分别实行百分制考核）"责任制。

3月　吹鼓村有机齿科材料厂建成投产。

3月21日　经江苏省人民政府批准，妙桥撤乡设镇。境内各村隶属沙洲县妙桥镇。

7月9日　境内各村整党工作开始，分学习文件、系统教育、开展批评和自我批评、开好民主生活会、党员登记、搞好班子和制度建设六个阶段进行。至10月结束。

9月16日　国务院批准撤销沙洲县，设立张家港市（县级市），境内各村隶属张家港市妙桥镇。

9月22日　横泾村隆家组公房失火，9间半公房和农户柴堆被吞噬。

9月28日　妙桥镇政府开始对境内各村农户宅基地进行全面丈量清理，登记造册。

是年　在横泾村北部，修建永进街。

是年　横泾村个体联户工业产值102万元，列全镇各村第一。

1987年

1月1日　薛家村3组（杨家湾）村民秦桂金家庭被评为张家港市五好家庭。

3月　苏建明任洞泾村村委会主任。

3月　境内陶桥、洞泾、吹鼓三村购买黑龙江延吉机械厂生产的插秧机15台。

4月　邹建刚任薛家村村委会主任。

5月　陈兴龙任陶桥村党支部书记。

8月　境内各村开展颁发居民身份证工作，16周岁以上的居民均可领证。

12月　苏建明任洞泾村党支部书记。

是月　徐六四任洞泾村村民委员会主任。

是月　顾炳如任陶桥村党支部书记。

是月　境内各村开展家庭针织机械登记纳税大检查。

是月　郭祖昌任陶桥村村委会主任。

1988年

2月　薛家村邹金南、宣正环等12家养猪专业户与村委会签订承包合同。

5月4日　境内遭遇暴风雨袭击，大片三麦、油菜倒伏，棉花、尼龙育棚被狂风吹掉。

6月　钱惠良任洞泾村村民委员会主任。

是月　陶桥村郭祖兴一家连续六年被评为妙桥镇"五好家庭"。

7月　陶建良任薛家村党支部书记。

12月8日　境内各村进行村委会换届选举。

是月　境内各村组织民工疏浚盐铁塘，长400余米，完成土方2万余立方米。

是年　妙桥水利管理服务站在横泾村三五叉口自然村东北处建成。

1989年

1月9日　陶桥村谢五保、隆景清等8名职工在村办企业退休，村委会颁发退休证，并根据工龄长短一次性发给养老金。

3月　横泾村章泾自然村一老年妇女遭雷击身亡。

6月14日　市政府在妙桥镇召开水稻移栽现场会，来自全市100余名农业干部参观洞泾村大面积机插秧现场。

8月　陶桥小学并入洞泾小学，在三条桥南侧重建新校舍。

12月　境内妙金塘疏浚工程进入紧张施工阶段，采用机挖和人力相结合的方法挖泥，全长3610米。

是年　境内各村开展评选"新风户"活动。

是年　洞泾村被评为张家港市双文明单位，横泾村被评为张家港市计划生育先进集体。

1990年

4月30日　薛家村党支部在妙桥医院和市妇保站的配合下，对全村近百名妇女进行妇女病普查防治，所需费用均由村集体负担。

5月　夏正龙任陶桥村党支部书记。

7月1日　境内开展全国第四次人口普查工作。

8月　撤销薛家初级小学，并入妙桥中心小学。

9月21日　邹世根任吹鼓村党支部副书记，主持全村工作。

11月20日　老顾新塘拓浚工程动工，全长2000余米，该工程于12月末完成。

是年　洞泾、薛家两村被评为张家港市双文明单位。

1991年

3月10日　世界卫生组织和国家卫生部对洞泾村进行计划免疫抽样审评，共调查7名1989年出生的儿童预防接种情况。检查结果显示，全程接种率达100%。

4月21日　经妙桥镇农机管理站检查，薛家村农机管理到位，3台中型拖拉机、8台手扶拖拉机、9台植保机整修一新，备战四夏。

6月30日至7月3日　连日暴雨，降水量达888毫米，境内大片农田被淹。

12月1日　境内各村组织体育代表队参加妙桥镇第二届农民运动会。

是年　洞泾村被评为张家港市双文明单位。

是年　杨正华被评为张家港市村级农业战线先进个人。

1992年

8月18日　经张家港市政府批准，张家港市针织精品专业市场在横泾村朱家湾自然村开业。

8月　横泾小学中高年级学生并入妙桥中心小学。

8月　薛家村1组（孟家）村民杨小菊患心包炎，该组村民共捐款1200元，村委干部亦纷纷捐款献爱心。

8月　境内各村严格以《张家港市计划生育合格村打分表》为考核标准，创建成计划生育合格村。

是年　横泾、洞泾、陶桥、薛家、吹鼓5村上交人民教育基金共2.86万元，其中横泾村上交7160元。

11月21日至24日　江苏省营养调查组一行7人到横泾村和陶桥村，对64户、452人开展营养调查，调查分膳食调查、体格检查、生化化验三个部分。

11月9日　吹鼓、洞泾、薛家3村卫生室创建成为市文明卫生室。

是年　张家港盛美机械有限公司落户横泾村三五叉口。

是年　横泾、洞泾、陶桥、薛家、吹鼓5村社会总产值超千万元，农民人均收入超1800元，被列入《江苏名村志》名录。

1993年

2月18日　妙桥针织精品市场交易大厅在横泾村朱家湾组动工兴建。

8月　境内张家港市针织精品专业市场更名为江苏妙桥针织精品市场。

是年　在横泾村王泾湾组境内兴建江南新村。

是年　境内江苏妙桥针织精品市场经江苏省消费者协会、《新华日报》社等评选，被列入江苏省十大工业精品市场行列。

1994年

3月　张家港市公交公司12路公交车开通运行，始发站为杨舍美食街，终点站为境内妙桥羊毛衫市场。

7—8月　超35摄氏度高温持续近30天，旱情持续时间之长，为40年罕见。

9月2日　经国家体改委批准，境内江苏针织精品市场升格为妙桥·中国羊毛衫商城。

9月8日　妙桥客运服务站在人民东路（横泾村王泾湾）兴建。

11月25日　中共中央原副主席、沈阳军区原司令员李德生在市委副书记顾泽芬陪同下视察妙桥·中国羊毛衫商城。

是年　在境内建造商城街和商城路。

1995年

2月4日　受北方冷空气影响，气温骤降，小麦、油菜遭受冻害，境内受灾面积2000余亩。

2月14日　中共江苏省委书记陈焕友、秘书长梁保华一行在张家港市委书记秦振华陪同下考察妙桥·中国羊毛衫商城。

3月10日　中共江苏省委原书记韩培信考察妙桥·中国羊毛衫商城。

5月18日　妙桥供销社在商城街兴建馨妙宾馆。

秋　境内各村大面积推广种植"895004"小麦新品种。

11月10日　中央电视台《焦点访谈》栏目对境内羊毛衫市场作了详细报道。

11月20日　全国人大常委会副委员长吴阶平视察境内羊毛衫市场。

是年　妙桥镇洞泾丰产方被张家港市委、市政府评为市级达标方。

是年　洞泾、横泾等村建成电话村。

1996年

1月20日　查永祥任吹鼓村党支部书记。

4月11日　经江苏省体改委等单位评选，妙桥·中国羊毛衫商城被评为江苏省"三类十大市场""中国十大工业品市场"。

5月14日　张家港市委副书记陈永丰带领全市部分干部参观洞泾丰产方育秧现场。

6月2日　境内各村举行村委会换届选举。

8月　洞泾小学并入妙桥中心小学。

9月9日　殷建华任薛家村村委会主任。

9月18日　各基层党支部进行换届选举。

10月21日　苏州市第八次农作物品种审定会在洞泾丰产方举行，与会专家对宁"895004"小麦高产新品种作了审定。

1997年

3月1日　王正球任横泾村党支部书记。

是月　杨根元兼任陶桥村党支部书记。

是月　卢正兴任妙桥·中国羊毛衫商城党支部书记。

3月1日　谢建新任陶桥村村委会主任。

3月28日　位于妙桥羊毛衫市场内的张家港市百货商场开业。

7月25日　殷建华任薛家村党支部书记。

7月25日　殷建军任薛家村村委会主任。

7月28日　妙桥镇第一家室内游泳馆在横泾村王泾湾开业。

7月　市美隆服饰有限公司在横泾村建办。

9月5日　朱伟贤任横泾村村委会主任。

是年　境内市标志织带厂、市有机齿科材料厂、市吹鼓服装厂、市丽花腊线厂4家村办企业先后转制。

1998年

3月19日至20日　出现百年未见的大春雪，降雪厚度20厘米左右，境内大量简易棚被压塌。

7月　境内各村土地承包经营权登记颁证结束。

8月　横泾初级小学被撤销，并入妙桥中心小学。

9月　境内各村制订村庄建设规划。

是年　徐塘桥被列入张家港市文物保护单位。

1999年

3月　市盛鑫服饰有限公司在洞泾村建办。

4月　境内各村开展村民房屋产权登记发证工作。

7月　张家港市益伟制线有限公司在吹鼓村建办。

8月　吹鼓小学被撤销，并入妙桥中心小学。

9月27日　市中达针织服饰有限公司在商城路建办。

2000年

1月31日　张家港市华强服饰制造有限公司在吹鼓村建办，投资金额120万元。

4月　张家港市实达针织服饰有限公司在妙桥羊毛衫市场建办，投资总额344万元。

6月25日　经张家港市人民政府批准，撤销陶桥村，并入洞泾村。

7月1日　境内开展第五次全国人口普查工作。

11月　张家港市华益纺织有限公司在商城南路建办。

是月　境内横泾、洞泾、薛家、吹鼓4村均列入苏州市民主自治村。

是年　妙桥镇政府颁发《关于进一步加快个体、私营经济发展的实施意见》后，境内各村新增民营企业共9家。

是年　横泾村建成江苏省卫生村。

2001年

4月9日　张家港市鼎盛纺织有限公司在洞泾村建办。

4月　春竹帽业有限公司在吹鼓村建办。

5月30日　位于洞泾村的妙桥镇工业西区举行揭牌典礼。张家港市委书记蒋宏坤、人大常委会主任沈澍东等领导参加活动。

6月7日　位于横泾村章泾头的妙桥镇社会福利服务中心（敬老院）举行奠基仪式，是年12月落成。

10月22日　张家港市荣盛毛纺有限公司在工业西区建办。

是年　境内民营企业增至28家，销售收入3797万元，利税370万元。

2002年

3月18日　经中国外商投资企业协会评审，境内张家港盛美机械有限公司被评为全国"双优"企业。

5月25日至6月4日　境内降雨185.7毫米，麦田普遍积水，麦穗发芽霉变。

11月5日　张家港市盛建木业在横泾村建办。

11月28日　妙桥镇无公害果品生产基地在吹鼓村启用。

12月18日　改建的妙桥镇东菜场正式开业。

是年　妙桥派出所由永进路迁入吹鼓路。

是年　洞泾、吹鼓、薛家3村创建成江苏省卫生村。

2003年

4月　境内各村根据张家港市人民政府《关于进一步加强传染性非典型肺炎防治》的通知精神，成立防治非典型肺炎工作班子。

7月30日　横泾村党支部书记王正球被张家港市委、市政府评为防治非典型肺炎工作先进个人。

8月20日凌晨　一股罕见的龙卷风袭击薛家村。

8月27日　经省、市人民政府批准撤销妙桥镇，境内洞泾、横泾、薛家、吹鼓4村隶属张家港市塘桥镇。

8月28日　妙桥中心幼儿园从妙桥小学迁入境内章泾头自然村。

9月　港城公交有限公司211路公交车开通运行，始发站为港城汽车站，终点站为境内羊毛衫商城。

10月　横泾村举行第七届村民委员会选举。

是年　杨仁明任吹鼓村党支部副书记，主持全村工作。

2004年

3月　横泾、洞泾、薛家、吹鼓四村合并，建立新的洞泾村。是年6月，更名为横泾村。

4月　对北宅桥开始进行整修，投入资金26.58万元。

6月2日　塘桥镇党委对横泾村领导班子组成人员任职和分工进行调整。苏建明任党总支书记，王正球、杨仁明、孟仁元任党总支副书记；谈建江任村委会负责人，王正球兼任经济合作社社长。

7月16日　卢正兴任横泾村党总支书记。

8月5日　塘桥镇横泾村工会成立，王正球任工会主席。

9月26日　横泾村体育代表队参加塘桥镇首届全民运动会。

是年　横泾村被评为张家港市文明村。

是年　横泾村被评为张家港市计划生育先进集体。

2005年

3月　横泾小区动工兴建。

8月　外来民工子弟学校阳光学校在境内建成开学，设初中部、小学部和幼儿部。

8月　妙桥羊毛衫市场停业。

9月　吹鼓桥整修竣工，投入资金9.85万元。

10月　横泾村建立农村股份专业合作社。

是月　苏州市土壤监测点落户横泾村赵巷组，试点面积1.71亩。

11月　横泾村召开党员干部动员大会，听取学习贯彻"三个代表"重要思想辅导报告，掀起保持共产党员先进性教育主题活动学习热潮。

12月12日　横泾妙玉水蜜桃获"无公害农产品"称号。

是年　横泾村被评为张家港市文明村。

是年　横泾社区被评为张家港市文明社区。

2006年

5月　妙桥社会福利中心（敬老院）的五保老人迁入新建的塘桥镇福沁苑。

9月20日　横泾村体育代表队参加塘桥镇第二届全民运动会。

11月　朱伟贤任横泾村党总支书记。

12月　妙丰公路由欧桥村向南延伸至境内妙桥羊毛衫商城。

是年　横泾村生猪出栏达2030头，列塘桥镇各村之首。

是年　横泾村被评为张家港市政法综治系统先进集体。

是年　横泾社区被评为张家港市文明社区。

2007年

1月6日　市兄华服饰有限公司向塘桥镇福沁苑捐赠上百套内衣。

2月　总投资3500万元的苏杭时代超市在原妙桥羊毛衫市场的商场开业。

4月16日　江苏省教育厅厅长王斌泰率教育厅有关人员、各大市教育局局长在苏州市领导朱永新、张家港市领导黄钦陪同下考察阳光学校。

5月29日　村域内妙桥派出所保安队员王生文在塘桥镇青龙村境内追捕歹徒过程中因公牺牲，被追认为张家港市见义勇为先进分子、苏州市首届百名文明市民。

9月25日　横泾村举行第八届村民委员会换届选举。

9月　全村各户开展有线电视向数字电视更换工作。

11月　横泾村投资38万元，硬化村组道路总长3300米，整治农桥3座。

12月3日　阳光学校五年级（2）班学生贺敬义奋不顾身从水井中救出2岁儿童。

12月11日　出席张家港市委九届四次全体会议的市委委员参观中达针织服饰有限公司。

12月　商城桥整治竣工，投入资金238.9万元。

是年　横泾村新建标准型厂房1.62万平方米。

是年　妙桥派出所在吹鼓路、金村路新建治安岗亭，并安装监控探头。

是年　横泾村被评为张家港市文明村。

是年　横泾村被评为苏州市"实践'三个代表'，实现'两个率先'"先锋村。

是年　横泾村被评为苏州市"亿万农民健康促进行动"先进村。

2008年

3月10日　全村党员干部开展学习贯彻党的十七大会议精神。

4月21日　全村党员干部学习党风廉政建设规定。

10月　横泾村召开党总支换届选举大会，选出新一届党总支领导班子。

12月　落马桥整治竣工，投入资金20.6万元。

是年　横泾村被评为苏州市新农村建设示范村。

是年　横泾村被评为张家港市爱国卫生系统先进集体。

2009年

5月　中达针织服饰有限公司投资1300万美元，引进日本岛精公司生产的全自动电脑横机210台。

12月　因工业集中区开发和公路建设等因素，陆巷、尹家、孟家等自然村落因动迁而消失。

是年　横泾村创建江苏省环境综合治理示范村。

是年　横泾村被评为苏州市先锋村。

2010年

春　黄金湾小区开工建设。

6月7日　陆学军任横泾村党总支副书记，主持全村工作。是年10月，任横泾村党总支书记。

6月23日　横泾村工会联合会进行第二届换届选举，杨仁明任横泾村工会联合会主席。

11月　横泾村投资1000万元，建造诚信创业园。

是月　位于卢厅路的吉阳新能源有限公司投资3.5亿元，建设超薄晶体硅太阳能电池片生产线。

11月　横泾村举行第九届村民委员会换届选举。

11月1日　横泾村开展全国第六次人口普查工作。

12月　因工业集中区建设，横泾村的奚家村、谢家宕、洋宕里等9个自然村消失。

是年　横泾村被评为张家港市法治建设先进集体和司法行政系统先进集体。

2011年

5月 横泾村委对70周岁以上老年人和7周岁以下儿童进行健康体检，并分别建立健康档案。

6月 横泾村组成体育代表队出席塘桥镇第四届全民运动会。

12月 横泾村北部妙桥人民路街景改造结束。

是年 横泾村被评为张家港市计划生育先进集体。

是年 横泾村被评为张家港市"新农村建设"妇女工作示范村。

是年 横泾村被评为法治张家港建设先进单位。

2012年

2月 横泾村和妙桥、金村、欧桥、顾家、蒋家等5村（社区）联合成立金桥投资发展有限公司。

2月 江苏博腾新材料股份有限公司投资复合涂装木皮项目建设，总投资1.5亿元。

3月 村域内各安息堂骨灰由家属负责移至塘桥镇妙桥憩园。

6月20日 江苏省张家港新能源产业园和复旦大学信息科学与工程学院签订合作协议，组建"千人计划"研究院。

12月 瑞泰美弹性材料、巨鸿超细纤维2项目竣工投产，总投资1250万美元。

是年 横泾村工会被评为张家港市工会先进集体。

是年 横泾村被评为张家港市文明村。

2013年

3月 因建黄金湾小区，横泾村刘桥、新桥、王家墩等自然村消失。

6月 江苏广川线缆有限公司在商城路建成开业。

8月 横泾村党总支举行换届选举，陆学军当选为党总支书记，卢伟刚、姜卫义当选为副书记。

11月 横泾村举行村委会第十届换届选举。

11月 横泾村在希望路投资建造的标准型厂房竣工，建筑面积8000平方米。

是年　横泾村被评为张家港市计划生育先进集体。

是年　横泾村被评为张家港市社会治安安全村。

是年　横泾村被评为张家港市文明村。

2014年

1月　南源光电有限公司在兄华路投资动工，2017年竣工开业。

4月　中达服饰有限公司扩容电脑横机，共投资7820万元。

5月　横泾村在黄金湾小区新建办公楼，翌年9月竣工启用。

12月　横泾村全年生猪出栏1490头，居全镇各村第一名。

是年　横泾村被评为张家港市文明村标兵。

2015年

5月28日　塘桥镇人民武装部任命黄超为村民兵营营长，陆学军为村民兵营指导员。

6月　横泾村全面开展农村土地承包经营确权登记工作。翌年1月结束。

6月29日　村党总支组织党员代表50多人集体学习新党章。

10月　横泾村在希望路和永进路交会处建造的标准型厂房首期工程完工，建筑面积6063平方米。

11月10日　经中共张家港市委批准，中共横泾村党总支升格为中共横泾村党委，陆学军任党委书记。姜卫义、卢伟刚任党委副书记。

12月　妙桥吉麦隆超市开业。

是年　横泾村被评为张家港市文明村。

是年　中共横泾村党委被评为张家港市先进基层党组织。

2016年

1月25日　境内受寒潮影响，气温降至零下5摄氏度至零下9摄氏度左右。

1月　塘桥镇撤销工业集中区管理委员会，境内工业企业由横泾村管理。

2月　横泾村学习贯彻落实《中共中央国务院关于实施全面两孩政策改革完善计划生育服务管理的决定》，有序推进"全面两孩"的政策。

7月　村党委认真开展"两学一做"（学党章党规、学系列讲话，做合格党员）学习教育。

8月1日　江苏广川电缆有限公司在"新三板"上市。

8月始　境内晴日高温少雨，连续高温40天，其中39摄氏度以上高温8天，极端最高气温41.3摄氏度。

11月　横泾村举行第十一届村委会选举。

是年　横泾村被评为张家港市文明村。

2017年

1月　横泾村委会落实对本村去世村民家属进行吊唁慰问规定，向每户失去亲属的家庭发放慰问金1000元。

3月　横泾村投资1100万元，在原妙桥羊毛衫市场第三交易市场北侧建筑标准型厂房，2018年11月竣工。

6月20日　在全市"双百先锋"评选中，陆学军被评为张家港市优秀共产党员。

6月　横泾村出资20万元，为村民购买重特大疾病保险。

7月1日下午　横泾村召开纪念建党96周年大会。

7月　横泾村党委、村委会创办《横泾村村报》，半年1期，每期四版。

8月　镇、村两级发放助学金13.2万元，全村72名大学生获得奖学金资助。

9月19日下午　横泾村第二党支部召开"两学一做"专题组织生活会，做"三查三改"对照检查。

9月27日下午　横泾村召开企业用工和缴纳住房公积金座谈会，辖区20多家企业负责人参加。

10月28日　经村民代表大会讨论通过，决定从2017年起，对年满70周岁以上的本村户籍老人，年终发放慰问金100元，重阳节发放重阳糕一份。

11月6日　横泾村召开"散乱污"企业（作坊）专项整治工作会议，部署有关企业清理整治工作。

12月20日　横泾村举办塘桥镇迎元旦区域党建篮球邀请赛，横泾村、何桥村、市第三人民医院和塘桥教师队四支球队参加比赛。

12月23日　江苏广川线缆股份有限公司工会举办技能操作比赛，有30名技术员参加，技术员包卫刚获得一等奖。

是年　横泾村被评为张家港市文明村。

是年　横泾村被评为苏州市健康村。

是年　横泾村被中共苏州市委评为苏州市"三创"及基层平台建设规范化工作先进集体。

2018年

1月20日下午　横泾村召开党员冬训动员大会，180名党员参加会议。

2月5日上午　流动党员支部在金博园召开组织生活会，村党委副书记、流动党员支部书记卢伟刚主持会议。

3月28日　横泾村成立《横泾村志》编纂委员会。

4月2日　横泾村聘请周正刚、陶全坤、陈明华、王祥华等4人编纂《横泾村志》。

4月　横泾村投入资金65万元，改造吹鼓、横泾等片区道路9条，总面积4200平方米。

5月17日　横泾村启动"331"整治火灾隐患百日专项行动。

5月22日下午　横泾村举行《横泾村志》编纂启动仪式。

8月　顾爱兵任中共横泾村党委副书记。

6月26日　横泾村召开村民代表大会，通过《横泾村村规民约》和《横泾村村民自治章程》。

9月25日　横泾村被苏州市文明委命名2015—2017年苏州市文明村。

11月2日至10日　张家港市委农村"三资"管理和生态文明建设专

项巡察组进驻横泾村。

11月3日　横泾村被江苏省民政厅评为2017年度江苏省和谐社区建设示范村。

是年　横泾村被评为张家港市文明村。

2019年

3月27日　横泾村召开安全生产警示教育大会,村党委书记陆学军和塘桥镇安监办、建管办、妙桥派出所及属地企业等相关负责人共350余人参加会议。

3月29日　横泾村新时代文明实践站成立。

5月18日　张家港市委书记沈国芳带领相关部门负责人考察横泾村便民服务大厅,开展行政管理体制改革专题调研。

5月18日　横泾村党委组织党员、志愿者120余人开展"追溯红色之旅,感悟革命情怀"主题党员活动。

5月30日　横泾村举行"动迁行动支部授旗仪式",镇相关领导主持授旗仪式,村全体党员参加。

7月1日　横泾村党委召开纪念建党98周年党员大会,党委书记陆学军给全体党员上大党课。

7月4日　苏州市委宣传部印刷发行处处长调研横泾农家书屋。

9月21日　横泾村召开"不忘初心、牢记使命"暨党员干部廉政警示教育大会。

10月　妙桥办事处对横泾村辖区内苏州博铭晟新材料、沃克劳保用品、轻质包装材料和振隆针织等4家企业实施安全生产大检查。

11月　2019度横泾村募集"爱满港城"慈善款,总额20余万元。

12月17日　横泾村被评为2016—2018年江苏省文明村。

是年　横泾村被评为张家港市文明村。

2020年

2月20日　市委政法委书记黄亚平到横泾村调研新型冠状病毒疫情防控工作。

4月22日下午　张家港市委宣讲团成员、市委政法委副书记徐昀宇到横泾村作党的十九届四中全会精神专题学习讲座。

5月23日　横泾村召开第十一届村民委员会成员空缺补选大会，陆学军获选横泾村村民委员会主任。

5月30日　横泾村党委书记陆学军带领全村党员干部，开展首次"洁美港城"周末义务劳动。

5月　横泾村开始对横泾小区及周边自然村进行三星级康居乡村建设。

6月末至9月初　在新时代文明实践广场舞台上演锡剧16场，丰富群众的精神文化生活。

9月22日下午　横泾村党委组织20名党员赴张家港市"追梦学堂"开展学习。

11月1日　横泾村开展第七次全国人口普查工作。

12月1日夜　横泾村党委书记陆学军携退役军人管理站人员迎接退役军人。

12月6日　横泾村工会联合会会员（职工）代表大会在村大会议室召开，辖区50多名企业工会主席、职工代表出席。大会由横泾村党委副书记、工会主席卢伟刚主持。

是年　横泾村投资120万元将原文化健身广场改成妙景小公园。

是年　横泾村被评为张家港市文明村。

第一篇　建置·环境

　　横泾村位于张家港市塘桥镇东南部，其中心地理位置为东经120°41′32″，北纬31°48′27″，常熟北门外17千米，距扬子江南岸10千米。古属吴国北境，秦代属会稽郡吴县。汉代属吴县虞乡，晋代属南沙县，梁代始属常熟（州），直至中华人民共和国成立初均属常熟县管辖。1962年，成立沙洲县时，转为沙洲县管辖。1986年9月撤沙洲县设张家港市后，横泾村属张家港市管辖。

　　横泾村地处长江三角洲冲积平原，成陆在5500—6000年前，为古老冲积板块，地形呈"雄鸡状"，地势平坦，属亚热带南部湿润气候区，四季分明，雨量充沛，气候温和，土地肥沃。境内河流纵横，水运便捷，池塘密布，水土资源丰富。

建置区划

建置沿革

据《琴川志》记载，西山堡（现常熟市海虞镇七峰村铁店弄方圆一带）在夏商周时期已为古扬州属地，横泾村距七峰村铁店弄直线距离不足3千米。

商末（公元前11世纪）周太子泰伯、仲雍（虞仲）自陕北周原让国南迁，建吴国，境内属勾吴北境。西周时，属吴国。东周（公元前473年）时，越尽取吴地，属越国。显王三十六年（公元前333年），楚灭越，属楚国。秦始皇统一中国，设郡县制，境内属会稽郡吴县。西汉高祖六年（公元前201年）封刘贾于吴地，称荆国，境内属荆。汉高祖十二年（公元前195年），改封刘濞为吴王，属吴。汉景帝三年（公元前154年），刘濞封地被撤，境内仍属会稽郡吴县虞乡。东汉时，属吴县郡吴县南沙乡。三国时，属吴国。西晋太康四年（283）设立海虞县，境内属海虞县。东晋咸康七年（341）于南沙乡置南沙县，境内属南沙县。梁大同六年（540）于南沙之地置

常熟县，境内属常熟县，直至隋唐。五代十国时，境内属吴越国。元贞元年（1295），常熟县升格为常熟州，境内属常熟州。明洪武三年（1370）常熟州复名为常熟县，境内属常熟县南沙乡。清代中叶，常熟县易乡改场，境内洞泾片区为常熟县南三场十四都十五七图和下十四都十五六图。薛家片区、横泾片区属常熟县南三场下十四都十五一图。吹鼓片区为常熟县南三场下十四都十五四图。清宣统二年（1910），推行地方自治，设慈妙乡，境内属其管辖。1929年，县以下实行乡制，以区统乡，境内归属福山区慈妙乡管辖。1934年4月，乡以下推行保甲制。其间，区乡划分几经变更。常熟县将15个区改制成8个区260个乡、镇。境内归属梅李区管辖，其中洞泾片区分属梅李区妙桥乡和兴教乡管辖；薛家、吹鼓、横泾片区属梅李区妙桥乡管辖。1939年3月，伪常熟县政府将妙桥、郑桥、周院等小乡和慈乌镇合并为慈乌乡。1940年7月，又变更区划，设慈妙区。境内属慈妙区妙桥乡管辖。1941年1月，伪常熟县政府又变

更区划，撤慈妙区所辖小乡，归第七区管辖（驻地大义镇），境内均属第七区。1945年11月，常熟县国民政府撤销汪伪政府所置区划，恢复抗日战争前体制。境内属梅李区管辖。1946年7月，常熟县政府对乡镇实行扩并，妙桥地区6个乡镇并为妙桥乡、慈乌乡，均属梅李区管辖。1949年4月，常熟全境解放，建立常熟县人民政府，境内沿袭原区划。1950年3月，常熟县废除保甲制，重新划区建乡设立行政村。其中横泾、薛家、陶桥3村主要隶属福山区妙桥乡，吹鼓隶属福山区杏市乡，洞泾隶属福山区兴教乡。1956年3月，妙桥地区合并成妙桥、金村、西旸3个中乡后，境内洞泾、陶桥、薛家、吹鼓和横泾隶属塘桥区妙桥乡。

1957年9月，常熟县人民政府实行撤区并乡后，境内仍属常熟县妙桥乡。1958年9月，实行政社合一体制，建立妙桥人民公社（始称红旗人民公社），其境内隶属常熟县妙桥人民公社。1962年1月沙洲县成立后，境内为沙洲县妙桥人民公社管辖。1983年7月政社分设后，隶属妙桥乡，境内各大队更名为村。1986年3月，撤妙桥乡建妙桥镇。同年9月，经国务院批准，撤沙洲县建立张家港市，境内隶属张家港市妙桥镇。2000年6月，陶桥村并入洞泾村。2003年8月，妙桥镇并入塘桥镇，全境隶属张家港市塘桥镇。2004年3月，横泾、薛家、洞泾、吹鼓四村合为洞泾村，是年6月又改为横泾村，仍隶属于张家港市塘桥镇。

行政区划

1949年4月，常熟县全境解放，境内行政区域仍沿用民国时期保甲制。境内主要区域为妙桥乡，吹鼓片区部分区域属于慈乌乡。

1950年3月，调整区、乡（镇）设置，乡以下建立行政村。废除保甲制，成立福山区。境域分属妙桥、兴教、杏市、金村4个乡、18个行政村，各行政村以自然村为基础设组。横泾片区的尹家宕为金村乡七村，毛（缪）家宕、王泾湾、三五叉口自然村为妙桥乡五村，章泾头、长浜岸、薛家片区的薛家地、黄家巷自然村为妙桥乡六村，季家宕、南卢、隆家巷、横泾岸、周家巷、朱家湾自然村为妙桥乡七村，刘家桥、王家墩和薛家片区的殷家角、新桥头、邓家自然村为妙桥乡八村，薛家片区的南苏家、洋泾桥、陈家宕、苏家角、杨家湾、俞家桥自然村为妙桥乡九村，洞泾片区的陆巷里自然村为妙桥乡十村，宋家宕、朱家宕、俞家宕、夏家湾自然村为妙桥乡十一村。迈步宕、北宅、洞泾湾、徐家桥、钱家宕、郁家宕自然村为兴教乡一村，三条桥、任家桥、谈家宕、洋宕里自然村为兴教乡二村。陶家桥、谢家宕自然村为杏市乡中民村，纪家宕、马家宕为杏市乡新民村，潘家桥、奚家宕自然村为杏市乡巷路村，吹鼓片区的田堵里、姚浜、姜家湾自然村为杏市乡中杨村，吹鼓墩、邹家巷、小山房巷、唐家宕自然村为杏市乡吹鼓村，北杨家巷、赵巷、郭家宅基自然村为杏市乡邹家村，南杨家巷、徐塘桥（东巷）自然村为杏市乡东杨村，西黄、杨家宕为杏市乡大坝村。1956年3月，境内各村全部划归塘桥区妙桥乡（中乡）管辖。1957年，金村、西旸、妙桥乡合并为妙桥乡（大乡）后，境内主要设红旗十社、十一社、十二社、二十社等高级社，共有61个生产队。

1958年9月，妙桥人民公社以高级社为基础设生产大队，境内设吹鼓、洞泾、陶桥、邓家（薛家、横泾）4个大队。1962年，调整为横泾、薛家、洞泾、陶桥、吹鼓5个大队，设62个生产队。1968年，吹鼓大队更名为红星大队，1981年复名为吹鼓大队。1983年7月，政社分设，大队改为行政村，生产队改为村民小组，境内5个行政村，共设65个村民小组。2000年陶桥村并入洞泾村，2004年3月，四村合一，建立新的洞泾村，是年6月改名为横泾村，设横泾、洞泾、薛家、吹鼓四个片区，下辖65个村民小组。

1951—2020 年境内行政村区划沿革情况表

表1

1951年土地改革时期行政村名	1957年高级社名	1962年人民公社时期大队名	1968年"文化大革命"时期大队名	1983年政社分设时行政村名	2003年末行政村名	2020年末行政村名
妙桥乡五、七村和六、八村部分，金村乡七村部分	红旗十二社部分	横泾	横泾	横泾	横泾	横泾
兴教乡一、二村，杏市乡中民、新民、巷路村，妙桥乡十一村和十二村部分	红旗十社	洞泾	洞泾	洞泾	洞泾	
	红旗十一社	陶桥	陶桥	陶桥		
妙桥乡九村和六、八村部分	红旗十二社部分	薛家	薛家	薛家	薛家	
杏市乡中杨、吹鼓、邹家、东杨、大坝村	红旗二十社	吹鼓	红星	吹鼓	吹鼓	

自然村落

据1984年沙洲县档案馆《沙洲县行政区划》记载，1962年境内有118个小村落，后行政区划多次变更，村落不断合并，至2000年，境内为60个村落。横泾村地处妙桥镇郊结合部，部分村落与镇区互相交错，并成弧状环绕原妙桥镇区。随着2000年原妙桥镇工业西区建设、2003年底塘桥镇工业集中区扩建、2005年妙丰公路延伸、2008年集中安置小区建设、2015年沪苏通高铁建设、2020年"三优三保"动迁等，先后有28个村落因动迁而消失。2020年，横泾村尚有32个村落。村落简介以村民组为序。

季家宕　位于黄金湾小区东南部。东依金村公路，南临兄华路，西为老顾新塘，北有小河王家浜，妙金塘穿境而过，建有东西走向的双曲砖拱桥，名叫"反修桥"。

　　村落呈长方形，占地面积7090平方米。2005年有楼房30幢、平房2座，建筑面积为7400平方米。其中1户动迁至黄金湾小区。2020年"三优三保"动迁27户，剩余4户。1926年中共金村支部成员卢宝云、名中医卢宝钧均出生于此。2020年属横泾村（大队）第一村民小组，农户32户、115人，有季、卢、韦、刘等姓，其中季姓户居多，且原住户大多在"石库门"内，故得名"季家宕"。

　　南卢巷　位于黄金湾小区东南部。东靠妙丰公路，南近兄华路，西临金村公路与季家宕自然村相邻，北与隆家自然村相连。村落呈长条形状，分4块居住区，东南亦有零星散居户。

　　2010年村落有楼房23幢、平房3座。村落占地1.2万平方米，建筑占地面积6280平方米，建筑面积5280平方米。2012年动迁2户，分别安置在黄金湾小区和塘桥镇何桥小区。2020年"三优三保"动迁13户，尚剩住户12户。

　　该村落与妙桥社区东卢巷、西卢巷自然村卢姓同属一族，因居南而得名"南卢巷"。2020年属横泾村第二村民小组，农户24户、88人，有卢、刘、王、陈等姓，卢姓为主。

　　隆家巷　位于黄金湾小区东部，新丰桥南桥堍，金村公路纵贯其中。东临南卢巷自

南卢巷、隆家巷

然村，南与季家宅自然村相连，西与原刘桥自然村（现黄金湾小区）相邻，北临周家巷自然村。

村落呈块状分布，总占地面积1.3万平方米。2015年有楼房27幢、平房6座，住户36户，建筑占地面积7000平方米，建筑面积6248平方米。其中预动迁4户，安置在黄金湾小区。2020年"三优三保"动迁5户，尚剩住户26户。因隆姓最早落户此地，繁衍生息，村落得名"隆家宅"，村后河塘亦为"隆家河"。2020年属横泾村第三村民小组，农户33户、134人，有隆、卢、陆、秦等姓，卢姓占约80%。

横泾岸 位于黄金湾小区正东南，东依妙丰公路，南有横泾小河与隆家自然村相隔，西与周家巷自然村相连，北接商城路。

2011年，修筑妙丰公路动迁5户，均安置于横泾小区。后预动迁2户，其中1户安置胡同社区，1户安置何桥小区。2018年有楼房21幢，村落占地总面积7700平方米，建筑占地面积3780平方米，建筑面积3560平方米。2020年"三优三保"动迁9户，尚有住户12户。

据传，数百年前村落东有座崇古庵，庵前有棵老银杏树，周围百姓常前往朝拜，香火基旺，被视为风水宝地。故外姓人争相迁入，在崇古庵西建房，形成村落。民国时期，庵内尼姑圆寂，被游方道人入住奉祀刘孟将圣像，遂更名横泾庙。抗日战争时期，其中一进开设茶馆，苏常太敌后武工队朱英等经常在此留宿或开展活动。中华人民共和国成

立后，曾在此设大队部（高级社）、欧桥小学横泾分校。

20世纪初，该村落东有老芦浦塘，西有老顾仙塘，为贯通两塘，新开河道傍村而过，命名"横泾河"，"横泾岸"由此得名。2020年属横泾村第五村民小组，农户25户、104人，有丁、陈、李、钱、胡、庞、刘、周等姓。

周家巷 位于黄金湾小区正东，东连横泾岸，西依金村公路。北临商城路。整个村落傍水而建，南有门前泾，西北有后底泾，中有周家河，水域面积约4000平方米。

村落占地1.06万平方米。2015年2户预动迁安置在黄金湾小区，2020年有楼房19幢，平房1座。建筑占地面积4920平方米，建筑面积4625平方米。相传，周姓户在一百多年前，从金村周家院迁居至此，祖祠在周家院周家祠堂，故取名"周家巷"。2020年属横泾村第六村民小组，农户22户、90人，有周、丁、钱、严等姓，周姓约占70%。

朱家湾 位于黄金湾小区东北。东傍金村路与妙桥中国羊毛衫商城相连，南与商城路相接，西靠妙金塘，北临妙桥中路，与王泾湾自然村隔路相邻，水陆交通便利。村落地处妙桥中国羊毛衫商城旁，商业门店林立，各类服务较齐全，在20世纪80年代至2000年为一方繁华之处。

村落呈长方形，占地1.3万平方米。2020年有楼房31幢，建筑占地面积1.3万平方米，建筑面积7595平方米。原有严家、钱家两村落，在1992年建妙桥羊毛衫市场后消失。因绝大多数住户依塘而建，且村落位

周家巷

朱家湾

于三面环水的河湾内，故得名"朱家湾"。1994—2015年，横泾村委设在此地。2020年属横泾村第七村民小组，农户31户、126人，有朱、卢、丁、钱、邓、严等姓，朱姓户约占40%。

三五叉口　位于黄金湾小区东北，由东三五、西三五两村落组成。东靠妙丰公路，与欧桥村南杨家巷自然村相邻，南接妙桥中国羊毛衫商城，西与王泾湾自然村相连，北靠西旸塘。

1983年前，绝大多数村民居住妙金塘东侧，后因修建妙桥中路将村落分成南北两部分。2010年，有楼房64幢、平房1座，占地面积2.66万平方米，建筑占地面积1.56万平方米，建筑面积1.4万平方米。2011年，因修筑妙丰公路而动迁9户，其中7户安置在横泾小区，1户安置在黄金湾小区，1户为货币安置。2020年"三优三保"动迁9户，尚有住户47户。村落有大泾河、小泾河、李才泾、里充泉、东塘河等，水域面积约6000平方米。

村落内有3条居民出路，将村落划分成5个居住处，大多数农宅傍水或傍路而建。村落因地处通往金村和西旸、妙桥集镇交叉处而得名。

相传早年，有陈姓者到教会学校读书，故信天主教者甚多，而延续至今。族人有天主教神父陈寅生（上海虹口修道院）、修女陈章保（大义桥天主教堂）、陈惠保（上海天主教堂）。陈姓家族以耕读为本，崇教之风较浓。中华人民共和国成立后，该村落从事教师职业的有13人，以陈姓居多。

1950年，该村落隶属福山区太平乡。1958年，该村落与欧桥南杨家巷自然村为一个生产队，1962年划归横泾大队，同年分成东三五、西三五两个生产队，2020年属横泾村第八、九村民小组，农户61户、239人，有陈、朱、袁、周、温等姓，以陈、朱姓为主，其中陈姓26户，100多人，大多信奉天主教。

王泾湾　位于黄金湾小区北，妙桥中路两侧。东与三五叉口自然村相连，南与横泾小区相邻，西与妙桥社区东卢巷自然村相近，北靠西旸塘。妙金塘从村落穿过，部分农户房屋依妙金塘东西两岸而建。

整个村落呈梯形状，占地面积1.86万平方米。沿妙桥中路北有5户民房和集体门店房。2018年有楼房52幢、平房1座，建筑占地面积1.15万平方米，建筑面积1.25万平方米。王泾湾河长400米，宽12米，面积4800平方米。原村落东有老顾新塘，北有老西旸塘，中有章泾河，交通极为不便，故名"王泾湾"。

20世纪60年代，村办砖瓦小窑就在其北。80年代后，又处在妙桥镇工业区和商业中心，集体、个体经济发达，是名副其实的镇中村落。1973年，妙桥公社在西旸、金村公路交会处，建造了一座占地12平方米，高4.2米，顶高6米的水泥结构六角亭，命名为新风亭。该亭有6根圆柱，三个进出口，三步台阶。风亭六面设有匾额，采用民间泥塑工艺，塑有百鸟朝凤、花开富贵、耕读樵渔等图案。每个亭角上塑有栩栩如生的凤凰图案。此亭成为妙桥公社标志性建筑，西面桥梁也因此

王泾湾

而命名新风桥。1993年，因公路拓宽，新风亭被拆除。

　　农业合作化时期，属红旗十二社。1962年，缪家宕自然村有8户并入，缪家宕村落消失。西旸塘上的"缪家桥"就此而名。原张家港市毛线厂、张家港市轻工材料厂、张家港市妙桥客运站建在此地。空军飞行员、革命烈士卢祖恒出生于此。

　　2020年属横泾村第十村民小组，农户54户，252人，有何、吴、卢、丁、谭、杨、胡、钱、陶、李等姓，以杨、卢两姓居多。

　　章泾头　位于黄金湾小区正北。北靠永进路，与王泾湾相邻，西沿吹鼓路，与文卫新村相望，南临商城路，与长浜岸自然村相邻，东与横泾小区连接，靠近妙金塘。2001

年，妙桥镇社会服务中心（敬老院）迁至此地。

　　村落分东章泾和西章泾，占地面积2.65万平方米。2005年，因建横泾小区，动迁17户，其中16户就地安置，1户安置在塘桥镇胡同社区，预动迁2户。2020年有楼房53幢、平房2座，建筑占地面积1.31万平方米，建筑面积1.63万平方米。主河为章泾河，东西走向，弯弯曲曲，全长750米，宽8米，水域面积6000平方米，该村落位于章泾河东端，"章泾头"由此得名。

　　中华人民共和国成立前后，该村落中从事泥瓦匠、木匠等小手工业者甚多，手艺精巧，有一定名气。中华人民共和国成立初，该村落与长浜岸自然村同属妙桥乡六村，合作化时期与五村、七村同属红旗十二社，人民公社时期隶属邓家大队，1962年属横泾大队。2020年属横泾村第十一、十二村民小组，农户69户、239人，有卢、陆、金、朱、王等姓，以卢姓为主。

长浜岸 位于黄金湾小区北部，东临妙金塘，与朱家湾自然村隔河相望，南接商城路，中有长浜河，北与章泾头自然村相连。南侧均为工厂与商业区，纯属镇中村落。

村落呈正方形，占地6670平方米。2020年有楼房16幢，建筑占地面积3624平方米，建筑面积3945平方米。其中1户动迁安置在黄金湾小区。主河为长浜河，长800米，平均宽14米，面积1.12万平方米。村落以此得名。

1958—1961年，与王家屯自然村合并为王家屯生产队，1962年分开。1950年，参加过解放舟山群岛战斗，两次荣获四等功的老兵朱湘琴（女）落户此处。2020年属横泾村第十三村民小组，农户18户、68人，有卢、李、邓等姓，以卢姓为主。

王家宕 位于黄金湾小区西部。东临沪苏通高铁与俞家自然村相近，南与凤凰镇恬庄村新苗自然村以南横塘为界，西近希望路，北与谢家宕自然村隔商城路相望。

村落呈三角形，占地面积7537平方米。2010年有楼房16幢、平房2座，建筑占地面积4128平方米，建筑面积3700平方米，预动迁5户。2020年项目动迁3户，尚有住户10户。村落中河浜较多，有蛳螺屯、南横浜，夏家河，水域面积1.95万平方米。大多农户依

蛳螺屯、夏家河居住。

民国时期，村落东南南横塘上建有一小桥，且王姓居多，取名为"王家小桥"，村落名亦为"王家宕"。抗战时期，东北流亡者赵仲明，外号"矮脚先生"，在原金大浜河畔办私塾一所，而后在此落户。

1968年，王家与陶桥谢家宕自然村合并，为陶桥大队第三生产队。1974年又分出谢家，王家与农科队合并称王家生产队，1980年又分开单独组队，称王家生产队。2020年属横泾村第二十九村民小组，农户16户、76人，有王、夏、黄等姓，以王姓为主。

马家宕 位于黄金湾小区西部。东临陆巷里自然村，南接宋家自然村，西邻纪家宕自然村，北与三条桥自然村相邻。

村落呈三角形状，2012年有楼房31幢、平房3座，建筑占地面积7380平方米，建筑面积1.01万平方米。2014年因修筑沪通高铁动迁30户，其中27户安置在黄金湾小区，另3户分别安置在塘桥胡同社区、何桥小区、韩山小区，剩余4户。2020年属横泾村第三十二村民小组，农户34户、133人，有马、顾、章、李、杨、屈、陈、翟、卢等姓，因马姓居多而得名"马家宕"。

何家湾 又名何湾，位于黄金湾小区西南。东临朱家宕自然村，南与凤凰镇恬庄村新苗自然村相望，西接俞家宕自然村，北靠夏家湾自然村与兄华路接近。

村落呈长方形，占地面积4669平方米。2020年有楼房11幢、平房3座，建筑占地面

积3230平方米，建筑面积3250平方米。旧时地处河湾，因何姓居多而得名"何家湾"。有条长河从东通过朱家自然村一直到何家自然村，农户依河而建，沿河南北两排横向排列。2020年属横泾村第三十五村民小组，农户14户、55人，有何、葛、宋、朱等姓。

朱家宕 又名朱家宅，位于黄金湾小区西偏南。东与俞家宕自然村相邻，南与凤凰镇恬庄村王家、何家自然村相近，西连何家湾自然村，北与夏家湾自然村隔兄华路相望。

村落呈长方形，沿东西向南小塘两岸聚居，占地面积8004平方米。2004年有楼房20幢，平房1幢，建筑占地面积5520平方米，建筑面积4900平方米。其中项目动迁1户被安置在洞泾小区，预动迁2户。村落内有南小塘，通过何家湾自然村与北小塘相连，直通奚浦塘。2020年属横泾村第三十八村民小组，农户22户、84人，有朱、杨、丁、王、宋、奚等姓，因朱姓户多而取名"朱家宕"。

陶桥 又名陶家桥（胡家宕），位于黄金湾小区西部。东与马家自然村相邻，沪苏通高铁在马家与陶家桥自然村中间穿过，南与王家自然村隔兄华路相望，西邻希望路与谢家自然村原址相连，北邻纪家自然村。

村落呈一字形，占地面积2240平方米。2001年因辟筑希望路动迁2户，将其安置于卢厅小区。2010年有楼房17幢，平房1座，建筑面积4295平方米，均居住于陶桥中心河边沿商城路北一狭长地带。2013年，因建沪苏通高铁动迁9户，其中6户安置在黄金湾小区。因村落西有一陶家桥而得名，原陶桥大队亦据此命名。

1980年，陶桥大队在此建立农科队，生产队名也曾用农科队。2020年属横泾村第三十九村民小组，农户18户、71人，有谢、陈、胡、王等姓。

苏家角 位于黄金湾小区西部，由郭家宕、李家宕、孟家宕、汪家宕4个小村落组成。东临腾浜、南北屯，南依薛家中心河，与杨家湾、俞家桥为界，西靠西旸塘，与朱家、宋家自然村毗邻，北与妙桥社区卢厅、龙聚珠自然村隔兄华路远望。

该村落绝大多数住户依薛家中心河而建，东西向成两排，村落占地面积1.27万平方米。2005年有楼房44幢，平房1座。建筑占地1.11万平方米，建筑面积5635平方米。2012年始，因建工业西区动迁23户，其中13户安置在横泾小区，3户安置在卢厅小区，7户安置在黄金湾小区。2020年"三优三保"动迁1户，尚有住户24户。

原村落周边河浜较多，有南北屯、拐塘湾、石河、东黄泥潭、西黄泥潭、西荷花池、高浜、孟家小河等。后因开发区建设，填没南北屯（约15亩），另在村落西北兄华路旁新开观赏河一条。村落东临腾浜、南北屯、杨家浜，西近西旸塘，北为拐塘湾，四面环水。南北屯与杨家浜在东南方向有条朱家坝，使杨家湾和朱家湾相通，主通道向北。旧时交通不便，故得名"苏家角"。

1949年，苏家角与俞家桥、杨家湾、陈家自然村均隶属妙桥乡四保。中华人民共和国成立后的人民公社化时期，孟家宕、郭家宕、李家宕、汪家宕四个小村落，归属队（村民组）几经重组。2020年隶属横泾村第四十、五十村民小组，农户44户、198人，有汪、李、陶、孟、郭、杨等姓，以汪、孟姓居多。

俞桥 又名俞家桥，位于黄金湾小区西南，大坝桥西北处。东近杨家湾自然村，南与凤凰镇港口新农村何家宕自然村相望，西与朱家自然村隔西旸塘相邻，北与苏家角自然村以老顾新塘（现称薛家中心河）为界。

2018年有楼房23幢，平房1座，占地面积9300平方米，建筑占地面积5252平方米，建筑面积6100平方米。其中1户动迁安置在塘桥何桥小区。2020年"三优三保"动迁2户，尚有住户21户。村落南有陈家浜，中有陶家小河，大部分农户住宅建于陶家小河两旁和老顾新塘南岸。居民出行需经俞桥向北通向兄华路。老顾新塘从村落中穿过，塘上建有俞桥（现名余桥），村落由此而得名。

1946年，村民陶林生被国民党强抓作壮丁，在淮海战役中随部队起义参加中国人民解放军，并首批转入中国人民志愿军奔赴朝鲜前线参战，获抗美援朝纪念章和和平勋章，后复员回乡。2020年属横泾村第四十一村民小组，农户25户（其中1户移居美国）、106人，有陶、姜等姓，姜姓为主。

杨家湾 原名杨湾，位于黄金湾小区西南。东南与西黄自然村隔老顾新塘相望，南与凤凰镇港口新农自然村相邻，西接俞桥自然村，北至薛家中心河上的杨湾桥与陈家宕自然村相连。

村落呈两个长方形，占地面积1.4万平方米，中间筑有一条东西向混凝土路。2018年有楼房34幢、平房4座，建筑占地面积6662平方米，建筑面积7360平方米。其中预动迁1户安置在黄金湾小区。2020年"三优三保"动迁4户。村落中有杨家浜，已隔成三段，仍通老顾新塘和西旸塘。因过去交通不便，只有一条老杨湾小桥出行，东南西均无通道，故得名"杨家湾"。

农业合作化时期为红旗十二社，人民公社化时期为邓家大队杨家湾生产队，1962年为薛家大队3队。村落中有杨祥保、杨满弟、杨龙保三兄弟先后参加中国人民解放军，并在部队入党，退役后成为社会主义建设骨干。在他们的带动下，先后有10多位青年应征入伍，保家卫国。2020年属横泾村第四十二村民小组，农户34户、109人，除3户卢姓（横泾村章泾头迁入）外，其余都姓杨。

陈家宕 位于黄金湾小区西南方。东至洋泾桥，南与杨家湾自然村相邻，西接苏家角自然村，北望妙桥社区龙聚珠自然村（龙基）。

村落呈长方形，占地面积1.1万平方米。2018年有楼房20幢、平房1座，建筑占地面积4956平方米，建筑面积5277平方米。2020年"三优三保"动迁3户。有南梢浜、老顾新塘在村落中经过，单向出行。2008年建兄华路后，出行交通得到明显改善。2020年属横泾村第四十三村民小组，农户21户、88

人，有陈、杨、秦、朱、卢、李等姓，因陈姓多而得名"陈家宕"。

洋泾桥 位于黄金湾小区西南，杨泾桥塅北，东与新桥自然村隔老妙金塘相邻，南与杨家宕隔老顾新塘相望，西与陈家宕相接，北到大乌头与苏家角相近，由许家宕、黄家宕等4个小村落组成。

2005年有楼房18幢、平房3幢，占地面积9300平方米，建筑占地面积3990平方米，建筑面积5060平方米。2011年，因规划工业西区，动迁6户被安置在黄金湾小区，预动迁1户被安置在胡同社区。2020年，还剩楼房13幢、平房1幢，均分布在吹鼓路西、兄华路北、杨泾桥西北处。

抗美援朝时期，洋泾桥自然村虽仅有10户居民，却有黄祖章、朱保元、高祖德3人参加中国人民志愿军奔赴前线，其中黄祖章、朱保元在部队入党，复员后成为行政村领导骨干。60年代，朱保元家兄弟4人举家搬迁至跃进圩，是妙桥公社首批围圩开垦者。60年代初，许德元（曾任新疆维吾尔自治区和硕县常务副县长、政协主席）参加支援新疆建设。2020年属横泾村第四十四村民小组，农户23户、101人，有许、孟、朱、宣、钱、高、黄等姓。

薛家地 又名薛家殿、雪家，位于黄金湾小区北偏西。东有薛家浜与阳光学校隔河相望，南与商城路接壤，西与张家港市人防工程隔老妙金塘相望，北隔薛家浜与黄家巷自然村相望。

薛家地

村落呈正方形，占地面积近9000平方米。2003年，建商城路动迁6户，其中安置于卢厅小区、横泾小区各1户，安置于黄金湾小区4户。2020年有楼房19幢、平房1座，建筑占地面积5456平方米，建筑面积4700平方米。原有陆家浜、牛立泾两河浜已被填没，三面环水。

1969年，妙桥公社在此设立农业技术推广站、兽医站、畜牧良种场，有12户搬迁至跃进圩。1978年，农科站搬迁至横泾村朱家湾后，金村村前巷部分农户又搬迁此地。1979年起，分设薛家地和农科站两个生产队。

据传在明嘉靖年间，原住上海嘉定东（沿海）薛家浜的邹氏为躲避倭寇入侵搬迁至此，其后人邹寿百、邹寿干、邹寿天兄弟创业成功，广置房产、地产，并建邹家祠堂，家居为八字墙门，绞圈屋，前后各7间，东西厢房各3间，主屋后配有厨房、柴房、仓库和杂物间。前院题"忠思衍庆"牌匾，后院书"吉庆万年"牌匾，并辑家谱。为纪念原来的居住地，将居住地取名"薛家地"。东北角有一"L"字形河，亦命名为薛家浜。2020年属横泾村第四十七和五十一村民小组，农户26户，116人，有邹、王、杨、钱、穆、季等姓。

黄家巷 位于黄金湾小区西略偏北。东邻文卫新村，南靠薛家河，与薛家地自然村隔河相邻，西与卢厅小区隔西旸塘相望，北

黄家巷

与妙桥村龚巷自然村以油车浜为界。

村落呈长方形，占地面积5200平方米。2011年预动迁1户，安置于黄金湾小区。2020年有楼房15幢、平房3座，建筑占地面积3502平方米，建筑面积2940平方米。村落后的油车浜东宽西窄，长500米，平均宽度60米，水域面积3万平方米。每年6—9月，常有内涝之患。2018年7月，水利部门在油车浜西与西旸塘交界处建造小水闸，以免内涝。

中华人民共和国成立初，与薛家地同属妙桥乡八村。农业合作化时期为红旗十二社，人民公社化时期为薛家大队10队。1958—1961年，与薛家地同属薛家地生产队，1962年，单独组队。1969年，薛家地成立农科队，由薛家地一部分农户与黄家巷组成一个生产队。同年，黄华华等4农户搬迁至跃进大队。1975年，农科队搬迁至横泾大队朱家湾自然村，薛家地与黄家巷自然村又分属两个生产队。2020年属横泾村第四十九村民小组，农户14户、67人，除邹姓外，其余均姓黄，故得名黄家巷。

西黄　位于黄金湾小区西南方向1千米处。东与邹家自然村相邻，西、南与凤凰镇杏市村交界，北邻杨家湾自然村（横泾薛家片区），原是黄家宕和陈家两小村落组成。

村落呈"一"字形，占地面积1.6万平方米。2018年有楼房22幢、平房1座，建筑占地面积6191平方米，建筑面积5380平方米。2020年"三优三保"动迁5户。村落中有小泾河、杨庄浜、大浜墩、圆河等，水域面积

2000多平方米。2020年属横泾村第五十二村民小组，农户23户、90人，有黄、陈等姓，黄姓偏多，又在原吹鼓村西北，故称"西黄"。

邹家（邹家宕）　位于黄金湾小区西南方向。东靠杨家宕，南近杨家巷自然村，西邻西黄自然村，北沿顾新塘，在杨泾桥堍西南处。村落呈半圆形，农房大多傍河而建。

2018年有楼房31幢、平房1座，建筑占地面积7336平方米，建筑面积7570平方米。其中1户动迁安置于黄金湾小区。2020年"三优三保"动迁24户，尚有住户10户。村落东有小泾河，南有杨庄浜（与西黄交界共有），西北有顾新塘，三面环水。2020年属横泾村第五十三村民小组，农户34户、133人，有邹、查、时、沈、陈等姓，以邹姓居多而得名"邹家"。

杨家宕　又称吹鼓墩，部分农户就建宅在此。该村落位于黄金湾小区偏西南方向。东临吹鼓路，南与北杨家巷自然村相近，西与邹家自然村相连，北近洋泾桥。

村落呈正方形，占地面积1.48万平方米。2018年有楼房32幢，平房1座，建筑占地面积6740平方米，建筑面积6015平方米。其中1户动迁安置于黄金湾小区。2020年"三优三保"动迁11户。

康熙年间，建有观音堂，1948年改为私塾。村落中有吹鼓浜、南泾（京）梢等，水面总面积7200平方米。据《金村小志》记载，明代刑部主事杨伸卒后墓葬于此，取名"吹鼓墩"。

2020年属横泾村第五十四村民小组，农户26户、129人，有杨、查等姓，杨姓约占90%，故得名"杨家宕"。

小山房　又称小山房巷，位于黄金湾小区正南。东临顾新塘，南有大金河与唐家宕自然村相望，西与杨家宕自然村隔吹鼓路相近，北有金公墩，与金村村夏皋自然村相邻。金公墩俗称"小山"，故得名"小山房巷"，简称"小山房"。

村落呈"一"字形，占地面积9338平方米。2018年有楼房18幢，建筑占地面积3625平方米，建筑面积3080平方米。2020年"三优三保"动迁3户。村落周边有小泾河、大泾河、小圆河等，水域面积3万平方米。

中华人民共和国成立初，该村落仅有农户9户，却有杨良保、杨永元、杨关兴三人同时参加抗美援朝。复员后杨永元赴黑龙江、杨关兴赴新疆参加支边建设。

农业合作化时期，与中杨村、邹家村、东杨村、大坝村同属红旗十二高级社，人民公社时期与杨家宕自然村同属杨家宕生产队，1962年分出小山房生产队。2020年属横泾村第五十五村民小组，农户15户、60人，有黄、杨、王等姓，杨姓居多。

唐家　位于黄金湾小区正南。东临顾新塘与金村苑小区隔河相望，南与金村西巷门自然村相近，西与杨巷自然村隔吹鼓路相邻，北与小山房自然村相近。

村落呈长方形，占地面积1.73万平方米。有楼房28幢，建筑占地面积7543平方米，建筑面积6670平方米。其中预动迁2户分别安置在胡同社区和黄金湾小区。2020年"三优三保"动迁16户，尚有住户10户。村落内有裤子浜、唐家河、五队河等，水域面积4600多平方米。

相传清咸丰年间，金村富户王老彪在村落东南建坟堂，唐氏兄弟负责看管，并在坟堂西北建房居住，故得名"唐家宕"。

村落中已故老兵唐涛涛在解放战争时期就参加中国人民解放军，复员后又报名参加中国人民志愿军奔赴朝鲜参战，负伤后，放弃伤残军人待遇退伍回乡，在当地备受尊敬，传为佳话；还有杨明华、杨宣先（女）在1959年志愿参加支援新疆建设。

中华人民共和国成立初，该村落属杏市乡吹鼓村，农业合作化时期属红旗二十高级社，人民公社时期为吹鼓大队5队。2020年属横泾村第五十六村民小组，农户29户、121人，有杨、唐、王、郭、瞿、黄等姓，唐姓约占70%。

赵巷　位于黄金湾小区南，由东赵、西赵两村落组成。东近老顾新塘，南靠金恬路，西临姜家湾自然村，北与杨巷自然村相邻。吹鼓路从村落中穿过。

村落呈品字形，占地面积2.67万平方米。2015年有楼房40幢，建筑占地面积9406平方米，建筑面积9660平方米。2020年"三优三保"动迁14户。

相传金村西赵姓、徐市西赵姓、杨舍城

南赵姓，同属一支，祖祠设在杨舍城南。民国末期，还经常有祭祖活动。主要内河有长河浜，水域面积3500平方米。

人民公社初期至1962年同属1个生产队，称"赵巷"。1962年分成2个生产队，为东赵与西赵生产队。1969年始为红星大队和红星小学所在地。明末崇祯年间，广东海口总兵赵牧出生于此。2020年分属横泾村第五十八、五十九村民小组，农户40户、147人，除2户姓潘外，其余都姓赵，故得名"赵巷"。

东巷 又名"徐塘桥"，位于黄金湾小区正南部，横泾村最南端，古桥"徐塘桥"北端。东与金村村钱家湾自然村相近，南与金村村后巷自然村隔河泾塘相望，西靠南巷，北近金恬路。

村落呈曲尺形，分四个居住小区，占地面积3.07万平方米。2018年有楼房37幢、平房3座，建筑占地面积9923平方米，建筑面积9850平方米。2020年"三优三保"动迁19户。

村落内绝大多数农宅傍水而建，有海豚浜、张家河、汤家河、刘家河等。另有官路浜。据传，原徐塘桥为古时南北主通道，官路浜为商队马匹饮水之池。

该村落与南巷、田都、姚墩、姚浜等村落均南近河泾塘，五个村落呈一字形东西排开，该村落位居最东端，故得名"东巷"。据传境内杨氏一族系清末从恬庄搬迁至此，祖祠设于恬庄。

1950年，与南巷自然村同属杏市乡东杨村。1957年属红旗二十高级社，1958年人民公社成立后，为吹鼓大队南杨家巷生产队。1962年始，分设生产队，隶属吹鼓大队。2020年属横泾村第六十村民小组，农户39户、146人，有张、杨、汤、顾、刘等姓。

南巷 又称南杨家巷，位于黄金湾小区南部，是横泾村最南端，靠近徐塘桥。东临东巷自然村，南与金村村倪家湾自然村隔河泾塘相望，西靠田都自然村，北近金恬路。

村落傍河泾塘支流（船航浜）而建，浜东住户纵向排列，浜西住户区呈长方形，总占地面积2万平方米。2018年有楼房31幢、平房2座，建筑占地面积7824平方米，建筑面积7540多平方米。预动迁4户，安置于塘桥镇胡同小区、何桥小区各2户。2020年"三优三保"动迁19户，剩余10户。

据传杨姓中一族是从无锡地区因种"客田"搬迁此地，与另一支杨姓不属同支。明朝成化年间，该村落杨文立家祠于宅旁，并辑家谱。因杨姓居多，且是最早定居此地，又位于原吹鼓村最南端，故得名"南杨家巷"，简称"南巷"。

村落内有船航浜，南通河泾塘，还有毛家漏、小泾河、东门塘，水域面积2000多平方米。西有刘家浜，水域面积3000多平方米，从南向北折向西通往姚浜，水路交通方便，曾有农户以打鱼为生。2020年属横泾村第六十一村民小组，农户34户、134人，有杨、潘、王、顾、刘等姓，杨姓占一半。

田都 又称田堵里，位于黄金湾小区南部略偏西，横泾村最南端。东与南巷自然村相邻，南近河泾塘，西靠姚浜自然村，北近金恬路与赵巷自然村远望。

2018年有楼房36幢、平房1座，村落占地面积2.33万平方米，建筑占地面积1.08万平方米，建筑面积8740平方米。预动迁2户分别安置在塘桥镇胡同社区、何桥小区。2020年"三优三保"动迁18户。

村落旁有一大河通姚浜，另有小河西家漏和天字潭，总水域面积为2500平方米。村落四周被农田包围，早年形状像"肚子"，戏称"田肚"，故村落名为"田堵里"。2020年属横泾村第六十二村民小组，农户39户、152人，均姓杨。

姚浜 位于黄金湾小区南部略偏西，由姚浜、姚墩两村落组成。东临田都自然村，西与凤凰镇恬庄泗安自然村隔河相望，南与金村村倪家湾自然村隔河相望，北临金恬路。交通主出口向北至金恬路。

村落呈多边形，分成三个居住区，占地面积1.13万平方米，沿姚浜旁居住户占半数，村落因河名"姚浜"而得。2018年有楼房26幢、平房5座，住户33户，建筑占地面积7185平方米，建筑面积7200平方米。其中1户动迁安置在黄金湾小区。2020年"三优三保"动迁27户，剩余6户。村落内有陆家大屯，水域面积6700平方米。

中华人民共和国成立初，与田都、姜家湾自然村同属杏市乡中杨村，农业合作化时期，为红旗二十社，人民公社时期与姚墩、姜家湾自然村同为吹鼓大队6队。1958年底，姚浜、姚墩合称"姚浜"生产队，后又分出姜家湾生产队。1959年底，姚浜、姚墩与汤家自然村又合并为姚浜生产队。1982年，姚浜、姚墩又分成两个生产队。2020年属横泾村第六十三、六十四村民小组，农户32户、124人，有杨、华、徐、汤、章、吴等姓。

附：消失村落

尹介（尹家宅） 位于黄金湾小区东南部。东与欧桥村尹家自然村相邻，曾称小尹介。东南与金村村时巷自然村相望，西南与隆家宅、南卢巷自然村相近。横泾河上曾建有一小石桥，又名"西石桥"，1956年始建，1975年改建成水泥桥，为村民出行主干道。

村落呈长方形，占地面积近万平方米。2005年有楼房19幢，建筑占地面积4486平方米，建筑面积4560平方米。2010年因修筑妙丰公路而全部拆除。其中8户安置于横泾小区，11户安置于黄金湾小区。

相传陆姓先祖姓尹，由陆姓青年入赘到尹家，后代改尹姓为陆，繁衍至今，以陆姓为主，故得名"尹家"。

1950年，该村落隶属金村乡七村。1957年属妙桥乡红旗十二社。1958年为妙桥公社邓家大队。1962年始，一直隶属横泾村（大队）。境内首位清华大学毕业生陆雪华出生在此。2020年属横泾村第四村民小组，农户

19户、67人，有陆、钱、唐等姓。

王家墩　位于黄金湾小区内北，原址东西狭长。南与原殷家角自然村接壤，西临吹鼓路，东近妙金塘，北为商城路。

2010年有楼房25幢，占地面积1.2万平方米，建筑占地面积4536平方米，建筑面积5750平方米。该村落因建黄金湾小区动迁24户，其中4户安置于金村苑小区，6户安置于横泾小区，2户安置于塘桥胡同社区，12户就地安置黄金湾小区。1户仍留在小区内未动迁，村落基本消失。

据传在300多年前，有山西一王姓迁入，繁衍生息，其后代王吉甫是武秀才。村落南侧有一土墩，故得名"王家墩"。

村落内原有三角屯、家西泾、六角屯等河均已填埋，剩下的彭家屯（墩）长120米、宽12米，面积1440平方米。王家河长260米、宽12米，水域面积3120平方米。2020年属横泾村第十四村民小组，农户24户、103人，均为王姓。

刘桥　原名中宅基（邓家），位于黄金湾小区偏东南。东临妙金塘，南靠横泾薛家片区新桥头自然村，西临西宅基自然村。

村落呈长方形，占地面积1.2万平方米。2010年有楼房24幢、平房1座，建筑占地面积4536平方米，建筑面积5850平方米。至2012年底，该村落因建黄金湾小区而全部动迁，所有农户均就地安置在黄金湾小区。

村落东原有三跨石板桥一座，该桥于1962年拆除改建成水泥双曲拱桥，名为刘家桥，村落因桥得名。

该村落在土地改革时与王家墩自然村同属妙桥乡八村，农业合作化时期，属红旗十二社，人民公社时隶属薛家大队。2020年属横泾村第十五村民小组，农户26户、115人，有邓、宣、何、刘、赵、唐等姓，邓姓为主。

迈步宕　又名万步宕，位于黄金湾小区西偏北，友谊桥北偏东。东临迈步路与原妙桥镇工业西区相连，南邻潘家桥自然村，西邻奚浦塘，北接徐家桥，和洞泾湾距离204国道极近。

村落呈长方形，占地面积1.3万平方米，沿迈步小河两旁南北纵向排列，因处于低洼地而得名"迈步宕"（谐音慢步）。2000年有楼房31幢、平房2幢，建筑占地面积8210平方米，建筑面积8100平方米。2001年，因工业西区二期工程建设动迁19户，均安置在洞泾小区。2020年"三优三保"动迁14户。

中华人民共和国成立初，该村落曾设迈步初级小学。村民严庆生参加中国人民志愿军，赴抗美援朝前线。2020年属横泾村第十六村民小组，农户34户、133人，有严、钱、徐、姚、马等姓。

北宅桥　又名北宅，位于黄金湾小区西北端。东临洞泾湾，南与徐家宕自然村相近，西接塘桥镇禄荡村王家湾自然村，北依华妙河。

奚浦塘穿过村落，东西各呈长方形，占地面积1.4万平方米。2005年有楼房37幢、平房2座，建筑占地面积8812平方米，建筑面积8580平方米。2008年，因204国道东迁工程而动迁28户，其中安置在横泾小区18户，塘桥胡同社区8户，塘桥韩山小区1户，货币安置1户。至2018年剩余11户居于老宅与204国道东。2020年项目动迁11户。

该村落北侧曾有一条小石桥，故得名"北宅桥"，后迁至奚浦塘。中华人民共和国成立初，村民顾六保参加抗美援朝；1985年，许正才参加云南老山前线对越自卫反击战，且火线入党。2020年属横泾村第十七村民小组，农户39户、159人，有杨、顾、周、许、姜、唐、缪等姓。

洞泾湾 位于黄金湾小区西北，东与李家自然村相连，南邻徐桥，西与北宅自然村相邻，北依华妙河。

村落呈两个长方形，占地面积1.3万平方米。北依华妙河东西为两排住宅区，西南部住宅区沿洞泾小河梢南北排列，依河居住户占八成以上。2018年有楼房45幢、平房4座，建筑占地面积9400平方米，建筑面积1.04万平方米。2020年项目动迁49户。

中华人民共和国成立前，该村落原处于东洞泾河以及洞泾小河梢之河湾内，单向出行，交通极不便利，故取名"洞泾湾"。工业西区建成后，村落东有光明路，交通便利。2020年属横泾村第十八村民小组，农户47户、184人。有周、杨、唐等姓，周姓占八成以上。

徐家宕 又名徐家桥或徐桥，位于黄金湾小区西北部，友谊桥东北部。东邻原钱家自然村与光明路相近，南、西为迈步宅自然村，北靠洞泾湾。

村落内有三个居住区：光明路和徐家小河之间纵向排列住宅，徐家小河与奚浦塘间分列两排住宅，徐家小河西南住宅区。1999年有楼房34幢，村落占地面积1.32万平方米，建筑占地面积8940平方米，建筑面积8400平方米。2000年，因规划工业西区动迁8户，分别安置在洞泾小区和卢厅小区。2020年项目动迁26户。2020年属横泾村第十九村民小组，农户34户、124人，有徐、钱、李、陶、马等姓，徐姓户居多。且早年境内有一小桥为徐家桥，故得名"徐家宕"或"徐家桥"。

钱家 位于黄金湾小区西北部。东沿洞泾中心塘（又称钱家小塘）与任家桥自然村以河为界，南与三条桥自然村相近，西邻徐桥自然村，北靠李家自然村。

村落呈正方形，占地面积1.2万平方米。2005年有楼房28幢、平房2座，建筑占地面积7560平方米，建筑面积7880平方米，分成两个居住区。2014年，因修筑沪苏通高铁动迁20户，均安置在黄金湾小区。2018年还有10户，其中6户顾姓户居于南区，4户钱姓户居于妙二路北，东临沪苏通高铁不足50米。2020年项目动迁10户。

该村落原河浜较多，有荷花池、菖蒲泾、顾家浜、卢家浜（其中卢家浜河形独特，呈四曲尺形），其水面总面积超过30亩。2020年属横泾村第二十村民小组，农户30户、123人，有钱、顾、卢、吴等姓。钱姓户多居于北区，顾姓户居于其南区（曾称"顾家宅"）。

李家宅　位于黄金湾小区西北处。东临任家桥自然村，南接工业西区（原钱家），西连洞泾湾，北依华妙塘。

村落呈长方形，占地面积5203平方米。1995年有楼房15幢、平房3座，建筑占地面积3300平方米，建筑面积3900平方米。2000年规划工业西区动迁6户，被安置在卢厅小区。2014年又因修筑沪苏通高铁动迁2户，被安置在黄金湾小区。剩余10户仍依傍于华妙河南岸，离工业西区北不足百米。东有钱家小河，靠近工业西区希望路，西南为光明路，交通便利。2020年剩余10户全部动迁。村落前原有洞泾小河，旁有百园河，西有老鱼池，水域面积约有6500平方米。除百园河外，其余均填平。2020年属横泾村第二十一村民小组，农户17户、64人，有李、钱、郁等姓。以李姓为主，得名"李家宅"。

任家桥　位于黄金湾小区西北部。东与谈家宅自然村相连，南接妙桥工业区（洋宅里自然村），北依华妙河，与顾家村以河划界。

村落分成四个居住区，呈三角形，占地面积1.31万平方米。1995年有楼房35幢、平房1座，建筑占地面积9540平方米，建筑面积8500平方米。2000年因建工业西区动迁9户，被安置在黄金湾小区。2018年有楼房26幢、平房1座，居于工业西区北部妙二路

北，华妙塘南，沿华妙塘16户，沿落马河11户，呈曲尺形。2020年项目动迁27户。

明清时期，村落西北跨华妙河有一桥，名"任家桥"，村落名由此而得。该村落有南北向钱家河，亦称落马河，河上修有"落马桥"。1992年前为谈家宅、任家桥、李家、洞泾湾、北宅四个自然村东西向的主通道。

据传"落马桥"原址在华妙河上，原名"鹿马桥"，意为通向鹿苑与马嘶的主通道。1980年老华妙河疏浚时，将落马桥移址于村落中钱家河上，译音为"落马桥"。2020年属横泾村第二十二村民小组，农户36户、140人。有卢、杨、朱、瞿、谈、邹、虞、唐等姓。

三条桥　位于黄金湾小区西偏北。东邻洋宅里自然村，南连洞泾小区，西靠工业西区，北依小唐家自然村。

村落呈三角形，占地面积5670平方米。2005年有楼房15幢、平房1座，建筑占地面积3920平方米，建筑面积3920平方米。2014年因修筑沪苏通高铁，被动迁11户，其中10户安置在黄金湾小区，1户安置在塘桥何桥小区。2018年仅剩5户，居住于沪苏通高铁东、永进路北、工业西区中的一个狭长地带。2020年项目动迁3户，剩余2户，村落基本消失。

村落东曾有一座石孔桥，南有座大杨木桥（马家桥），西南有小杨木桥，故得名"三条桥"。村落内小河顾家浜、浪浜已被填，还剩阴沟浜与钱家小河，水域面积近万平方米。永进路在村落中穿过，洞泾小区就设在

三条桥区域内。

此地曾是洞泾小学和洞泾大队部所在地。2004年并村前，与唐家宕同属一个生产队（村民组），2020年属横泾村第二十三村民小组，农户16户、68人，有卞、顾、殷、卢、陶、李等姓。

洋宕里 又名洋宕，位于黄金湾小区西偏北。东接妙桥社区西卢巷自然村，南与陆巷、马家自然村隔河相望，西邻三条桥自然村，北靠谈家自然村。

村落呈三角形状，占地面积1.2万平方米。1999年有楼房31幢，平房1座，建筑占地面积7200平方米，建筑面积6890平方米。妙桥公路从村落中穿过。2000年，因规划工业西区，村落全部动迁，其中30户安置于卢厅小区，2户安置在横泾小区。内河有浪浜、天生浜、洋宕泾等，水域面积超过30亩。民国时期河浜都为死水浜，且地势低洼，适逢雨季，经常出现水涝，农田经常被淹，甚至会影响到住宅，居民出行需蹚水过坝，故取名"洋宕里"（意是汪洋之地）。1967年后经多次水利建设，已成旱涝保收良田。

2020年属横泾村第二十四村民小组，农户32户、127人，有李、孙、王、顾、谈、窦、张、苏、邱、邵、杨等姓。美国德克萨斯大学安德森癌症中心分子生物学实验室主任沈建军就出生于此。

谈家 位于黄金湾小区西北部。东与妙桥社区西卢交界，南邻洋宕里自然村，西连任家桥自然村，北靠华妙河。

村落呈长方形，占地面积1.1万平方米。2003年有楼房33幢、平房2座，建筑占地面积8980平方米，建筑面积7300平方米。2004年，因建设工业西区动迁16户，安置在塘桥韩山小区。剩余19户仍居住在工业西区南北向双丰路北端，东西向妙二路北、华妙河南，东南均为厂区。村落东部居民住宅沿华妙河南岸东西向排列，西部居民住宅沿南北向小河西浜两排排列。90%以上的住户傍水而居，呈"L"形分布。2020年"项目动迁"拆除剩余住户。

村落中原有漏浜、东浜、黄泥浜、三角屯等均已填平，仅剩南北向的西浜，水域面积2000多平方米，谈家河水域面积为1950平方米。2020年属横泾村第二十五村民小组，农户33户、161人，有谈、卢、陈、唐等姓。因谈姓居多而得名"谈家宕"。

小唐家 原名唐家宕，位于黄金湾小区西北部，工业西区内。东与洋宕里自然村相连，南邻三条桥自然村，西依洞泾中心塘与钱家自然村以塘为界。

村落呈正方形，占地面积3667平方米。1999年有楼房9幢、平房1座，建筑占地面积1920平方米，建筑面积2120平方米。2003年因工业西区规划动迁9户，其中3户安置在卢厅小区，4户安置在横泾小区，2户安置在洞泾小区，剩余1户，村落基本消失。2004年并村后，因原吹鼓村也有唐家宕，故取名"小唐家"。2020年属横泾村第二十六村民小组，农户10户、33人。该村落为唐姓一家繁衍五代而形成，居住至今，故得名"唐家宕"。

潘家桥 又名友谊桥，位于黄金湾小区西略偏北。东邻奚家自然村，南近奚家宕自然村，西与周巷村禄荡自然村隔奚浦塘相望，北连迈步宕自然村。

村落呈长方形，占地面积1.02万平方米。2000年有楼房30幢、平房2座，建筑占地面积6450平方米，建筑面积7580平方米。2001年，因规划工业开发区，动迁20户，被安置在卢厅小区。2013年预动迁2户，被安置在塘桥何桥小区。2020年"项目动迁"拆除剩余住户。

村落内现存钱家河、小泾河（也称潘家河），水域面积2500平方米。村落西奚浦塘上曾有一石桥，名潘家桥，村落名以此而得。1972年，奚浦塘拓宽时，因修筑沙洲县首条乡级公路——妙桥公路而改建为水泥桥，并改名为友谊桥。2020年属横泾村第二十七村民小组，农户32户、123人，有钱、李、宋、陆、陈等姓。

奚家宕 位于黄金湾小区西南部。东接谢家自然村，南与凤凰镇恬庄村交界，西靠奚浦塘，北与潘桥相近。

村落呈长方形，占地面积3268平方米。1999年有楼房27幢，平房3座，建筑占地面积7200平方米，建筑面积6750平方米。2000年始，因建设工业西区而全部动迁，分别安置于卢厅小区、胡同社区。2020年属于横泾村第二十八村民小组，农户27户、113

人，有钱、谢、李等姓，钱姓居多。据传该村落原住户姓奚，后搬迁至别处，故为"奚家宕"。

谢家 又名谢家宕，位于黄金湾小区西部。东临纪家自然村，南近夏家自然村，西接奚家自然村，北近永进公路。

村落呈三角形，占地面积7737平方米。2005年有楼房17幢，平房1座。建筑占地面积2382平方米，建筑面积4320平方米。2010年，因规划开发区全部动迁安置至黄金湾小区。主要内河有李家浜，水域面积5000余平方米。该组村民李仁宝参加中国人民志愿军，在抗美援朝战场上负重伤。2020年属横泾村第三十村民小组，农户18户、73人，有谢、陈、胡、李等姓，因谢姓为主而得名"谢家宕"。

纪家 位于黄金湾小区西偏北。东靠沪苏通高铁与马家巷自然村为邻，南连陶家桥自然村，西靠希望路与谢家自然村相邻，北靠永进路与三条桥自然村相守，出行交通便利。

村落呈正方形，占地面积7737平方米。2005年有楼房19幢、平房1座，建筑占地面积5505平方米，建筑面积4645平方米。预动迁8户，其中3户安置在黄金湾小区。2020年项目动迁12户。

河浜有北小塘、西大浜、章家浜等，水域面积6600平方米。该村落曾是知识青年上山下乡知青安置点。有苏州知青窦晓丰，常熟知青章艳华、毛建新，妙桥知青姚建华在此插队落户。1980—1995年间，队办预制场，获得较好经济效益，为集体筹到大量公积金。2020年属横泾村第三十一村民小组，农户19户、83人，有纪、章、卢、沈、谢等姓，因纪姓户居多而得名"纪家"。章姓户居住在村落东部，因而曾称章家巷。

陆巷 又名陆巷里、前陆，位于黄金湾小区西部。东以老西旸塘为界与妙桥村卢厅自然村相邻，南靠小横塘与夏湾自然村以河为界，西临马家自然村，北与妙桥村后陆自然村隔河分界。

村落呈长方形，占地面积1.1万平方米。1999年有楼房25幢，建筑占地面积6220平方米，建筑面积7120平方米。因筑商城路及建工业西区而于2013年全部动迁，大多安置于黄金湾小区，村落消失。村落内原有陆巷观音堂，前后陆巷之间有陆巷桥1座，故得名"陆巷里"。桥南为前陆巷，桥北为后陆巷。村落中原有门前屯、石河屯、宣家屯、洪家浜、鲤鱼屯、横浜屯等小河，多数住户依水而建。2020年属横泾村第三十三村民小组，农户25户、94人，有李、顾、钱、陈、奚、卢等姓，顾姓约占70%。

夏湾 位于黄金湾小区西偏南。东与苏家角自然村隔西旸塘相望，南近朱家自然村，西邻宋家自然村，北与陆巷里自然村相邻。

村落呈三角形状，占地面积8004平方米。1999年有楼房20幢、平房1座，建筑占地面积4650平方米，建筑面积5370平方米。

2001年始，因工业西区开发先后全部动迁，其中8户安置于卢厅小区，13户安置于黄金湾小区。村落南有严家河，西有买家屯，东有东家漏、西家漏两河，中有中河，地处河湾，交通闭塞，且早年夏姓一族先居于此，故得名"夏家湾"。2020年属横泾村第三十四村民小组，农户22户、101人，有夏、戴、李等姓。

俞家宕 位于黄金湾小区西南。东邻宋家自然村，南与凤凰镇恬庄村新苗自然村远望，西接王家自然村，北与马家自然村相近。

村落占地面积2.10万平方米。南部曹家村落，住户较多。另有沈家、朱家、杨家、陈家，大都傍河塘而建。1983年，陈小云率先造楼房，至1992年，共29户住上了楼房，建筑占地面积5995平方米，建筑面积6240平方米。2014年，因沪通铁路建设，村落西部有13户居民被动迁安置至黄金湾小区。村落内有木渎屯、牛家小河、曹家小河等河浜，水域面积6000多平方米。

1951年村民朱元元、曹永生参加中国人民志愿军，入朝参战。1958年，村民朱湘林、沈涛涛、沈芬芬参加支援新疆建设。该自然村南有兄华路，北近商城路，西有沪苏通铁路，交通便利。2020年属横泾村第三十六村民小组，农户26户、116人，有曹、沈、杨、朱、瞿、陈、夏、俞、刘、缪等姓，俞姓户较多，故得名"俞家宕"。

宋家 位于黄金湾小区西偏南。东临夏家湾自然村，南与何家自然村相邻，西近俞家自然村,北与马家、陆巷里自然村相近。

村落呈长方形,占地面积1.2万平方米。1999年有楼房31幢,平房1座。建筑占地面积6010平方米,建筑面积6920平方米。2000年始,因分期开发工业西区而全部动迁,其中4户安置在卢厅小区,2户安置在洞泾小区,1户安置在塘桥胡同社区,其余安置在黄金湾小区。内河有宋沥泾,建有老桥"宋沥泾桥"。2020年属横泾村第三十七村民小组,农户32户、143人,有宋、戴、陆、郭、刘、谈等姓,因宋姓户居多而得名"宋家"。

殷家角 又名古树堂,位于黄金湾小区内南端。原址东接新桥,南与老妙金塘为界,处于杨泾桥东北部,西靠金家浜与苏家相近,北望王家墩。

村落呈不规则形状,吹鼓路从村落中穿过,占地面积1.13万平方米。2010年有楼房27幢、平房2座,建筑占地面积5732平方米,建筑面积6647平方米。1968年,在村落南部(吹鼓路)跨老妙金塘建有一桥,名"反帝桥",1995年拆除。该村落因建黄金湾小区于2012—2017年全部被拆除。村落南有印相屯河,北有彭家屯,西有金家浜,三面环水,因殷姓居多而得名"殷家角"。

中华人民共和国成立初与新桥同属妙桥八村,村主任为杨四保。农业合作化时期,隶属十二社,党支部书记为黄祖章,社长为杨四保。人民公社时期,为薛家大队6队。2020年属横泾村第四十五村民小组,农户

29户、128人,有殷、王、章、宣等姓。

新桥 又名新桥头,原址位于黄金湾小区内东南部。东接刘桥自然村,南以老妙金塘为界远望金村村夏皋自然村,西邻殷家角自然村,北至铜塘坝与王家墩自然村相近。

村落呈长方形,占地面积7000平方米。2010年有楼房17幢、平房2座,建筑占地面积3626平方米,建筑面积4020平方米。该村落以顾新塘桥"新桥"得名,原称邓家西宅基,村落因建黄金湾小区安置点而全部动迁,"新桥"也被拆除,绝大部分被安置在黄金湾小区,保留建置与邓家宅基合称新桥头。2020年属横泾村第四十六村民小组,农户19户、70人,有宣、邓、卢、朱、谭、王等姓,宣姓占三成。

邓家 原址位于黄金湾小区南区位。东与刘桥自然村相连,南与新桥自然村相接,西与殷家角自然村相近,北邻王家墩自然村(以洞塘坝为界)。

村落呈正方形,占地面积5600平方米。2010年有楼房11幢、平房2座,建筑占地面积2406平方米,建筑面积2620平方米。2012年,因建黄金湾小区而全部动迁,其中1户安置在塘桥韩山小区,其余均就地安置于黄金湾小区。

村落中原有家西河、王家泾、小泾河、南河浜、谢家屯、刘湖浜已填,农户多数傍河而建。据合兴桥《邓氏家谱》记载:一世瑞甫于明季由锡山搬迁至常熟合兴桥(俗称"刘桥"),为东汉太傅高密侯仲华公之后,其后

代都以"字"辈题名，现户主均以"绍"字辈为主。中国社会科学院荣誉学部委员、红学家邓绍基出生于此。2020年与新桥自然村同属横泾村第四十六村民小组，农户13户、52人，有邓、王、卢等姓，因邓姓占八成而得名"邓家"。

苏家 位于黄金湾小区正西200米。东依大乌头河梢，与殷家角自然村部分住户隔河相依。东近吹鼓路，南与杨泾桥（许家自然村）相近，靠近兄华路。西与孟家、郭家自然村远望，与薛家地自然村以商城路为界南北分居。

村落南部从南向北横向分布成两排，与大乌头河梢相依，北部横向分两排呈长方形，占地面积8300平方米。2010年有楼房26幢、平房2座，建筑占地面积5446平方米，建筑面积6535平方米。2012年，因规划开发区全部动迁，其中3户安置于塘桥胡同社区，2户安置于韩山社区，3户安置于何桥小区，其余安置于黄金湾小区。至2018年底，除大乌头河和小乌头河仍保留外，其村貌已消失。2020年属横泾村第四十八村民小组，农户23户、111人，有苏、卢、邹等姓，因苏姓居多而得名"苏家"。

北杨家巷 又名杨巷，位于黄金湾小区南部。东与唐家自然村隔吹鼓路相望，南与赵巷自然村相邻，西与凤凰镇杏市、西村自然村远望，北与杨家宕自然村相近。

村落呈正方形，共四排，占地面积1.48万平方米。2018年有楼房24幢、平房1座，建筑占地面积6937平方米，建筑面积6100平方米。其中预动迁1户被安置在黄金湾小区。2020年"三优三保"动迁25户。该村落南有前潮泾，北有后潮泾，水域面积5000平方米。

明代进士杨伸、杨集、杨仪，举人杨舫均出生于此。清末时，村落北建有"杨庵观音堂"，为独特的"丁"字形结构，1969年拆除。2020年属横泾村第五十七村民小组，农户25户、109人，有邹、杨、汪、郭、张等姓，杨姓居多，且与南部南杨家巷（南巷）相对，故得名"北杨家巷"，又称"杨巷"。

姜家湾 位于黄金湾小区西南。东临依金河与赵巷自然村隔河相望，南隔金恬路与姚浜自然村相近，西靠凤凰镇杏市、西村自然村，北与西黄自然村相望。

村落呈长方形，占地面积1万平方米。2005年有楼房15幢、平房2座，住户17户，建筑占地面积2050平方米，建筑面积3800平方米。其中1户动迁安置在黄金湾小区。2020年"三优三保"全部动迁剩余住户。

在农业合作化时期，该村落与凤凰镇杏市乡西村自然村同属西村村（行政村），1958年划入妙桥公社吹鼓大队六队，1959年与赵巷自然村合并为赵巷生产队，1962年单独建置姜家湾生产队。

2020年属横泾村第六十五村民小组，农户14户、56人。村落因西有黄杏浜，东有依金河，北有杨湾河，地处河湾，居民出行仅一向南通道至金恬路，且以姜姓居多而得名"姜家湾"。

撤并行政村

洞泾村 位于黄金湾小区西1千米。东与妙桥社区、原薛家村相连，南与港口镇恬庄村交界，西与塘桥镇周巷村隔奚浦塘相望，北依华妙河。明代属于常熟县南沙乡，清代中期为常熟县南三场中十四都十五七图和下十四都十五六图。1912年属常熟县慈妙乡管辖，1934年属梅里区妙桥乡（陶桥）、兴教乡（洞泾部分）管辖。1950年，辖区内妙桥乡十村（部分）、十一村，兴教乡一村、二村（部分），杏市乡中民村、新民村、巷路村属福山区管辖。1956年3月，隶属塘桥区妙桥乡。农业合作化时期成立繁星高级农业合作社、益新高级农业合作社，后改名为红旗十社、红旗十一社。1958年人民公社化时期改称妙桥公社洞泾大队，1959年并入陶桥大队。1962年4月，划出陶桥大队北部10个生产队，重建洞泾大队。1983年政社分设时更名为洞泾村，有11个村民小组。2000年，陶桥并入洞泾村，2003年8月，妙桥镇并入塘桥镇后，改称塘桥镇洞泾村，村民委员会驻地为三条桥。是年，辖区面积2.93平方千米，有洞泾湾、谢家宕、任家桥、纪家宕等24个自然村，村名以自然村洞泾湾得名。

1962年，该大队属粮棉夹种区。全大队有10个生产队，270户、964人，98%的劳动力从事农业劳动。有耕地面积1510亩，其中粮食作物复种面积1877亩，棉花种植面积338亩，油菜种植面积319亩，大豆种植面积319亩。是年粮食平均亩产200千克，棉花平均亩产籽棉23千克，油菜平均亩产20千克。全大队农副业总收入12.3万元，其中副业收入0.02万元，社员平均分配51元，人均口粮169千克。1964年，大队粮食总产560吨，比1962年增长54.27%。其中水稻平均亩产418千克，社员平均分配67.5元，人均口粮280千克。1968年，生产队大面积种植双季稻，并不断改进棉花栽培管理，粮食亩产逐步提高。1971年，大队三麦平均亩产276千克，水稻平均亩产530千克，棉花平均亩产皮棉43千克，油菜平均亩产105千克，社员平均分配116.8元，人均口粮291千克。1972年始，先后建办针织厂、铸件厂、服装厂、塑料厂。1979年，大队工业总产值44万元，利润4.07万元，社员平均分配173元。1983年，该村实行联产承包责任制，从事工业生产的劳动力逐年增多。1989年，全村72%的劳动力从事工业生产。是年，全村工农业总产值1252.41万元，其中农业收入36.11万元，农民人均收入1285元。1994年，该村加强基础设施建设，进行环境整治。至1998年，全村主干道修建砂石道路3000米，铺设自来水管道4000米，自来水普及率50%，改厕率60%。有配电间1座、200千伏安，基本满足全村用电需求。全村共有电话200多门，有线电视入户率80%。2000年，全村有24个村民小组，总户数735户、2191人。其中楼房户648户，占全村总户数的88%，全村耕地面积3013亩，水域面积80亩，农业机械动力

1109千瓦，主产水稻、三麦、油菜，粮食总产1636吨，农业总产值591万元。该村有耀发制衣、鼎益纺织、润强纺织、盛丰针织、金典服饰、龙丽佳针织、乔奇诺针棉服饰等11家工业企业，年销售额1858万元。2002年被评为"江苏省卫生村"。2003年，全村总户数740户、总人口2189人、劳动力1221人，年末耕地面积1988亩，粮食总产693吨，农业总产值350万元，经济总收入2442万元，人均纯收入7378元。2004年并入横泾村。

吹鼓村　位于黄金湾小区南2千米。东与金村村接壤，南与金村前巷隔河泾塘相望，西与凤凰镇杏市村以顾新塘为界。明代属常熟县南沙乡，清代中叶为常熟县南三场下十四都十五四图。1912年属常熟县慈妙乡管辖。中华人民共和国建立初期为福山区杏市乡吹鼓村、邹家村、东杨村和大坝村。1956年3月，隶属塘桥区妙桥乡。农业合作化时期为红旗二十社。1958年公社化时期改称妙桥公社吹鼓大队，1968年改名为红星大队，1981年7月复名吹鼓大队。1983年政社分设更名吹鼓村，村民委员会驻地为赵巷自然村。2002年，辖区面积1.7平方千米，有赵家巷、北杨家巷、田都、小山房、姚浜等12个自然村，村（大队）名以吹鼓墩得名。

1962年，该大队属纯粮区。全大队有13个生产队，362户、1131人，95%的劳动力从事农业劳动。有集体耕地面积1646亩，其中粮食作物复种面积2479亩，油菜种植面积152亩。是年，粮食平均亩产204千克，

油菜平均亩产20千克。全大队农副业总收入15.22万元。其中副业收入0.27万元，社员平均分配70.3元，人均口粮172千克。1964年，全大队粮食总产量739吨，比1962年增长45.16%，其中水稻平均亩产390千克。社员平均分配78.2元，人均口粮294千克。1968年，生产队大面积种植双三季，粮食亩产逐年提高。1971年，该大队三麦平均亩产284千克，水稻平均亩产514千克，油菜平均亩产97千克，社员平均分配110.8元，人均口粮302千克。1972年始，先后建办针织厂、铸件厂、服装厂、塑料厂。1978年，全大队工业总产值32万元，利润3.31万元，社员平均分配134元。1983年，该村实行家庭联产承包责任制，从事工业生产的劳动力逐年增多。1989年，全村从事工业生产的劳动力457人，占总劳动力的59%。是年，全村工农业总产值734.51万元，其中农业收入43.75万元，农民人均收入1168元。1994年，该村加强基础设施建设，开展环境整治。至1998年，全村修建沥青道路1000米，砂石路面积800平方米。有配电间1座、180千伏安，更换村级电线800米，基本满足全村用电需求。全村共有电话200多门，有线电视入户率30%。全村农户100%用上自来水，改厕率达100%，2002年建成省级卫生村。是年末，全村14个村民小组，有417户、1249人。其中楼房户387户，占全村总户数的93%，全村耕地面积1825亩，水域面积120亩，农业机械动力420千瓦，主产水稻、小麦、油菜，

粮食总产量961吨，农业总产值427万元。有大华家用纺织、华强针织、有机齿科材料、益伟制线、协盛针织、春竹制帽、合丰针织、红星铸件、华成机械等9家工业企业，年销售总额1831万元。是年，全村经济总收入2487万元，农民人均收入6792元。2003年，全村总户数417户、总人口1235人、劳动力758人，年末耕地面积1326亩，粮食总产488吨，农业总产值490万元，经济总收入2615万元，人均纯收入7216元。2004年并入横泾村。

薛家村　位于黄金湾小区西南1千米。东与原横泾村相邻，南与原吹鼓村、凤凰镇杏市村交界，东南与金村村四组隔河相望，西与原洞泾村以西旸塘为界，北临妙桥村。明代属常熟县南沙乡，清代中叶为常熟县南三场下十四都十五一图。1912年属常熟县慈妙乡管辖，1934年属梅里区妙桥乡。中华人民共和国建立初期为妙桥乡六村、八村、九村。农业合作化时期建有5个初级社，1956年属红旗十二社，1958年人民公社化时期为邓家大队。1960年，邓家大队又分设横泾、薛家两个大队。1983年政社分设时，更名为薛家村，村民委员会驻地为陈家宅自然村。2002年，辖区面积2.28平方千米，有薛家地、殷家角、邓家等12个自然村。村（大队）名以自然村薛家地得名。

1962年，该大队属粮棉夹种区。全大队11个生产队，365户、879人，85%的劳动力从事农业劳动。有集体耕地面积1464亩，其中粮食作物复种面积2157亩，棉花种植面积

19亩，油菜种植面积210亩，大豆种植面积66亩。是年，粮食平均亩产195千克，棉花平均亩产籽棉30千克，油菜平均亩产31千克。全大队农副业总收入12.41万元，其中副业收入0.10万元，社员平均分配62元，人均口粮169千克。1964年，全大队粮食总产量587吨，比1962年增长42.82%，其中水稻平均亩产389千克，社员平均分配77.35元，人均口粮289千克。1968年，有8个生产队大面积种植双季稻，粮食亩产逐年提高。1971年，该大队三麦平均亩产253千克，水稻平均亩产510千克，棉花平均亩产皮棉32千克，油菜平均亩产212.6千克，社员平均分配105.4元，人均口粮242千克。1972年始，先后建办针织厂、蜡线厂等。1979年，全大队工业总产值26.99万元，利润5.52万元，社员平均分配169元。1983年，该村实行家庭联产承包责任制，从事工业生产的劳动力逐年增多。1989年，全村69%劳动力从事工业生产。是年，全村工农业总产值423.4万元，其中农业收入35.77万元，农民人均收入1159元。1994年，该村加强基础设施建设，开展创建卫生村活动。至1998年，全村主干道修混凝土路长1100米，铺设砂石路面积1.31万平方米。有配电间1座、315千伏安，发电机组2台，基本满足全村用电需求。全村共有电话202门，有线电视入户率达37%。2002年，在大力创建卫生村活动中，全面整治环境卫生，建成省级卫生村。是年末，全村12个村民小组，有290户，1022人。其中楼房

户254户,占全村总户数的87%,全村耕地面积1451亩,水域面积204亩,农业机械动力421千瓦。主产水稻、小麦、油菜,粮食总产量686吨,农业总产值350万元。建办志忠针织、新民制造、东升电品、华益纺织等11家工业企业,年销售总额1671万元。是年,全村经济总收入2902万元,农民人均收入6532元。2003年,全村总户数290户、总人口1048人、劳动力548人,年末耕地面积610亩,粮食总产4530吨,农业总产值240万元,经济总收入3107万元,人均纯收入7008元。2004年并入横泾村。

陶桥村　位于黄金湾小区西1千米。东与妙桥社区交界,与原薛家村隔西旸塘相望,南与凤凰镇新苗村接壤,西与塘桥镇周巷村与奚浦塘相隔,北与原洞泾村相接。有章家巷、潘家桥、奚家村、前陆巷、俞家宕、陶家桥、夏家宕、谢家宕、纪家宕、马家宕、夏家湾、何湾、黄家宕等13个自然村。该村以境内1座陶家桥得名陶桥村。明代属常熟县南沙乡,清代中叶称常熟县南三场下十四都

十五六图。1912年属慈妙乡管辖,抗战胜利后归妙桥乡管辖。1950年,该村前陆巷、夏家湾、宋家宕、俞家宕等自然村为福山区妙桥乡十村和十一村,而陶家桥、谢家宕、纪家宕、马家宕、潘家桥、奚家等自然村为杏市乡中民村、新民村和巷路村。1956年3月,归属塘桥区妙桥乡红旗十一高级社(益新社)。1958年称妙桥公社陶桥大队。1959年,洞泾大队并入该大队。1962年4月,其北部划出,再建洞泾大队。1983年政社分设时更名妙桥乡陶桥村,村委会驻地章家巷。1999年,辖区面积1.5平方千米,耕地面积1468亩,水域面积220亩。有13个村民小组,376户、1120人,劳动力659人。楼房户353户,占全村总户数的94%。是年有农业机械动力361千瓦,粮食总产939吨,农业总产值264万元。村办企业涉及针织、纬编、服装、大理石、机械配件等产业,另有1个水泥预制场。是年,全村经济总收入为823万元,人均纯收入达5550元。2000年6月,撤销陶桥村,并入洞泾村。

地貌土壤

地貌

横泾村位于张家港市东南部，总面积8.9平方千米。东临塘桥镇欧桥村，南与金村村和凤凰镇杏市村相邻，西与凤凰镇恬庄村、塘桥镇周巷村以奚浦塘为界，北临妙桥社区、顾家村。从东南西三方将原妙桥镇区呈弧形状相围。疆界最东端点为尹家宕自然村，紧挨妙丰公路，最南端为徐塘桥，最西端为潘家桥，最北端为三五叉口自然村。

境内北部从西旸和常熟福山、鹿苑马嘶一带有一条依稀可见的高岗，古称岗身，是古海岸线。后人利用该岗身，筑成了一条护江堤，当地人称"海顺"，以海顺为界，分为南北两个部分，横泾村在南部，属古老长江三角洲的古代沙嘴区，是海相河相沉积平原。横泾一带及周边在地下发现成片的泥炭，地表散布着不少泥塘、河浜，明显反映出老长江三角洲的平原特点。

横泾村平均海拔高度在4米，略显东南高于西北之势。由于古代沙嘴的不连续性，形成了一系列平田和叠形低洼地，还有许多不规则的池塘，以及弯弯曲曲的泾浦。除了长江的潮汛外，长期的人类活动也影响着地貌形态，取土做砖坯、水利建设、取土筑路等，造成地势高低不平，形成了新的观赏河。住宅、墓葬的时代沿袭，造成了许多高墩。20世纪70年代，大搞农田基本建设，填平了不少河浜，铲平了大量高墩，整平了大量的低洼地，从而出现了大量平整的良田。20世纪末的新农村建设和工业区建设，使横泾村的地貌又发生了巨变，泥土地面锐减，取而代之的是纵横交错的混凝土路、沥青路和鳞次栉比的建筑群。

土壤

境内的土壤发育形成，受自然环境成土因素及先人勤劳耕作因素的综合影响，种类较多。根据1982—1983年的土壤普查结果显示，境内土壤主要有黄泥土、铁屑黄泥土、乌底黄泥土、小粉白土、乌珊土、鳝血黄

美丽的横泾

泥土、粉砂心黄泥土、粉砂底黄泥土、白底黄沙土等，均属于盐铁塘南古老冲积土块。

黄泥土　该土种一般分布在高程3.1米左右的地形部位，地下水位低，土块干湿交替明显，有良好的土体构型，渗透层垂直，节理明显，在其厚度50厘米左右，无障碍层次，耕层较为紧实，黏粒含量在25%以上，通透性能良好，熟化一般，肥力中等，是农业生产上较为理想的一种土壤，宜种稻麦，供肥保肥好，有利于作物生长。主要分布在吹鼓及横泾片区东南部和薛家、陶桥片区南部。

鳝血黄泥土　它是黄泥土的变种，出现这种土的原因，是由于使用有机肥料较多，合理用地养地，使耕层熟化程度高，物理性能好。这种土潜育层铁锰淀积明显，层底黏粒含量大于30%，平均有机质含量在2.5%左右，含氮在0.15%左右，含磷在0.12%左右。碱解氮、速效磷、速效钾、土壤代换量适中，每立方米含水率在35.79%左右。土壤缓冲性能强，土体较松，细菌容易繁殖，肥力高，保肥供肥性强，在耕层中有大量的鳝血斑纹出现，适合于各种农作物生长，因此民间有"鳝血黄泥土，种稻种麦全不错"的谚语。主要分布在吹鼓、横泾、陶桥、薛家片区，占全村土地总面积的30%左右。

铁屑黄泥土　黄泥剖面在犁底层，有铁粉碎状结构，与土粒混合均匀，容量大，铁屑粒大的如鸡蛋，小的如豆瓣，耕层紧实，耕性较差，土层较僵板，供肥迟且慢，不利于作物的根系深扎，影响作物的生长，种稻稻不发，种麦麦不长，产量低。主要分布在横泾片区，占比较少。

乌底黄泥土 该土种剖面同黄泥土相似，俗称"生土"，在70厘米上下有深灰色的埋藏层，一般在地势比较低的外沿，高程在2.7米左右，耕性较差，土层较僵板，质地黏重，通透性不良，养分释放缓慢，供肥性较差，作物发育缓慢，生长迟，但后期较有劲，不易倒伏，产量中等。主要分布在洞泾、陶桥片区等，占全村土地面积的2.3%左右。

小粉白土 土壤剖面犁底层以下有白土层，厚度大于10厘米，土体在60厘米内出现白土层，耕层熟化程度一般。由于有白土层，耕性差，渗透性不良，易淀浆板结，作物根系生长困难。民间有"阵雨一落（下）结成皮，上下之间不通气，麦苗细小没分枝，严重结块还要死，一亩麦子挑一担，油菜只有几十斤"的农谚。这种土壤特别缺磷缺钾，是一种低产土。主要分布在西旸塘南岸、黄金湾、朱家湾自然村，占全村土地总面积的1.5%左右。

乌珊土 俗称"灰炉底土"，该土种剖面同黄泥土，地层乌黑色，埋藏在79厘米上下，受长江冲积影响，脱水后易开拆，形成大量僵块，黏粒大于25%，是黏质粉黏土。土块中厌气性微生物活动频繁，腐殖质积累较多，土块呈乌黑色，供肥能力较差，土壤代换量大，养分易被固定，操作性能差，农作

物不易生长。民间有"干时像把刀，湿时一团糟""干三天，湿三天，不干不湿只三天"的农谚。主要分布在横泾、陶桥片区等，占土地面积的3%左右。

粉砂心黄泥土 该土种在黄泥剖面至60厘米处有粉砂质次，颜色较白，土层较深，铁锈较多，这类土壤耕性和肥力较好，宜种性广，地下水位低，容量小，土层较松。主要分布在陶桥、吹鼓、薛家片区等，占全村土地总面积的20%左右。

粉砂底黄泥土 该土种黄泥土剖面，60厘米以上有粉砂层次，颜色较白土层较深，铁锈色较多，似黄白色，这类土壤耕性和肥力较好。主要分布在横泾、薛家、洞泾片区等，占全村土地总面积20%左右。

乌泥土 俗称"山乌土"，属湖积母质上承受长江冲积物再沉积发育而成。全剖面的质地较轻，以中壤为主，黏粒含量小于20%，粗粉砂大于45%，渗育层雏形发育，土体裂面断续出现灰色胶膜，并有少量锈色斑纹，淀积现象不明显，中、下层有石灰反应，地下水通常在70厘米以下，土壤毛细管孔隙发达，通透性好，有夜潮现象。土壤养分含量丰富。耕层有机质含量平均达2.56%，全氮含量达0.152%，全磷、碱解氨、速效磷、速效钾含量属中上等水平。土壤容量重1.28克/立方厘米，土壤代换量达14.89毫克/千克土，保肥性稍差，作物常因肥力不够而后劲不足。主要分布在横泾、薛家片区，占全村土地总面积8%左右。

水系·气候

水系

境内属长江流域和太湖流域交汇处，浦、河塘纵横交错。西旸塘为境内排洪泄涝主通道，位于村中心地带，流经横泾，向西与东西向的华妙河在妙桥小学南交汇。东有妙金塘贯穿南北，在王泾湾北与西旸塘交汇。

西有奚浦塘从南向北在北宅（自然村）西北部与华妙河交汇。南有东西向的河泾塘与走马塘、望虞河相连，北有东西向的华妙河将奚浦塘、西旸塘贯通，形成了两横四纵的水系网络。其中老顾新塘蜿蜒曲折在村东中部地区，与部分村组河道相连。这些密布的河道网络，为横泾村交通运输、排洪泄涝、农田灌溉等发挥重要作用。

2020 年横泾村主要河道概况表

表 2

河道名称	走向	村境长度（米）	宽度（米）	水域面积（万平方米）
西旸塘	南北	1250	30	3.75
奚浦塘	南北	1380	25	3.45
顾新塘	南北	1610	18	2.90
妙金塘	南北	1900	24	4.56
老顾新塘	南北	1100	13	1.43
河泾塘	东西	1000	26	2.60
华妙河	东西	1300	30	3.90

气候

一、季节

境内地处北亚热带南部湿润气候区，季风盛行，四季分明，气候湿和，雨量充沛。年平均气温为15.6℃，最热月平均气温为26.8℃，年均降水量为1042.6毫米。境内受季风环流影响较为明显，其中冬季受极地大

陆气团控制，盛行偏北风，寒冷干燥；夏季多受热带海洋气团控制，盛行低纬度太平洋的偏南风，温高湿润；春秋为冬夏季风更换季节，冷暖气团互相争雄，锋面交错，气旋活动频繁，从而形成了四季分明的气候特征。

春季 气温回升，但不稳定，时寒时暖，天气多变，时有倒春寒现象，多春雨。有"正月邋遢年，二月盛鬼天"之说。早期常有低温晚霜冻出现，通常为"清明断雪，谷雨断

霜"。3月，气温逐渐上升，但时有冷空气侵袭，降水较2月略有增加。4月气温显著上升，雨量亦增多。5月气温进一步上升，温差幅度更大，雨水增多。一般情况下，小满天气比芒种季节气温反而高，谚语云"小满里日头，晒开石头"。

夏季　受东南风和副热带高压控制，炎日多雨。前期有梅雨，多阴雨天气，可谓"黄梅天测测（经常）变"。中期盛夏，气温最高，多伏旱。后期受台风影响，时有雷雨大风、暴雨、冰雹和龙卷风出现，为全年最多雨月份。7月中旬至8月上旬，雷阵雨与晴日高温天气时常交替，有"夏雨隔丘田，黄牛湿半背"之说。

秋季　早期仍有台风影响，多秋风秋雨天气，有"朝寒昼热夜阴凉"之说。中后期秋高气爽，气压升高，气温下降，冷空气不断南下。但光照充足，雨水少。一般在10月下旬终雷，11月下旬寒潮开始侵袭，降水量略为减少，11月下旬初霜。

冬季　多偏西北风，冷空气活动频繁，干旱寒冷，有时会出现大雪、暴雪，也有无雪年。12月，气温明显下降，雨水偏少。1月，冷空气活动频繁，气候寒冷干燥，雨雪偏少，常见冰冻，为全年最冷月份。2月，气温开始回升，天气阴冷，雨雪较多。

二、气温、降水、日照、季风

气温　1959—1985年，年平均气温为15.10℃，1986—2008年平均气温为16.10℃，2018年年平均气温为17.30℃，为近60年来最高。最低年平均气温为1969年的14.60℃。近20年来，夏季平均气温最高，为26.05℃；其次是秋季，为17.90℃，再次为春季，为14.60℃；冬季最低，为4.90℃。每年7月是全年最热的月份，月平均气温为31.95℃。2017年7月24日，为年内最高气温，达40.90℃，比历史记录的41.20℃低0.30℃，2017年全年达到35℃以上的高温日为30天，1月是全年最冷的月份，月平均气温为3.5℃。2018年1月，月平均最低气温3.1℃，全年低于0℃的低温日数为32天，为近10年最多。2018年极端最低气温达−5.30℃，比历史记录的1969年2月6日的−11.30℃高出6℃。1981—2010年，年平均无霜期有225天。2018年，初霜日为2017年11月19日，终霜日为2018年3月22日，霜期124天，比1981—2010年30年平均霜期多40天。2020年年日均最低气温为14℃，年日均最高气温为22℃。受全球气候影响，境内平均气温呈现明显上升趋势。

降水　境内一般年平均降水量在1000—1200毫米之间，其中1981—2010年间平均降水量是1081.3毫米。雨日最多年为1977年的141天，最少年为1978年的81天。春季降水量最多的是1973年，为286.5毫米，雨日47天；1964年4月份最长一次连续15天阴雨（4月2日至16日）。夏季，梅雨从6月19日至7月3日左右，降雨时间最长的为1980年，有42天；最短的是1964年，只有5天。秋季，降水量最多的是1967年的509

毫米，最少的是1979年的107.3毫米。冬季降水量最少，其中12月份平均降水量为30.7毫米。全年降雪日数平均5—10天，初雪一般在12月中旬，次年二月中旬终雪。积雪深度一般在10厘米以下，最大深度23厘米。而1998年3月20日，境内普降大雪，为历史罕见。2018年年平均降水量为1363.3毫米，比2017年少193.2毫米，属雨量偏多年份，全年有6个暴雨日，梅雨期19天，梅雨量162.8毫米，较常年偏少。2020年降水量1326.6毫米，与常年1081.7毫米相比偏多三成。年降水日数138天，较常年偏长19天。夏、秋两季降水偏多，最大月降水量为354.9毫米，出现在7月。梅雨期过程长、梅雨量大、强降水天气多。6月9日入梅，7月21日出梅，梅长42天，比常年偏长19天。整个过程中梅雨量为649.7毫米，是常年梅雨量的2倍多。

日照 境内年平均总日照时数为2130.7小时，占可照射时数48%。1981—2010年平均日照1836.6小时。全年总日照时数，最多年份为1967年的2513.10小时，占可照时数的52%；最少年份为1999年的1604.5小时，占可照时数的36.15%。全年日照时间最多的为7—8月，日照时间最少的为1—2月。2020年，全年日照时数为1935小时，比2017年多51.2小时，比1981—2010年平均日照多71.4小时，年日照率为44%。

季风 境内地处亚热带季风区，四季风向明显。冬季盛行北风和西北风，寒冷干燥；夏季盛行海洋吹来的东南风，温暖湿润；春季以东南风或东风为主；秋季东风频率最高，其次刮北风或东北风。境内夏、秋两季常受台风影响。1959—1985年27年中，台风过境52次。1986—2018年中，每年有3—4次台风直接影响本地，其中成灾台风有20多次。历年极端最大风速出现在1997年8月19日第11号台风影响时，风向为东北风。瞬时风速达25米/秒（7708号台风）。2018年共有4次台风，分别是10号台风"安比"、14号台风"摩羯"、18号台风"温比亚"、12号台风"云雀"，次数之多属历史上罕见，其中8月12日受14号台风"摩羯"外围影响，境内连降暴雨，部分地区积水较严重。2020年夏季强对流天气频发，其中6月13日夜里出现雷阵雨天气，伴有8至9级大风，出梅后持续干旱，8月11日至9月7日持续28天全市无明显降水，气温持续偏高。汛期共受到4个台风及外围影响，7月无台风影响，影响程度总体偏轻。

自然资源

一、土地资源

中华人民共和国成立初，境内区域几经变更，其土地面积无法统计。1962年，境内设立了5个大队，其区域面积与2020年基本相同。据有关资料显示，1962年，境内共有耕地面积8012亩，其中横泾1932亩、洞泾1510亩、陶桥1460亩、薛家1464亩、吹鼓

1646亩。耕地面积占区域面积的60.01%。2002年开发区建设前，境内设4个行政村，总耕地面积7575亩，占区域面积56.74%。2004年四村合一后至2006年，横泾村共出让面积2127亩，占区域面积的15.93%，其中绝大部分成为工业、商业用地，绿化和道路建设用地等。2020年横泾村区域面积8.9平方千米，其中村庄占地1493.57亩，风景、名胜及特殊用地8.57亩，建制镇（镇区）用地3771.05亩，公路用地164.24亩，铁路用地39.80亩，农村道路面积575.74亩。水田3119.89亩，旱地1164.03亩，沟渠用地60.30亩，果园面积24.51亩，其他园地面积（包括绿化）555.24亩，农业设施用地11.97亩。水域面积752.34亩，坑塘面积440.63亩。

二、水资源

横泾村处于长江下游，水资源十分丰富，前人遵循依水而居、靠河垦田的原则，为了生存、生产，开掘了许多大小不一的河流。境内有古河道老顾新塘、河泾塘、老西旸塘，大多北通长江。中华人民共和国成立后，对上述河道多次疏浚，并新开凿了横泾段妙金塘（截弯取直）、陶桥中心河、薛家中心河。2001年建妙桥镇工业西区时填平了不少河浜，内河水域面积略有减少。2004年并村后，水域面积随之扩大，境内有大小河流159条。据气象部门资料统计，1959年至2014年

的55年中，年降水量不足1000毫米的仅有3年，其余年份均超过1000毫米，大小河塘成为天然水库，储水量丰富，满足了工农业生产用水和人民生活用水的需要。境内地下水资源丰富，至1983年，境内共打深井8口，浅井1753口。1994年开展创建卫生村活动后，大力发展自来水基础设施建设，境内逐步使用自来水，1998年境内自来水普及率达60%，2002年境内自来水普及率达100%。2020年，境内大小河流共124条，水面总面积为79.45万平方米。

三、动物资源

（一）家禽家畜
家禽：鸡、鸭、鹅、鸽等。
家畜：猪、牛、羊、狗、兔、猫等。
（二）野生动物
哺乳类：水獭、黄鼠狼、野兔、田鼠、家鼠、水老鼠、刺猬、蝙蝠等。

鸟类：老鹰、鸡子头、猫头鹰、野鸡、黄母鸡、菜花鸡、鸪号鸟、鹁鸪、野鸽、布谷鸟、翠鸟、雁、天鹅、海鸥、捉苍蝇鸟、草鹤、灰鹤、乌鸦、三青（灰喜鹊）、水老鸦、麻雀、燕子、八哥、野鸭、水葫芦、鸳鸯、黄鹂、斑鸠、啄木鸟、鹌鹑、叫天尊、乌椿、画眉、白头鸟等。

爬行类：乌龟、甲鱼（鳖）、壁虎、四脚蛇、蝮蛇、旱火赤练、水蛇、水火赤练、青蛸蛇、秤星蛇、时蜻蛇、竹叶青蛇、犁扁蛇等。

两栖类：青蛙、蟾蜍等。

鱼类：青鱼、白鲢、花鲢、草鱼、鲫鱼、餐鲦鱼、长嘴餐、鳡鲅鱼、鲇鱼、泥鳅、鳗鱼、白鱼、黑鱼、土婆鱼、麦箭头、黄鳝、鲈鱼、鳌鱼、鲑鱼等。

甲壳类：青虾、糠虾、龙虾、河蟹、螃蜞、螺蛳、田螺、河蚌、蚬等。

昆虫类：蟋蟀、蝼蛄、纺织娘、天唧蛉、灶鸡、螳螂、毛虫、红经刺毛、黄蜂、竹蜂、白蚁、臭蚁、黑蚁、蟆虫、纵卷叶虫、稻飞虱、蓟马、萤火虫、金龟子、天牛、垒屎虫、蝗虫、蚱蜢、苍蝇、牛虻、蚊子、蝉、地鳖虫、西瓜虫、瓢虫、蚜虫、蜻蜓、蝴蝶、蜘蛛、蜈蚣、香烟虫、树头虫、青菜虫、黄条跳甲、斜纹夜蛾、地老虎、红蜘蛛、红铃虫、跳板虫、麦蛾、米虫、蜒蚰、蚯蚓、蚂蟥、蜗牛、盲蝽蟓、玉米螟、稻叶蝉、稻苞虫、黏虫、潜叶蝇等。

四、植物资源

（一）粮棉油作物：粳稻、籼稻、糯稻、小麦、大麦、元麦、棉花、油菜、黄豆、花生、芝麻、向日葵、玉米、蚕豆、豌豆、绿豆、赤豆、豇豆及山芋、芋头等。

（二）瓜果蔬菜：西瓜、冬瓜、香瓜、黄瓜、生瓜、丝瓜、葫芦、菜瓜、西葫芦、雪瓜、佛手瓜、南瓜、桃子、梨、柑枇杷、葡萄、柿子、菱角、苜蓿（草头）、茭白、青菜、白菜、韭菜、卷心菜、白萝卜、胡萝卜、莴苣（生菜）、莴苣笋、水芹菜、药芹、蕃茄、茄子、大蒜、葱、花菜、菠菜、马铃薯、扁豆、辣椒、甜椒、长豆、菜豆（四季豆）、毛豆、青蚕豆、茼蒿、香菜、荠菜、雍菜、雪里蕻、苋菜、蘑菇、平菇、香菇、紫角叶、竹笋等。

（三）花卉：芍药、鹤望兰、风信子、水仙、郁金香、马蹄莲、鸢尾、小苍兰、仙客来、彩叶凤梨、君子兰、水塔花、羽叶甘蓝、金盏花、石竹、蒲苞花、虞美人、三色堇、矮牵牛、蜡梅、梅花、玉兰、茶花、樱花、月季、牡丹、米兰、白兰花、迎春花、金边瑞香、蔷薇、菊花、天竺葵、金莲花、三角花、金银花、美人蕉、晚香红、象牙红、一串红、紫薇、玫瑰花、芙蓉花、桂花、金苞花、火炬花、仙人球、睡莲、令箭荷花、红花葱兰、荷花、杜鹃、木槿、扶桑、紫荆、珍珠梅、茉莉花、含笑、八仙花、朱顶红、大丽花、百合、石蒜、万寿菊、鸡冠花、百日草、半枝莲、四季海棠、吊钟海棠、何氏凤仙、花叶芋、冬珊瑚、绿萝、合果芋、文竹、龟背竹、花叶万年青、五色花、绿巨人、天门冬、紫背万年青、紫鹅绒、伞草、虎耳兰、金边虎尾兰、常青藤、吊竹梅、海芋、乌巢蕨、蟆叶秋海棠、铁线莲、苏铁、黄杨、红叶等。

（四）树木：杨树、柳树、榆树、桑树、柏树、松树、楝树、槐树、椿树、朴树、梧桐树、槿树、泡桐树、香樟树、银杏树、榉树、乌桕树、棕榈树、水杉、杞柳、白梓、冬青、广玉兰、白玉兰、红枫等。

（五）野生植物：芦苇、干棵、苍术、野茭白、芹草、三棱根、茅柴、狗尾巴草、何首乌、野百合、野山药、石蒜、野菱、节节草、井栏边草、凤尾草、瓦松、半夏、野韭菜、麦芒冬、蓼头、半枝莲、益母草、金钱草、枸杞、金银藤、马齿苋、蒲公英、车前草、水藻、万年青、书带草、马兰头、看麦娘、狗尾草、水花生、水浮莲、绿萍、红萍、棉条苇、蓬头、乔乔子、野燕麦、稗草、鸭舌头、灯笼草、扦扦活、鱼腥草、野菊花、高蒲等。

自然灾害

干旱　横泾地处江南水乡，河道纵横，即使发生干旱，影响较小。但1914年夏，久未有大雨，连续高温，亢旱燥裂，河浜干涸，百姓在河底凿井取水。1932年，连续29天无雨，最高气温38℃左右，田地龟裂。中华人民共和国成立后，人民政府日益重视农田水利建设，抗灾能力不断增强，尤其是随着科技进步，农业机械化和电气化程度的提高，纵有旱情发生，危害也不会太大。1953年4月中旬至5月中旬，30多天未下雨，旱象严重。又恰逢育秧季节，秧田禾苗枯萎，缺秧严重。境内虽用12道水车自三里外河塘翻水灌溉，仍有近百亩禾苗枯萎。1971年夏秋，连续高温干旱89天，35℃以上高温达20多天，稻田虽及时抗旱但仍减产。2016年8月起，境内晴日高温40天，其中39℃以上8天，极端最高气温达41.3℃.

连阴雨　境内连阴雨四季均有出现，主要发生在春季、初夏（梅雨），其次为秋季，雨日较长。雨日偏多的连阴雨天气，造成内涝，对农作物生长有不同程度的危害。1983年10月15日至22日，连续阴雨，总降雨量90.3毫米，是50年中同期降雨量最大的一年，造成稻田积水，部分未脱粒的杂优稻和单季晚稻发芽。1998年汛期，总降雨量为702.8毫米。长江发生了仅次于1954年的全流域特大洪涝，沿江最高潮位6.57米，超警戒水位日期74天。境内农田被淹严重。2002年5月25日至6月4日，境内降雨185.7毫米。麦田普遍积水，影响小麦收割，造成大面积小麦发芽霉变。

台风　境内地处东南沿海，常受台风外围影响，并夹杂暴雨。一般6—10月是台风活动期，7—9月为活跃期。1949年7月24日晚，台风、暴雨、狂潮袭击一昼夜，江河水位暴涨，大量民宅进水，大片农田被淹，秋熟基本无收获。1962年9月6日，14号台风过境，风力9—10级，连降暴雨36小时，降水量达284.3毫米，茅草房被刮倒，土墙倒塌，烟囱吹倒，损失严重。1977年9月10日，8号强台风由长江口岸登陆西进，过境风力达10—11级，伴有暴雨，雨量达173.3毫米，内涝严重，大片水稻受"没顶"之灾。1991年6月30日至7月3日，连日暴雨，河塘满溢，农田严重积水，低洼地受淹，境内总降水量达300毫米，内河水位上涨5.06米，水稻、蔬菜地、瓜果地受淹严重。2005年8月6日深夜，9号强台风"麦莎"袭击境内，最大风速达17.8米/秒，造成境内部分房屋倒塌，树木、电线杆被刮断,直接经济损失10余万元。

冷冻　冬季,寒流袭击,气温骤降,境内低温冻害也有发生。1976年冬至1977年春,出现了罕见的低温冻害,最低温度零下11.3℃,整个冬季降雪15厘米,冬冷程度为十年之最,三麦受到严重冻害。1995年2月4日,受北方强冷空气影响,气温骤降,境内三麦、油菜2000余亩歉收。2008年1月25日至28日,境内遭遇强降雪,地面最大积雪深度达31厘米,为历史罕见的特大雪灾。树木断枝,倒塌彩钢棚和简易棚252万平方米,蔬菜大棚285亩受灾,交通事故频发。境内直接经济损失75万元。

冰雹、龙卷风　冰雹、龙卷风在境内偶尔发生。1962年8月15日,境内受龙卷风袭击,兼有冰雹,损坏房屋200余间。1976年4月22日下午4时30分至5时30分之间,境内遭受大风、冰雹和大雨袭击,冰雹小的有蚕豆大,大的有鸡蛋大。境内夏熟作物受到严重损害,三麦产量损失一成以上,油菜籽歉收二成左右。1978年7月10日,龙卷风伴有大暴雨袭击陶桥、薛家、红星等大队,房屋倒塌十几间,5人受伤。1981年7月,冰雹袭击红星等大队,夏熟作物严重受损。2003年8月20日凌晨,一股罕见的龙卷风袭击薛家等村,直径50厘米以上的树木被刮倒30多棵,电线杆被吹倒,30多户房屋受损,少数厂房、奶牛棚被吹坏。

地震等其他自然灾害也时有发生。1976年8月中旬,唐山大地震,境内连续暴雨,省、市、县发出地震预报。村民普遍搭建防震棚,移居室外一个多月。1989年3月的一天,横泾村章泾头一妇女遭雷击身亡。

第二篇　居民·乡望

　　6000年前良渚文化时期，横泾地区就有人类活动。秦汉以后，因战乱，北方人口多次南迁，境内人口逐渐增多。元末明初杨氏落户吹鼓，邓氏迁徙横泾，卢氏、殷氏分别从嘉定、如皋迁居境内，子孙繁衍，家业兴旺，家族昌盛。民国年间，由于经济落后、人民生活水平低下，加上战乱和自然灾害等因素，人口增长缓慢。中华人民共和国成立后，国民经济逐步发展，国泰民安，境内人口增长较快，人民生活水平逐步提高。1957年出生率高达44.33‰，自然增长率为29.06‰，"文化大革命"时期，境内人口又有较大幅度增长。改革开放后，境内经济迅速发展，人民生活逐步走向富裕，社会保障得到进一步完善。

人口

人口总量

1951年，境域辖12个行政村和6个行政村的部分村落。据1951年土改资料显示，境内参与土改总户数为1367户，总人口5262人，人口密度为每平方千米658人。1953年7月，境内开展全国第一次人口普查，结合境域区划调整，面积为7.9平方千米，总人口约5200人，人口密度每平方千米658人。50年代后期，由于社会安定，农村经济发展，人民生活不断提高，医疗卫生条件的逐步改善，人民安居乐业，第一次出现人口增长高峰。1958年，境内总人口5347人，比1953年净增905人，人口密度达到每平方千米为676人。1960—1962年，国民经济3年困难时期，人口出生率较低，人口自然增长率出现负增长。1962年底，境域面积8.9平方千米，境内总人口5253人，人口密度每平方千米590人。1963年始，由于国民经济得以恢复发展，居民生活有所好转，人口总量略有回升。据1964年7月，第二次全国人口普查资料显示，境内总人口为5343人，人口密度每平方千米600人。1965年，国家开始推行计划生育，不久，因"文化大革命"的冲击，计划生育工作难以开展，人口增长未能得到有效控制。1965—1970年，境内出现第二次人口生育高峰期。1970年底，境内总人口6135人，比1964年净增792人。1971年始，境内进一步执行计划生育国策，制定相应的节育措施和管理措施，严格控制人口增长。改革开放后，计划生育国策得到很好的贯彻，经济加速发展，人口素质不断提高，人口增长率缓慢，年平均增长率控制在10‰。1983年境内总人口为6582人，人口密度为每平方千米739人。自1994年始至2018年，人口增长率多次保持负增长。2020年，境内在籍总人口为7200人，人口密度为每平方千米809人。

1962—2020 年境内户籍人口和自然变动选年情况一览表

表 3

年份	总户数（户）	总人数（人）	出生（人）	出生率（‰）	死亡（人）	死亡率（‰）	自然增长率（‰）
1962	1539	5253	56	10.66	47	8.95	1.71
1963	1512	5312	129	24.28	66	12.42	11.86
1967	1535	5700	120	21.05	43	7.54	13.51
1971	1619	6065	131	21.60	26	4.29	17.31
1974	1691	6324	110	17.39	43	6.68	10.59
1976	1707	6482	119	18.36	62	9.56	8.80
1978	1786	6483	73	11.26	42	6.48	4.78
1980	1788	6510	61	9.37	46	7.07	2.03
1982	1855	6602	66	10.00	38	5.76	4.24
1985	1781	6668	59	8.85	50	7.50	1.35
1988	1848	6686	52	7.78	23	3.44	4.34
1990	1871	6997	81	11.58	52	7.43	4.15
1992	1877	6735	79	11.73	59	8.76	2.97
1993	1891	6684	68	10.17	56	8.38	1.79
1996	1897	6587	44	6.68	73	11.08	－ 4.40
1999	1872	6091	43	7.06	53	8.70	－ 1.64
2000	1778	6097	39	6.40	50	8.20	－ 1.80
2001	1915	5933	39	6.57	55	9.27	－ 2.70
2002	1871	6013	31	5.16	53	8.81	－ 3.65
2003	1873	5881	40	6.80	59	10.03	－ 3.23
2004	1876	5917	38	6.42	40	6.76	－ 0.34
2006	1965	6017	41	6.81	52	8.64	－ 1.50
2007	1240	4272	28	6.55	45	10.53	－ 3.98
2008	1244	4314	30	6.95	60	13.91	－ 6.95
2010	1270	4405	30	6.81	54	12.26	－ 5.45
2012	2127	6977	57	8.17	56	8.03	0.14
2014	2093	7043	73	10.36	56	7.95	2.41
2016	2064	7111	66	9.28	69	9.70	－ 0.42
2018	2001	7098	46	6.48	69	9.72	－ 3.24
2020	1990	7200	43	5.97	78	10.83	－ 4.86

人口结构

一、性别

中华人民共和国成立后的第一次人口普查资料显示，境内男性人数略多于女性，性别比为106∶100。1957年后，均是女性略多于男性。1963年，境内总人口5312人，其中男性为2650人，女性为2662人，性别比99.55∶100。1982年，境内总人口6602人，其中男性3254人，女性3348人，性别比为97.19∶100。2008年，境内总人口4314人，其中男性2071人，女性2243，性别比为92.33∶100。2018年，境内总人口为7098人，其中男性3313人，女性为3785人，性别比为87.53∶100。2020年，境内总人口7200人，其中男性3424人，女性3776，性别比90.68∶100。

二、年龄

中华人民共和国成立前，境内人口的年龄构成未有记载。据1948年1月的相关史料记载，当时全县未满1岁的占总人口的1.31%，1—11岁的占24.37%，12—14岁的占6.24%，15—49岁的占49.96%，50—59岁的占9.37%，60—64岁的占3.55%，65岁以上的占5.2%。中华人民共和国建立后，特别是改革开放以后卫生保障事业的发展，人们的寿命越来越长，人口的老龄化日趋显现。1964年，据人口普查数据显示，境内0—14岁的人口为1886人，占境内总人口5343人的

安逸的晚年生活

35.30%；15—64岁的为3198人，占总人口的59.85%；65岁以上的为259人，占总人口的4.85%。1953年和1964年两次全国人口普查显示，境内人口年龄结构基本属于年轻型。进入70年代后，尤其是大力推行计划生育政策，使人口年龄结构已初步进入成年型。到1990年第四次人口普查时，境内人口年龄结构已成为成年型。2000年第五次人口普查，境内1—14周岁人口1148人，少儿人口占全村总人口7950人（包括城镇居民）的14.44%，15—64周岁的为5994人，占境内总人口75.4%，65周岁以上的为808人，占境内总人口的10.2%。人口年龄结构老龄化的进程加快，人口年龄结构向老年型转变。2018年境内0—17周岁人口为921人，占总人口的12.98%；18—34周岁人口为1257人，占总人口的17.71%；35—59周岁人口为2777人，占39.12%；60周岁以上的为2143人，占总人口的30.19%。2020年，境内0—17周岁人口为919人，占总人口的12.76%；18—34周岁人口为1264人，占总人口的17.56%；35—59周岁人口为2823人，占39.21%；60周岁以上的为2194人，占总人口的30.47%。其中90岁以上长寿老人48人，占总人口的0.67%。

2020年横泾村90岁以上长寿老人一览表

表4

序号	姓名	性别	出生时间	家庭住址
1	陈娇男	女	1918-03-24	横泾村第30组（谢家）
2	汪恒保	女	1920-08-25	横泾村第50组（苏家角）
3	薛恒保	女	1922-08-18	横泾村第62组（田堵）
4	谢四妹	女	1924-01-01	横泾村第30组（谢家）
5	钱金妹	女	1924-05-16	横泾村第27组（潘家桥）
6	钱藕保	男	1925-04-26	横泾村第60组（东巷）
7	夏云保	女	1925-10-13	妙桥卢厅小区223号
8	徐美保	女	1925-11-02	横泾村第41组（俞桥）
9	卢云根	男	1926-02-19	横泾村第31组（纪家）
10	严庆生	男	1926-03-11	横泾村第16组（迈步宅）
11	卢英保	女	1926-04-10	横泾村42组（杨家湾）
12	张三郎	女	1926-08-03	横泾村第60组（东巷）
13	周静保	女	1926-08-06	横泾村第46组（新桥）
14	朱满娣	女	1926-09-23	横泾村第36组（俞家宅）
15	王云妹	女	1927-03-12	横泾村第10组（章泾头）
16	钱兰保	女	1927-08-17	横泾村第27组（潘家桥）

序号	姓名	性别	出生时间	家庭住址
17	芦义大	女	1927-11-05	横泾村第43组（陈家）
18	卢林保	女	1928-03-21	横泾村第65组（姜家湾）
19	马贤官	女	1928-07-01	横泾村第32组（马家）
20	卢世保	女	1928-07-15	横泾村第37组（宋家）
21	钱安保	女	1928-07-23	横泾村第28组（奚家）
22	谢云保	女	1928-08-12	横泾村第30组（谢家）
23	钱小二	女	1928-08-21	横泾村第5组（横泾岸）
24	卢四保	女	1928-10-15	妙桥横泾小区195号
25	王保妹	女	1928-11-12	横泾村第49组（黄家巷）
26	钱金海	男	1929-01-04	横泾村第33组（陆巷）
27	卢根金	男	1929-03-01	横泾村第11组（章泾头）
28	杨明保	男	1929-03-06	横泾村第10组（王泾湾）
29	朱保林	女	1929-05-04	横泾村第19组（徐家宕）
30	谢和生	男	1929-05-13	横泾村第28组（奚家）
31	王青保	女	1929-06-27	横泾村第20组（钱家）
32	杨巧根	女	1929-08-15	横泾村第49组（黄家巷）
33	陈同寿	男	1929-08-20	横泾村第9组（三五叉口）
34	李梅保	女	1929-09-16	横泾村第9组（三五叉口）
35	黄绍华	男	1929-10-22	横泾村第49组（黄家巷）
36	桑瑞保	女	1930-01-17	横泾村第4组（尹家）
37	王银保	女	1930-02-06	横泾村第54组（杨家宕）
38	华进进	男	1930-04-10	横泾村第64组（姚墩）
39	王高妹	女	1930-05-23	横泾村第61组（南巷）
40	陈桂兰	女	1930-06-03	塘桥镇黄金湾137号
41	邵藕保	女	1930-06-04	横泾村第28组（奚家）
42	杨丽保	女	1930-06-28	横泾村第61组（南巷）
43	卢美保	女	1930-07-15	横泾村第10组（章泾头）
44	卢月妹	女	1930-08-25	横泾村第31组（纪家）
45	黄英保	女	1930-10-06	横泾村第52组（西黄）
46	孟同保	男	1930-10-10	横泾村第40组（孟家）
47	瞿桂保	女	1930-12-26	横泾村第56组（唐家宕）
48	吴二保	女	1930-12-30	横泾村第31组（纪家）

三、民族

境内是汉族聚居地，在改革开放前，境内没有少数民族人口。20世纪80年代，随着改革开放，工业经济的发展，人口流动量增大，由于婚姻关系，境内才有少数民族迁入。据2000年人口普查，境内有少数民族人口5人。2020年境内在籍人口中有少数民族人口17人，占全村总人口的0.24%。

2020年横泾村少数民族居民一览表

表5

序号	姓名	性别	民族	出生时间	家庭住址
1	贺武军	男	土家族	1983-10-18	横泾村第9组（三五叉口）
2	陈雨萌	女	土家族	2011-06-03	横泾村第9组（三五叉口）
3	田春煜	女	土家族	1979-01-10	妙桥黄金湾小区
4	何聪莹	女	土家族	2005-06-14	妙桥黄金湾小区
5	何佳莹	女	土家族	2017-05-09	妙桥黄金湾小区
6	鞠文芳	女	土家族	1986-08-13	横泾村第16组（迈步）
7	姚银平	女	侗族	1967-01-15	横泾村第27组（潘桥桥）
8	庹晓芳	女	苗族	1983-05-13	横泾村第31组（纪家）
9	徐慧	女	土家族	1980-03-12	横泾村第9组（季家宕）
10	陈金燕	女	土家族	1999-03-23	横泾村第52组（西黄）
11	向东香	女	土家族	1974-11-09	横泾村第52组（西黄）
12	刘锶涵	女	回族	2014-03-19	横泾村第12组（章泾头）
13	崔一凡	男	朝鲜族	2012-04-04	横泾村第12组（章泾头）
14	金依娜	女	朝鲜族	2012-04-09	横泾村第12组（章泾头）
15	李应江	男	黎族	1974-12-19	横泾村第6组（周家宕）
16	周致凯	男	黎族	2000-11-01	横泾村第6组（周家宕）
17	边策	女	满族	1987-05-30	横泾村第7组（朱家湾）

四、文化程度

中华人民共和国建立前，境内贫苦农民绝大多数是文盲或半文盲。中华人民共和国成立后，政府重视农民文化水平的提高，开展大规模的扫盲运动，大力发展教育事业，境内人口文化素质不断提高，文盲、半文盲人数呈递减趋势，占总人口的比重大幅降低。据1964年7月第二次全国人口普查表明，境内13岁以上人口中，具有小学文化的有1335

人，初中文化以上的有192人，分别占总人口的24.99%和3.6%；而13—40岁不识字的人口有130人，占总人口的2.43%，而文盲半文盲人口2308人，占总人口41.40%。1969年，公办小学下放到大队办，各大队都建办小学，让农民子弟就近入学。1988年，妙桥镇率先实现九年义务教育。进入90年代后，国家又进一步扩大中等教育和高等教育事业规模，大中专学生纷纷流入城镇。境内在籍人口的文化程度有了更大幅度的提高，在完成九年义务教育后，初中毕业生大多享受了高中段教育（包括普高和职高），到20世纪末，境内基本普及高中教育。2010年第六次人口普查表明，境内具有小学文化的有1280人，占总人口的29.06%，具有初中文化的有1642人，占总人口的37.28%，具有高中文化（包括中专技校）的人口有748人，占总人口的16.98%，具有大专以上文化的人口有96人，占总人口的2.20%，而文盲半文盲的人口只有20人。

2020年，全村具有小学文化的人口有1161人，占总人口的16.13%；具有初中文化的人口有1584人，占总人口的22%；具有高中文化（包括中专技校）的人口有2402人，占总人口的33.36%；具有大专以上文化的人口有745人，占总人口的10.35%，而文盲半文盲的人口只有9人，均为老年人。

五、职业

中华人民共和国成立前后，境内基本属

纯粮区，劳动力主要从事农业生产，农闲时，兼做小手工业、交通运输等。

1962年，境内总劳动力有2500人，其中90%以上的劳动力从事农业劳动，从事亦工亦农的五匠有100多人，从事副业生产有31人，从事文教卫生工作有3人。

1971年始，境内各大队建办窑厂、针织厂，部分劳动力进入队办企业做工。70年代后期，社队工业经济逐渐发展，工业劳动力需求增加。1979年，境内共有劳动力3575人，从事农业生产的2068人，占总劳动力的57.85%，从事社队工业的劳动力有741人，占比20.73%。

1983年农村实行家庭联产承包责任制后，大量剩余农村劳动力转移到二、三产业。1984年，境内总劳动力有3891人，从事农业劳动力有1150人，占总劳动力的29.56%，从事工业劳动的有2566人，占比65.95%，从事邮电运输、商业服务、经济管理、文教卫生等的有175人，占比4.50%。

90年代后期，个体私营企业发展，社会分工越来越细密，农业劳动力大为减少。1995年，境内实有劳动力3131人，其中从事集体工业劳动的有1343人，占总劳动力的42.89%，而从事家庭工业有1241人，占比39.64%。

进入21世纪后，工业经济快速发展，农业逐渐出现规模型经营。2002年，境内实有劳动力3592人，80%以上的劳动力从事工业生产和多种经营，而从事农业劳动的只占总劳动力17.09%。

2012年，境内实有劳动力3818人，从事农林牧副渔第一产业的只有422人，占总劳动力的11.05%。从事工业劳动的有2554人，占比66.89%，从事交通运输仓储、批发零售、住宿餐饮、金融保险、体育卫生、社会福利、教育文化艺术、广播电视、经营管理等第三产业的有842人，占比22.05%。

2020年，境内有劳动力3808人，从事第一产业的有268人，占总劳动力的7.04%，从事第二产业的有3072人，占比80.67%，从事第三产业的有468人，占比12.29%。

1980—2020 年境内劳动力职业结构选年一览表

表6 单位：人

年份	劳动力总数	其中			其他
		第一产业	第二产业	第三产业	
1980	3319	1599	1617	49	54
1982	3621	1675	1876	51	19
1983	3846	1397	2378	64	7
1985	4155	968	2790	345	52
1987	3571	647	2525	361	38
1989	3455	559	2438	458	0
1990	3492	570	2239	655	28
1991	3682	713	2444	397	128
1995	3131	272	1343	239	1277
1996	3085	198	1060	582	1245
1999	3510	325	1124	193	1868
2002	3592	614	1276	354	1348
2003	3369	710	1223	898	538
2007	3256	607	1662	275	712
2008	3300	530	2453	317	—
2010	3292	497	2482	313	—
2013	3363	387	2538	438	—
2016	3761	315	2994	452	—
2018	3848	282	3105	461	—
2020	3808	268	3072	468	—

人口计生

中华人民共和国成立前，由于生活条件差，医疗水平低，早婚早育，加上天灾人祸等因素，生育率高，死亡率亦高，人口自然增长缓慢。中华人民共和国成立后，境内人口出生经历了低（50年代初）—高（50年代中期至60年代）—低（20世纪70年代后期至今）的起伏过程。随着经济发展，社会稳定，人口迅速增长，年增长率超过1.5%。60年代后期至70年代出现生育高峰期。过快的人口增长对社会的压力很大。1962年12月18日，中共中央和国务院发布《关于认真提倡计划生育的指示》，计划生育开始在境内宣传贯彻。后由于"文化大革命"的影响，计划生育工作受到冲击，名存实亡。1974年12月，中共中央发出32号文件（中发〔1974〕32号文）《关于转发〈上海开展计划生育和提倡晚婚工作的情况报告〉等文件的通知》，境内贯彻"晚"（晚恋、晚婚、晚育）、"稀"（两胎之间间隔5年以上）、"少"（每对夫妇只生两个孩子为宜）的生育政策。1980年9月25日，境内全面贯彻中共中央《关于控制我国人口增长问题致全体共产党员、共青团员的公开信》，提倡"一对夫妇只生育一个孩子"，对落实节育措施终身生一个孩子的家庭颁发《独生子女光荣证》，每年发给独生子女父母奖励40元，直至14周岁为止。1985年，境内已婚育龄妇女有1207人，采取节育措施的1132人，节育率为93.79%，独生子女领证率

达46.78%。

1990年10月，江苏省颁发《江苏省计划生育条例》，提倡一对夫妇只生一个孩子。自此，计划生育工作进一步走向正常化、规范化。随着计划生育工作的不断加强和规范管理，境内始终坚定地贯彻计划生育这一基本国策，将人口和计划生育纳入村总体规划，建立以党支部书记为组长，村委主任为副组长的计生工作领导小组，每月定期召开专题会议，讨论和解决计生工作中出现的难点和热点问题。同时抓好计生队伍建设，配齐配强计生专职助理。65个村民组均配备了计划生育指导员，并与她们签订责任书。同时在镇计生办的指导下，加强基础管理，认真采集辖区内育龄妇女信息，广泛开展优质服务。1996年至2002年间，境内计划生育率连年保持在100%，育龄妇女随访服务率达100%，育龄妇女一年两次的B超率均达99%，避孕方法知情选择率达90%以上，期内综合措施避孕率达98%以上，群众满意率达98%以上。

2002年10月，江苏省第九届人民代表大会常务委员会第十三次会议，通过《江苏省人口与计划生育条例》，2005年9月，苏州市人民政府第四十八次常务会议通过了《苏州市人口与计划生育办法》，境内计生领导小组通过举办人口学校，培训计生骨干，利用黑板报、墙报、画廊及印发材料宣传晚婚节育政策及优生优育有关知识，受教育面达97%以上。2015年，境内计划生育

率均为100%，一胎率为47.22%，独生子女领证率为27.10%，晚婚率为78.57%，节育率为100%。

2015年12月，国家对计划生育政策作了重大调整，放开生育二胎，计划生育工作重点转移到服务上。初婚办理准生证后，可领取1份"优生优育疾病保险"。对0—3周岁的孩子进行科学育儿指导，并分期组织体检。对育龄妇女两年进行妇科普查1次。对未缴纳城镇职工养老保险的独生子女家庭，达到退休年龄的夫妻每月双方各发放80元。对父母49周岁以上的伤残独生子女每月每人发放500—700元不等。对49周岁以上的失独家庭每月每人发放600—800元不等。对独生子女伤残家庭每月随访1次，及时帮助解决他们生活困难。

1986—2015年境内计划生育情况一览表

表7 单位：%

年份	计划生育率	一胎率	独生子女领证率	晚婚率	节育率
1986	100	87.51	47.21	52.00	89.50
1987	100	86.20	45.93	57.42	92.94
1988	100	90.00	53.72	52.17	93.37
1989	100	92.31	55.12	77.78	95.37
1990	100	85.71	56.43	87.50	99.73
1991	100	90.91	56.63	72.73	99.74
1992	100	85.71	56.63	80.00	99.70
1993	100	93.75	48.46	80.00	100.00
1994	100	93.75	53.55	86.96	100.00
1995	100	93.33	63.77	36.49	97.29
1996	100	94.73	68.24	20.00	98.75
1997	100	94.05	66.70	25.60	98.97
1998	100	92.86	57.31	30.90	97.28
1999	100	85.71	55.39	30.77	100.00
2000	100	93.33	51.59	16.67	97.96
2001	100	92.31	47.41	42.86	100.00

年份	计划生育率	一胎率	独生子女领证率	晚婚率	节育率
2002	100	91.23	45.67	35.65	100.00
2003	100	100.00	36.41	25.00	82.85
2004	100	70.32	37.40	32.20	82.44
2005	100	83.33	37.00	45.71	60.97
2006	100	70.73	38.62	38.46	100.00
2007	100	75.00	35.45	51.72	99.32
2008	100	80.00	32.34	30.00	98.73
2009	100	87.50	29.44	44.00	99.90
2010	100	88.00	26.86	63.16	100.00
2011	100	86.11	26.03	56.76	100.00
2012	100	75.00	26.30	53.13	99.89
2013	100	64.58	24.42	70.27	100.00
2014	100	59.68	23.38	88.89	100.00
2015	100	47.22	27.10	78.57	100.00

居民生活

收入消费

收入

中华人民共和国成立前，境内农民饱受地租、苛捐杂税、高利贷的剥削和欺诈，生活十分贫困。只有少数农民可依靠"六棵稻管桩"维持温饱生活。大多数农民靠给地主当长工，给富户做短工，农妇当奶妈、做佣人等维持生活。有的农妇在煤油灯下纺纱线、织土布，挣零用钱。有20%—30%的农户在"荒三春、苦七月"间借粮度日。贫苦的农民做的是牛马活，吃的是猪狗食，过着月当灯、地当铺的生活。

中华人民共和国成立后，农村进行了土地改革，农民分得了土地和房屋。经过农业合作化运动，农村生产力得到发展。农民依靠辛勤的劳动，过上了基本稳定的生活。1953—1957年，农民生活逐年提高，家中有剩米、剩柴的多了。1957年，人均收入达到65元，人均口粮在200—300千克。1958年，搞人民公社化、大跃进，"生产大呼隆，

分配大锅饭"，大刮"共产风"，挫伤了农民的生产积极性，农民收入下降。1959—1961年三年困难时期，农民收入持续下降，生活艰辛。1962年，政府采取措施，大力发展生产力，提高农民吃粮标准，增加农民收入。1963年，境内年终分配总额323548元，人均60.91元，每个劳动日工价0.81元。劳动力年终平均收益123.21元。在1539户农户中，有65.5%的农户平均分得现金57.40元。在1008户余钱户中人均分得现金15.79元。境内农民收入和生活水平有所提高，温饱问题初步解决。1964—1966年，农民人均收入从60多元上升至80多元。口粮从220千克增加至270千克。1972年，境内年终分配总额495769元，人均分配81.38元。其中农业收入占比82.84%，林牧副渔及队办工业、多种经营收入占比为17.16%。境内1659户参与分配的农户中，余钱户占80.35%。在仅20%的缺钱户中，多数为老人和主劳力在外工作的家庭，实际透支户163户，占比9.83%。1978年，农村经济体制改革后，社队工业兴起，农民不再完全依靠农业收入过日子，集

美好生活

1963—2003 年境内各村人均收入选年情况一览表

表 8 单位：元

年份	横泾	洞泾	陶桥	薛家	吹鼓
1963	57.83	52.00	73.00	56.85	66.00
1965	75.00	83.47	81.60	76.00	80.00
1967	104.00	116.00	119.00	125.00	113.00
1969	90.44	102.00	104.40	101.05	98.03
1971	105.70	116.80	118.80	105.40	110.80
1973	89.40	120.00	121.10	105.00	88.40
1975	87.00	110.10	107.60	97.80	80.20
1977	90.90	113.14	120.75	94.50	95.25
1978	129.50	143.80	142.51	144.00	133.81
1980	158.36	228.90	213.91	184.07	177.00

续表8

年份	横泾	洞泾	陶桥	薛家	吹鼓
1982	291.13	367.60	316.45	327.63	331.90
1984	621.13	773.77	676.28	701.90	659.93
1986	861.00	1028.00	920.41	863.70	954.00
1988	1014.60	1153.80	1173.90	1130.30	1160.70
1990	1187.00	1406.00	1247.00	1104.00	936.00
1992	1724.00	2000.00	1811.00	1850.00	1790.00
1994	4859.00	3586.00	3802.00	3880.00	3536.00
1996	6234.00	4683.00	4817.00	5349.00	4971.00
1998	6234.00	5012.00	5250.00	5698.00	5191.00
2000	6350.00	6189.00	—	6331.00	5800.00
2003	7512.00	7378.00	—	7008.00	7216.00

2004—2020年横泾村人均收入一览表

表9 单位：元

年份	人均收入	年份	人均收入	年份	人均收入
2004	8465	2010	15656	2016	34717
2005	9313	2011	18822	2017	37455
2006	10305	2012	22575	2018	40112
2007	11541	2013	24380	2019	42952
2008	12695	2014	28061	2020	44240
2009	13964	2015	31708		

体经济不断壮大，境内农民收入来源多样化，人均分配达到138.72元。

1983年，实行家庭联产承包责任制后，农村劳动力进一步解放，农村经济快速发展。农民亦工亦农，务工经商，收入门类逐步扩展，经济总收入逐年递增，农业收入在农民年收入中占比逐年下降。1988年，境内参加分配人口6626人中，人均分配1126.46元，比1978年增长8.12倍，实际收入比1978年增长10倍以上。1990年开始，随着境内个体针织产业的发展，以家庭作坊形式生产、加工羊毛衫成为许多家庭的重要收入来源。妙桥中国羊毛衫商城建立后，境内餐饮服务业以及羊毛衫批发销售业，成为境内农民的主要收入来源。至1998年，境内各村人均收入达5521.00元，比1988年增加4.9倍。进入21世纪后，工资收入成为境内农民收入的主要来源，各家各户家庭基础建设趋于完

其乐融融

善，农民可支配收入大幅提高。2003年，农民人均可支配收入达到了7200余元，2007年，人均可支配收入11541元，其中工资性收入8000多元。2012年人均可支配收入为22575元。2014年人均可支配收入为28061元。2020年，全村居民人均收入44240元。其中，工资性收入人均22800元，占51.58%，资产性收入（店面出租、民房出租等）6300元，经营性人均收入6100元，农村二次分配和失地农民安置收入3900元，转移性收入（退休金、农村居民养老金等）

4000元，家庭副业及超过退休年龄人员发挥余热打零工收入1100多元。

消费

中华人民共和国成立后，随着农业生产力的不断提高，农民的生活有所改善，但收入还是微薄。60年代，80%以上的农民收入用于解决温饱。70年代，农村生产力得到进一步发展，农民的收入大幅提高，境内农民的消费结构也开始发生明显变化，消费指

老少同欢

数逐年上升。生活消费中，主食品比重开始下降，副食品比重上升，衣着换新加快，穿补丁衣服的人逐年减少，扩建住所费用增加。多子女家庭分建住宅，草房逐步被平瓦房替代，手表、自行车成为时髦消费，女儿出嫁备嫁妆的越来越多，添置各种家具和床上用品成为常态。进入80年代，境内农民消费重点向平房翻建楼房转移。境内大部分农户逐步住进自建的三间二层楼房，建房消费占消费总额的50%。90年代，部分已富裕起来的农户开始安装电话机，寻呼机、大哥大、摩托车成为这个年代的时髦消费，至1996年，横泾村率先成为电话村。是年，横泾村农民人均年收入6234元，比1993年增长266.7%，人均消费3765元，占总收入的60.39%，其中食品消费1740元，占总收入的46.22%。衣着消费361元，占比8.39%。居住消费383元，占比10.17%。家庭设施和服务605元，占比16.07%，医保103元，占比2.73%，交通通信218元，占比5.79%，文娱245元，占比6.51%。进入21世纪，境内农民消费热点向购买商品房、汽车、通信设备以及教育方

绿意盎然

面转移。家庭耐用消费品逐步普及，包括洗衣机、冰箱、空调、手机、热水器、照相机、电脑、汽车纷纷进入农户家庭。2005年，横泾村百户农民耐用消费品拥有量情况为洗衣机80台、冰箱65台、摩托车65台、电瓶车78辆、空调68台、抽油烟机27台、电话96部、手机85部、热水器（太阳能、电热器、燃气）52台、照相机12台、电脑13台、汽车6辆。横泾村农民人均消费增加至5805元，其中食品消费2080元，占消费总额35.83%，衣着消费325元，占比5.60%，家庭设备用品352元，占比6.06%，居住580元，占比10.00%，文化娱乐504元，占比8.68%，医疗保健消费315元，占比5.43%，交通通信410元，占比7.06%，旅游教育906元，占比15.61%，2010年始，横泾村农民消费热点为子女教育、购车养车、家居装饰、旅游、保健，食品消费比例逐年下降。2020年，横泾村居民人均消费总支出达27500元，其中食品烟酒支出5900元、衣着支出1850元、住房消费4600元、生活用品及服务费支出1950元、交通通信支出3800元、教育文化娱乐旅游支出3550元、医疗保健养生支出1800元、其他支出4000多元。

饮食衣着

饮食

境内居民传统饮食习惯为一日三餐，早餐吃粥，配以咸菜、腌萝卜、炒黄豆、酱瓜、凉拌萝卜丝、荷包蛋等（选一至二样）作为下粥菜，以清淡为主。中晚饭吃米饭，荤素搭配，以生活条件与家庭成员喜好而定。

中华人民共和国成立前，境内绝大部分农民终年在田里辛勤劳作，年终缴纳租税外，所剩粮食无几。"夏吃麦粞，秋吃糙米"，人多地少，粮食紧张，往往以南瓜、山芋、玉米等杂粮充饥。少数贫苦人家一日两餐，荒年乞讨度日。

中华人民共和国成立后，人民生活逐步改善。1954—1983年，国家对粮食实行统购统销，人均口粮定量分配，基本解决温饱。1954—1958年，人均口粮在240—270千克。1959—1961年三年困难时期，境内少数生产队人均口粮不满150千克，粮食供应不足，只能以南瓜、黄萝卜等杂粮充饥。1965年至70年代中期，人均口粮从240千克逐步达到300千克，余粮户有所增加。70年代中后期至80年代初，人均口粮保持在300千克左右，杂粮不再折算口粮，三麦在口粮中的比例下降，农民全年以大米为主食，基本不食麦粞、麦片，只吃精白面粉制成的面条或馄饨。餐桌上开始荤素搭配。1983年，农村实行家庭联产承包责任制后，家家户户有余粮，饮食发生了质的变化，荤素搭配，从吃饱向吃好转化。逢年过节、婚丧喜庆，讲阔气，菜肴丰富，且注重烹饪技艺，基本过上了小康生活。

2000年后，青年人很少在家用早餐，往往去面馆吃面或到餐饮店购买各种早点。上班族一般中午在单位就餐，晚饭才会一家人一起就餐，主食仍是以米饭为主，菜肴除鱼类、猪肉、鸡肉外，海鲜产品、牛羊肉开始摆上餐桌。除本地蔬菜外，各类反季的大棚蔬菜、外地蔬菜成为家常菜。

2010年后，人们逐渐注重养生保健，膳食讲究营养全面，绿色健康，主食为大米兼以小米、麦片、玉米等杂粮。荤素搭配，提倡少油、低盐、低脂肪，多食绿色蔬菜、水果、奶制品等，野生鸡、鸭、鹅、土鸡蛋、黄鳝、甲鱼等成为农家餐桌的上品。部分富裕家庭婚宴喜庆选择在高档宾馆、星级酒店举办。

衣着

服饰　中华人民共和国成立前后，农民的穿着全靠自纺、自织、自家缝制。一般每对夫妇都生育2—3个子女，或3个以上，因此在衣着上有句俗话："大大着新，二二着旧，三三着点破衣襟"，还有"新三年，旧三年，缝缝补补又三年"，在家或劳动时穿着都很朴素，走亲访友，穿件新衣服（俗称"出堂袍"）。男的大多穿长衫和对襟衫，冬天穿对襟棉袄、棉裤、夹裤、青布转裙，夏天穿短衫短裤，夏布（麻布）衫裤。女的穿大襟上衣，棉裤襟衣，也有围青布转裙。走亲戚时偶尔

编织棒针衫

穿洋布、卡其布、斜纹布、线呢绒等。富裕人家穿棉袍，春秋着夹袍，外套加马甲，女士穿旗袍。20世纪50—60年代，男的开始穿中山装、列宁装、军便装、学生装、短衫、长裤。冬季穿棉大衣、毛线衣，内穿卫生衫。70年代后期起，服装的原料转向化纤类为主，如的确良（涤纶）、呢料等，穿土布的已经很少。改革开放后，人们除能穿上各种颜色、各种式样的尼龙衫、腈纶衫以外，少数人还穿上皮装。冬天披上风衣。妇女穿起各种款式的短装、滑雪衫和各式裙子。1985年后，皮夹克、皮装、滑雪衫在中青年中开始流行。各类精纺的羊毛衫、羊绒衫成为青年男女的时尚。90年代始，女孩流行穿踏脚裤、风衣及各种款式的短装和裙子。羽绒服成为人们普遍冬装。进入21世纪，中青年男子在夏季喜欢穿T恤衫，青少年喜爱运动衫、短裤。服装从低档、单调走向高档、多元化，且其色泽、质地、款式、品牌均不断追求新颖时髦、舒适大方。

帽饰　20世纪50年代前后，男子戴汤罐帽、棉帽、西瓜皮帽、毡帽。夏天戴草帽，儿童戴自制的狗头帽，妇女一般用花毛巾或花布作头巾（兜头布）。1960年以后，一般戴解放帽、八角帽。"文化大革命"间，青年男女流行戴绿色军帽。改革开放后，帽子不断翻新，有各式各样太阳帽、运动帽、工人帽等。境内是针织产业之地，各式各样的针织帽成为21世纪男女老少喜欢的时尚品牌。

鞋式　20世纪50年代前后，人们一般都是穿自做的布鞋，款式有方口鞋、圆口鞋、松紧口鞋。夏天穿草鞋，冬天穿蒲鞋、芦花靴；雨天穿钉鞋、木屐。妇女穿搭襻鞋，富裕人家穿皮鞋。60年代后，鞋的款式普遍翻新，逐步更换。随着橡胶塑料业的发展，布底鞋类等逐步淘汰，更换穿橡胶跑鞋、解放鞋、回力鞋。夏天穿塑料鞋、塑料凉鞋；雨天穿橡胶套鞋。解放鞋一般男女都穿。80—90年代，鞋子的花样品种更多，有各式各样的塑料鞋、橡胶鞋、布跑鞋、皮跑鞋、中跟皮鞋、棉皮鞋、运动鞋、旅游鞋、牛筋鞋等。妇女穿高跟尖头皮鞋、轻便鞋，半长筒或长筒皮靴等。中老年妇女一般都穿布跑鞋、解放鞋、运动鞋、皮鞋。近年来，成年男女大都常年穿皮鞋，冬穿棉皮鞋，春穿单皮鞋。进入21世纪，男女老少穿各式皮鞋为主，女青年在冬季穿长筒皮靴、运动鞋等。老年人喜穿轻便、防滑的健身鞋。

邮电通信

中华人民共和国成立前，民间信息交流主要靠邮电局递送邮件与书信。境内民众很少知道何为电话、电报。中华人民共和国成立，特别是改革开放后人员流动增多，书信、电话、电报成为人际联系、信息互通的重要手段。

60年代中期，境内各大队部办公室或代销店安装电话，拨转电话很不方便，常有占线情况出现。外省长途电话拨通时间平均在半小时。20世纪80代末，境内居民开始安装家用数字电话，初装费在5000—7000元不等。90年代初开通"大哥大"手提电话，因其费用在25000元左右，拥有者很少，多数人用寻呼机，接收信号后，再用固定电话通话联系。到90年代中期，境内电话初装费最低降到300元，因此电话安装总量骤增，1996年，境内各村均建成电话村。90年代后期，移动电话主要使用"小灵通"。进入21世纪后，逐步普及使用手机。随着通信设备、网络建设、通信工具的发展，手机快速更新换代，手机功能扩大，有国内外通话、发短信、拍照、录音、录像、听音乐、玩游戏、上网游览、咨询、炒股、看视频、聊天、阅读、网上购物、网上挂号、网上银行等。2020年，全村每百户家庭拥有智能手机201部，老年手机112部。

社会保障

1995年，妙桥镇建立社会保障劳动服务所，村配备相应的管理人员，为所属区域内职工办理农保。2009年4月，村配备专职劳动保障专管员，人员性质属市镇两级社会劳动保障局编外人员，业务上接受主管部门指导，具体负责境内村民的劳动社保、退保、劳动监察、退休人员管理等工作。2015年底始，村劳动社保专管员工作纳入村、社区管理人员。

一、农村养老保险

1992年11月，妙桥镇人民政府下发了《农村社会保险实施细则》，推行农村基本养老保险（简称"农保"），对象主要为镇村企业职工、村干部、民办教师、个体经营务工者、农转非人员；男18—60周岁，女18—55周岁，并规定农村养老保险缴费标准为每月8—20元，设6个等级。个人和集体各承担50%。男性在60周岁、女性在55周岁内死亡的，其参保费（包括集体部分）按本息累计退还给其法定继承人。男满60周岁、女满55周岁参保者，达到退休后第一个月凭退休证可领取相应的养老金。是年，境内主要村干部、部分职工在农保规定的年龄内参保，但人数较少。

2003年，市政府出台新农保政策，凡子女参加农村养老保险或城镇养老保险者，其达到规定退休年龄的父母每人每月可享受老年补贴80元。是年，境内绝大多数农村就业人员参加了新一轮的农村养老保险。之后，农村居民老年补贴逐年递增。至2018年，每人每月可领270元。80周岁以上每人每月另增发尊老金50元，90周岁以上每人每月为100元，百岁以上每人每月为200元。2010—2012年，为解决部分未缴纳城镇职工养老保险的超龄退休人员的养老问题，市政府出台一次性补缴城镇养老保险的政策，

居家养老服务中心

使缴纳农保费人员大为减少，并出台了新农保政策，境内农民可按每人每年1200元、1680元、2160元、2520元四档缴费，连续缴纳农保费15年后，达到法定退休年龄的可享受农保退休金。2020年，境内未到退休年龄继续缴纳农保费的人员有72人，领取农保养老金的有41人。

二、城镇养老保险

2002年12月，张家港市人民政府出台了《张家港市所有企业及职工纳入城镇社会养老保险管理意见》。2003年1月始，境内企业根据自身生产经营和人员结构情况，将部分职工的农村养老保险转为城镇职工养老保险（简称"城保"）。同时，将村干部和医疗工作人员也纳入城镇职工保险范围，规定村党支部书记、村主任、主办会计、民办教师、乡村医生的任职年限可计入工龄，其余人员以缴费年限计算工龄。2003年底，原个人缴纳的农保金按个人意愿，可转至城镇社会劳动保障服务科充入城镇职工保险。从此，境内拉开了农保转城保的序幕。

2009年1月，实行就业困难人员补贴，男性年满48周岁，女性年满40周岁的就业困难人员，政府每月补贴205元，连续补3年；男55周岁，女45周岁，每月补贴308元，连续补5年。

安享天年

2009年4月，村配备社保专管员，农保转城保全面扩展，至2010年，全村由农保转城保的有732人。是年7月，根据张家港市社保局新推行的退休养老政策，对已超过退休年龄的农村人员，补办养老保险手续，个人一次性缴纳3.6万元后即办理退休，按15年工龄计算，每月可领取养老金557元。对未满退休年龄的人员交3.6万元，同样可抵作15年工龄，延后续交，达法定退休年龄后领取养老金。2012年6月，全村继续为超龄人员补办城保，交款数额5.4万元。前后两次，全村办理超龄城保的共有915人。

2020年，全村共有2171人享有城镇职工养老金，85%职工参与城镇保险。

三、农村医疗保险

中华人民共和国成立至1969年，乡政府对农村烈属、军属、贫病者免收诊疗费。

1969年3月，境内5个大队分别成立合作医疗管理委员会。是年9月合作医疗基金每年每人2元，社员每人每年缴纳1元，生产队在公益金中支付每人每年1元。其基金以大队为核算单位统一管理，自负盈亏，社员可在大队卫生室看病，免收门诊费、注射费，医药费全额报销。"赤脚医生"出诊，每次收取0.05元，每次注射费收取0.05元，医药费全额报销。危重病人转院，需逐级申报，凭介绍信转诊至公社卫生院就诊。门诊费、注射费由病人自理，医药费报销50%。该合作医疗报销制度一直延续到1972年8月。

1972年9月，因各大队合作医疗基金账户年年亏空，所以各自调整合作医疗报销比例。陶桥大队卫生室看病报销80%，其余各大队报销50%—60%不等。而后各大队根据各年度具体情况略作调整，最低降至大队卫生室看病医药费报销40%，公社卫生院看病报销30%，且实行最高限额制。1975年，合作医疗实行社队联办，公社出一部分资金，主要用于大病报销，各社队企业出一部分资金注入大队合作医疗账户，社员每年缴纳2元，报销比例由各大队自定。

1985—1995年，各大队合作医疗管理实行卫生室自负盈亏，门诊、医药费不再报销。社队企业职工看病报销由各社队办企业自定。1995年7月，妙桥镇成立合作医疗管理办公室，建立新的合作医疗管理制度，其基金由镇统一管理，村民每人每年缴纳20元，镇财政补贴每人每年20元，市财政补贴一部分资金，用于大病医疗医药费报销。境内村民全员参与，并持由镇合作医疗办公室颁发的《农村合作医疗卡》看病，门诊报销30%，一次最高报销9元，每年限报30元，用完自费。医院门诊最高限额报销50%，每次医药费报销30%。住院报销由镇合管办负责，一次性住院300元内不报销，301—1301元扣除300元后报销30%，超额1000—2000元报销40%，超额2000—3000元则报销50%，实行分段报销法。超额3000元以上镇合管办不再报销，纳入张家港市大病医疗范畴，由镇合管办造表上报张家港市合作医疗管理委员会核定后报销。超3001—

3500元报销35%，超3501—4000元报销40%，4001—5000元报销50%，实行分段计算，最高限报2500元，其资金由市财政补贴。该医保制度一直延续到2003年。

2003年并镇后，塘桥镇政府出台《2003年塘桥镇农村合作医疗工作意见》，村民缴费逐年提高，对农村合作医疗采用不同收费标准，不同报销办法。农村居民和小城镇居民参加福利风险型合作医疗，中小学生、幼儿参加住院合作医疗，企业职工参加大病风险合作医疗。福利风险型合作医疗参加对象为户籍在村的无医疗保障居民。个人基金每人每年缴纳50元，补偿项目有门诊和住院期间发生的基本药费限5000元/次、手术费限5000元/次、住院费限15元/日、恶性肿瘤放化疗限7000元/年、肾功能衰竭透析费限7000元/年、器官移植抗排异药品费限1000元。参加合作医疗的居民经村卫生室、镇卫生院及镇合管所同意，方可转诊到市及市以外正规医院就诊或住院，相关项目的医疗费用，按一定比例报销。而后，村民缴费逐年略有增多，报销比例也不断提高，特别是大病报销，无论是项目、药品的报销范围也明显增加。

2009年4月，由于农保转城保的扩展，横泾村村民医疗保险开始分流，农保转城保的村民共732人，享受城镇医疗保险。2010年和2012年，男60岁以上、女50岁以上的城保退休人员，办理退休时，一次性补缴并享受城镇医疗保险。2020年，横泾村共有2789人参加农村合作医疗，每人每年缴纳

350元，其报销办法按张家港市医保局相关规定执行。

四、失地农民保障

2001年后，随着妙桥镇工业西区和妙桥镇区建设、道路建设以及城乡一体化建设的加快，境内集体土地逐步被征用，至2018年，全村共被征用土地3454.68亩，区域内一部分农民失去了赖以生存的土地，一些丧失劳动力的老年居民面临生存的困难，村两委及时回应群众呼声，主动向上级部门汇报，请求解决失地农民利益保障问题。2005年12月，采取撤组转户办法，对域内2个村民组234人，分4个年龄段进行安置。对0—16周岁的村民一次性补助6000元；对男16—45周岁、女16—35周岁的村民发放每月160元的生活费，其余金额则折算成养老保险缴费年限；对男46—59周岁、女36—54岁的村民每月发放180元生活费，达到四段规定的年龄段后自动升入每月240元。对女55周岁、男60周岁以上的村民，则每月发放240元的生活补助。2008年4月，对相关18个村民组555人采用承诺安置的方法进行了安置，对被抚养人一次性发放5000元，剩余劳动力（女16—35周岁、男16—45周岁）一次性发放1万元。保养人员（女36—49周岁、男46—59周岁）按每人3万元折算成养老保险缴费年限。对达到退休年龄的村民按每月240元发放生活费。2012年以后采用土地换社保的方法，将劳动力年龄段以内的人员的

个人劳力安置补偿费和集体土地补偿费折算农村养老保险工龄，对未满劳动力年龄的人员，发放一次性补助费，对达到退休年龄的人员，按每月发放生活费240元进行安置。

五、扶贫济困

境内民风淳朴，历来有扶贫济困的良好传统，亲帮亲、邻帮邻之风盛行。特别是中华人民共和国成立后，在毛泽东思想的熏陶下，境内居民团结一心、携手共进。在互助组时期，有牛、水车的富裕农民与没有大型农具的农民组成互助组，农忙时，还主动帮助军属抢收抢种。在人民公社时期，对因灾、因病致贫的透支户经过队委会提名、社员大会通过，报大队批准，公社备案，公社民政部门确认后，在公益金中抽出部分资金，减免困难户的透支款；入冬后，公社民政部门会同大队向五保户、困难家庭的老人，送上棉衣、棉裤；过年时，对特困户发放一些救济金，让他们安安心心过个年。1997年起，政府正式出台低保户的申请标准，至2006年，村共有低保户108户，低保边缘户14户。2013年后，村两委根据市政府制定的居民最低生活保障实施细则，按照公开、公平、公正的原则，

对村内困难居民实施动态管理，做到不虚报、不漏报，程序规范，精准扶贫，使境内低保户在生活资金、医疗保障、受教育等方面有了充分的保障。至2020年，全村已有116户脱贫，还有低保户11户，低保边缘户5户，低收入户2户，特困户3户，重伤残44人，精神残（3—4级）3人。

六、妙桥敬老院

在农业合作化时期，对鳏、寡、孤、独老人实行"五保"，由农业生产合作社负责。1958年，在金村建立敬老院。1982年，敬老院移址横泾大队，时有"五保"户50户，由公社、大队、生产队三级负责，"保吃、保住、保穿、保治病、保丧葬"，政府给予补助。1990年，在院孤独老人还有19人，另有6人分散供养。供养标准逐年提高，1990年全年菜金由1985年的360元增至540元。2001年妙桥镇人民政府投资150余万元，在境内妙桥幼儿园南侧建立社会福利服务中心。该中心设施齐全，环境优美。供养"五保"老人30人，其衣、食、住、行等费用由镇和所在村共同负责。2002年，年人均供养经费近5000元。2003年后，并入塘桥镇福利院。

姓氏宗谱

姓氏

改革开放后，随着工业经济的大发展，大量外地人员到境内就业，并结婚落户，境内的姓氏迅速增加。2020年，境内共有152个姓氏，其中杨姓为786人，卢姓为612人。超过200人的姓氏还有钱、陈、王、周、李、朱、顾。只有2人的姓氏有17个，1人的姓氏有23个。

2020年横泾村在籍人口姓氏一览表

表10

序号	姓氏	人数	序号	姓氏	人数	序号	姓氏	人数	序号	姓氏	人数
1	杨	786	9	顾	216	17	姜	112	25	谈	84
2	卢	612	10	邹	176	18	邓	103	26	季	79
3	钱	338	11	张	164	19	吴	102	27	郭	78
4	陈	332	12	黄	160	20	谢	100	28	孟	76
5	王	310	13	赵	149	21	殷	100	29	宋	70
6	周	247	14	徐	135	22	唐	94	30	陶	64
7	李	226	15	刘	131	23	夏	93	31	宣	63
8	朱	221	16	陆	122	24	苏	84	32	金	51

序号	姓氏	人数	序号	姓氏	人数	序号	姓氏	人数	序号	姓氏	人数
33	查	49	57	葛	18	81	褚	7	105	牛	3
34	章	49	58	俞	17	82	江	7	106	祁	3
35	何	47	59	缪	17	83	盛	6	107	任	3
36	胡	46	60	窦	16	84	叶	6	108	翁	3
37	邵	43	61	尹	16	85	范	6	109	巫	3
38	许	43	62	蔡	15	86	凌	5	110	颜	3
39	汤	41	63	时	15	87	易	5	111	庄	3
40	丁	38	64	毛	14	88	仇	5	112	贺	2
41	曹	36	65	韦	12	89	杜	5	113	华	2
42	戴	36	66	谭	11	90	蒲	5	114	贾	2
43	高	36	67	姚	11	91	罗	4	115	荆	2
44	汪	33	68	肖	10	92	董	4	116	闻	2
45	严	33	69	龚	10	93	韩	4	117	向	2
46	马	32	70	倪	9	94	冯	4	118	辛	2
47	袁	30	71	施	9	95	欧	4	119	邢	2
48	沈	28	72	田	9	96	吉	4	120	雪	2
49	瞿	28	73	奚	9	97	沙	4	121	阳	2
50	纪	28	74	卞	9	98	薛	4	122	詹	2
51	郁	27	75	程	9	99	余	4	123	展	2
52	孙	22	76	屈	8	100	虞	4	124	郑	2
53	潘	22	77	方	8	101	翟	4	125	左	2
54	秦	22	78	侯	8	102	支	4	126	崔	2
55	隆	19	79	林	7	103	耿	3	127	段	2
56	邱	19	80	温	7	104	鲁	3	128	付	2

序号	姓氏	人数	序号	姓氏	人数	序号	姓氏	人数	序号	姓氏	人数
129	武	1	135	诸	1	141	鞠	1	147	魏	1
130	项	1	136	柏	1	142	覃	1	148	熊	1
131	于	1	137	包	1	143	佟	1	149	须	1
132	鱼	1	138	边	1	144	童	1	150	晁	1
133	喻	1	139	苍	1	145	庹	1	151	谵	1
134	钟	1	140	常	1	146	卫	1	—	—	—

宗谱

《邓氏家谱》，亦称《常熟合兴桥邓氏家谱》，始修于清光绪二年（1876），由六世孙坤祥撰稿，八世孙毓鹤编辑，光绪十年（1884）完稿，约4万字。内设谱序、世系图、世系谱和诗文。1957年曾续修一次，经邓氏十世孙绍基阅稿，由邓氏十一世孙国棣保存。

《洞泾徐氏族谱》于2011年由洞泾徐氏族人组织编修，南迁徐氏十世孙君伟编辑，悟伟作序。电脑印刷本一册，内设卷首、考证、记事、世系、诗赞5卷。该族谱复印多份，原本由徐君伟保存。

名门望族

吹鼓杨氏 据《重修常昭合志》和《妙桥镇志》记载，吹鼓杨氏在元代就定居境内吹鼓（朱扈墩）。杨伸父亲杨福，字德全，年13岁时，正值元末兵乱，一家人流落他乡多年，到明洪武初年才回到朱扈墩老家，家业逐步兴旺。在明代为官宦世家，在吴中各地颇有名望。主要名人有杨伸，明代永乐十年（1412）中进士，官至刑部主事，后降任江西瑞州府推官；杨集，明代景泰五年（1454）中进士，先于兵部观政、后调任安州知府；杨肪，明代成化年间举人，官至山东莒州知府；杨仪，明代嘉靖五年（1526）进士，授工部主事，先后转任礼、兵两部郎中。明清至民国年间，部分居民移居港口、常熟。境内北杨家巷、南杨家巷和杨家宕的杨姓居民多为其后代。2020年，境内有161户、643人。

横泾邓氏 据《邓氏家谱》记载，该家族境内始迁祖是邓瑞甫。元末明初乱世年间，随母由无锡迁至常熟上塘桥，瑞甫到境内合兴桥（刘家桥）入赘刘氏家。子孙繁衍，散居于境内新桥、邓家、刘家桥和妙桥各地。五世祖邓允贤是为人公平正直、乐善好施的义士。七世祖邓伟为清道光年间举人，并始修《邓氏家谱》，1957年曾续修过一次，现有手抄本1册，保存在邓国棣家里。

该家族是妙桥影响较大的教育科研世家。邓绍基（十一世孙）为中国社会科学院荣誉学部委员、教授、博士生导师。邓祖煜（十一世孙）为邮电部第五研究所副所长，高级工程师。邓震坰为北京邮电学院电信工程系教授。侨居国外的邓小刚、邓海虹等都为高级技术人才。2020年居住在境内的横泾邓氏一族有23户、102人。

洞泾徐氏　据洞泾《洞泾徐氏族谱》记载，先祖本为嬴姓，周时因国得姓，而各世代繁衍，遍布全国各地乃至海外。而洞泾徐氏始迁祖本居于江西，于宋时因军功而居泗州。清兵入关，举家南迁，筑庐于道州之中基沙（如皋）。后因长江南涨北坍，一支渡江南下至境内奚浦，系舟于塘湾，卜地而居，勤劳俭朴，渔耕为生，家业兴旺，得名徐家宕。其旁小桥得名徐家桥。

该族洞泾支在境内已传十余代，族人历代积善行德。据族谱记载，乾隆五十到六十年间奚浦严重淤塞，为疏浚费用争执不下时，徐氏二世祖阅（人称小老儿）拍案而起，出资数千两银子，同时又出巨资疏浚河泾塘，该塘又称徐塘。后又出资助修竺塘，人称其为开塘祖，县府赠堂额"积善堂徐"。四世祖在明曾任乾隆年间常熟县候补县丞。他乐善好施，淡泊名利，不愿出仕。嘉庆年间，六世祖徐垄耿直豪爽，倾家资助疏浚白茆塘。徐氏在积善堂内置救火水龙架和报警锣，组织义务水警队，常年造福乡里。该族可分厅上支和塘东支。2020年境内洞泾徐氏家族有20户、84人。

第三篇　村居·村容

　　1978年改革开放后，境内农村建设较快，许多农户先后拆除世代相居的茅屋泥土房，翻建成瓦平房或楼房。村集体辟筑村组机耕路，建造农桥，安装变电所，用上电灯、电话。1994年始，境内各村响应市镇号召，坚持可持续发展理念，着眼21世纪的长远发展，以建设现代化新农村为目标，编制行政村村庄建设规划，加快农村现代化、城乡一体化的进程。至1998年，境内90.56%的农户住上楼房或别墅，各村组道路旁普遍绿化。自来水普及率74%，改厕率64%，绿化覆盖率30%，有线电视入户安装率62%。

　　2004年，新的横泾村建立后，面向工业集中区扩建和道路建设，加快居民集中区建设，并完善保留村庄基础建设和环境综合治理。2008年建成苏州市新农村建设示范村，2009年创建成江苏省农村环境综合治理示范村，先后对杨家湾、杨家宕、南巷、宋家宕、横泾岸等自然村进行环境综合治理。2020年开始对横泾小区及周边自然村进行三星级康居乡村整治改造，极大地改善了人居环境。全村动迁总计1106户，总动迁率63.6%。村民居住形式发生巨大改变。居民新村楼宇鳞次栉比，横泾小区连体别墅成群，黄金湾小区高楼林立。

农民住宅

农民自建房

中华人民共和国成立前，境内农户大部分住茅草房。茅屋低矮，一般檐头高近2米，外墙除少数人家用砖头砌，大部分人家全用泥土垒起来，直至屋檐。室内立有2排木柱或毛竹柱，其间用土坯砌墙，把房子分隔成三间。室内墙面抹上一层泥巴，再用石灰水粉刷一下。屋顶以小圆木或毛竹为梁，以竹子为椽，以秆稞帘子或芦头帘子为辫，然后盖上稻草或小麦草，屋面即算是盖好了。草房正中安装一木门，草房子背面安装一小木窗，室内地坪全是泥地，比室外稍高起一些，稍整一下，就算是可以居住的草房，室内卧室阴暗潮湿。茅草屋经不起风雨日晒，需年年修补。1949年，境内共有草房4112间，占农户住房总数的86.46%。

中华人民共和国成立初期，境内农民的居住条件并无多大变化。少数旧时的砖瓦房依然是旧式砖瓦房，绝大多数的泥墙草房依然是草房。至1961年，新增瓦房137间、草房275间。

60年代中后期，随着农业生产的逐步发展，农民的生活水平有所提高。境内洞泾、薛家、横泾、陶家、吹鼓大队先后办起了砖瓦厂。部分农民开始将草房翻建成砖瓦房。瓦房结构开始使用八五砖砌空斗墙，架水泥梁，用木或树椽子、砖望板，上架小青瓦。檐高3米，房屋开间3.6—4米，进深5—6米。卧室安装四连宕或二连宕格子玻璃窗，美观大方。1973年，洞泾谈姓社员率先建造一座旧式楼房。一些经济条件较好的农民新建平瓦房，墙面改用砖砌、用石灰粉刷，其门窗式样与小瓦房一样。1978年，境内有瓦房2260间，数量为1961年的289.17%；草房2188间，为1961年的49.87%；新增楼房60间。

80年代，改革开放后的农民逐渐富裕起来，加之建材市场的开放，建材种类增多，建筑工艺不断改进，境内农户为改善居住环境，开始由草房翻建瓦房、楼房，大部分村民将翻建楼房作为一种时尚。房型多为三间二层楼，开间为3.8—4米，层面高3.3—3.5米不等，进深7—9米。窗户增多增大。设有客厅、卧室、厨房、阳光走廊、简易卫生间，外墙正面多用彩色石子或马赛克装饰,部分农民的屋顶做大脊,造价每平方米200元左右。1982年,境内有88家农户建房,其中楼房83间,瓦平房338间,建筑面积1.01万平方米。1987年,境内有235家农户建楼房,为境内建房农户数量最多的一年,建筑面积达2.66万平方米。

1994年,境内已无农户建瓦平房,是年,109户建造楼房744间,建筑面积3.48万平方米。1995年以后,待建楼房的农户逐渐减少,少数富裕起来的农户开始拆除旧楼,建组合式新楼或进行室内装潢。至1998年9月,境内90%以上的农户住上楼房,其中横泾村453户住上楼房,占全村总户数的96%,人均住房面积达到58.13平方米。

2000年始,妙桥镇在洞泾村建工业西区,2004年,塘桥镇建设工业集中区,境内李家、迈步、徐家、夏湾、陆巷、洋宕等自然村动迁,境内农户自建房基本停止,许多居民为子女在市镇购置商品房,动迁户分别安置到相关集中居住区。2020年,横泾村人均住房面积逾70平方米。

居民住宅

表11

行政村名	总户数	建房情况			实有住房情况			
		户数	竣工间数		建筑面积（平方米）	间数		
			楼房	瓦平房		楼房	瓦平房	草房
横泾	404	30	53	96	28200	122	885	586
洞泾	345	11	42	26	26721	82	1055	26
陶桥	345	13	18	51	35920	47	1415	94
薛家	309	22	56	65	27236	72	1237	338
吹鼓	375	19	31	60	30108	90	1111	368

1982—1996 年境内农村住户私人建房选年情况表

表12

年份	建房户数	竣工房屋数（间）			竣工房屋面积（万平方米）
		合计	楼房	瓦平房	
1982	88	421	83	338	1.01
1984	97	565	420	145	1.45
1986	100	646	562	26	2.07
1988	196	986	939	47	2.99
1990	110	682	656	26	2.48
1992	68	438	424	14	1.22
1994	109	744	744	—	3.48
1996	64	350	350	—	1.14

集中居住区

横泾村为妙桥镇郊村。早在2000年前，妙桥镇政府就在境域建造江南新村、文卫新村。2000年建设工业西区后，洞泾部分农户动迁，分别安置洞泾小区、妙桥卢厅小区。2005年，妙丰公路延伸，为安置部分自然村动迁户，横泾村建横泾小区。2010年始，横泾村谢家宕、奚家宕等9个自然村动迁，后周边的蒋家村部分自然村动迁，塘桥镇政府决定在横泾村兴建黄金湾小区。至2020年，横泾村许多动迁农户住进安居房。

文卫新村 位于境内吹鼓路西侧，南邻妙桥派出所，北靠章泾新村。呈长方形，占地3800平方米。1999年建有3幢三层住宅大楼，砖混结构，建筑面积5400平方米，居民48户、200余人居住。因住户主要是教师和医生，故取名文卫新村。2020年，该新村已有数户易主。

江南新村 位于境内妙桥东路南侧、王泾湾村民小组内。东临原妙桥客运站,西至永进东路,呈长方形,占地面积6300平方米。1993年兴建,有砖混结构楼房16幢,建筑面积9600平方米,居民有64户、240人。沿路开设旅馆、酒店、超市及各类商店10余家。2018年,该新村成为境内一个街区。

洞泾小区 位于洞泾片区,东邻阆苑酒店,南连马家宕,北靠永进路。呈长方形,占地面积9200平方米,有楼房23幢,平房1座,建筑面积6290平方米。居民22户、86人。2001年妙桥镇工业西区首期开发,其动迁户移居至此而建成。有钱、严、徐等姓。

横泾小区 位于横泾村妙金塘西侧,南近商城路,西至妙景路。该小区主要为安置妙丰公路动迁户而新建。2005年动工建设,年末完成连体别墅30幢,建筑面积1.56万平方米,入住居民60户、210人。至2006年竣工,占地面积6.4万平方米,建有9排2—3层连体别墅64幢,建筑面积4.62万平方米。2020年入住居民185户,其中本村动迁居民91户、外村居民94户。

横泾小区一角

该小区一条东西走向的主干道,与中间一条南北走向的主干道成"十"字形,道路两侧均有路灯。小区南侧还有一个三角形的小游园,可供居民日常休憩活动。

黄金湾小区 始称妙景安居小区,位于横泾村中部。东临妙金塘,西至吹鼓路,北靠商城路。2010年动工兴建,规划占地面积42.6万平方米,总建筑面积33.6万平方米,共建68幢、1004户。其中联排式住宅32幢,小高层36幢。2012年建成连体别墅31幢、124户,建筑面积3.63万平方米。是年,启动小区A区一期工程建设,占地面积4049平方米,建有小高层(含地下室)4幢,建筑面积2.9万平方米。2014年,完成二期工程建设,总用地面积2.02万平方米,建有6幢小高层楼房,建筑面积3.85万平方米。2016年完成三期工程建设,总用地面积9.03万平方米,建有15幢小高层,建筑面积11.67万平方米。2018年,该小区总占地面积24.35万平方米,总建筑面积27.6万平方米,共有住房1356套,其中小高层住房1232套。住户总数785户,总人数2965人,其中本村居民210户、839人。2019—2020年,四期工程动工建设,在小区东侧正在建造12幢小高层。

该小区房型款式为别墅式,或小高层住宅。小区内建有箱式高压配电房一座,安装变压器4台,容量2930千伏安。区内混凝土、沥青道路纵横交错。2020年命名的道路有9条,其中南北走向的有富强路、民主路、惠民路、文明路与和谐路。富强路与民主路为主干道,地处东侧的富强路南门口与文明路

黄金湾小区

北首均设有大门。东西走向的从南往北有初心路、康庄路和诚信路。初心路为主干道，西首也设有大门。横泾村委办公楼前还有一条"L"字形的廉心路。道旁有花色路灯和绿化树木或草坪。小区内还有农家书屋、书场、文化广场、塑胶球场、健身路径、健身步道和居家养老服务中心等，具有21世纪新时代城镇化气息。

2020 年塘桥镇各村入住黄金湾小区情况表

表 13

村（社区）名	入住户数（户）	入住人数（人）
横泾村	334	1357
蒋家村	225	835
金村村	46	158
欧桥村	55	183
顾家村	13	50
牛桥村	1	4
妙桥社区	22	99
其他村（社区）	89	279

道路建设

1974年，途经境内的妙桥乡村公路通车后，境内又辟筑镇级机耕路吹鼓路，境内各村先后辟筑村级机耕路谈家路、迈步路、陶桥中心路、薛家中心路等。1993年在境内兴建羊毛衫市场时，又辟筑商城路和永进路。各村亦加快村组道路建设。至1998年新增沥青路面1千米、混凝土路面1.1千米、砂石路面19.7千米。至2004年，横泾村境有村组主干道38.7千米，其中长23.8千米改建成混凝土路，面积6.84万平方米。长14.9千米的泥路和碎石路改建成砂石路。随着境内工业集中区、妙丰公路和安置小区的建设，谢家、新桥头、尹家等一批自然村落的动迁，部分村组道路消失，一批镇级公路先后建成。至2020年，横泾村境主干道形成"四纵四横"格局，有镇级以上公路19条，总长25.75千米，面积35.1万平方米，主干道全为沥青路。村组道路12.97千米，面积3.83万平方米，均为混凝土路面。

2003—2004年，镇村对境内道路两侧进行绿化工程建设，在双丰路、光明路、希望路两侧设计长约13.3千米、宽16—32米的绿化带，栽种香樟树，绿化面积30公顷。2005年在商城路、兄华路和金恬路两侧种植香樟、红叶李、广玉兰等，长5.1千米，绿化面积25.15万平方米，投资金额近500万元。2008年东移至村境的204国道和2012年延伸的妙丰公路，都进行了绿化，绿化宽度30—60米不等。至2020年，横泾村境共完成道路绿化33千米，新增绿地面积45万平方米。

1993年，境内人民路、永进路、商城街安装路灯。1997年，境内街道有路灯145盏。2003年，在境工业集中区希望路、双丰路、妙一路、妙二路等路段均安装路灯。2016年，吹鼓路北线改造后安装路灯。2020年，横泾村境镇级以上公路段和村主干道均安装路灯，各村民小组主要道路亦开始安装路灯。

双丰路

新农村建设示范村创建

　　2004年，塘桥镇在横泾村扩建工业集中区，村农户自建房基本停止。2005年，横泾村为安置妙丰公路和工业集中区建设而动迁的农户创建社会主义新农村集中区示范点，按照城镇化现代化标准，建设横泾小区。2006年竣工，建有64幢连体别墅，安置居民180余户。2007年逐步加强对保留村庄的建设。是年，村投资40余万元，对李家巷、南巷、薛家地和宋家等自然村落道路硬化，解决农民"行路难"问题，改善农民生活环境。2008年，响应上级党和政府号召，在杨家湾等自然村加快新农村建设，对区域内108户铺设污水管道网，建立生活污水处理站，实行雨污分流，达标排放。对村域内道路进行改造，硬化道路6000平方米。新建一个休闲健身场所，鼓励农户在房前宅后植树种花，新增绿地面积7000多平方米。全村环境优美、居住舒适、功能齐全，既富有现代气息，又具有江南水乡特色。是年底，横泾村被评为苏州市新农村建设示范村。

环境综合治理示范村创建

在2008年创建成苏州市新农村建设示范村的基础上，2009年初，横泾村加大了对全村环境综合治理的力度，成立以党总支书记为组长的农村环境综合整治领导小组，制定创建计划，明确各阶段的任务目标和具体分工。前后投入资金80万元。新建垃圾收集房28座，使全村垃圾收集房达到80座，村专职保洁员每天清空各家各户的垃圾箱，定时对收集房清洗。是年，横泾村在对邹家宕等自然村重点进行环境整治的基础上，对各组农户铺设污水管道，改建未达标的化粪池，对183座厕所改造达标。全村农户零散养殖的4773只禽畜的粪便和农田秸秆全部还田，秸秆综合利用率达94.5%。同时又投资25万元，对村组河道进行清泥，并耗资15万元，组建保洁队伍，清除河面漂浮物。境内河道常年保持干净整洁。是年横泾村工业污水治理达标率为100%。全村生活垃圾收集率、清运率和处理率均达100%。全村自然村的绿化覆盖总面积为502亩，占自然村总面积的35%。秸秆综合利用率、卫生厕所普及率、地表水环境质量达标率均超过江苏省省定目标。是年，横泾村创建为江苏省农村环境综合治理示范村。

共建绿色家园

植树造林，美化环境

三星级康居乡村建设

2019年，横泾村着手对横泾小区进行三星级康居乡村建设，制订总体规划和进行景观改造专项设计。2020年，村镇投资450余万元开始建设。

该小区占地面积7.4万平方米（含长浜岸自然村），有居民219户。建筑以现代民居形式为主，路网通畅，交通便利，基础设施完善。主要存在景观设施不完善，部分道路破损，缺乏公共活动、建筑垃圾堆放场所等问题。小区建设以长浜、章泾头、朱家湾连片整治和提升文化品位为主攻方向。建设的

重点，一是沿河景观的美化提升。投资40万元，对小区破损的1800米道路进行修补，添置路灯，清理道路上的泥土和垃圾，增设垃圾桶和垃圾分类亭。在主要道路沿路的空地、菜园设计隔离栏。投资20万元，对宅前屋后进行整理。投资40万元，对外墙瓷砖贴面进行清洗。对小区入口设计村口形象牌、停车场导视牌、温馨提示牌、党建宣传牌、植物名牌、卫生间指示牌和营造文化氛围的墙体彩绘。二是投资160余万元，对小区空闲地进行整合，在小区南辟小公园，进行立体式绿化，中间建造宽1.5米、长200米的仿大理石步道。在北部章泾河旁建成面

康居乡村

积4500平方米的小花园，进行平面绿化。在一些闲散荒地设置组团绿化，以"果园加菜园"的模式，体现农耕文化，展现传统农村风貌。在西北部位置较好、空间较大的6000平方米空地进行绿化，内设健身区，有健身器材19件。在妙景路西侧建造"厂"形彩绘墙，长19米，内辟筑章泾小花园。在小区主干道旁辟筑植草被停车位60多个。三是投入70万元，进行美丽河道建设，对小区东侧的妙金塘，采用自然放坡的处理手法，整理现状驳岸及周边绿化，植树种草，还原乡村原生态风貌。对河道东侧现状墙面进行彩绘，同时增加中式空景墙。对小区南侧的长浜河和北部的章泾河，在清除河底污泥和河面漂浮物的基础上，采用生态驳岸和硬质驳岸（围墙）相结合的方式进行处理。在长浜河西部长430米的河堤进行木桩加固，两侧自然放坡处理，打造干净整洁的河岸景观，中部修筑围墙150米，东部临出口处有长浜河排涝闸站，河道两侧有长180余米的石驳岸，北岸还有长110米的钢防护栏。在章泾河置长150米的木质护栏，河岸采用杉木桩和硬质驳岸进行处理。横泾小区整个三星级康居乡村建设于2020年底结束，一个人居环境优美的康居小区建成。

供电供水供气

供电　明清至民国年间，境内村民晚上通常用棉油灯、灯草油盏和蜡烛照明。50年代，改用煤油灯、美孚灯照明，遇上婚丧喜事或集体活动，则用一种充气的燃油气灯照明或桅灯照明。1966年，境内洞泾建办粮饲加工厂，利用内燃机发电供厂内职工用电，这是境内最早使用自发电照明。1970年，境内各大队共有内燃机7台，都用来发电供厂内使用。1971年，妙桥公社安装第一条10千伏高压线，途经境内洞泾、陶桥、横泾大队，第一台装置容量100千伏安的变压器正式通电。1972年，境内洞泾有10个生产队、陶桥有10个生产队、吹鼓有3个生产队通上高压电。1973年，境内有46个生产队通上高压电，电力首先满足农田灌溉、稻麦脱粒的使用，工厂企业仍安装发电机组，使用内燃机发电，

1991 年境内各村计划用电分配情况一览表

表14　　　　　　　　　　　　　　　　　　　　　　　　　　　　　单位：千瓦时

村名	灌溉30千瓦时/亩	脱粒18千瓦时/亩	饲料加工8千瓦时/亩	副业15千瓦时/万元	农民照明50千瓦时/人	居民照明120千瓦时/人	其他用电	合计分配总额
横泾	39210	37584	4344	2074	84950	11520	2656	182338
洞泾	31020	29106	3704	1866	62550	7440	5972	141658
陶桥	33750	32418	3616	1789	60450	5040	2946	141009
薛家	33180	31644	3480	1780	57100	6000	2656	135840
吹鼓	45690	40410	4096	2139	70350	3600	5556	171841

以弥补高压电供电量不足。1975年，公社高压线路相继安装至各大队。1985年，境内各高压线"二改三"工程完成，为农副工三业的发展提供较充分的电力资源，但临时停电是常见现象。至1991年，仍对各村用电实行计划分配。1994年始，各村加强电力设施建设。1998年，境内有变压所6座，发电机组3台，总容量1600千瓦。除洞泾村需增4台小变压器外，其余各村基本满足用电的需要。2003年，境域并入塘桥镇，随着工业集中区不断扩展及集中居住区的兴建，农村用电变压器和工业企业专业用户变压器不断增多，用电量扩大。2020年，横泾村共有供电线路4.83万米，综合变容量达26845千伏安，综合变压器88台。全村用电总量1657万千瓦时，其中农业用电量6.11万千瓦时，居民生活用电467.7万千瓦时。

供水 明清至民国年间，境内水井甚少，村民多饮用河塘水，常致胃肠道传染病流行。中华人民共和国成立后，疏浚大小河道，开展爱国卫生运动，河塘水质有所改善，农家大多饮用明矾水。1970年，境内农户开始打浅水井，企业打深井。至1980年，境内各大队农户共有饮用水井近400口。1981年，为贯彻中央办公厅27号文件精神，在全境范围内开展打井活动，社队两级支助打井费用，提供红砖和水泥，农户基本用上井水。1982年，洞泾、陶桥和吹鼓等地先后打深井，建自来水塔，日供水量达20—40吨，主要供工厂企业使用。1987年，妙桥建办自来水厂，管道安装逐步扩展到洞泾、陶桥等

村，除薛家村外，其余各村都开始通上了自来水，水源为深井水。1996年，各村创建省级卫生村，加快供水管道建设，镇统一规划的自来水供水工程开始实施，增设镇自来水管道，铺设下水道。1998年，除吹鼓村外，其余各村都用上了自来水，自来水覆盖率达60%。1999年，境内铺设自来水管道37千米，自来水覆盖率达85%。2002年，境内自来水用户1834家饮上了长江水，自来水普及率达98%。农户浅井大多仍作为生活辅助用水源，境内企业深井先后被填埋。2004年始，随着村境工业集中区的建设和居民集中居住区的兴建，先后铺设供水管道2.47万米，用户近500户。2004年，横泾村100%的居民饮用自来水，年居民生活用水约88万立方米，供水水质综合合格率达100%

供气 中华人民共和国成立后，境内农民沿袭千百年来旧俗，燃料以柴草为主，燃煤辅之。1972年，少数农户打深井取用天然沼气，后因供气不足而未推广。1976年，公社支持农户建办化学沼气池，主要用于烧水、照明，后因产气不足而逐渐被废弃。80年代初，开始使用液化石油气，先在境内镇区中使用。1988年，张家港市机关液化气总站妙桥分站建立，境内农户逐渐使用液化气。随着人民生活水平的提高，境内各村使用液化石油气的农户逐渐增多。1999年，境内80%以上农户生活使用石油液化气。2002年，生活用燃气普及率达100%。村境有多家液化气供应站点，气源来自鹿苑和凤凰等地液化气储存供应站。

2017年，张家港市港华管道燃气公司在横泾村境内开始铺设天然气管道，至2018年，天然气主管道长5.3千米，管网长度49千米。黄金湾小区和横泾小区居民400余户用上天然气。沿吹鼓路和金恬路的天然气主管网亦已铺设。

公共建筑

1962年，境内各大队部办公用房1—2间。陶桥、横泾两所初小教学用房18间。公共建筑总面积700平方米。1965年，境内各大队办起代销商店。1969年，各大队办起卫生室。是年，境内小学下放到大队办后，又兴建教室。至1980年，境内公共建筑总面积1895平方米，其中办公用房206平方米，卫生室用房161平方米。1982年，洞泾大队针织厂兴建三层楼和四层楼各一幢，新增办公用房288平方米。是年，吹鼓大队建二层楼一幢，新增办公用房108平方米。1984年，横泾村建造一幢有20间房的双层楼房，1987年又建造一幢有8间房的双层楼房，其中新增办公用房144平方米。1989年，洞泾、陶桥两所小学合并后异地新建教学楼一幢，建筑面积570平方米。1990年，境内公共建筑面积2812平方米，其中4所小学建筑面积1960平方米。

进入21世纪，境内又建成工业西区办公大楼、妙桥幼儿园、妙桥镇卫生服务中心、妙桥文化中心和妙桥客运首末站等一批公共建筑，总计建筑面积2.19万平方米。2014

年，又在黄金湾小区建造村综合服务大楼、村民宴会厅和两座黄金湾小区公共建设用楼，建筑面积1.15万平方米。2020年，修筑妙景小公园，横泾村境内公共建筑总面积为4万余平方米。

横泾综合服务楼　位于黄金湾小区内，东起民主路，西临文明路，北依康庄路，南是新时代文明实践广场。2014年投资1400万元兴建，2015年9月竣工启用。该综合服务楼为四层大楼，长88.5米，占地面积1500平方米，建筑面积5000平方米。设有服务大厅、电子阅览室、农家书屋、亲子活动室、党代表工作室和体育健身房和文娱排练大厅。二层主要为行政办公室和大小会议室。三、四层为资料室、储藏室。

横泾村宴会厅　位于黄金湾小区内，东临民主路，西与村委办公楼相接，南是横泾健身路径场所。该厅是一座朝东的二层楼。2014年兴建，2015年9月竣工使用，占地面积1150平方米，建筑面积1000平方米。另有三间附房。底层北侧为厨房，南侧为长24米、宽19.6米的餐厅。内有活动舞台，有26张大餐桌。二层亦有活动舞台和22张大餐桌。该厅由村委会管理，可同时容纳500余人用餐，为村内外居民婚嫁、生日、寿祝、新房落成等喜庆宴请的理想场所。

黄金湾小区公共建设用房　位于黄金湾小区初心路南侧，东临惠民路，西依文明路，为两幢朝东楼。2014年，塘桥镇投资兴建，2015年竣工。北楼长89.5米，占地1800平方米，是一幢3层大楼，建筑面积3000平方

惠民建筑

米。由此往南内设妙桥书厅、塘桥镇老年大学横泾分校、横泾村老龄工作委员会、棋牌室和日用百货商店。南楼长63米，占地1260平方米，亦是一幢3层大楼，建筑面积2500平方米。2018年，该楼北部设有横泾居家养老服务中心，建筑面积660平方米，由张家港市麦卅居家养老服务中心托管运营。

妙景小公园　位于横泾小区北侧，北依江南新村，占地面积4495平方米。公园西部为主入口处，内有"回"字形花坛，柏油路两边置有车位50个。公园东部为花木区，栽有桂花、香樟、玉兰、枫树等。南隅章泾河边两侧是一排木桩护河堤，河中人工栽养几片花草，供人们观赏。河边还建有20平方米的景观休闲台，四周置木护栏。公园北侧东部是占地240平方米的健身区，有健身路径一套，西部有占地720平方米可供80余人跳舞的场所。园中东西向还有宽1.5米、约百米的鹅卵石按摩健身步道。花园中设有12块宣传牌、2块电子屏幕、3个摄像头、12张休闲双人座椅、2处垃圾分类箱和14盏路灯，均有序安置。

该公园为2020年初横泾村投资120万元，将原来的文化健身广场改建而成，2020年末对外开放。因其西紧临妙景路，得名"妙景小公园"。

口袋公园

第四篇　交通·水利

　　中华人民共和国成立前，境内道路均是弯弯曲曲的泥路，人们出行极不方便。而境内河道纵横，有奚浦、横塘、西旸塘、河泾塘，长期以来交通运输主要依靠水路。1972年，妙桥建造全省第一条民办公助公路，打开境内向外陆路通道。1993年，境内兴建羊毛衫市场，辟筑商城路、永进路等。2001年起，镇工业西区建立，新建公路10条。2019年沪苏通高铁通过村境，至2020年，横泾村境有市镇级以上公路19条，交通极为便利。

　　民国年间，境内河道年久失修，水不成系，河不成网。中华人民共和国成立后，人民政府先后疏浚西旸塘、顾新塘、妙金塘。70年代，境内各大队开挖中心河，并疏浚村组河道，加强渠系建设，建电灌站，增强农田排灌能力。2004年后，塘桥镇水利部门继续加强村组河道疏浚，专设河道保洁员，实现河道常态化管理。至2020年，境内有大小河道124条，疏浚90余条次，基本达到"百日无雨保灌溉，日雨百毫不成涝"。

交通线路

铁路

2014年，沪苏通铁路开工建设。该铁路起点为南通市境内的宁启铁路平东车站，终点为上海市境内的京沪铁路安亭站。此路段是国家沿海铁路大通道的组成部分，途经张家港、常熟、太仓、昆山，总长度137.28千米，设计时速200千米，客货两用，总投资361亿元。张家港境内长30.3千米，途经横泾村洞泾片区路段段长1.3千米，征地面积3.17万平方米，动迁住宅77户，非住宅4家。该村在上级有关部门的指导下，落实动迁安置房用地选址和建设。2018年，沪苏通铁路完成软基处理、梁桩基和承台施工。2019年7月1日，正式通车。

公路

国道、省道

204国道 原名十常公路，又名十苏王公路，1937年始建，纵越塘桥、鹿苑境内。

该道路经1994年和2004年两次拓宽，于2006年12月，再次对张家港段进行改线扩建，东迁至横泾村境。该工程起自张家港通沙汽渡，迄于张家港与常熟交界处，并与港丰公路、338省道（张杨公路）互通，下穿沿江高速公路，全长31.54千米。改线新建段长23.72千米，其中0.38千米途经村境北宅自然村。工程按双向四车道一级公路标准建设，路面宽26.5米，其中中央绿化隔离带2米，路缘带0.5米，两侧机动车道各宽3.75米，土路各肩宽0.75米。工程投资有上级交通运输部门、市财政和沿线各镇共同承担，2008年12月建成通车。该路为横泾村外出的主干道之一。

604省道 又名妙丰公路，2005年3月，妙丰公路中段工程开工建设。北自港丰公路，南与张杨公路东延段相交。工程按一级公路双向六车道标准进行建设。工程于2006年12月竣工后，又向南延伸至境内商城路。该路段按一级公路双向四车道标准建设，沥青路面，宽26米，主车道14米，中央绿化隔离带2米，辅道各4米，境内段长500

米。2011年2月，妙丰公路从妙桥商城向南延伸，途经金村集镇东侧，与东西向的羊福路相接，境内段全长1500米，并与商城路、兄华路相接，与西旸公路、立新路相交。

市镇公路

永进路（永进公路）　　位于妙桥地区中西部，东起妙桥集镇妙桥中路，西迄老204

永进路夜景

国道，全长3.95千米，为张家港市妙西塘公路东路段，其东部和西部穿越境内，全长2.5千米。该路是在1974年建成的妙桥乡村支线公路和1986年辟筑的妙桥永进街的基础上改建而成的。1993年，妙桥羊毛衫市场兴办后，市场繁荣，车流量日超千辆次。为改善路况，妙桥镇将妙桥乡村公路洞泾段到204国道的路段拓宽，截弯取直，东连接永进街，全部建成混凝土路面。宽26米，主车道14米，绿化带宽4米，人行道宽8米，并以永进街得名永进路。2005年，改建成沥青路面。2017年，对东段永进街进行改造，重建永进大桥。道路两旁有绿化带和路灯。境内东部永进公路段为街区，西部公路两侧为工业集中区。该路与卢厅路、双丰路、新204国道相交。路侧有江苏美奥新材料有限公司、张家港友诚新能源科技股份有限公司、张家港市雪儿服饰有限公司、张家港市美佳乐气雾剂制造有限公司、张家港市荣臻机械有限公司等多家工业企业。

金村路（金村公路） 位于妙桥地区南部，北自境内三五叉口自然村，与西旸公路相接，向南经金村集镇至羊福路。全长3.7千米，路面宽6米，沥青路面，境内全长1.8千米。该路是1972年妙桥公社修建的妙桥支线公路南段，始为泥路，1974年铺成砂石路，1992年10月改建成沥青路面。1994年，该路北段建成商城街，南段与商城路、兄华路相交。2020年道旁建有张家港市金机针织服饰有限公司、张家港市盛冠服帽有限公司、张家港市奇胜电器有限责任公司等22家工业企业。

兄华路 位于境内中部，东起妙丰公路，西至204国道，全长3.33千米，沥青路面。2004年，开工兴建吹鼓路至204国道路段，2011年延伸至妙丰公路。该路与希望路、双丰路、科创路、卢厅路相接，与金村路、吹鼓路相交。境内段长约2.8千米，主车

道宽14米。2020年道路北侧有张家港南源光电科技有限公司、苏州兄华服饰有限公司、苏州锐冠电子科技有限公司和张家港市协兴纺织有限公司等工业企业，并以苏州兄华服饰有限公司而命名兄华路。

金恬路（又名"恬杏路"）　位于境内南部，东起金村集镇，西至凤凰镇恬庄集镇，全长3千米，宽5米。境内段长1千米。该路在民国年间是一条泥路，宽约1米，俗称"官路"。1970年后拓宽到3米，为其时主要机耕路。1980年铺成碎石路，1995年改建成沥青路面，宽4米，该路与南北走向的吹鼓路相交。

吹鼓路　位于妙桥地区偏南部，纵越

兄华路

境内。北起妙桥集镇永进路,向南穿越商城路、兄华路、金恬路至南杨家巷自然村,长3千米。该路1970年前为中心渠道,1983年拓宽路基,铺成宽3米的碎石路,为乡级机耕路。1988年,再次拓宽,改造成宽4米的沥青路。2014年,再次对妙桥镇区至小山房巷路段进行拓宽,改造成宽12米的沥青路。该路与永进路、妙桥中路相连,与商城路、兄华路和金恬路相交。2020年道路两侧有妙桥派出所、妙桥幼儿园、妙桥文化中心、妙桥社区卫生服务中心、黄金湾小区和30余家工业企业。

卢厅路 位于双丰路东侧,南起兄华路,向北穿过商城路、永进路至妙桥中路,全长1.2千米,路宽12米,沥青路面,2005年建成,境内路段长0.35千米,2020年道旁有吉阳新能源有限公司等企业。

常横路(立新路) 位于妙桥地区东部,西起境内三五叉口,东至欧桥村西山,长约2千米,宽6米,沥青路面。1983年在泥土路的基础上铺成碎石路,属乡级机耕路。1997年,拓宽浇筑混凝土路。2015年,再次对该路进行改造,拓宽成6米宽的沥青路面。该路主要在原立新境内而得名立新路,又因是境内通往常熟市境的径道而又名常横路,西部约0.5千米路段在横泾村境内。

妙桥中路 位于妙桥集镇中部,东与商城街相接,并向东北延伸至妙丰公路,西至双丰路口,全长3.1千米。2002年时称人民路,分东路、中路、西路。妙桥并入塘桥镇后改称妙桥中路。其东段1.38千米在村境内,

成为村境的一条街区,两边商店林立,成为妙桥集镇繁华街市。

商城路 位于妙桥集镇偏南部,东接妙丰公路,西至希望路,横亘境内和妙桥社区,全长3.44千米,中段500米位于妙桥社区境域,东段长1.38千米和西段长1.56千米在横泾村境域,主车道宽14米,沥青路面。该路东部从吹鼓路至金村公路的路段原为老商城路的商城南路,1994年辟筑。2004年向西延伸到希望路。2011年兴建妙丰公路时,该路再从金村公路延伸至妙丰公路,与妙丰公路相接、金村公路相交。2020年道路两侧有人防工程(妙新社区)、阳光学校和张家港市中达服饰有限公司、张家港协昌纺染有限公司、张家港市华益纺织有限公司、张家港市俊锋玻璃制品有限公司等工业企业。

双丰路 位于境内工业集中区东部、卢厅路西侧。南起兄华路,向北穿越商城路、永进路至妙三路,全长1.8千米,路宽30米,主车道15米,沥青路面,2004年建成。2020年路两侧有张家港市盛亿马针织制品有限公司、江苏博腾新材料股份有限公司、张家港市顺祥服饰制造有限公司、张家港瑞泰美弹性材料科技有限公司等工业企业。

友谊路 位于境内工业集中区中部。南起永进路,北至妙三路,全长0.8千米,主车道宽12米,混凝土路面,2003年建成。2020年,两侧有张家港市达鑫纺织有限公司、张家港市盛鸿精密针织机械厂和张家港市逸洋精密轴承有限公司等工业企业。

光明路 位于境内工业集中区西部。南

起永进路，北至妙三路，全长1.1千米，主车道宽12米，混凝土路面，2003年建成。该路与妙一、妙二路相交，2020年道路两侧有张家港盛鑫服饰制造有限公司、张家港市东盛美如意针织服帽有限公司等工业企业。

希望路　位于境内工业集中区，南北走向，南与商城路相接，北越永进路、妙一路、妙二路至妙三路（李家宕），全长2000米，主车道宽14米。绿化带宽10米，人行道宽6米，沥青路面，2002年建成。张家港市奥鑫特服饰有限公司、张家港欣茂电子有限公司、张家港市中协针织厂等工业企业坐落在该路两侧。该路与永进路交会处东北侧，原为塘桥镇工业集中区管委会所在地，2015年后成为塘桥镇妙桥办事处驻地。

妙一路　位于境内工业集中区，东起希望路，西至光明路，全长0.5千米，主车道宽10.5米，混凝土路面，2003年建成。2020年路旁有张家港市东祥帽业有限公司、张家港市慧诚毛纺有限公司等工业企业。

妙二路　位于境内工业集中区妙一路北侧，东起双丰路，西至光明路，全长1.2千米，主车道宽10.5米，混凝土路面，2003年竣工。2020年道路两侧有张家港市旺怡家具制造有限公司、张家港市晨艺电子有限公司、张家港金拓帽业有限公司等工业企业。

希望路

妙三路　位于境内工业集中区北部，华妙河南侧。东与友谊路相接，西连光明路。2014年竣工，全长1.3千米，主车道宽8米，混凝土路面。

科创路　位于境内工业集中区南部，南起兄华路，北至商城路。2015年辟筑，全长0.4千米，主车道宽12米。因建有诚信科技创业园而得名。

村组道路

1974年，妙桥地区辟筑乡村支线公路，途经横泾、陶桥、洞泾等地。境内各村（大队）配合镇级机耕路的建设，加快建造村级机耕路，并对村级主干道拓宽，截弯取直，先后铺筑成碎石路。80年代改建成砂石路面。随着农业机械化水平的提高和村民购置摩托车、三轮车和小汽车后，对村组道路建设提出更高的要求。1994年起，境内各村大力加强道路基础设施建设，主干道改建混凝土路。1998年，洞泾主干道形成"三竖"（村中心路、谈家路、迈步路）"二横"（永进路、北宅谈家路）格局，村级道路以丰产方为中心向四周辐射，交通极为便利；陶桥村机耕路全面贯通13个村民小组；横泾村各村组道路连通境内人民路、商城街、商城南路和吹鼓路4条主干道。2000年始，境内各村制订道路建设规划，进一步加大对次干道和村民出入住宅的通道建设，拓宽至2—2.5米，铺成碎石路，分批改造成混凝土路。至2004年，境内村组道路长23.81千米、面积10.90万平方米

改造成混凝土路，尚有长14.9千米、面积4.16万平方米仍为碎石路。2005年，横泾村加大对村组道路建设的投入，是年投入66.55万元，硬化道路6.25千米、面积1.7万平方米。2007年投入资金38万元，硬化道路3.30千米。2018年，该村按照塘桥镇道路办"一事一议"相关标准要求，共硬化、拓宽、改造小山房、赵巷、田堵、横泾岸等自然村的9条道路，共计4200平方米，投入资金65万元。是年底，村主干道已建成沥青或混凝土路面。村次干道、村居民出入道亦全部硬化。

航道

民国年间，流经境内的西旸港（塘）为出口大河，水路运输较为便利，时金村至常熟航道途经境内南部的河泾塘，经恬庄往常熟、北部横塘河至塘桥。但航道弯曲狭小，航行不畅。

中华人民共和国成立后，党和政府重视内河航道建设，结合农田水利建设，多次对西旸塘、妙金塘、奚浦塘、华妙河进行疏浚，截弯取直，拓宽加深。华妙河、西旸塘成为市级航道，妙金塘、奚浦塘成为镇级航道。2000年后，航道有专管人员维护，打捞漂浮物。2012年，境内妙金塘因王泾湾等河段改建公路平板桥后已断航。2020年，西旸塘、华妙河等航道仍可通航。

华妙河　位于境内北部，流经塘桥和妙桥地区横泾村、顾家村和妙桥社区。西起华航桥，东迄妙桥方桥，与西旸塘相接，通

航里程10.2千米，境内长1.3千米。河面宽30米，底宽8—12米，河底标高0.5米，最高水位4.5米，最低水位2.8米。1980年，沙洲县组织开凿，1985年为沙洲县县级航道。2000年为张家港市水域船舶流量较大的等外级航道，常年可通航30吨以下船舶。东经西旸塘、七干河入长江，西入二干河可到张家港市区、江阴、无锡等地，是市境东部的主要航道之一，也是江苏永钢集团主要原料水运通道，往来船队甚多。但每逢小潮汛，重载船舶只能单向航行。2002年，张家港市制订《华妙河实施限时单向航行特别管理规定》，并由海事人员实行24小时监控，确保该航道安全畅通。2020年，该航道过往船只较少。

西旸塘（港）　位于横泾村北部。民国年间至中华人民共和国成立初期，该塘虽为出江航道，却因河道弯曲狭小，只能通行10吨以下小船。50年代经3次拓疏，截弯取直，通航能力大为提高，过往船只、船队甚多。1964年，常熟轮船公司在西旸设客运码头，经此塘往返西旸至常熟。境内各大队社员亦常沿此港去北部滩涂割草供牛羊食用。1970年，北接七干河，南迄港口镇恬庄入张家港，通航里程10.75千米。2002年，恬庄河段断航，养护里程4.95千米，南至妙桥镇区与华妙河相接，村境长1.25千米，河面宽30米，河底标高0.5米，河底宽8米，最高水位4.5米，最低水位2.8米，过水断面33平方米，常年可通航30吨以下船舶。2020年，该航道过往船只较少。

妙金塘　位于妙桥地区中南部，村境偏东。该航道地跨村境和金村村，北接西旸塘，南与金钱塘相连，长约3.5千米，境内长1.9千米。河宽22—28米，底宽6米，最高水位4.03米，最低水位2.57米，河底高程0.5米，枯水期水深1米，可通行20—30吨级船舶，为8级内河航道，七八十年代过往船只甚多。境内各大队及周边社员常沿此塘运输造房材料，各生产队亦沿此塘去上海装氨水及其他农用肥料。2002年后过往船只逐渐减少，2011年因跨塘建有兄华路平板桥，该塘断航。

交通设施

妙桥公交首末站

　　位于黄金湾小区南部，吹鼓路东侧，占地面积1850平方米，建筑面积252平方米。坐东朝西，设有会议室、驾驶员休息室、公共卫生间和门卫等。2011年，由境内立新路南侧移至此地兴建，总投资180万元，开通港城汽车站至妙桥的211公交班车，每隔10—15分钟一班。后又开通鹿苑中转首末站至妙桥的323路公交班车，每隔18—26分钟一班。

桥梁

　　旧时，境内大小河道纵横交错，然桥梁稀少，"隔河相望不相通"的现象极为普遍。中华人民共和国成立初，境内仅有古桥徐塘桥和横塘桥、任家桥、杨泾桥、窦巷桥等几座石桥和木桥，为明清和民国年间邑人捐建。60年代初，境内桥梁有9座。70年代始，社队结合农田水利和农业机械化建设，建造一批砖混结构双曲拱桥和混凝土平板桥（俗称

"种田桥"）。1974年，妙桥乡村公路建成后，对境内沿线桥梁进行改建新建。1980年，境内有任家桥、横塘桥等12座县属桥梁，有杨巷桥、新丰桥、友谊桥、北宅桥、奚家桥等11座公社办桥梁，有20余座队办桥梁。随着各村陆上交通运输量日趋增多，1983—1990年，共改造农桥18座，其中可通行中型拖拉机的桥梁有15座。2000年，境内共有桥梁35座。2001年以来，随着境内工业集中区的建设，对商城桥、北石桥、任家桥等24座危桥进行整治，使桥梁荷载标准达到10—20吨，投入资金逾486.46万元。至2020年，全村主要桥梁增至28座，其中跨市镇公路、河道桥梁18座。

　　任家桥　位于洞泾片区北部，跨华妙河，南北走向，南邻任家村民小组。原为清朝康熙年间邑人钱世臣建造的木桥，纵跨于南横塘，本名永龄桥。1954年重建人行木桥，长20米，宽2米，成为境内一座县属桥梁。1980年南横塘拓宽，截弯取直，更名华妙河。该木桥改建成钢筋混凝土拱桥，长27米，宽3.3米，桥梁荷载标准6吨。桥下可通

行30吨以下船舶。2008年，投资30万元，改建成三跨板梁桥，跨度20米，宽6米，限载10吨。2016年又投资80万元，改建成单跨板梁桥，跨度20米，宽6米，荷载标准20吨。

商城桥　位于境内商城路上，跨妙金塘，东西走向。该桥始建于1994年，为钢筋混凝土拱桥，长28米，宽24米，时为妙桥镇境桥面最宽的桥梁。桥梁荷载标准20吨，梁底标高6.5米，桥下可通行30吨以下的船舶。桥东与金村公路相接，有妙桥羊毛衫商城和数家工业企业，桥西是商城南路工业区。2007年，投资230余万元，对该桥进行整治，建成钢筋混凝土平板桥，跨径44米，宽度25米，荷载标准20吨。

新风桥　位于境内王泾湾，是跨妙金塘的一座公路桥，东西走向。1973年，辟筑妙桥乡村支线公路时，由妙桥建筑站承建的板梁桥，桥长6米、宽6米，荷载汽车10吨，时名工农桥。1990年，妙桥水利站对该桥进行整治，改建成钢筋混凝土单孔板梁桥，并更名新风桥。2012年又进行整治，桥长8米，宽度14米，梁底标高5.5米，桥梁荷载标准20吨，桥面两侧装有花板型混凝土栏杆。该桥地处镇区主干道上，日过车辆千余辆次。

横塘桥　位于洞泾片区北部。据《重修常昭合志》记载："傍奚浦塘跨横塘者有横塘桥，明朝万历年间邑人钱受征建，本名长春桥。"始为石条桥，明清和民国年间，为妙桥居民赴塘桥镇的必经之桥。1954年，疏浚横塘时改建成人行木桥，长22米，宽2米，为境内一座县属桥梁。1980年以横塘为基础开拓华妙河时，该桥拆去。

商城桥

2020 年横泾村主要桥梁情况一览表

表 15

桥名	所在村民组（自然村）	跨越河流	桥型结构	跨径（米）	宽度（米）	荷载（吨）	始建时间	整修年份
友谊桥	27组（潘家）	奚浦塘	三孔板梁	25.0	20.0	20	1974	1994
北宅桥	17组（北宅）	奚浦塘	三跨板梁	22.0	5.0	15	1981	2004
任家桥	22组（任家）	华妙河	三跨板梁	20.0	6.0	20	清朝	2016
落马桥	22组（任家）	东塘	单孔板梁	10.0	9.0	20	1984	2008
丰收桥	20组（钱家）	村中心河	单跨板梁	6.0	12.5	20	2000	—
陆巷桥	33组（陆巷）	西旸塘	平板	20.0	2.8	20	1976	2004
舍金桥	32组（马家）	村中心河	单跨板梁	4.0	5.0	10	—	2010
过水桥	32组（马家）	村中心河	单跨板梁	4.0	5.0	10	—	2001
西板桥	28组（奚家）	生产河道	单跨板梁	6.0	4.0	20	民国	2009
陶家桥	30组（谢家）	生产河道	单跨板梁	10.0	12.0	20	民国	2008
杨木桥	32组（马家）	村中心河	单跨桥梁	8.0	8.0	20	民国	2016
杨湾桥	42组（杨湾）	村中心河	单孔桥梁	5.8	4.0	6	1977	—
陈家桥	43组（陈家）	陈家河	单孔板梁	5.0	45.0	6	1983	2017
南北墩桥	50组（汪家）	南北墩河	单跨板梁	8.0	5.0	10	1983	2017
俞家桥	36组（俞家）	顾新塘	单跨板梁	4.0	50	10	2000	—
新风桥	10组（王泾湾）	妙金塘	单跨板梁	8.0	14.0	20	1973	2012
新丰桥	3组（隆家）	老顾新塘	单孔板梁	5.0	5.3	10	1974	—
反修桥	1组（季家）	妙金塘	砖拱	21.0	3.4	6	1976	—
横泾桥	5组（横泾岸）	顾新塘	单孔平板	8.0	4.0	10	民国	2008
刘家桥	5组（刘家）	刘家小河	单跨板梁	6.0	4.0	10	民国	2008
小石桥	46组（新桥）	顾新塘	单跨板梁	10.0	.5.0	10	1956	2009
商城桥	7组（商城路）	妙金塘	平板	44.0	25.0	20	1994	2007
杨泾桥	薛家5组	顾新塘	单孔板梁	10.0	14.0	20	清朝	2014
窦巷桥	吹鼓9组	顾新塘	桁架拱	12.0	3.0	6	清朝	1981
吹鼓桥	吹鼓5、6组	村中心河	单孔板梁	4.0	4.0	6	1971	2000
徐塘桥	吹鼓东巷组	河泾塘	三孔石桥	26.8	1.8	人行	清朝	2012
兄华桥	横泾季家	妙金塘	平板	20.0	18.0	20	2011	—
西旸塘桥	横泾三五叉口	西旸塘	平板	20.0	18.0	20	2005	—

交通运输

陆路运输

旧时，境内人们陆路外出主要靠步行，运送货物靠手提、背扛和肩挑。50—60年代，因泥路狭小，雨日道路泥泞，晴天路途高低不平，陆路运输没有多大变化。自1974年妙桥支线公路建成通车后，开通妙桥至常熟、沙洲的公交班车，并在境内洞泾、陶桥、横泾设置招呼站，方便村民出行。同时，境内各大队先后建造机耕路，村民开始购买自行车上班和短途出行。各大队、生产队购买手扶拖拉机、中型拖拉机，农忙时耕种，闲时货运，陆路运输得到发展。1975年，境内有大中型拖拉机5台，手扶拖拉机30台。1979年，有手扶拖拉机53台，大中型拖拉机7台。部分拖拉机配置拖车后，运输能力不断提高。1980年，陶桥大队率先购置农用卡车、面包车各1辆。1988年，境内农用汽车增至5辆。1991年，境内有农用载重汽车7辆，其中柴油机车5辆。随着境内羊毛衫市场兴建，1995年，在境内王泾湾自然村建立客运站，开通至常熟、苏州、浙江濮院交通线路。1998年开通至上海、南京、商丘、菏泽、淮阴等大中城市的客运班车。境内村民添置摩托车、面包车。2000年，境内建设工业集中区，道路建设迅速推进，富裕起来的农民开始购买轿车，部分工业企业购买货运车辆，普通农家也先后购买电动二轮车、三轮车。2010年，全村每百户轿车拥有量为25辆，2015年为40辆。2020年，全村拥有各类汽车2000余辆，其中专用运输车120辆。张家港市港城公交公司先后开通12路、211路、219路、323路、344路等公交线路途经村境，并在境内设有妙桥公交首末站和多个停靠站点，居民出行至市区及各镇区甚为方便。

水路运输

民国年间，境内横塘、西旸塘和奚浦塘为出江大河，顾新塘与河泾塘相接，可直通恬庄到常熟、无锡。域内大小河道纵横交错，人们出行、货运主要靠水路。妙桥、西旸和金村三大集镇多艘手摇航船经境内往常熟、无锡等地。1950年后，逐年疏浚河道，境内各大队（高级社）、生产队添置农用木船。1962年，有农用木船59条，专业运输船3条。1972年，有农用木船47条、水泥船75条，总吨位350吨。这些船只，农忙季节用于装运化肥、氨水、农药和交售公粮，闲时客货两用，主要为村民装运砖瓦、木材等建筑材料。1974年，境内农用木船减少，水泥船增至94艘，其中吹鼓有机动运输（挂桨机）船2艘。1979年，境内农用机动运输船增至23艘，其中横泾有农用机动运输船9艘。境内水路船来船往，水路运输发达。80年代，随着陆路运输的发展，机动运输船逐渐减少。1986年减至15艘，1991年，机动运输船仅存2艘。90年代中后期，境内砖瓦厂先后关闭，轮窑停止生产，村民建房减少，加上陆路运输的快捷方便，机动运输船运失去运输市场。2002年，境内已无专业运输船只登记。2020年，村境大河过往船只甚少。

水利

河道整治

西旸塘　位于横泾村北部，流经境内段长1.25千米。清雍正十三年（1735），总督赵弘恩与州同戴茂蕙主持开浚西洋（旸）港。中华人民共和国成立前，年久失修，河床高涨，河道淤塞。1952年2—3月，福山区组织妙桥境内出动民工1.6万余人，疏浚自港口火烧桥至妙桥9千米河段，完成土方10万多立方米。1956年2月，常熟县政府出资，塘桥区政府组织妙桥境内各小乡出动民工1000人，拓浚西旸向南10千米河段，其中部分河段截弯取直，平地开凿，底宽5米，坡度1:1.5，完成土方8万立方米。翌年又动用民工6000人疏浚该塘，完成土方14万立方米。1968年，又拓浚该塘，向南延伸至恬庄与奚浦塘交汇，向北延伸至南丰轮窑。1988年，疏浚盐铁塘时，同时疏浚盐铁塘与西旸塘交汇处，长1.8千米。1994年，又对该塘进行疏浚，全长3.1千米，底高0.5米，底宽6.0米，动用泥浆泵5台，完成土方5.83万立方米。

华妙河　位于原妙桥、塘桥两镇境内。横泾段东起谈家自然村，西至北宅自然村，长1.3千米。中华人民共和国建立后十年间，两次疏浚。改善两岸5万余亩农田排灌条件，控制水位，解决水路运输。1980年，以南横塘为基础，截弯拓宽，部分新开，完成土方157.5万立方米。原规划为江阴华士至沙洲妙桥，故取名华妙河。1994年全线疏浚，境内疏浚土方6.5万方，耗资60.5万元。疏浚标准为底宽8—10米，底高0.5米，边坡1:2.5。2003年，疏浚境内河段，完成土方2.5万立方米，疏浚标准为底宽10米，底高0.5米，边坡1:2.5。

奚浦塘　位于横泾村西部。境内段南起奚家宕自然村，北至北宅自然村，长1.38千米。明隆庆六年（1572）疏浚，耗资八万八千九百五两银子。清乾隆年间，洞泾徐氏二世徐祖望之父，耗资数千两银子，疏浚该塘全线，徐氏后代称他为"开塘祖"。民国后期失修，河道多弯曲、河底宽窄不一、高程悬殊较大。中华人民共和国建立后于1954年首次疏浚，1977年续浚，截弯拓宽，妙桥公社工段长7千米，出动民工8000人，

河泾塘

挖土15万立方米，底宽3米，底高0.5米，坡比1∶2。全长由16千米缩至11.8千米，形成与沙漕交界河、东盐铁塘、华妙河互相贯通的水系。跨塘建有友谊桥（公路桥）1座、北宅桥（中拖桥）1座。1991年11月，采用人力挑挖和机浚相结合的办法全线疏浚，完成土方27.6万立方米，总投资120万元。疏浚标准为底宽5米，底高0.5米，坡比1∶2。

妙金塘　位于横泾村中部，北连西旸塘，南通金钱塘、曲塘径。流经村境长1.9千米。该塘北段原名顾新塘，1965年11月进行拓浚，截弯取直，更名妙金塘，是原妙桥地区骨干河道之一。1975年续浚，完成土方35.72万立方米。疏浚标准为底宽5米，底高0.5米，坡比1∶2，排涝能力每秒4.2立方米。排灌受益面积达450公顷。1989年再次疏浚，标准与1975年相同，水域面积6.5万平方米，排涝能力每秒5.4立方米。2006年，镇水利站机械（泥浆泵）疏浚横泾段2240米，完成土方5.72万方。2012年，疏浚750米，完成土方6700立方米。进一步贯通了南北走向的主要航道，增强了沿线特别是境内的排灌能力。

顾仙塘（又名顾新塘）　位于横泾村南部。明朝景泰二年（1451）疏浚，后年久失修，部分河段淤塞，水不成系。中华人民共和国建立初疏浚，动用民工1600人，完成土方4万立方米。1975年开拓妙金塘，其北段（横泾北部）河道即为顾仙塘老塘。现该河分顾仙塘和老顾仙塘，为横泾、雪家、吹鼓、金村等村的排灌河道，总长约5千米。1990年

冬，妙桥镇组织疏浚该塘横泾段，全长1.61千米。1992年再次疏浚，全长3.66千米，疏浚标准为底宽3米，底高0.5米，完成土方2.19万立方米，其中人工开挖3518立方米。1998年和2001年，薛家、吹鼓等村也先后加以疏浚。疏浚标准为底宽4米，底高1米，坡比1∶2，水域面积2.4万平方米。2018年，镇水利站又对顾新塘疏浚300米，排涝能力每秒4.2—4.8立方米。农田受益面积约150公顷。2018年，镇水利站又对顾新塘横泾段300米进行机械疏浚，完成土方5400立方米。

河泾塘　又名河金塘，亦称徐塘。位于横泾村最南部，流经境内东巷、南杨、田堵、姚墩等自然村。东起金村与妙金塘相连，西迄恬庄，全长4.4千米，境内长1千米。原属境内古河道之一，曾于清朝乾隆年间、民国初年疏浚。1964年11月，妙桥公社组织民工2000余人，对该河金村至港口朱家坝河段进行疏浚，完成土方3万立方米，排涝能力每秒5.4立方米。该河原为运输进出河道，可通航50吨以下船舶，近年船舶进出甚少。境内农田受益面积50多公顷。

薛家中心河　位于黄金湾小区西南部。东西向，东至妙金塘，西至西旸塘，全长2千米。1975年11月开挖，其中东段穿过杨家浜，利用老顾新塘河道，西段1千米新开。河面宽20米，河底宽4米，底高0.5米。动用民工1600人次，由各生产队自行安排劳力，奋战近两个月完工，完成土方13万立方米。河上建有公路桥3座。1992年机械疏浚，完成

土方1.12万立方米。2004年与2013年，镇水利站分别对该河机械疏浚1570米，完成土方0.8万立方米和1.44万立方米。

陶桥中心河 位于横泾黄金湾小区西北部，东接西旸塘，西入奚浦塘，全长1.31千米。1971年冬，陶桥大队发动各生产队民工500余人，历时半月，将原北小塘及顾新塘支流拓浚疏通，河面宽16—20米，河底3米，底高0.5米，完成土方1.3万立方米，成为当时陶桥大队主要河道。1992年机械疏浚，完成土方6810立方米。2018年，镇水利站机械疏浚750米，完成土方6700立方米。

吹鼓中心河 位于黄金湾小区西南部，东起老顾新塘，西至杨家湾塘，全长700米，途经西黄、邹家、杨家宅自然村。1972年，吹鼓大队动用民工600余人，历时20天，新开

西段200米，连接西旸塘支流，疏通东段近500米老塘（杨家湾塘），河面宽度16米，河底3米，底高0.5米，完成土方6819立方米。并村后，镇水利站又在2006年与2013年分别给该河进行两次疏浚，共疏浚1247米，完成土方7166立方米。

横泾中心塘 位于黄金湾小区东部，南北走向，南至金村夏高河，北至王泾湾，途经季家、南卢、隆家、刘家桥、朱家湾、王泾湾等自然村，全长900米。1975年，妙桥公社各大队出动民工5000多人，新开河段600多米，河面宽20米，底宽5米，河底高程0.5米，坡比1∶2，完成土方15万立方米，成为原横泾大队主要河道，取名横泾中心塘。1976年，向金村方向延伸后，更名妙金塘，位于西部的老妙金塘成为顾新塘的支流。

2003—2020年横泾村组河道疏浚情况表

表16

年份	疏浚河道名	长度（米）	水域面积（平方米）
2003	老顾新塘、长浜前河、长浜后河、后底泾、东塘河、吹鼓浜、薛家浜、杨家浜、刘家桥河、小石桥河、小泾河	3518	26433
2004	薛家中心河、庄泾河、大泾河、小泾、船方浜、汤家小河、南横塘、钱家浜、洞泾河、南小塘	8001	74720
2005	西黄泾、平浜泾、四队小河、小河、老妙金塘、谢家沌、王家泾、大泾河、南横塘、海潭浜	1970	26703
2006	旱浜、隆家河、刘家桥河、吹鼓中心河、王家浜、丁家河梢、妙金塘	2899	64937
2007	杨家浜、王家浜、吴家浜	541	11147
2008	旱家浜、奚家小河	220	2083
2009	杨家浜、前桥泾	686	6750
2010	后朝泾、下大浜、上大浜、西梢浜、余家河、吹鼓小泾河	747	6783

年份	疏浚河道名	长度（米）	水域面积（平方米）
2011	长泾河、船方浜、囡浜河	—	—
2012	小周河	85	952
2013	吹鼓中心河、薛家中心河、南小塘、支浜、小泾河、丁家河梢	3317	21158
2014	—	—	—
2015	5队河、姚浜、洞泾河、丁家河梢、南洞泾河、北宅河、王泾湾河	1754	19926
2016	大泾河、小泾河、潘家河、李家浜、王家墩、王泾湾河、油车浜	1260	13795
2017	南小塘、唐家小河、西老顾新塘、张家小河、长浜河	2026	19095
2018	陶家中心河、薛家浜、高浜、天落墩、顾新塘	2480	21878
2019	西家漏、小泾河、妙丰公路景观河、陶桥中心河	622	6814
2020	西板桥河、船方浜、周家河、旱浜、隆家河、门前泾、后底泾、丁家河梢、横泾浜、大泾河	2625	23854

农田排灌

排灌

中华人民共和国成立前，境内农田排灌主要靠人力、牛力用戽水工具取水灌溉。戽水有两种，一种是人力水车，其结构主要由车轴、车厢鹤膝（又称车尺）和斗板组成。靠人工脚踩踏，日灌5—8亩。一种是牛力水车，通过牛力拉动，日灌面积8—10亩。

60年代初，境内各大队先后购进25匹重型柴油机，建立机灌和粮饲加工两用站（俗称"座机"）。70年代初，境内购买了8台小型柴油机（俗称"小五车"），其中用于灌溉的有7台，采用流动灌溉。满足各生产队灌溉需要。1973年，境内各大队都建立电灌站，电力排灌基本做到全覆盖。各生产队根据农田多少，建起1—2个固定的电灌简易"码门"（本地人对一种排灌装置的称呼），配有电动机、水泵等。到70年代中期，境内排灌全部使用电力排灌。1983年农村实行家庭联产承包责任制后，排灌设施尚属村民小组集体所有。境内用于灌溉的电动机达到109台，农用水泵稳定在122台。2004年并村后，用于排灌的电动机达到151台，农用水泵达到161台，其中有10台是潜水泵。2020年，横泾村用于灌排的电动机有57台，装机容量352.4千瓦，农用水泵57台。境内黄家巷与妙桥社区龚巷交界处、长浜岸长浜河与妙金塘交界处各建有排涝水闸1座。

长浜河排涝闸站

田间沟渠

中华人民共和国成立前后，境内没有专门的排灌沟渠，田间进出水靠"田过田"或田头进出水，一旦发生旱或涝，影响作物生长。农业合作化后，开始推行先进的农田排灌方法，在田内挖深沟，在田外挖沟渠，小沟通大沟，大沟通河道或池塘，初期均为全填式"高沟渠"，后又推广半挖式低渠道。1961年，境内各大队为实现灌溉机械化，破土修筑渠道，选取临河较高处，建排灌站，修筑吹鼓大队主渠道。据统计，境内修筑水渠共

减少耕地面积35亩。水渠的标准：主渠底宽1米，高1米，坡比1:1；支渠底宽0.5米，高0.7米，坡比1:1；毛渠底宽0.5米，高0.5米，坡比1:1；斗渠宽0.3米，高0.3米。到1961年底，修筑主渠道长达15千米左右。境内农田基本实现了灌溉机械化。

70年代，为了节省耕地和减少渠水渗漏现象，把明渠改为暗渠。暗渠的结构，用石灰掺泥土拌匀夯实顶呈拱形，上面覆土，每隔一定距离开一个出水口。暗渠上面大多为机耕路。90年代，境内洞泾、陶桥建设永久性渠道，用砖、水泥构筑渠道。后随着工业

发展，交通水利、农民住宅等用地增加，耕地面积减少，渠道也逐步减少，大多村民小组采用明渠排灌，以土筑渠道为主。至2018年，境内灌溉渠道10.59千米，灌溉面积做到全覆盖。

2020年，投入220万元，大力开展以建设高标准农田排灌沟渠为重点的农田基本建设。该工程由张家港市天源设计院规划，水利建设工程有限公司施工，项目区域面积3874亩，涉及农田面积2208亩。建宽2.5米混凝土路869米，铺设砂石路面390米，方便了机耕操作。建有以半圆形预制钢筋混凝土浇制C70型渠道13418米，排水预制板渠道422米。还新改建6英寸电灌站4座、8英寸电灌站6座、窖井49座、过路涵洞36座、排水涵洞21座、出水池5座。新建沟渠坚固耐用，农田灌溉得到全覆盖。

2020年横泾村机电灌溉情况表

表17

片区	电灌站编号	电动机		水泵			渠道类型	灌溉面积（亩）
		数量（台）	装机容量（千瓦）	数量（台）	类型	型号		
横泾	1—11	11	60.5	11	6英寸	150HW-8	水泥渠	381
洞泾	50—54	5	37.5	5	8英寸	150HW-8	土渠	161
陶桥	45—47	3	16.5	3	6英寸	150HW-8	土渠	92
吹鼓	12—39、48—49	30	165.0	30	6英寸	150HW-8	水泥渠	1510
薛家	40—44、55—57	8	44.0	8	6英寸	150HW-8	水泥渠	499

第五篇 农 业

在长期的封建社会,农业一直是境内农民生活的主要来源。依据境内的自然条件(土壤、气候、水利等),农业以种植业为主,全年稻麦两熟,兼种少量棉花和玉米、豆类、蔬菜等。由于长期受封建土地所有制的制约以及生产方式的落后、栽培品种的低劣和抵御自然灾害能力的薄弱,农业生产力水平不高,农作物产量偏低。正常年景水稻亩产在150—200千克,三麦在60千克左右。如受旱涝、台风、病虫害的袭击,常常会出现荒年,有"小熟吃到知了叫,大熟吃到着棉袄""糠菜半年粮,穷人愁断肠"的说法。

中华人民共和国成立后,在中国共产党领导下,经过土地改革,彻底废除封建土地所有制,实行"耕者有其田",调动农民的生产积极性,粮食产量逐步提高。农业合作化后,结束了小农经济的生产方式,通过兴修水利,提高了抗灾能力。同时不断选用优良作物品种,改进耕作技术,大力推广科学种田,使农作物产量逐年稳步提高。1978年,水稻平均亩产583.27千克,三麦平均亩产460.39千克。1983年,农村实行家庭联产承包责任制,农户拥有生产经营权和劳动支配权,并逐步调整农业的产业结构,大力发展多种经营,农民的生产积极性空前提高,农业产量、农民收入得到很大提高。80年代后期,农村劳动力大量转移,向亦工亦商发展,农村经济从单一化向多元化发展。从2004年始,横泾村从农业现代化建设入手,全面推进农副产品质量建设。2013年,金博园种养殖业专业合作社生产的翠冠梨在江苏省果品博览会上获一等奖。2014年"果园春"果品获江苏省绿色产品证书。2015年,全村粮食总产2043吨,果品总产213吨,生猪出栏1350头,家禽出栏145百羽。2020年,全村农业结构进一步优化,综合生产能力显著提高。

农村经济体制改革

封建土地所有制

中华人民共和国成立前，境内大量土地为地主阶级所有，主要的生产资料亦掌握在地主、富农手里。许多农户向金村地主金庄甫、王念川租种土地。土地改革前，境内有耕地9290亩。土地改革初划分阶级成分时，有地主16户，富农15户，人口167人，占境内总人口的3.2%，占有耕地5273.4亩，占境内耕地总面积的56.76%。中农（包括富裕中农）493户，人口1652人，占总人口31.59%，占有耕地3073亩，占境内耕地总面积33.07%。贫雇农821户，人口3410人占总人口65.21%，占有耕地929.22亩，占境内耕地总面积10%。广大贫雇农民为了生存，只得租田，做忙工，种客田，甚至当长工来维持日常生活，艰难度日。这种封建土地所有制严重束缚了农业生产力，阻碍了农村经济的发展。

土地改革

1950年6月，中央人民政府颁布《中华人民共和国土地改革法》，宣布"废除封建土地所有制，实行农民土地所有制"。10月，福山区在周院乡进行土地改革试点。1951年1月，境内在苏南执行公署常熟县福山区派驻的工作组指导下，贯彻执行"依靠贫农、团结中农、保护富农经济、打击地主阶级"的土地改革政策，废除封建土地所有制，划分阶级成分，发动农民清算地主阶级的剥削罪行，镇压恶霸地主，没收地主的土地和多余财产，征收富农的多余土地，分配给无地、少地和缺衣少食的贫苦农民。

是年6月，土地改革结束，境内共评出地主16户、富农15户、小土地出租20户、店职员1户、贫雇农821户、中农493户。评出成分后，村农会派民兵到地主家去封锁财产，叫作"封家"，贴上封条，严禁动用。境内共有1366户农户参加土地改革，其中821户贫雇农分到了人均1.68亩土地（后得户）。

农民分得土地后，常熟县人民政府颁发了《土地房产所有证》，以法律的形式保障农民的土地、林地和房产所有权。通过土地改革，农民实现了"耕者有其田"的愿望，解放了生产力，促进了农业的发展。

土地改革时期境内各行政村基本情况表

表18

乡	行政村	户数（户）	人口（人）	可耕地面积(亩)	非耕地面积(亩)	瓦房（间）	草房（间）	屋基面积(亩)
妙桥	五村	109	419	742.90	10.05	98.50	248.00	31.99
	六村	107	451	804.92	11.28	63.00	307.00	29.09
	七村	135	506	878.94	16.26	84.50	407.00	39.98
	八村	107	410	730.90	11.71	163.50	271.00	32.19
	九村	119	483	868.32	26.93	77.50	341.00	45.61
	十村	30	107	204.41	6.65	15.50	88.00	10.42
	十一村	91	327	586.72	15.13	13.50	236.50	33.06
杏市	巷路村	41	139	274.74	7.95	38.00	87.00	7.98
	新民村	34	133	234.21	5.31	2.00	96.00	9.58
	中民村	50	172	313.45	2.76	4.00	165.00	14.06
	吹鼓村	70	275	517.34	7.98	42.50	199.75	19.89
	邹家村	65	235	426.67	3.24	17.00	148.50	14.01
	东杨村	55	210	380.28	2.92	18.00	172.00	14.48
	中杨村	45	201	345.20	3.68	31.00	143.50	13.71
	大坝村	30	119	249.22	7.94	28.25	90.25	11.98
兴教	一村	104	386	655.59	15.07	28.25	272.00	35.97
	二村	163	612	996.41	17.89	141.00	405.00	51.65
金村	七村	11	44	79.92	1.87	11.00	27.00	2.04
合计		1366	5229	9663.14	174.62	877.00	3705.25	417.69

农业合作化

互助组

土地改革结束后，农民生产积极性普遍高涨，农业生产有了很大的发展，但有一部分农户缺少劳动力和生产资料，抵御自然灾害的能力薄弱，出现土改分得的土地转租、转让等情况。有技术、劳力及大型农具的农户开始租田、放债、买地等，出现两极分化现象。1952年春，党和政府及时号召农民组织起来办互助组，走互助合作道路。至1953年春，境内各村参加互助组的农户达到90%以上。

境内互助组形式分两种，60%的农户参加临时互助组，农忙时5户以上、10户以下自愿结合，主要以换工形式进行。30%的农户组成常年互助组。一般有十几户组成，其成员稳定，生产效率高。按照自愿、返利、等价交换的原则，推选种田有经验，办事公正的人当组长，带领生产，安排农活，统一调配和使用农户的生产资料，年终根据各户投入的资金、劳力、农具等进行分配。

初级农业生产合作社

互助组显示了一定的优越性，但仍存在着不少无法克服的困难和矛盾，主要是组织规模小、经济薄弱、没有公共积累、无力购置成套农具、不能扩大再生产等。其次是组织成员变动大，没有任何制约力。且作物种植等缺乏规划，对遏制两极分化收效甚小。1954年，上级政府贯彻"积极引导、稳步推进"的方针，坚持"入社自愿、退社自由"的原则，逐步引导农民组织初级农业生产合作社（简称"初级社"），并为有困难的初级社提供低息贷款。是年秋，境内兴教乡迈步宕在钱培元、严培寿带领下，率先成立兴教乡规模最大的初级社，入社28户，人口88人，耕牛1头，耕地面积161.89亩。并设立由社员

1955年境内部分初级社基本情况表

表19

乡名	社名	总户数	总人数	耕地面积（亩）	小麦亩产（千克）	稻谷亩产（千克）	农副业总收入（元）	社员分配（元）	劳动日单价（元）
兴教乡	一社	20	75	98.40	—	281.00	4415.72	3409.45	1.63
	六社	28	88	161.89	72.50	265.50	10801.26	74.35.35	1.38
	七社	28	102	151.23	—	264.50	7634.81	5260.47	1.74
	八社	14	45	78.09	76	227.00	3941.18	2693.66	1.18
	九社	26	118	169.50	—	266.50	8478.58	6296.99	2.20
妙桥乡	十三社	9	46	69.07	77.50	260.00	2901.35	2403.50	1.25
	十四社	14	53	84.35	—	263.50	3982.56	3982.56	1.67
	十五社	16	57	85.50	80	265.50	6776.62	5989.24	1.88
	十七社	28	119	174.74	—	268.40	10301.88	7514.06	1.81
杏市乡	一社	19	53	96.90	90	282.50	5891.30	3827.25	1.14
	二社	20	59	101.33	75	287.00	7065.68	4811.83	1.30
	六社	20	61	87.72	—	285.00	5014.26	4531.76	2.41

民主推选的社务管理委员会，钱培元、严培寿为正副社长，并配备会计1人，负责组织安排全社生产和财务工作，作物种植由社统一规划等。

初级社实行土地评级入股，耕牛及大型农具私有公用，集体出租金。社员提供一定的股份基金（贫困社员股金由国家提供部分贷款）作为社内集体资金。社员参加集体劳动，根据农活难易、劳动强度和数量，民主评工计分。每户社员发记工簿，社领导与社员一起劳动，按工计酬。全年总收入扣除当年生产成本支出及提留必要的管理费用，剩下的作为分配的收益。纯收入按土地40%、劳力60%的比例分配，即根据社员入股土地数和劳动工分数进行分配，这一模式在兴教乡推广，境内各村争相仿效。是年底，境内共建立80多个初级社，入社农户达到75%以上。

由于初级社能合理使用土地、劳力和资金，实现了较合理的耕作制度，产量明显增长，社员的收入明显提高，初步显示了集体化的优越性。

高级农业生产合作社

1956年春，根据中共中央七届六中全会通过的《关于农业合作化问题的决议》，境内各小乡将初级社逐步合并，组建高级农业生产合作社（简称"高级社"）。境内农户纷纷将土改时颁发的土地证上交给高级社。1957年秋，境内建立4个高级社，共有社员1225户，人口4481人，入社率100%。

高级社建立行政管理机构，设社长、会计，建有党、团、妇女、民兵等组织，下分若干个生产队。高级社的生产形式以社为单位统一经营，对生产队实行"四固定"（即固定劳力、固定土地、固定耕牛、固定大型农具）和"三包一奖"（包产、包成本、包工分、超产降本则奖、减产增本则赔）的责任制。农户入社后，土地不再是私有，其耕畜、大型农具等则作价入社，定期逐年偿还。社员集体劳动，实行"各尽所能、按劳分配"的原则，提取公积金、公益金后按合同结算到生产队，收入按劳动工分计算，夏季预分，年终结算分配兑现。

1957年境内高级社情况表

表20

社名	生产小队（个）	户数（户）	人数（人）	所辖区域（行政村）	耕地面积（亩）	社长
红旗十社	6	155	553	兴教乡一、二村	1007.99	钱培元
红旗十一社	14	217	817	妙桥乡十、十一村杏市乡中民、新民、巷路村	1613.53	窦永生
红旗十二社	32	588	2113	妙桥乡五、六、七、八、九村	4103.89	周同生
红旗二十社	13	265	998	杏市乡中杨、吹鼓、邹家、东杨村	1918.88	邹小生

人民公社化

1958年8月9日，中共中央下发《中共中央关于农村建立人民公社问题的决议》。9月，常熟县妙桥人民公社成立，境内设邓家、洞泾、陶桥、吹鼓4个大队。1962年调整为横泾、洞泾、陶桥、薛家、吹鼓5个大队。

人民公社建立初期，强调"一大二公"平均分配，工农商学兵五位一体，农林牧副渔五业并举，全公社经济实行统一核算，生产资料归公社一级所有，基层物资、资金、粮食等均由公社统一调配。劳动体制实行"组织军事化、生产战斗化、生活集体化"。农村以生产队为单位，大办食堂，农村社员吃饭不要钱，甚至理发、治病、洗澡等都不要钱。在生产上有公社统一指挥，全社劳力统一调配。生产大队建立营、连、排编制，组织大兵团作战。在极"左"思潮的影响下，一度出现高指标、瞎指挥、浮夸风、"共产风"、平均主义和无偿调用劳动力、农民物资情况。在大办水利、大炼钢铁和大搞农具改革的过程中，社员私有的房屋、竹木、牲畜、农具被无偿平调。在生产经营中大搞脱离实际的高指标、浮夸风和"共产风"，上报的产量数字严重失实，结果粮食统购过了头，致使农民剩粮不多，吃不饱肚子。干部脱离实际，大搞深翻土地，将社员住房的泥墙、屋茅柴拆下来搞"什锦汤"（肥料），在房屋内翻垦"千脚泥"，用于积肥造肥。农民的生活、环境均受到严重影响，社员的生产积极性遭到严重挫伤，集体经济和农民财产受到严重损失，正常的生产、生活秩序均被打乱，广大社员的生活面临困境。

1959年，境内全面贯彻中央郑州会议精神，及时纠正了"一平二调"的错误倾向，结束了1958年的平均主义的分配制度，实行公社、大队两级管理，分级核算，生产大队对生产队实行"三定"（定产、定工、定本）的奖赔责任制，加强经营管理。

1961年7月，境内贯彻中共中央《关于农村人民公社当前政策问题的紧急指示信》（即"十二条"）后，实行生产资料归公社、生产大队和生产队三级所有，以生产队的集体所有制经济为基础的制度（即"三级所有，队为基础"）。以生产队为基本核算单位，执行按劳分配、多劳多得的分配原则，以往平调的一切生产资料、股份基金、公积金、公益金均归还生产队。停办食堂，并对平调的农民物资，进行清算和退赔。

1962年境内各大队贯彻中共中央关于《农村人民公社工作条例（草案）》（即"六十条"），按耕地面积的7%—9%补足农户的自留地，使集体生产和社员生活又走上正常轨道，调动社员参加集体生产和发展家庭副业的积极性。

1964年底，开展"农业学大寨"运动。1966年，开展"文化大革命"，强调突出政治，推行"大寨式"记工，取消定额记工，一度出现新的平均主义。并且强行推行"以粮为纲"和一系列极"左"的政策，凡是搞个体经济都当作"资本主义尾巴"进行割除,使境内经济受到严重影响。农业生产从茌口布局到品种栽培,自上而下高度统一;领导层层下达生产指标,用行政命令指挥生产,农村经济一度停滞不前。

1971年,境内贯彻中共中央《关于农村人民公社分配问题的指示》后,吃大锅饭,"大寨式"记工等现象逐步得到纠正。1978年停止"大寨式"评分记工方式,实行分组劳动定额记工和包工计分,使按劳分配、多劳多得的分配原则得到较好的落实。

家庭联产承包责任制

1978年12月,中国共产党第十一届三中全会召开后,农村经济体制改革逐步展开。1981年,境内开始实行联产承包责任制,分大组联产承包和小组联产承包,由务农劳动力承包耕地,生产队对作业组定产量、定工分,超产节本奖励,减产超本赔偿。1982年冬,境内全面实行家庭联产承包责任制,农户和村(大队)签订土地承包合同,农民承包的土地属于集体所有,承包后可长期使用,不准买卖、出租、荒废。农民享有自由经营土地的权利,即两权分离(所有权和经营权)。农民承包的土地分口粮田与责任田,口粮田为人均0.4亩或0.45亩。责任田按在队18周岁至60周岁劳动力平均划分,种植收获的粮食完成上交公粮,余下归己。土地分户经营后,在国家粮、油种植计划指导下,茌口

布局,生产管理由生产队统一安排,经济收入除交纳国家税金、公积金、公益金和管理费外,均归农户所有。后由于村办工业发展,公积金、公益金免交。实行家庭联产承包责任制后,乡村两级加强了农业服务体系,帮助农户解决生产中的问题,村设立机耕队、农技站、肥药店;生产队设农技员、管水员。乡村干部对农户进行生产技术指导,提供病虫害防治、分发良种等服务。

实行家庭联产承包责任制后,农业人口流动加快,出现了农户承包地权属不明、田块界限模糊等情况,1998年秋进行第二轮土地承包工作,坚持"大稳定、小调整"的原则,以明确所有权、稳定承包权、搞活经营权为基本要求,境内共确权耕地总面积5625.24亩,确权发证总户数1801户,确权农业总人口6141人。农户与村民委员会签订了《土地承包合同书》,土地承包延长30年不变,由张家港市人民政府发给统一印制的《农村集体土地承包经营证书》。通过土地承包,进一步保护和调动了农民的生产积极性,促进土地使用权合法、合理有序地有偿流转。

2014年11月20日,中共中央办公厅、国务院办公厅印发了《关于引导农村土地经营权有序流转发展农业适度规模经营的意见》,指导农户承包经营的土地向家庭农场、专业大户等规模经营户流转。为了顺应农户要求,对土地承包经营权进行分权设置,明确经营权流转及行使的法律地位,建立所

有权、承包权、经营权"三权分置"的新型农地制度。2015年下半年,境内全面开展农村承包土地经营权确权登记工作,巩固和完善1998年二轮承包登记确权的成果。境内共确权总面积1941.98亩,确权发证总户数596户,确权农业总人口2023人。

2015年横泾村农村土地承包经营权确权登记情况表

表21

序号	村民小组名	确权面积(亩)	确权总户数	确权总人口
1	1组(季家)	95.04	36	122
2	2组(南卢)	103.03	26	102
3	3组(隆家)	97.60	33	132
4	4组(尹家)	58.26	22	75
5	35组(何家)	42.09	18	54
6	38组(朱家)	39.50	27	87
7	41组(俞家桥)	97.54	30	96
8	42组(杨家湾)	140.76	46	138
9	52组(西黄)	83.43	27	66
10	53组(邹家)	143.28	39	136
11	54组(杨家宕)	117.73	28	107
12	55组(小山房)	55.48	14	57
13	56组(唐家)	130.73	35	115
14	58组(东赵)	85.28	20	76
15	59组(西赵)	87.02	21	71
16	60组(东巷)	115.84	42	133
17	61组(南巷)	117.30	33	130
18	62组(田都)	131.47	43	145
19	63组(姚墩)	52.62	14	49
20	64组(姚浜)	76.97	25	75
21	65组(姜家湾)	71.00	17	57

土地规模经营

农村实行联产承包责任制后,初始出现"两田分离",一部分村民只种口粮田,将责任田承包给会经营的种田能手,实行适度规模经营。1987年,妙桥镇政府首先在境内横泾、洞泾、陶桥三个村的部分村民组试行种田大户规模经营承包责任制。从此,许多农户不再种承包田，单种口粮田，自种自吃，国家征购任务及农业税全部由种田大户承担，完成征购任务和农业税收后，其余归种田大户。随着农村经济的发展，许多农户不再从事农业生产，剩余的劳力逐步向工业、第三产业转移，为以种植业为主的专业户、家庭农场和农业合作社的发展创造了条件。据统计，1995年境内村办农场有5个，承包耕种面积321.54亩；组办农场3个，承包面积99.5亩；联产承包户5户，耕种面积240.20亩；家庭承包4户，耕种122.46亩。

1994年秋，浙江长兴籍农民宋自强率先到境内南卢组承包原村办农场土地54.6亩，后不断扩大规模，又承包南卢、季家组土地，承包面积达到157.4亩。2007年，范新龙接替宋自强，继续承包南卢、季家、尹家、西三五、横泾岸5个组的土地。在宋自强的影响下，其乡亲纷纷到境内承包土地，种植水稻、三麦。2020年，境内规模型经营粮食种植大户有15户，承包耕地总面积2166.23亩，主要种植小麦、水稻。

2020年横泾村土地规模经营情况表

表22

序号	承包者	承包面积(亩)	所在村民组
1	李开华	124.81	邹家组
2	范新龙	157.35	纪家、南卢
3	徐于能	253.11	杨家宕、小山房、洞泾、谈家、纪家、李家
4	盛寅生	175.34	隆家、西黄
5	徐于伍	247.34	唐家、北杨家巷
6	卢建平	33.25	俞桥、徐桥
7	潘能兵	115.30	东巷
8	姜建平	96.86	俞家
9	谢周劲	370.06	东赵、西赵、田堵、姜家湾
10	葛中宜	68.07	朱家、何家
11	谢红明	116.20	南巷
12	高聪明	159.42	杨家湾、陈家
13	吴小四	109.41	姚浜、姚墩
14	邱增虎	99.71	尹家、西三五、横泾岸
15	季建国	40.00	新桥

金博园种养殖专业合作社

金博园种养殖专业合作社，亦称肖坤家庭农场，坐落在黄金湾小区南部，吹鼓路与兄华路交会处，交通便捷。该农场始建于2002年11月，占地面积140亩，2016年扩大至200余亩，其中种植面积136.6亩，养殖面积40亩，农家乐3.9亩。有职工6人，2020年经济收入130余万元。

种植业

种植业有"三园一棚"，即桃园、梨园、葡萄园和蔬菜大棚。

桃园 占地58亩，其中种植红花桃10亩、白花桃10亩、湖景桃15亩、白凤桃13亩（以上桃种均属水蜜桃）和黄桃10亩。施以鸡粪、牛粪（牛粪由张家港市凤凰奶牛场供应）等有机肥。灌溉用鱼池循环水。防病治虫用塘桥镇农业公司配送的高效低毒农药，所产水果呈球形，表面裹有一层细小绒毛，青里泛白，白里透红，营养丰富，肉甜汁多。2014年，农场产的"果园春"果品获得江苏省绿色农产品证书。在江苏省果品博览会上，该园的湖景桃在南京农业大学与张家港市农委举办的果品品鉴会上获三等奖。

采摘

梨园 占地30亩,翠冠梨、黄金梨、翠玉梨各10亩。2013年,在江苏省果品博览会上,翠冠梨获一等奖。2014—2015年,黄金梨获三等奖。2016年,黄金梨、翠玉梨分获二等奖和三等奖。上述奖项均由南京大学和张家港市农业委员会冠名。

葡萄园 占地15亩,其中种植夏黑葡萄10亩,醉金香葡萄5亩,三园年总利润达到24.5万元。

蔬菜大棚 占地30亩,种植蕃茄、黄瓜、草头(金花菜)、青菜、莴笋、白菜、萝卜、花菜、荠菜、韭菜等季节性蔬菜,主要供应本镇中小学校及企业食堂,成为学校、企业的蔬菜定点供应基地。农场全年蔬菜收入20万元。

养殖业

家禽 常年散养在果园里,品种为江南名鸡——鹿苑三黄鸡,年饲养量10000羽。并圈养鹅500只。果园里套种黑麦,用来做饲料。杂草、虫子都成为家禽食物。该鸡生长快、肉质鲜嫩、细腻味美,是宾馆、饭店、家庭餐桌上的首选品种。并在妙桥综合市场开设鲜鸡门市部。2020年,出售鲜鸡、鹅8500羽,产值55万元。

养鱼 鱼池占地40亩,分备用鱼池和垂钓鱼池,其中备用鱼池占地18亩,池边均为驳岸。水循环系统、增氧设备、消毒设施一应齐全。每年3月放养1—1.5千克草鱼、鲢鱼等四大家鱼。12月干池,将3—4千克的鱼翻入垂钓鱼池,严格消毒后,来年继续放养。垂钓池占地22亩,专供各界人士垂钓。2020年,垂钓收入逾10万元。

散养鸡

鱼池

金博园养殖场

农家乐

农家乐设有餐饮区、垂钓区、采摘区。餐饮区占地面积2600平方米，建筑面积600平方米，设有14个包厢。餐饮所需的禽畜及各种蔬菜主要产自农场，新鲜放心。2016年餐饮营业额100万元，创利20万元。农场垂钓区，河面宽阔，环境优美，清风扑面，杨柳依依，为游客休闲垂钓活动提供了自然清新的活动环境。农场内种植水蜜桃、翠冠梨、黄金梨、葡萄等水果，果子成熟时可供游客享用，自摘自食。果园散养鸡、鸭、鹅，养殖孔雀、贵妃鸡、珍珠鸡、火鸡供游客欣赏，人们时常可以观赏孔雀开屏、鸵鸟啄食、香猪嬉逐的场面。

农家乐

观赏花木

休闲场所

粮食作物

三麦 境内夏熟作物历来以种植小麦为主,搭配种植大麦、元麦。1961年,三麦种植面积3492亩,占耕地面积44.03%。其中小麦2141亩、元麦1286亩、大麦65亩,分别占61.31%、36.83%和1.86%。三麦平均亩产93.5千克。农民称之为"小熟"。1964—1970年,三麦平均亩产达到170千克。1971年始,境内推广塘桥新千斤三麦高产栽培技术和小麦新品种。1978年,三麦种植面积3527.5亩,其中小麦2717亩、大麦810.5亩,分别占77%和23%。三麦亩产460.39千克,总产1624吨。1985年始,大麦种植面积逐年减少,元麦零星种植。2000年,小麦种植面积4184亩。后随着工业集中区的开发建设,小麦种植面积减少。2007年,小麦种植面积2649亩,亩产306.6千克,总产量812吨。2016年始,部分田块实行小熟休田制。2018年,全村小麦种植面积2055亩,亩产349千克,总产量719吨。2020年,全村小麦种植面积2087亩,亩产352千克,总产量735吨。

水稻 水稻是境内种植的主要粮食作物。60年代前期一直种单季稻,稻麦轮种。1963年水稻种植面积6860亩,亩产308千克,总产2111.50吨。1967年后,大面积推广"双三制",种植双季稻。1971—1982年,境内种植双季稻面积超过50%。1975年,境内水稻种植面积为6182亩,其中双季早稻种植3155.2亩,亩产286.13千克,总产903吨。中稻种植405.6亩,亩产398.52千克,总产161吨,单季晚稻种植1596.8亩,亩产408.57千克,总产652吨。双季晚稻4183亩,亩产290.4千克,总产1212吨。农村实行联产承包责任制后,农民因种植双季稻用工多、成本高,1985年全部恢复种植单季晚稻。

2006年,横泾村种植水稻2987亩,亩产574.2千克,总产1715吨。2018年种植水稻面积2127亩,亩产550.07千克,总产1170吨。2020年种植水稻面积2166亩,亩产588.05千克,总产1273.7万吨。

丰收

1963—2020 年境内主要粮食作物种植面积、产量选年情况一览表

表 23

年份	三麦			水稻		
	面积（亩）	亩产（千克）	总产（吨）	面积（亩）	亩产（千克）	总产（吨）
1963	4240	82.88	351.40	6860	307.79	2111.50
1965	3801	161.70	614.60	6966	388.33	2705.10
1967	3779	160.60	606.90	6849	409.77	2806.50
1968	3780	185.40	709.20	7004	352.83	2471.20
1970	3739	193.90	725.00	7142	373.93	2670.60
1972	3598	281.69	1013.50	6046	468.89	2834.70
1974	3576	358.33	1281.40	6196	517.94	3209.20
1976	3532	409.87	1447.60	6080	532.71	3238.90
1978	3527	460.39	1623.80	6067	583.27	3540.30
1980	3538	504.98	1786.60	6067	466.61	2830.90

年份	三麦			水稻		
	面积(亩)	亩产(千克)	总产(吨)	面积(亩)	亩产(千克)	总产(吨)
1983	3588	303.69	1089.60	6000	542.32	3253.90
1985	4779	275.25	1315.40	6731	478.55	3221.20
1987	5402	214.14	1156.80	5981	598.62	3580.40
1988	4291	216.00	926.90	5991	608.86	3465.90
1990	3414	293.38	1001.60	6095	557.56	3398.30
1992	3355	383.31	1286.00	9095	582.98	3555.50
1994	3994	290.43	1160.00	4899	623.60	3055.00
1996	4177	361.71	1322.00	5715	611.81	3496.50
1999	4421	228.12	1008.00	5569	473.81	2638.70
2000	4184	238.55	998.00	5483	538.11	2950.40
2002	3550	241.97	859.00	4472	579.50	2672.00
2005	1805	288.10	520.00	3489	520.78	1817.00
2008	2522	325.10	820.00	3141	556.83	174.9.00
2010	2680	311.90	836.00	3156	591.25	1866.00
2012	2844	355.10	1010.00	2775	600.00	1665.00
2014	2145	387.40	831.00	2144	629.66	1350.00
2016	1599	380.00	743.00	2176	579.96	1262.00
2018	2055	349.00	719.00	2127	550.07	1170.00
2020	2087	352.00	734.60	2166	588.05	1273.70

经济作物

棉花　中华人民共和国成立前,境内农户利用旱地种植棉花,种植面积不大,栽培技术落后,品种单一,为中棉(小棉花),产量不高。中华人民共和国成立后,特别是高级社成立后,扩大种植面积,推广"岱"字棉,改进栽培技术,加强田间管理和病虫害防治,产量逐年提高。70年代后,境内种植面积扩大到900亩左右,占境内各大队耕地总面积的10%左右。农村实行家庭联产承包责任制后,境内基本不再种植棉花。只有个别农户利用自留地等零星种植,供自用。

1963—1982 年境内棉花种植面积、产量一览表

表 24

年份	面积（亩）	亩产（千克）	总产（吨）	年份	面积（亩）	亩产（千克）	总产（吨）
1963	408.0	45.67	18.60	1973	944.5	59.97	56.70
1964	160.0	45.80	7.30	1974	938.8	45.88	42.70
1965	414.5	45.04	18.70	1975	938.8	46.44	38..00
1966	259.0	48.62	12.60	1976	912.3	50.01	45.60
1967	270.0	50.04	13.50	1977	930.5	39.49	36.40
1968	330.0	61.40	22.70	1978	907.0	44.39	40.70
1969	194.0	63.00	12.20	1979	907.0	55.43	50.30
1970	392.0	56.02	22.00	1980	907.0	38.64	35.10
1971	972	41.58	44.00	1981	907.0	26.07	2370
1972	960.0	48.21	46.30	1982	895.7	35.80	32.10

1963—2018 年境内油菜种植面积、菜籽产量选年情况一览表

表 25

年份	面积（亩）	亩产（千克）	总产（吨）	年份	面积（亩）	亩产（千克）	总产（吨）
1963	650	22.00	1.43	1990	1586	72.09	114.30
1966	1199	86.49	10.37	1994	1399	103.81	145.20
1967	970	101.10	9.81	1996	542	150.74	81.71
1970	938	101.60	9.53	1999	325	146.46	47.60
1973	933	110.01	10.26	2002	575	148.50	85.40
1975	929	104.79	9.74	2005	391	140.69	55.00
1978	915	157.21	14.39	2008	341	155.40	53.00
1980	915	123.33	11.29	2012	225	168.89	38.00
1982	915	176.35	16.14	2015	183	172.02	31.50
1987	1344	128.26	17.24	2018	121	247.11	29.90

晨雾锁春色

油菜 境内种植油菜，主要解决食油问题，在计划经济年代，油菜种植面积约占耕地面积的10%—12%之间，所产油菜籽全部卖给国家，国家返还人均定量食油，其菜饼也返还生产队作为肥料。农村经济体制改革后，境内种植油菜面积大大减少。1998年二轮承包后，农民不再大面积种植，只在干旱地及自留地零星种植。

蔬菜　境内农户素有种植蔬菜的习惯，一般在场前宅后、自留地种植蔬菜，供自家食用，余者少量上市零卖，补贴家用。80年代，社队工业迅速发展，一些大企业在境内租用部分土地，建办蔬菜基地，供给厂办食堂。1983年，张家港市羊毛衫厂在陆巷里租用土地34.8亩；张家港市毛线厂租用朱家湾、横泾岸、周家巷、三五叉口自然村土地134.64亩；张家港市针织机械厂租用三条桥土地27.3亩。毛线厂租地后，委派一名中层干部负责经营，职工21人，种植各种时令蔬菜，兼养鸡、鸭、猪等禽畜及鱼、蟹，年产蔬菜5万余千克。除满足本厂食堂食用，余下的供给市场，1987年至1993年年均产值5.2万元。1994年，各厂蔬菜基地停办，转租个体

经营。1999年，境内种植蔬菜共512亩，有8个承包户经营，其中2户有大棚蔬菜18亩，亩产3200吨，亩均收入7500元。90年代末，境内个体私营经济空前发展，大量引入外来民工。一些农户看准商机，利用责任田大面积种植蔬菜。进入21世纪后，种植大户利用承包土地种植大棚蔬菜。2017年境内种植蔬菜304亩，总产5930吨。其中金博园家庭农场种植40亩，其产品全部销往各企业和学校食堂，年收入28万元。2020年，境内种植蔬菜285亩，总产510吨。

麻　麻是再生木本植物，一年熟。本地农户有种麻的传统，一般利用边角旱地种植少量黄麻，用以制作农业生产用绳，如担绳、畚箕绳、牛绳、船用绳等。将麻劈成丝

蔬菜大棚

后，用土制"调经机"制成耐用、抗磨损、沾水不易烂的麻绳。1984年，妙桥乡人民政府号召农户调整种植结构，把棉花田改种苎麻，其栽培方法为育苗移栽，苗床跟大田面积比为1：36，先翻耕捣细土壤，撒播种子后盖撒一层薄泥。为防雨水打击，用薄膜拱棚覆盖。育苗播种期在3月底，5月25日—6月5日移栽。行距6尺，苗距7—8寸，每亩密度以4500棵为标准，育苗亩施底肥尿素3—5千克，复合肥40—50千克，大田亩施复合肥40千克，碳酸氢铵40千克。出苗后除草、检苗、防治病虫；苗移栽后施肥，防治病虫、除草等，用药以乐果为主。苎麻是再生作物，一次育苗移栽，一年收获两次。来年只需除草、施肥、收割。1986年，境内种植苎麻377亩，亩产148千克，总产5.58吨，每千克单价11.8元，年收入65.84万元。1988年种植苎麻667亩，亩产152千克，总产10.1吨，年苎麻收入91.7万元。1989年，国际市场麻制产品滞销，导致销售价格猛跌，农户遂将麻田改种水稻。

桃　中华人民共和国成立前后，农户只是在自家屋后及零星地上种植桃树，其品种单一，产量不高，仅供自家食用。1999年，随着承包责任制的不断完善，种桃大户亦随之出现。境内有4位村民建办桃园，共151亩。其中殷永华在殷家角自然村承包16亩，亩产1100千克，年收入2.5万元；2002年，苏建林、汪建国、许秋明等4人在吹鼓租赁土地180亩，建立无公害果品生产基地，引进优质水蜜桃成片种植。其中苏建林承包48亩，

亩产1050千克，年收入7.8万元；汪建国承包35亩，亩产1125千克，年收入6.2万元；许秋明承包52亩，亩产1075千克，年收入9.1万元。主要品种有红花桃、白花桃、湖景桃、白凤桃、黄桃等。2011年，安徽籍农民肖坤在兄华路北侧，吹鼓路西侧建办金博园家庭农场，种植58亩桃园。2018年，农场又扩种15亩，达到73亩。

薄荷　1975年，境内各生产队利用部分小田及拾边地种植薄荷面积155亩，利用土制蒸发炉"吊"薄荷露后，卖给沙洲县土产公司。1983—1984年间，境内薄荷种植面积达到300亩。1985年后，种植面积逐年减少，1988年不再种植。

肥料

有机肥料

中华人民共和国建立前，境内种植农作物使用的肥料是人畜粪、河泥、草塘泥及各种饼肥等有机肥料。中华人民共和国建立后，大积大造自然肥料，垒"千脚泥"，挖老墙泥，割青草，造堆肥，发展养羊、养猪，增加厩肥。60—70年代，境内农民摇船到上海、苏州等地装人粪、垃圾、氨水等。

河泥　它含有大量有机质，为优质有机肥料，历来被视为农家之宝。每年冬春季节，农户罱水河泥，于河边开潭积聚，时常渗水保湿，立夏后割鲜红花草（紫云英）或青草，于田横头开潭（俗称"开灰仓"），以河

泥渗水拌草沤制"草塘泥",用作稻田基肥。冬季干河挑河泥,撒于麦田,用作麦田基肥,或堆积起来待来春沤制草塘泥。农业合作化后,河泥仍作为大宗肥料之一,常年大积大造。70年代冬春普遍用水河泥泼浇麦苗,防冻保暖,促根分蘖。1983年实行家庭联产承包责任制后,农田使用氮素化学肥料(尿素、碳酸氢铵、复合肥等),不再使用河泥。

绿肥 境内以红花(紫云英)、草头(苜蓿,又称金花菜)为主,其次是青草和青蚕豆萁。中华人民共和国建立以后,红花种植面积占夏熟面积的35%左右,70年代强调"以粮为纲",推广放养"三水一绿"(水花生、水浮莲、水葫芦、绿萍)充作绿肥。据档案资料显示:1963年,境内秋冬播面积为8023亩,而绿肥(红花)种植面积为2914亩,占秋冬播总面积的36.32%;1976年秋冬播面积为7722.7亩,绿肥种植面积为3071.4亩,占秋冬播面积的45.04%;1983年,秋冬播面积为7669亩,绿肥面积2658亩,占34.66%。实行家庭联产承包责任制后,绿肥面积逐渐减少。90年代,随着化肥的大量供应,不再种植红花。草头为农户零星种植,作蔬菜食用。

厩肥 农家厩肥有猪圈灰、羊窝灰及少量鸡鸭舍肥。1958年"大跃进"运动中,私人养猪转为集体养猪,灰泥圈改为砖铺圈,用水冲刷猪圈积粪肥(俗称"水圈")。厩肥数量虽有增加,但质量下降。"文化大革命"中,农户养羊养禽剧减,投给集体的厩肥数量减少。70年代,境内各大队大力发展养猪养羊,生产队建养殖场,同时鼓励社员私人饲养,厩肥数量又大增。80年代后,农家厩肥成为主要的有机肥料。厩肥大多用作基肥,亦可用作追肥。90年代以来,家庭养猪养羊逐年减少,而发展为少数大户饲养。大田使用厩肥愈来愈少,靠氮素化肥和复合肥为主要肥料。

粪肥 主要是人粪尿。60年代前后,由于化肥紧缺,人粪尿成为主要肥源之一,除农户自己积聚外,集体还组织船只往城镇装运人粪。80—90年代,由于化肥大量供应,人粪仅自积自用,不再去城镇装运粪便。少数靠环卫所免费运送到农户田头。

饼肥 饼肥有豆饼、菜饼和棉籽饼三种,是黄豆、菜籽、棉籽榨油后的副产品。境内菜饼主要用作三麦等旱生作物基肥。黄豆榨油后的豆饼很少,主要依靠外地引进。中华人民共和国建立初期,豆饼曾作为水稻追肥的主要肥料。棉饼更少,只有农户在自留地上种植少量棉花,榨油后的棉饼既可以用作耕牛饲料,又可用作肥料。农业集体化后,菜籽由国家收购榨油,菜籽饼随油返还。1983年实行家庭联产承包责任制后,农户收获的油菜籽除完成国家任务后,剩余油菜籽大都用以换油(无饼肥返还),或者自行加工打油。三麦、水稻种植不再用饼肥。

植物秸秆肥 境内还有用稻草、菜秆、菜籽壳、麦秆、麦壳等植物秸秆还田,可改良土壤,提高肥力。60—70年代,推广"三熟季"后,前作稻秸秆随机耕还田。80年代提倡麦秆、麦壳、油菜壳随机耕还田。90年代以来,农业实行适度规模经营后,种田大户大多将稻麦秸秆随机耕还田。

化学肥料

中华人民共和国建立前,境内很少使用化肥。1953年,境内开始使用"三角牌"硫酸铵,以后化肥的使用量逐年增加。80年代后,农田主要使用化肥。

氮肥 50—60年代,由于化肥紧张,大量使用氨水,搭配少量化肥,一般使用氯化铵、硫酸铵、尿素等化学肥料。70年代开始,氨水使用逐年减少,碳酸氢铵用量逐年增加。80—90年代,碳酸氢铵用量激增,平均亩施50千克。各类作物亦以碳酸氢铵为主,搭配使用少量尿素等。

磷肥 80年代前后,主要使用过磷酸钙,少量使用复合肥。当时过磷酸钙主要用于油菜,以后逐步扩大至用于水稻、三麦等。90年代以后,过磷酸钙由氮磷钾复合肥替代。

钾肥 钾肥历来是搭配使用,用量很少。品种有氯化钾、硫酸钾、硝酸钾等。钾肥仅用于水稻等。90年代以后,单纯钾肥一般不使用了,由氮磷钾复合肥替代。

氮磷钾复合肥(简称"复合肥") 由于科技进步,肥料结构调整,单纯的磷肥、钾肥逐年减少,复合肥使用占居主导地位。90年代以来,境内复合肥使用量逐年提高,使用面积逐年增加,水稻、三麦、油菜等平均亩施分别在50千克。

微生物肥料和植物激素 1970年生产使用的"九二〇"主要用于水稻、三麦耕作辅助肥料,对稻麦增产有一定的作用,持续时间两年左右。1972年境内开始应用"5406"抗生菌肥,先应用于油菜,增产效果较好,以后扩大应用于三麦,都有一定增产效果。80年代后,推广使用生化剂,如强力增产素、丰收灵、生物钾等植物激素。

养殖业

中华人民共和国成立后，在政府的扶持下，境内的畜牧业生产得到逐渐发展。人民公社化后，以集体养猪为主，各大队先后建立养殖场，60年代后期，生产队集体和家庭养殖业蓬勃发展，境内各生产队纷纷建立养猪场，并发展湖羊饲养。1983年，实行家庭联产承包责任制后，逐渐出现养殖专业大户。水产养殖仍有农户承包，2015年后，因受环境、卫生因素影响，农户家庭很少饲养畜禽，养殖场先后关闭。

禽畜饲养

牛 牛是境内耕田耙地，戽水灌溉、碾米磨粉等的重要畜力，以水牛为主，黄牛次之，被称为"农家之宝"。中华人民共和国成立前，贫苦农民无力饲养，只有富裕农民常年饲养，不少农民两户或多户合养一头。新中国成立初，耕牛还归农民私人所有。农业合作化后，耕畜作价归集体饲养。1955年，对饲养耕牛的农业合作社或农户每头减征

公粮5—12.5千克。人民公社建立后，各生产队普遍饲养耕牛1—2头。1963年，境内共有耕牛80头，其中洞泾大队有12头、陶桥大队有13头、薛家大队有24头、横泾大队有15头、吹鼓大队有16头。20世纪60年代后期，随着机械排灌等农业机械的逐步增加，耕地普遍采用拖拉机，戽水逐步采用柴油机排灌，畜力退到次要位置，耕牛一年比一年少。1969年为51头，1972年为16头。随着农业机械的发展，70年代中期，境内各大队购置了中型拖拉机，农田排灌全部采用机电，境内各大队均无耕牛饲养。

2000年，原薛家村村民杨冬在孟家组投资近百万元建办奶牛场，占地面积50多亩，牛舍面积2400平方米，引进良种奶牛60多头，雇用工人6名，负责种草、割草、喂养、挤奶工作，平均日产原汁鲜奶200多千克。产品由张家港市梁丰乳业集团检测后分等级收购，少量由自己销售。2005年，饲养成本提高，收购价格大幅下降，于2006年3月停止饲养。

猪　养猪是境内畜禽养殖的主项。农谚有"养猪不赚钱，回头看看田"。中华人民共和国成立前，境内饲养生猪的农户较少，系土种黑猪，饲养期长，出肉率低，出售时一般在60千克左右，饲料大部分是青饲料（野草、南瓜、山芋藤），辅以麦粉、米糠、豆饼、麸皮等精饲料。养猪主要为积肥垩田，壮猪出售。中华人民共和国成立后，党和政府鼓励和扶持农民养猪积肥，农民养猪数量逐年增长。农业初级社时，农民养一头壮猪，分配粮食25千克，养一头公猪或母猪分配粮食75千克。1958年人民公社成立后，生猪由单一的农户饲养发展成以集体饲养为主。境内各大队纷纷建立规模大小不等的养殖场，使集体养猪量超过个人饲养。其中横泾大队在章泾头建办养殖场，饲养母猪2头，公猪1头，年出栏生猪120头。据统计，1961年，境内共养生猪（包括公、母、苗、壮猪）共280头。1965年，妙桥公社贯彻私人饲养和集体饲养相结合的"两条腿走路"的方针，政府要求每亩养一头猪，或每人养一头猪。鼓励社员私人饲养，划给饲料田，按饲养量分粮、柴，并提高厩肥价格，实行"223344"政策，即养一头猪，头两个月奖励各2元，中两个月为3元，后两个月为4元，共18元，再加上灰肥的劳动工分，社员养猪积极性提高，普通农户一年饲养3—5头，成为农户的主要副业收入。与此同时，境内各大队、生产队也普遍建办养猪场。最早建办百头养猪场的是在横泾大队章泾头、王泾湾、朱家湾

自然村交叉口，最多圈养量有132头。1976年，境内集体养猪年存栏数达到1541头。猪种亦不断进行改良，在用"梅山猪"为母本，同外地"亚光猪"杂交培育良种的基础上，实行母猪本种化、公猪良种化、苗猪杂交一代化。苗猪饲养5—6个月，体重可达100千克。1977年，境内有25个生产队养猪场，各场饲养量超百头。是年，境内农户和集体饲养母猪共有254头，年末存栏数为4200头，其中集体1749头，占总数的41.64%。1983年实行家庭联产承包责任制后，生产队养猪场解散，生猪饲料粮等奖励政策取消。1984年，妙桥乡政府对养猪采取奖励政策，境内逐步出现年出栏数超30头的养猪专业户。据统计，1987年境内共有养猪专业户26个。是年，境内各村年末存栏数总计为1677头，全年出售数为3521头。1988年3月，妙桥镇政府作出了《关于发展专业户养猪的有关规定》，在用地上和配套设施上给予优惠，并采取更优惠的奖励政策，把生猪生产引向专业化的道路。境内薛家村邹金喃、宣正环等12家养猪专业户与村签订承包合同。

同时，随着农村新建楼房的增多，为减少环境污染，逐步趋向大户饲养。1994年，张家港市人民政府鼓励有条件的养猪专业户扩大养殖规模，在用地和配套设施上给予支持，每出售一头壮猪补贴15元。境内共有5个超百头的养猪大户，年存栏数达到1050头，占全村年存栏总数的55.88%。其中村民王兴祥利用原张家港市针织机械厂的蔬菜地，

办起了兴旺养猪场，建造猪舍68间，面积1670平方米。刚建办养殖场时，从市场购进苗猪饲养，1996年始，引进新品种，饲养良种母猪50多头，所产苗猪实行一条龙饲养。1998年，发展到饲养母猪80多头，年出栏数达到千头以上，最高年份出栏数达到1300多头。所产壮猪一律经食品站检疫后，由食品站宰杀后直接供应市场。进入21世纪后，兴旺养猪场年出栏数始终保持在千头以上。2002年，王兴祥被张家港市政府评为勤劳致富带头人，2006年被评为张家港市劳动模范，其经验在市镇得到推广。2010年，村域内生猪出栏数1980头，2011年，兴旺养殖场所在地因建黄金湾小区而关闭。2015年，境内生猪出栏数1350头。2017年后，受环境卫生制约，养殖场关闭，农户不再养猪。

1962—1998年境内各村（大队）年末生猪存栏数选年情况一览表

表26　　　　　　　　　　　　　　　　　　　　　　　　　　　　　　　　单位：头

年份	生猪存栏数					
	横泾	洞泾	陶桥	薛家	吹鼓	合计
1962	288	159	191	234	232	1104
1963	338	234	180	261	263	1276
1965	461	443	252	448	495	2099
1967	536	424	487	489	639	2575
1969	500	485	359	515	648	2507
1970	449	457	381	510	659	2456
1972	674	697	610	493	935	3409
1974	783	704	594	478	912	3471
1976	864	782	701	653	983	3983
1978	1147	870	815	806	1078	4716
1980	1239	752	643	906	1125	4665
1982	989	573	694	932	807	3995
1983	780	655	661	600	741	3437
1985	571	335	500	543	571	2470
1987	213	193	180	358	213	1677

年份	生猪存栏数					
	横泾	洞泾	陶桥	薛家	吹鼓	合计
1988	245	210	125	490	245	1285
1990	350	379	240	273	240	1482
1993	350	295	360	292	350	1647
1994	410	321	353	315	480	1879
1996	218	277	352	540	215	1602
1998	490	426	410	480	498	2304

1999—2015 年境内生猪年出栏数一览表

表27　　　　　　　　　　　　　　　　　　　　　　　　　　　　　　　单位：头

年份	出栏数	年份	出栏数	年份	出栏数
1999	2440	2005	1372	2011	1480
2000	2226	2006	2030	2012	1494
2001	3527	2007	1930	2013	1484
2002	3165	2008	1980	2014	1490
2003	1500	2009	1980	2015	1350
2004	1772	2010	1980	—	—

羊　养羊是农村一项传统的家庭饲养业。中华人民共和国建立前，境内的农民以饲养白山羊为主，绵羊占少数。山羊以放养为主，白天散放，晚上归栏，省工省本。农家养羊可供食用，或出售以补贴日常家用。民间有"养羊勿蚀本，只要一根绳"之说。中华人民共和国建立后，农村养羊发展较快，境内农民开始圈养绵羊，积肥多，绵羊个体也大，一般20—30千克，最大的达40千克。绵羊既可剪毛出售，又可食用。春秋两季剪毛，一次可剪毛2—3千克。农户自洗、自染、自纺毛线，毛线可编织成衣裤。1962年末，境内圈存羊1778只，其中山羊642只，绵羊1136只。到60年代中后期，境内以圈养绵羊为主，并出现了集体少量饲养。1967年，境内年末圈存羊1242只，其中绵羊1113只，集体饲养只有27只。1970年，农户大量引进新疆良种"美丽娜"细毛羊与本地湖羊杂交，羊毛产量高，质量好，经济效益高，农户一度看好。1971年，境内养羊达到高峰，年末圈存1554

只，其中绵羊1551只。70年代后期，社队工业发展，农业化学肥料的增加，农户养羊日渐减少。1978年，境内年末圈存数为788只，均是圈养绵羊。1985年，境内年末圈存数为163只，其中绵羊为86只。至80年代底到90年代，因市场食用羊肉的需求增加，羊价不断上升，山羊饲养量又有较大幅度回升。1989年，境内年底实有数758只，其中山羊为633只。1999年底，羊出栏数达到2024只。进入21世纪后，特别是三产的发展，养羊逐渐减少，2005年，境内全年出栏数为619只，以后一般农户不养羊了，只是在种植大户园内少量养殖山羊。

兔 旧时，境内农村以饲养本地菜兔为主，所养之兔除食用外，部分在市场上销售，弥补猪肉供应不足。中华人民共和国建立后，从外地引进一种长毛兔，养兔生产随着国际兔毛市场需求量的增减而升降。1958年，人民公社成立后，当年引进长毛白兔，分配给境内薛家、陶桥等大队农户饲养。50—60年代，境内养兔生产发展较快。1962年，境内年末圈存为2173只。1967年后，受"文化大革命"的干扰，养兔锐减。1972年，境内年末圈存仅308只。1974年，境内各大队出台了兔毛出售奖励政策，养兔生产又有较大回升，近30%农户纷纷养兔，最多的农户养殖40—50只不等。1978年，浙江商人涌入境内抢购兔毛，兔毛价格达到每千克90元。境内年末圈存为1168只。1988年后，境内家庭工业发展，养兔户逐渐减少，1990年，境内

年末圈存数只有216只。进入90年代后，境内毛兔的饲养逐渐消失，仅有少数农户饲养肉兔。

家禽 家禽饲养历来是农家主要养殖副业项目。鸡鸭遍及农家，鹅较少。一般农户均养鸡鸭5—10羽，多为散养，禽蛋自养自用为主，少量出售以补贴家用。

鸡种以草鸡为主，也有鹿苑鸡和狼山鸡，农民自家鸡孵的称为"土孵鸡"。鸭有绍鸭、绵鸭两种，绍鸭产蛋，绵鸭食用，也多为散养。20世纪60年代，县内建办了几家孵坊，大多数农户从市场上购进苗鸡苗鸭。60—70年代，农户养鸡养鸭，因严重影响宅基地周围（社员俗称"鸡口地"）的农作物生长，要求农户改散养为栏养。1962年，境内家禽饲养总数为2942羽，其中鸡2709羽，鸭196羽，鹅37羽。以后境内鸡鸭饲养量时起时落，一般年景在2200羽左右。1976年后，境内鸡鸭饲养量又有新的回升，1979年饲养量达到4332羽。1983年家庭联产承包责任制后，农户家有余粮，家庭饲养量迅速上升，境内年饲养量在12000羽以上。每户少的散养5—6羽，多的圈养20—30羽。90年代后，农户普遍翻建新房，受环境制约，农户饲养量日益减少。进入21世纪后，只有少数农户饲养，供自家食用。一些承包大户则在果园、桃园里散养少量家禽。2010年，全村家禽年出栏数有17000羽。2015年，家禽年出栏数14500羽。2020年，金博园出栏数10500羽。

淡水养殖

中华人民共和国建立前,境内有水域面积450亩,可放养水产面积不足250亩。内河养殖均属私有,有农户单独放养,也有合股放养。养鱼品种主要是花鲢、白鲢,占总量的70%,其次是草鱼、鳊鱼,占20%。1956年实行农业合作化,河塘归集体所有,由集体统一放养鱼苗,冬天捕获后统一分配,也有个别生产队上集贸市场销售。1973年,境内鱼类养殖面积共289亩,全年总产量为9.9吨。1979年改革开放后,各生产队改造老河潭开挖精养鱼池,养鱼面积逐渐扩大。鱼类品种注重鲢鱼、鲤鱼、鳊鱼、鲫鱼、青鱼、草鱼搭配混养,精心管理,投料喂养,成鱼产量逐渐提高。1983年家庭联产承包责任制后,鱼塘亦开始承包给个人经营,出现了一批养鱼专业户。1987年,境内成鱼养殖面积为526亩,其中集体经营216.5亩,私人承包经营309.5亩,总产69.7吨。90年代,出现了规模养殖大户,品种由原来的四大类(鲢鱼、鳊鱼、草鱼、青鱼)扩展到养虾、蟹,水产产量有了大幅度提高。有的专业户单一经营养鱼或虾、蟹类,有的在自己种养殖园内开辟水池养殖。1999年,水产品总产73吨。2001年始,境内建工业西区,填埋了许多河道,水域面积大为减少,大户养殖仅剩肖坤在家庭农场内40亩。其余有数家农户承包河塘养殖。2010年,境内鱼类总产量为45吨,2015年为42吨,2018年为55吨。

1970年,境内尝试河蚌育珠,引进太湖河蚌,人工养殖培育蚌珠,由公社副业办公室举办速成培训班,聘请吴江育蚌珠师傅进行技术指导。境内多数生产队加入河蚌育珠这一新兴产业。河浜中到处可见树桩林立,竹竿纵横,铁丝交错。1972年,境内陶桥、洞泾大队养殖手术蚌共2670只。到1974年,境内各大队扩大河蚌养殖面积,总计养殖手术蚌2.16万只。后由于育珠技术不过关,水质有差异及管理不善,珠产量较低,难以收回成本。1976年停止养殖。

农业服务

农机具

传统农具

　　中华人民共和国成立前后，境内传统农具种类繁多，农田耕作、作物收割、脱粒等均使用传统的小型农具。这些小型农具以人力和畜力为主，费工时、效率低。常年使用的农具有：耕翻有铁镢、牛拉犁、耙、耘耥（横、竖）；播种有石杵、铁杵、尖角锄头、推秧板、摊秧板、拔秧凳等；开沟有开沟锹、菜花锹、胡锹、撩沟锹、钉耙等；排灌有人力脚踏水车、风力牵引水车、畜力牵引水车；戽水有水车、斗板、园只（子）、水车灯芯、旱拨、后水碌轴、水枷、犁索、车插、拨子、脚轴等；收割脱粒有镰刀、稻床、翻耙、落麦大篮（大、小）、笫箔、洋锹、扫帚、碾子、连枷、竹篓等；运输有扁担、担绳、络绳、畚箕、竹箩、栈条、檮圊、山笆、粪桶、独轮手推车、小木船等。

　　中华人民共和国成立后，传统农具多数仍继续沿用，对部分主要农具进行改良，以减轻劳动强度，提高劳动效率。首先以铁木结构的脚踏脱粒机（俗称"轧稻机"）替代了人工甩打的稻床。1962年，境内5个大队共有木犁175把、耙41把、农用木船56条、专业运载船3条、脚踏式脱粒机109台、手摇喷雾器110台、畜力水车126台、风车5台，其他小型农具应有尽有。1964年后，水稻收割推广使用铁制钢皮锯齿形镰刀，锯齿镰刀在使用中具有自磨作用；水车改木斗板为塑料斗板，接着戽水用抽水机船（俗称"洋龙船"）；农船先是木船，后为水泥船；碾米改用轧米机等。据统计，1967年，境内主要农具有：旧式步犁101把、新式步犁19把、耙45把、人畜力水车162台、农船54条、人力脱粒机（脚踏式）118台、机电脱粒机6台、喷雾器136部、喷粉机55部、铁木制农用船65只，其他小农具一应俱全。1970年，境内陶桥大队有了第一台手扶拖拉机代替牛拉犁翻耕。随着新农具和农机的推广应用，不少旧式农具逐渐被淘汰。

飞机植保

机插秧

农业机械

翻耕机械 旧时翻耕都靠人力垦田、耕牛犁地。1970年，陶桥大队购置了第一台手扶拖拉机耕地，以后逐年增加。1971—1973年，手扶拖拉机由大队集体购买。1973年，洞泾大队购买功率26千瓦的中型拖拉机1台及手扶拖拉机3台。其他大队购买手扶拖拉机各3台。1974年起，境内各生产队先后购买手扶拖拉机，到1980年，境内共有大中型拖拉机8台，手扶拖拉机65台，机耕面积达到了100%。大田耕作结束人工翻垦，实现春播、秋播机械化，劳动生产效率大大提高。

收割脱粒机械 境内稻麦收割靠人力用镰刀、脱粒多为人工稻床甩打。20世纪50年代，开始用人工脚踏脱粒机脱粒。70年代后，改用电动稻麦两用脱粒机或两用净谷机脱粒，扬稻麦改用电动排风扇。1976年境内拥有113台机电脱粒机。1983年后，农村实行家庭联产承包责任制，机电脱粒机械趋向小型化。进入21世纪，稻麦实现机械化收割。到2008年，境内共有8台联合收割机，其中桂林型5台、洋马1台、久保田1台、福田谷神1台。2020年，共有联合收割机7台，其中全喂入3台、半喂入4台。

排灌机械 农田灌溉历来靠人力、畜力庱水。民国后期，部分稻田用洋龙船（抽水机）庱水。中华人民共和国成立初，农田灌溉仍主要靠人力、畜力进行。60年代后期，抽水机船逐年增加，各大队纷纷引进无锡申新铸造厂制造的18.75千瓦中型柴油机，建立灌溉站兼粮饲加工（俗称"座机"），机械马力逐步增多，农田灌溉面积逐步扩大。1968年大面积种植"双三季"后，各生产队相继建立灌溉码门，以东风12型9千瓦柴油机带动6英寸或8英寸水泵庱水灌溉。70年代中期，随着电力事业的发展，境内全部用电力灌溉，每个生产队建1—2座灌溉码门或两用码门（灌溉与饲料加工）。1988年，境内用于灌溉的电动机127台。2015年底，全村用于灌溉的电动机37台，农用水泵37台。2020年，全村用于灌溉的电动机58台，农用水泵58台。

植保机械 新中国成立前，境内没有植保措施，收成好坏全靠天意。50年代末到60年代中期，农作物植保全靠小型人力压缩喷雾器，药粉采用人工手撒或与水混合再用粪勺泼浇或采用点灯诱蛾灭螟虫等方法。1964年，境内有人力压缩喷雾器89架，喷粉器17架。60年代后期开始使用手压杆式喷雾器。1970年，境内有喷雾器166架，喷粉器90架。1983年，开始使用汽柴油机远程喷雾，有远程式喷雾机57台。实行家庭联产承包责任制后，各农户又开始使用手动背包式喷雾器，基本每户一台，而人力喷粉器由于六六六粉停用而淘汰。到90年代末，人力喷粉、喷雾器逐步消失，全部采用机动植保机。2015年，横泾村拥有农田机动植保机31台，其中担架式15台，弥雾机16台。农业植保全部机械化，机植保率100%。2020年有农田机动植保机40台,其中担架式24台,弥雾机16台。

运输机械　中华人民共和国成立前后,肥料下田、稻麦上场,卖公、余粮均靠人力,用扁担、担绳、箩筐挑运。水路运输用农用木船装运。1962年,境内有农用木船54条。60年代中期,生产队依靠集体的力量,逐步购置农用水泥船。1974年,境内拥有水泥船94条,总吨位426吨,农用木船仅存38条。70年代中期,开始在水泥船尾装上螺旋桨推进器,用柴油机带动行驶(俗称"机帆船")。80年代,手扶拖拉机挂拖车、水泥船农用挂桨机成为水陆运输的主要工具。1983年,境内拥有机动运输船(挂桨机)23艘,总吨位151吨。90年代起,出现农用载重汽车。2006年,横泾村有12台农用汽车,其中柴油机车6台,汽油机车6台,总功率360千瓦。2015年,横泾村有8台共472千瓦的柴油车,15台手扶(变形)运输拖拉机。2020年,横泾村有20台共615千瓦的柴油车、15台共180千瓦的手扶(变形)运输拖拉机等。

农机管理

60年代,境内只有时常流动的灌溉机械"洋龙船",没有其他农业机械,1970年,各生产队陆续购置手扶拖拉机。1976年,境内各大队拥有中型拖拉机和其他农业机械,各大队亦成立农机队(机耕队),由公社农机服务管理站统一组织培训,统一管理和维修农业机械。在忙前一个月做好农机整修,农忙时,农机出现故障,机耕队维修人员随机维修,不误农时。1980年,境内共有拖拉机驾驶员77人,内燃机手87人。随着农业机械的发展,1992年,境内各村建立农机管理服务站,由村一名副职干部具体负责。服务站的主要职责是加强对全村农机手的管理、培训和监督以及农机维修与保养,统一调度农业机械作业与成本核算。夏收夏种和秋收秋种前对所有的农业机械进行全面的检查保养,集中维修。农忙时,负责农机的使用和调配,提高农业机械的利用率,还组织技术人员到各生产队巡回修理和保养,确保农业机械正常运转。农闲时从事运输、加工等副业。

1998年后,随着农业产业结构的调整,境内各村农业机械设备转为私人经营,农业服务站仍在运作。2004年四村合一后,横泾村境因工业集中区不断扩建,耕地面积不断减少,农机数量逐年减少,村农机专业合作社将其农机运到镇农机维修中心进行整修和保养。

1975—2020 年横泾村农业机械相关情况选年一览表

表 28

类别	农机名称	1975	1980	1983	1991	1999	2004	2006	2010	2014	2020
大中型拖拉机及配套机械	大中型拖拉机（台）	3	8	10	16	12	13	12	11	9	4
	旋耕机（台）	—	14	22	20	12	13	12	15	7	9
	盖耕机（台）	—	—	—	—	—	13	2	2	4	2
	水田耙（台）	1	—	5	8	12	12	10	1	9	9
	开沟机（台）	—	—	—	—	5	8	7	7	6	7
	秸秆还田机（台）	—	—	—	—	—	7	3	12	11	13
	联合收割机（台）	—	—	—	5	5	12	12	4	7	7
手扶拖拉机及配套机械	手扶拖拉机（台）	28	65	61	80	24	18	20	23	17	15
	盖麦子机（台）	—	35	46	30	15	8	2	5	2	2
	压麦机（台）	—	9	21	11	7	5	2	—	—	—
	拖车（台）	2	5	24	20	17	13	6	9		
农用排灌机械	6 英寸下水泵（台）	75	102	91	55						
	6—8 英寸水泵（千瓦）	75	102	29	25	—	—	84	69	37	58
	电动机（台）	59	65	52	141	111	105	103	86	59	58
	电动机总功率（千瓦）	562.5	561	578	2765	704	565	175.5	485	346	352.4
	潜水泵（台）	—	—	1	—	22	—	2	2		
其他作业机械	柴油机总功率（千瓦）	318.5	1108	1456	4277	2183	—	1686	1363	1953	1811
	汽油机总功率（千瓦）	—	204	216	536.6	300	—	258.8	594	165	199.6
	脱粒机（台）	104	159	124				45	—	—	—
	扬谷机（台）	20	26	48	57	—	135	—			
	弥雾机（台）							8	30	16	16
	插秧机（台）	—	—	—	2	—	—	1	20	13	7
农业机械总功率（千瓦）		1081	3429	5108	—	2733	3042	1943	1923	1903	190.2
内燃机总功率（千瓦）		318.5	512	528		2493		624.8	594	360.3	—
电动机总功率（千瓦）		562.5	981.1	1257	—	250	505	494	485	346	424.4

农业服务机构

农业技术推广站　1968年7月建办于境内薛家地自然村,有试验田41.8亩。农技站负责人缪元元,农技员2人,利用试验田对稻麦棉油菜的水、肥、土、种、密、保、工、管各个生长环节进行试验、监测、管控和调整,并培训各大队、生产队农技人员。

70年代初,农技站人员增至十多人,在公社农科站具体指导下,各大队均建立以大队农技员为主的农业科技小组。各生产队均设兼职农技员,积极推广塘桥新千斤小麦高产经验和吴县长桥水稻栽培新技术。对全公社253个生产队的农技员进行了分期分批培训。

1974年,妙桥公社农技站获江苏省农业技术推广站先进单位,成为全县乃至苏州地区较有声誉的基层农技站之一。1978年迁至横泾大队朱家湾自然村,更名妙桥公社农科站,是年派员前往袁隆平当年任教的湖南黔阳农校学习,引进杂交稻新品种,购买其制种权。回来试种,农技人员对其生长过程进行全天候管控,并获得成功。1979年,在全公社7个点种植200亩水稻,喜获丰收。收获的稻谷由沙洲县种子公司全部收购。

1980年,各大队纷纷成立种子队,妙桥公社农技站试验田增至131.4亩,1983年,水稻亩产首次突破500千克,小麦亩产超过300千克。1983年,更名为妙桥乡农技站。1985年,该站又搬迁至境内洞泾村。1993年,在纪家、李家、三条桥、洋宕里等村组建立千亩丰产方,开展机械化作业、病虫害防治等方面的探索,积累经验,指导全镇农业生产。

1993年又在千亩丰产方内建办妙桥镇稻麦良种场,占地150亩,建筑面积676平方米。以镇农科站为载体,把农技推广、良种培育、农技培训融为一体,引领农民科技致富。该场有干部、科技人员7人,与省农科院作物遗传研究所合作,当年引进种植小麦高科技生物工程新品种895004(国家"863"计划推广品种)100亩,获得成功,亩产394.3千克,高产田块达403.6千克,比扬麦5号增产12.95%。1994年向各村种子队推广种植,1995年全镇种植面积约一万亩,占当年全镇小麦种植面积70%。该场还积极引进水稻新品种"9522"。通过一年试种,确定该品系作为"9-92"的替代品种。是年,该场丰产方被张家港市委、市政府评为市级达标方。1997年该场丰产方被评为张家港市十大丰产方之一。1998年后,镇农技站撤销,只设立农副业办公室,配备农业栽培与植保的专业指导员。2001年因建妙桥镇工业西区,土地被征用,该场撤销。

妙桥水利管理站　1958年,妙桥公社抽水站建立,1980年,改名妙桥机电排灌管理站,在手工业桥南侧办公,有工作人员4人,设站长1人。1982年,改称妙桥水利管理站。1988年,更名妙桥水利管理服务站,并在横泾村三五叉口自然村东北建办公大楼,占地2500平方米,建筑面积250平方米。该站核定"一长三员",即站长、水利工程员、机电管理员、会计员。2002年,有干部职工5人。该站主要负责全镇农田水利基本建设规划的制订与组织实施和防汛抗旱抗灾及水政水资源管理等职能工作，同时负责镇、村、组三级河道长效管理和辖区内市级河道协管工作。2003年后并入塘桥镇水利管理站。

妙桥兽医站 1957年，妙桥公社兽医站于境内薛家地成立。初期将民间"牛医""猪医"组织起来，从事耕牛防疫治病、小猪阉割、家禽家畜防病治病等。有干部、职工3人，实行自负盈亏。1959，兽医站实行公社一级核算，干部职工的工资由公社统一发放，兽医站行医、阉割、防疫等日常业务往来收到的经费统一上交公社财政。1960年10月，妙桥公社将兽医站划归妙桥供销社接管，行医收入上交妙桥供销社，兽医的工资由供销社发放。1963年10月，妙桥兽医站从供销社划出，单独核算，设记账员，由县多管局和公社双重领导，属县办大集体单位。1968年，妙桥兽医站有干部、职工共6人。1970年，全公社各大队都配备赤脚兽医，经过集中培训后，负责本大队生猪防疫治病工作，报酬由各大队负责。1978年，妙桥兽医站迁至境内朱家湾。1983年，全乡实行家庭联产承包责任制后，妙桥兽医站在做好防疫工作的同时，大力推广母猪良种，培育纯繁母猪。1998年又推广全佳仔猪饲料，缩短苗猪饲养期，为养猪专业户提供方便，节资增效。2002年该站有干部、职工5人，属全民所有制事业单位。2003年并入塘桥镇兽医站。

苏州市土壤监测点 2005年10月，苏州市土壤监测点落户横泾村东赵组，试点总面积1.71亩，种植稻麦两熟，分成三个区域：无肥区、常规区和培肥区。长期无肥区基础地力测定区面积0.05亩。该区域做到稻麦柴不还田，完全不施任何肥料，上水前确保田块排灌系统与常规区、培肥区完全隔离，严防常规区、培肥区肥水串流或漂流到无肥区。常规区面积0.83亩，稻麦柴不还田，统一按各镇农田肥情调查结果与本地普通农田同样施肥，由市镇二级土肥站确定基肥、拔节孕穗肥（追肥）的种类、数量和时间，统一运筹，且在市镇二级土肥站的监督和指导下实施，其基肥在土壤机耕前全层底施，并随施随耕，每次施肥都必须由土肥员精确称量后指导农户进行施肥。培肥区面积0.83亩，与常规区的区别在于稻麦柴全部还田，各环节制定的施肥量不同。

日常工作中，要做好建档记录，将种植品种、播种期、移栽期、收获期、种植方式、耕作情况、排灌和自然灾害的种类、发生时间和危害程度，以及严重的病虫害种类、发生时间、危害程度、防治方法及效果等情况均作详细记录。收割前，取样土本，对穗数、穗粒、结实率、千粒重进行测定。收割时，取样1平方米单独脱粒，对籽粒、茎秆进行测定，折合亩产。收割后，选10个以上取样点，取0—15厘米深度的土壤（潮土0—20厘米），置于室内摊凉风干后，贴好标签送苏州市土肥监测点检测，同时选取籽粒植株样品，将0.5—1千克干燥物贴好标签送检。建点16年中，掌握耕地地方变化动态，建立耕地质量预报预警系统，为指导耕地培肥、改良土壤和科学施肥提供技术依据。

第六篇 工 业

　　境内工业始于60年代。1963年,吹鼓大队出资与金村等大队联办金村回纺厂。1965年,横泾大队建窑厂,薛家大队建手套厂。至1970年,境内有12家大队办企业,年工业总产值17.06万元。70年代,队办工业迅速发展,1979年,境内有大队办企业26家,年工业产值191万元。80年代工业学欧桥,上规模,境内创办横泾新丰织带厂、吹鼓有机齿科厂2家村办企业和沙洲县毛纺染整厂、江南毛线厂等4家乡办企业。同时,组(生产队)办企业也应运而生。1990年,境内村办工业年产值2579万元,有针织、服装、冶金、化工、建材等工业门类。

　　1992年,妙桥镇在横泾境内创办妙桥羊毛衫市场,个体工业快速发展。1994年,境内有个体工商户1378户。1997年,村组集体企业进行产权制度改革,转为私营或股份制企业。2000年,妙桥镇在境内建办工业集中区后,个体私营企业纷纷进驻。2003年横泾村有个体工业企业51家,年销售收入1.58亿元。2010年,有针织、纺织、服装、机械等门类的个体工业企业117家。2020年,有个体工业企业221家,其中规模以上企业(以下简称"规上")33家,形成以纺织、机电、化工、建材、新能源为主体的工业门类。

工业体制

私营个体工业

境内私营个体工业是在80年代出现并发展起来的。1983年，农村实行家庭联产承包责任制后，一些农户利用农闲季节，以家庭作坊形式给集体企业加工产品，生产腈纶衫、围巾、帽子等。还有少数农户生产针织横机配件以及砖瓦、水泥预制件等建材用品。1986年，境内有家庭工业209户，从业人员235人，有手摇横机170台，缝纫机44台，年加工收入21.64万元。1992年，妙桥镇在境内建办羊毛衫市场，家庭工业户进场设摊经营，个体工业快速发展。1994年，境内横泾、洞泾、陶桥、薛家、吹鼓5村有个体工商户1378户，从业人员2491人。1996年，境内第一家个体私营企业张家港市新民制造有限公司成立，注册资金50万元。1997年，村集体企业改制，采用股份合作、赎卖经营等形式，把集体企业均转为股份合作企业或个体私营企业。至1999年，横泾村有12家个体私营企业，注册资金711万元。

2001年，横泾村利用妙桥镇在境内创办工业集中区（亦称工业西区）的区位优势，开展招商引资，是年引进外地民间资本1216万元，有8家私营企业落户工业区。2003年，境内有个体工业企业51家，注册资本2978万元，年销售收入1.58亿元。2011年，为配合镇工业区建设，横泾村在妙桥东路创办诚信创业园，投资1000多万元，建厂房1万余平方米，安置工业区动迁小微企业12家。2016年，境内有私营企业236家，其中规上企业37家，涌现了一批创业达人，年销售收入19.17亿元，利税总额1.84亿元。2020年，境内有私营企业221家，其中规上企业33家，年销售26.02亿元，利税1.01亿元。

1994 年境内各村家庭个体工商户情况表

表29

行政村名	户数	主要设备（台）		从业人员（人）	销售收入（万元）
		横机	缝合机		
横泾	468	875	79	988	428
洞泾	171	286	31	317	162
陶桥	236	392	56	448	232
薛家	176	254	47	201	157
吹鼓	327	583	62	537	312

2003 年境内个体私营企业情况一览表

表30

企业名称	建办年月	注册资本（万元）	主要产品	销售收入（万元）
市美隆服饰有限公司	1997.07	50	羊毛衫	1143
市雅竹服饰有限公司	2001.01	50	羊毛衫	656
市天一服饰有限公司	2000	50	帽子	590
市佳达制帽厂	2002.03	40	帽子	552
市惠成特种纱线有限公司	2002	50	线	483
市永胜针织服饰有限公司	2000.03	50	帽子	417
市飞达手套针织有限公司	2000.07	50	手套	278
市妙进机械五金厂	1998.08	20	配件	191
市龙亿布业有限公司	2000	50	布	134
市利悦服饰包装有限公司	2003.01	50	包装袋	111
市妙桥祥达机械厂	2000.08	5	横机	91
市盛卢达针织服饰有限公司	2001.06	50	羊毛衫	84
市金机针织服饰有限公司	2002.06	50	羊毛衫	76
市晶晶针织机械有限公司	2001.06	50	羊毛纱	70
市盛建木业有限公司	2002	50	横机箱	49
市标志织带厂	1997	8.20	带类产品	32
市中达针织服饰有限公司	1999	200	羊毛衫	2265
市耀发制衣有限公司	1999.08	50	内衣	159
市盛丰针织机械厂	1997.09	26	横机	49

企业名称	建办年月	注册 资本(万元)	主要 产品	销售 收入(万元)
市润强纺织有限公司	2001.04	50	雪尼尔	236
市龙丽针纺织有限公司	2000.07	50	针织布料	1047
市盛鑫服饰制造有限公司	1999.03	50	针织布帽	740
妙桥洞泾五金厂	2000.01	40	加工针板	38
市恒业制衣有限公司	2002.05	50	服装	135
市金典服饰有限公司	1997.05	50	服装	150
市鼎盛纺织有限公司	2001.03	50	布	47
市保祥纺织有限公司	2000.03	60	针织服装	456
市妙桥东帆针织制衣厂	2003.07	46	针织服装	100
市妙桥达鑫针织制衣厂	2003	30	针织服装	150
市金鑫针织制造有限公司	1999.08	53	针织服装	200
市鑫联建材有限公司	2003.06	50	建材	200
市鼎佳制造有限公司	2003.08	50	针织服装	50
市乔奇诺针棉服饰有限公司	2000.06	50	针织服饰	203
市丽花腊线厂	1977.01	50	蜡线	128
市志忠针织服饰有限公司	2001.06	50	针织服饰	49
市新民制造有限公司	1996.08	50	切割机	30
市东升电品机械厂	2000.08	40	固花管	33
市华益纺织有限公司	2000.11	508	纺纱	1656
市兴盛毛纺有限公司	2002	50	纺纱	182
市有机齿科材料有限公司	1986	50	牙托粉	148
市大华家用纺织有限公司	2000	50	针织浴帽	252
市华强针织服饰有限公司	2000	50	针织帽	397
市益伟制线有限公司	1999	50	氨纶丝	175
市协盛针织制造有限公司	2002	50	针织坯布	330
市春竹帽业有限公司	2001	50	贝雷帽	362
市合丰针织品厂	1999	12	针织帽	266
市妙桥红星铸件厂	2000	40	生铁铸件	48
市华成机械有限公司	2001	50	铸件	33
市实达针织服饰有限公司	2000	50	针织服饰	142
市华江机械有限公司	2001.04	50	针织机械	136
市荣盛毛纺织有限公司	2001.10	100	毛纺	362

2004—2020 年横泾村工业经济主要指标一览表

表 31

年份	私营企业数（家）	其中规模企业（家）	注册资本（万元）	销售收入（亿元）	利税总额（万元）
2004	55	6	3112	1.90	2324
2005	61	6	4536	2.14	2517
2006	67	7	5066	4.22	2906
2007	70	8	8566	5.02	3727
2008	70	10	8936	5.59	4271
2009	86	13	12324	5.65	3902
2010	117	17	19580	6.51	4517
2011	147	23	24750	7.46	5009
2012	161	27	26600	8.12	4748
2013	176	31	27500	17.70	8275
2014	189	42	35667	22.34	6227
2015	218	38	42862	23.85	20168
2016	236	37	48295	19.17	18492
2017	257	36	50695	22.12	23127
2018	271	35	52265	23.82	20200
2019	264	61	53212	26.63	16499
2020	221	33	54232	26.02	10100

村（大队）办工业

境内村（大队）办工业起步较早。1963年，吹鼓大队与金村等9个大队在金村集镇合办回纺厂（土布厂）。1964年5月，薛家大队率先建办砖瓦厂，1965年2月又建办手套厂。1970年，境内5个大队有砖瓦厂4家、粮饲加工厂4家、针织厂3家，年工业总产值17.06万元，利润1.8万元。1975年，队办工业进入发展阶段，各大队找关系，寻门路，攻克难关发展队办工业。至1979年，境内有工业企业26家，其中针织厂8家、并线厂2家、服装厂2家、水泥预制品厂4家、薄膜塑料厂2家、粮饲加工厂4家、砖瓦厂4家。年工业总产值191万元，利税17.52万元。

进入80年代，境内开展"学欧桥，工业上规模、调结构、增效益"的活动，工业企业管理水平和职工素质得到提高，为工业发展增添活力。至1983年，境内新增横泾新丰织带厂、吹鼓有机齿科材料厂2家。村办工业上新台阶，组（生产队）办工业也发展起来。1986年，境内有28家组办企业，年工业产值743万元，利税36.3万元。1989年，境内规模较小且技术落后的村办企业在经济调整中停办，剩10家企业正常生产，年工业产值2438万元，利润167万元。1996年，境内村办工业企业仅存市标志织带厂、市丽花腊线厂、市有机齿科材料厂、市红星服装厂4家，职工总数132人，工业总产值1011万元，产品销售总收入964万元，利税总额61万元。1997年，境内对村组办工业企业进行产权制度改革，至2000年村组办企业全部转为个体私营企业。

1964—1979 年境内大队办工业企业情况一览表

表32

企业名称	负责人	创办年月	主要产品	职工人数
横泾砖瓦厂	卢培元	1965.05	砖瓦	12
横泾粮饲加工厂	卢兴祥	1970.05	粮饲	6
横泾预制场	卢元元	1973.03	预制品	6
横泾气垫薄膜厂	朱根兴	1978.08	薄膜	8
横泾针织厂	卢良元	1976.02	尼龙、腈纶衫	57
洞泾砖瓦厂	严金恒	1966.03	砖瓦	12
洞泾粮饲加工厂	卢毅	1967.05	粮饲	4
洞泾针织厂	窦祥保	1976.02	腈纶衫	17
洞泾塑料厂	钱旺兴	1976.05	塑料袋	30
陶桥粮饲加工厂	朱小云	1970.05	粮饲	4
陶桥针织厂	陈金林	1970.02	腈纶衫	75
陶桥预制场	谈福保	1978.05	预制品	6
陶桥袜厂	谢环保	1978.05	尼龙丝袜	6
陶桥服装厂	徐根法	1973.05	服装	30
陶桥纬编厂	隆景清	1978.02	纬编厂	15
陶桥翻砂铸件厂	杨正环	1989.05	浴缸	12
薛家砖瓦厂	杨二保	1964.05	砖瓦	15
薛家手套厂	邓兆春	1965.02	棉纱手套	32

企业名称	负责人	创办年月	主要产品	职工人数
薛家针织厂	李辉	1967.03	羊毛衫	36
薛家腊线厂	李俊民	1977.03	蜡线	42
吹鼓手套厂	杨永根	1965.07	棉纱手套	78
吹鼓粮饲加工厂	杨永兴	1970.03	粮饲	5
吹鼓砖瓦厂	查全保	1970.05	砖瓦	21
吹鼓预制场	杨文元	1973.04	预制品	15
吹鼓服装厂	邹良保	1975.03	服装	39
吹鼓并线厂	张叙根	1979.05	棉纱并线	43

1986 年境内各村组办工业企业情况一览表

表33

行政村名	企业个数	从业人数	企业收益情况（万元）		
			产值	利润	税金
横泾	4	61	180.05	7.02	0.95
洞泾	6	80	197.74	7.80	1.81
陶桥	6	42	88.00	3.43	0.88
薛家	4	52	20.51	0.80	—
吹鼓	8	80	256.40	10.00	3.61
合计	28	315	742.82	29.05	7.25

村办主要企业选介

横泾新丰织带厂　位于金村路112号，1983年7月创办。负责人王仁雄，有员工15人。主要设备有1511型织带机8台，生产白带商标，是年，工业产值10万元，利润2.5万元。1985年，引进意大利产钩边机1台，并增添1511型织带机22台，形成生产规模。年工业产值达到60万元，利润10多万元。1987年，横泾针织厂关闭，厂房转新丰织带厂。1992年，更名为标志织带厂，引进瑞士缪勒公司商标机5台、钩边机2台，年产商标800

万只，钩边带200万米。工业产值135万元，利润15万元。1995年，该厂转私人承包经营。1997年产权制度改革，转为个体私营企业。

洞泾毛纺厂　位于大队委驻地，1982年创办，前身是洞泾针织厂。是年，针织厂转产呢绒，更名沙洲县洞泾毛纺厂。负责人为周义保，有员工18人。企业占地2000平方米，建筑面积570平方米。设备有毛织机2台，业务为沙洲县第四毛纺织厂加工呢绒布。1985年，该厂把毛织和毛纺配套起来，引进毛纺织设备1个台套。1987年，又引进毛纺织设备2个台套，员工增至68人。年产粗纺呢绒布16万米。1991年，工业总产值1261万元，销售收入939万元，利税36万元，年末固定资产净值98万元。1993年3月，市毛纺织染整厂收购该厂，设备作价参股，村毛纺织厂成为市毛纺织染厂股东。

陶桥针织厂　位于大队委所在地，1970年2月创办，有员工80人。建筑面积500多平方米。主要设备有手摇针织横机40台，辅助设备做纱机6台，缝纫机6台，整烫机4台。业务是为上海棉毛公司加工生产尼龙、腈纶衫。1972年，生产各式尼龙、腈纶衫80多万件。1980年，该厂转自营，增添不同粗细针横机22台，辅助设备6台，形成规模生产。产品打进上海市场。1985年，销售收入121.83万元，利税12.94万元。1988年始，企业职工受家庭工业影响，出勤不稳定，生产时有中断，1995年关停。企业历任负责人有陈金林、谢五宝、瞿正贤。

薛家腊线厂　位于大队委所在地，1977年3月创办，有职工42人。厂房面积200多平方米，设备有并线机2台、成型机1台、槽筒机1台，主要为江苏省轻工局外贸进出口公司及浙江外贸进出口公司生产缝纫线。1986年，该厂扩建厂房500多平方米，从苏州纺织机械厂引进并线机5台、成型机2台、槽筒机1台，形成年产10万只涤纶封包线的一条龙生产。是年，员工增至87人，年工业产值207.83万元，销售收入200多万元，利润10余万元。1991年，开发多股纯涤纶线产品，为国家商业部生产粮食储运包装用线。是年，该厂又投资43万元，扩建车间588平方米，引进常州轻纺机械厂合股机、初捻机、复捻机共6台，生产的丽花牌蜡线受到市场青睐。1992年，工业产值380余万元，利税30余万元。1997年，该厂转为股份合作制企业，2000年转为私营个体企业。历任厂长有李俊民、钱文姬、李达如、邹仕达。

吹鼓有机齿科材料厂　位于大队委所在地北侧，1986年3月创办，前身是吹鼓化工厂。负责人杨正环，有员工30人。占地面积1350平方米，建筑面积830平方米。主要设备有反应锅8台，生产牙粉、牙托水、甲钠、502胶水等。产品销往上海、广州、深圳及福建和东北三省大城市。是年，年产有机齿科材料200吨，销售收入75.25万元，利税7.62万元。1990年，销售收入332万元，利税10余万元。1997年，该厂转为股份合作制企业。2000年转为私营个体企业。

表34

年份	工业产值（万元）					合计
	横泾	洞泾	陶桥	薛家	吹鼓	
1970	0.22	2.56	4.00	3.72	6.56	17.06
1971	0.79	4.26	3.88	7.76	9.29	25.98
1972	1.34	3.29	2.78	4.92	9.84	22.17
1973	2.56	4.79	6.24	5.27	9.87	28.72
1974	2.83	0.57	19.79	6.32	1.48	30.99
1975	8.45	8.82	29.72	9.93	17.01	73.93
1976	8.12	18.60	30.82	11.44	21.20	90.18
1977	10.79	25.48	30.06	14.95	23.22	104.50
1978	11.57	30.90	33.96	26.99	22.60	126.02
1979	12.00	44.00	91.00	24.00	20.00	191.00
1980	37.30	84.01	166.00	47.73	51.92	386.96
1981	39.60	121.50	138.50	53.79	67.82	421.21
1982	47.50	175.20	140.20	68.30	82.76	513.96
1983	52.40	200.40	145.50	79.80	91.34	569.44
1984	59.70	228.17	155.65	101.02	113.09	657.63
1985	120.27	360.56	291.35	160.64	195.95	1128.77
1986	150.27	560.59	286.09	207.83	297.10	1501.88
1987	140.33	701.56	321.72	270.21	405.43	1839.25
1988	147.41	823.18	500.59	300.85	476.37	2248.40
1989	135.00	990.00	443.00	351.00	519.00	2438.00
1990	181.00	1053.00	433.00	403.00	509.00	2579.00

镇（公社、乡）办工业

横泾村地处镇村结合部，80年代，随着乡办工业的发展，妙桥乡（公社）先后在境内建办沙洲县毛纺织染整厂、妙桥纺织器材配件厂、江南毛线厂、市轻工材料厂4家工业企业。

沙洲县毛纺织染整厂　位于王泾湾自然村西侧。1981年创办，厂长郁龙德，有职工75人。占地面积8900平方米，建筑面积2000余平方米，其中厂房面积1100平方米。设备有缩绒、洗呢、染色、涮水、烘干等一条龙呢绒整理生产线，年加工全毛呢绒100万米。1983年，毛染整加工收入150多万元，利润20多万元。1985年，该厂又投资100多万元，扩大占地4000平方米，扩建厂房2500多平方米，引进毛纺、织两台套设备，形成毛纺、织、染整一条龙生产线，职工增至152人，企业易名为沙洲县职业工学院毛染整厂。1986年，该厂工业产值424.64万元，销售收入402万元，利润60多万元。1988年，张家港市第四毛纺织厂并入该厂，毛纺、毛织机增至6个台套，年产呢绒30多万米，职工增至204人，企业更名为张家港市毛纺织染整厂。1992年，工业净产值3440万元，销售收入3254万元，上缴税金83万元，利润110万元。1993年9月转为股份合作制企业。1999年破产，2000年7月转为私营个体企业。

妙桥纺织器材配件厂　位于横泾村委会驻地，前身是妙桥船厂。1983年创办，厂长薛才保，有员工60人。占地3500平方米，厂房600多平方米。主要设备有刨板车3台、锯板车10台、压板车2台。生产缝纫机板、收音机外壳、纺织木器等产品。1985年，该厂工业产值32.71万元，销售收入28.62万元，利税4.27万元。1990年，工业产值130万元，销售收入138万元，利税14万元。1992年，该厂因建妙桥羊毛衫市场用地而停办。

江南毛线厂　位于妙桥中路北部，东与王泾湾自然村毗邻。1980年10月建办。厂长徐根兴，有职工120人。原址在妙桥中学西侧，占地5100平方米，建筑面积3600平方米，设备有成条、粗纺、染色三条生产线，是年工业产值84.47万元。1984年工业产值

120万元。为拓宽企业发展空间，1985年3月于新址动工建厂，1986年5月迁入投产。新厂占地4.9万平方米，建筑面积1万平方米。内设成条、粗纺、精纺、染色四条生产线。有职工468人。主要有全套定型机和2台套精纺设备，年产300吨腈纶线。1988年，工业总产值（不变价）1754万元，销售收入1651万元，上缴税金191万元，利润76万元，年末固定资产净值784万元。1990年，工业总产值2495万元，销售收入2448万元，利税211万元。1999年产权制度改革，妙桥镇农工商总公司把江南毛线厂拍卖给中国塘桥华芳集团公司，重组为中国华芳棉纺织有限公司妙桥分公司。

张家港市轻工材料厂　位于横泾村三五叉口自然村。1985年8月动工建厂，1986年9月投产。负责人吉龙宝，有员工80人。占地面积7.33万平方米，建筑面积1万平方米，其中车间面积5000多平方米。该厂从德国考特玛古斯引进一套地板生产流水线，生产塑料地板，总投资218万元。该厂投产后，因产品质量不合格，于1989年停办。

外资和港台资工业

1992年8月，妙桥镇在境内招商引进第一家台资企业——张家港盛美机械有限公司。2003年4月，引进张家港泊洋织布有限公司。至2020年，境内有张家港泊洋织布有限公司、江苏巨鸿超细纤维制造有限公司、百福工业缝纫机（张家港）有限公司3家外资

和港台企业，年销售收入2.73亿元。

张家港盛美机械有限公司　位于横泾三五叉口自然村。1992年，由台湾盛美机械有限公司与张家港市针织机械总厂合资建办。法人代表陈永昌，有职工460人。注册资金1200万美元，总投资超过3000万美元，资产总额1.8亿元，公司占地7.87万平方米，建筑面积1.56万平方米，生产用房面积1.47万平方米。1998年，转为台商独资企业，专业生产"飞虎"牌针织横机，年生产能力10万台，产品大部分销往东南亚各国。2002年，公司销售总额1.16亿元，利税410万元，外贸出口额6000万元，其中自营出口额720万美元。2003年，公司生产的飞虎牌手摇横机在国外市场滞销，转产电脑横机后，质量

不过关，生产陷入困境，于2007年转卖给浙江中飞缝纫机有限公司。

张家港泊洋织布有限公司　位于境内光明路1号。2003年4月动工兴建，2004年4月投产，法人代表刘鹏，有员工120人。注册资本69.2万美元。公司占地面积2万平方米，建筑面积7000平方米。主要设备有剑杆织布机130台、整经机3台，以生产麻布为主产品，年产各类坯布500万米。产品销往日本和欧美国家。2005年销售收入5245.21万元，利税122.35万元。2018年，销售收入6616万元，利税275万元。2020年销售收入6002万元，利税243万元。

江苏巨鸿超细纤维制造有限公司　位于双丰路1号，2010年10月创办，2012年5月投

江苏巨鸿超细纤维制造有限公司

产。法人代表侯锡元,有职工212人。注册资金519万美元,公司占地面积1.54万平方米,建筑面积3.11万平方米。公司主要设备有全自动毛巾机20台、全自动超声波分切机2台、缝制机器人2台、宽窄两用分切机5台、花边机10台、空压机10台、打包机5台及其他配套设备32台。产品有毛巾、床上用品、抹布、拖把布等。2014年,该厂增加设备,职工增至416人。是年销售收入1.17亿元,2018年销售收入1.08亿元,2020年销售收入1.43亿元。

百福工业缝纫机(张家港)有限公司 位于妙桥东路8号,2016年1月创办,公司隶属上工申贝集团股份有限公司。法人代表夏国强,有职工130人,其中女职工84人。该公司与法国商人合资建办,注册资金827万欧元。占地面积7.87万平方米,建筑面积1.56万平方米。主要设备有三条智能装配流水线,年产8000余台工业缝纫机,产品销往国内外。2017年销售收入2724万元。2020年销售收入7064.2万元,利税442万元。

产权制度改革

为建立适应市场经济的产权制度,20世纪90年代后期,境内开展村办工业产权制度改革。改制分二轮进行。1997年,进行第一轮产权制度改革,退出村办工业企业中的集体资产,将原有的村级集体企业资产进行评估作价,转给业主、职工合股经营。是年底,境内有4家村办集体企业转为股份合作制企业,转制总资产375.02万元,净资产44.66万元。2000年5月,进行第二轮产权制度改革,退出职工股,全部转为个体私营企业。

1997年境内各村主要转制工业企业情况一览表

表35

村名	企业名称	转制形式	转制年份	评估值(万元)			企业股本金情况			注册资本(万元)
				总资产	总负债	净资产	总额	个人		
								人数(个)	金额(万元)	
薛家	市丽花腊线厂	股份制	97.10	144.56	124.60	19.96	20.00	8	20	20.00
横泾	市标志织带厂	股份制	97.03	32.46	24.46	8.00	8.20	8	8.20	8.20
吹鼓	市有机齿科材料厂	股份制	97.09	188.40	171.7	16.70	20.00	8	20	20.00
吹鼓	市吹鼓服装厂	股份制	97.03	9.60	9.60	—	3.81	8	3.81	3.81
合计				375.02	330.36	44.66	52.01	32	52.01	52.01

附：创业达人

妙桥是"针织之乡"，横泾是"针织之村"。2020年，全村有112家针织企业，其中涌现出朱立余、卢益新、张卫东等一批创业达人。

朱立余 横泾村三五叉口自然村人。1990年，朱立余辞职离厂，在朱家湾创办富立门针织时装厂。他将在毛纺厂当工艺员学到的原料配比、染色、花型设计等工艺，移植至羊毛衫的原料配比和染色、织造工艺上，精心打造"巨力""富立门"两个羊毛衫品牌，推向市场后很快获得客户青睐。他一举成为横泾村羊毛衫生产的领军人物。进入21世纪，羊毛衫市场竞争激烈，销售额下降。2004年，他从广交会回来后，果断决定创立张家港市盛亿马针织制品有限公司，专业生产针织面料，其针织面料肌理感强，手感富有弹性，罗纹、袖口色彩可以自由搭配。这种相拼而成的男装款式推向市场后，当年公司销售额突破千万元。2007年，他又投资2000万元，在塘桥工业集中区双丰路南路围地6700平方米，建办新厂，引进电脑横机40台、提花大圆机10台、定型机2台等先进设备，形成针织面料及附件的规模生产。2010年，盛亿马羊毛针织面料产品广泛被市场认可。是年公司销售额1200万元，利税128万元。2014年，公司招收10名大学生成立产品设计中心，定期到意大利、法国等调研服装针织面料配比及附件的设计，运用兔羊毛、牦牛毛等天然纤维与棉混纺，开发高质量、高档次、高附加值的高支织物，改进针织服

张家港市盛亿马针织制品有限公司

饰的外观、手感、性能，力求产品与欧洲所流行的针织面料产品接轨。朱立余不断创新经营模式，最终带领企业赢得市场认可。

卢益新 横泾村陈家宕自然村人，1999年从中国纺织大学毕业后，就业于美国跨国公司雪佛龙上海商务部。2000年11月辞职回乡创业，创办张家港市华益纺织有限公司，引进5台507-222细纱机（2400锭）起家。经过几年奋斗，2006年公司拥有1万纱锭生产线，年产纱线超过2000吨。同时添置配套染色设备，又建办了华益纺织染色分公司，引进立式筒子染色机、绞纱染色机共32台，形成纺、染一条龙生产。2015年，卢益新招收8名大学生成立技术研发团队，与教育部"211"院校江南大学建立产、学、研合作关系，研发现代化纺织科技市场项目。2018年，该团队已开发20多个品种，其中3个品种受到客户的一致好评。2020，销售收入5000万元左右，其中出口欧美市场2900余万元。是年公司获江苏省科学技术厅、财政厅、国家税务总局联合颁发的国家高新技术企业证书。

张卫东 横泾村洋宕里自然村人，1990年，张卫东从乡办企业离职，购进2台手摇横机，一袋羊毛纱线，办起了家庭工业。1994年，张卫东投入5万元更新设备，引进提花大圆机生产羊毛衫，并联合社会小生产者织造，成衣后交货于他销售，并及时结算。从此，他的日销量从200件猛增到2000余件。产品销往上海、北京、大连、福州等大中城市。2003年，张卫东在妙桥工业西区购置一块5600余平方米工业用地，建造了3000余平方米厂房，成立张家港市澳东帆尔针织服饰有限公司。翌年，又投入500余万元进口电脑横机。2006年拥有电脑横机46台，年加工羊毛衫衣片80余万件。2008年，受国际金融危机影响，国内羊毛衫市场萎缩，他招聘服装设计师更新品种，得到消费者认可，公司销售收入月月攀升。2010年销售收入1440万元，利税84万元。2015年销售收入3565万元，利税185万元。2020年上半年受新冠肺炎疫情影响，公司于4月份生产，年末销售收入3074万元，利税95万元。

纺织工业是境内的支柱产业，改革开放后发展较快，逐步形成针织、印染、棉毛纺织、服帽等门类，棉、毛、麻等纺织品种齐全。2020年，全村纺织工业企业有144家，其中规上企业有21家，占全村规上企业总量的63.64%。其销售总收入13.34亿元，占全村规上企业销售收入的51%。

针织业

针织业是横泾村纺织工业的特色产业，起步早。1965年，薛家大队在大队驻地建办手套厂，有手套机25台，从业人员32人。80年代，境内有6家针织厂，拥有针织横机200余台，手套机50余台，从业人员250余人。1992年，张家港针织品专业市场在横泾村开业，针织业快速发展，1994年，境内有个体针织户1378户。从业人员2491人，年产羊毛衫400余万件。2000年始，针织行业从劳动密集型逐步向技术密集型发展，手摇横机由电脑横机替代，针织产品从单一羊毛衫拓展到内衣、内裤、帽子、围巾等。2006年，境内有20家针织企业引进德国、日本产电脑横机560余台，年产各式羊毛衫500余万件。2010年，境内针织企业172家，拥有进口电脑横机2920台，大小圆机176台。年产1500余万件羊毛衫，5000万打（12只/打）针织帽。2020年，有张家港市顺祥服饰有限公司、张家港雪儿服饰有限公司等针织服饰企业112家，其中羊毛衫生产企业38家、羊毛衫加工企业37家、针织帽企业30家、针织手套企业2家、针织围巾企业5家，针织工业企业占全村纺织工业企业总数的77%。其中规上企业有14家，开票销售收入3.63亿元，占全村纺织工业销售总额27%。

张家港市中达服饰有限公司　位于商城路5号，1999年6月创办，法人代表卞丽华，注册资本1080万元。公司占地面积2万平方米，建筑面积1.9万平方米。1998年10月，公司引进日本岛精牌电脑横机50台，为客户加工羊毛衫衣片。2001年，又引进日本岛精牌电脑横机300台，年加工羊毛衫衣片350多万件。2006年3月，公司在永进路390号建办新厂，占地4.5万平方米，建筑面积1.5万

手摇横机车间

包缝车间

平方米，引进400台日本岛精牌电脑横机，为江、浙、沪羊毛衫客户加工衣片。2007年，加工收入6008万元，利税978万元。2015年，公司将永进路390号新厂转卖给张家港众智纺织品有限公司。2017年，张家港市中达针织服饰有限公司尚有电脑横机300余台，员工150人，年加工羊毛衫衣片200余万件，加工收入675万元，利税50.6万元。2019年，该地规划为居民安置小区，企业动迁。

张家港市顺祥服饰有限公司　位于双丰路9号，2004年4月创办，法人代表孙跃东，注册资本800万元。公司占地3.4万平方米，建筑面积2.1万平方米，有员工200余人。设备有电脑横机4台、提花圆机32台，固定资产3400万元。产品有针织帽、布帽、皮带等，年产针织帽、布帽34万打，产品出口欧美等地。2009年，销售收入3400万元，利税340万元。2017销售收入5836万元，利税312万元。2020年销售收入2005万元，利税15万元。

张家港市雪儿服饰有限公司　位于永进路521号。2002年3月创办，2004年3月投产。法人代表卢斌，有员工120人。注册资金300万元。公司占地6660平方米，建筑面积4000余平方米。设备有电脑横机24台，其他配套设备18台，主营羊毛衫，产品出口欧美。2013年销售收入2029万元，利税413万元。2020年，销售收入3352万元，利税70.2万元。

张家港东祥帽业有限公司　位于妙一路6号，2003年创办。法人代表韦念东，职工90人。占地面积4600平方米，建筑面积5000平方米，主要设备有进口电脑横机61台，配套设备有缝合、整烫、包装一条龙生产线。生产围巾、针织帽、手套、披肩等，产品销往欧美等地。2010年，公司销售收入2500万元，利税76万元。2015年，销售收入3632万元，利税116万元。2020年销售收入4029.7万元，利税109.3万元。

2020年横泾村主要针织企业一览表

表36

单位名称	建办年份	职工人数	单位所在地	主要业务
张家港圣诺佳时装有限公司	2006	102	金村北路188号	加工衣片
市锦致针织服饰有限公司	2010	10	妙桥吹鼓路	针织品织造
市佳瑞服饰有限公司	2007	16	金村路437号	服装帽子加工
市正大针织制衣厂	2002	18	商城路235号	针织服饰制造
市昕峰针织制衣厂	2002	10	妙桥横泾王泾湾1号	羊毛衫加工
市英威达针织厂	1999	18	妙桥永进路406号	针织布加工

单位名称	建办年份	职工人数	单位所在地	主要业务
市宏瑞针纺有限公司	2016	15	妙桥开发区希望路15号	针纺织品制造
市春晖针织服饰有限公司	2009	13	妙桥友谊路3	衣片加工
市熠凯针织服饰有限公司	2012	15	妙桥中路与金村路交会处	针织服饰制造
市雨田针织有限公司	2017	31	妙桥吹鼓路	针织服饰制造
市沁诺利针织服饰有限公司	2011	80	妙桥永进路386号	针织服饰制造
市依诺针织服饰有限公司	2016	10	妙桥永进路386号	针织服饰制造
市志忠针织品有限公司	2001	10	妙桥吹鼓路158号	针织品加工
市泰熙针织有限公司	2018	18	妙桥金村路505号	针织服饰制造
张家港振隆针纺有限公司	2005	39	妙桥双丰路	针织服饰制造
市星盛针织服饰有限公司	2008	12	妙桥永进路00号	针织服饰制造
市兴吴针织厂	2000	11	妙桥永进路390号	针织布加工
市东达针织服饰厂	2002	19	妙桥中路与金村路交会处	机织服装制造
市博汇针织有限公司	2005	12	妙桥商城路007号	针织品织造
市鲲鹏特种纱线织造有限公司	1999	18	妙桥开发区妙一路2号	针织衣片加工
市新昌帽业有限公司	2005	82	妙桥金村路422号	针织服饰制造
市鑫宝胜服饰有限公司	2015	17	妙桥光明路3号	针纺织品制造
市明胜服饰有限公司	2004	19	妙桥开发区妙一路8号	织片生产
市三瑞服帽有限公司	2006	18	妙桥中路与金村路交会处	针织或钩针服饰制造
市金国针织服饰有限公司	2010	11	妙桥金村路538号	针织服饰加工
市东祥帽业有限公司	2003	90	妙一路6号	针织品制造
市圣健发针织服饰有限公司	2016	15	横泾村西三五组21号	针织服装加工零售
张家港星星服饰有限公司	2015	20	妙桥开发区光明路3号	针织服饰制造
市华达针织帽业有限公司	2004	65	横泾村吹鼓路3号	针织品加工制造
市高双枫服装有限公司	2007	18	妙桥永进路386号	针织服饰制造
市协丰针织服饰有限公司	2007	7	妙桥金村路483	针织服饰制造
市中达针织服饰制造有限公司	1999	88	妙桥商城路5号	针织品制造
市志强针织服饰有限公司	2001	35	妙桥商城路147	针纺织品制造
市敏英针织服饰有限公司	2018	9	妙桥商城路007号	针织品织造

单位名称	建办年份	职工人数	单位所在地	主要业务
市盛龙制衣厂	2002	18	妙桥商城路007号	针织品织造
市亿诚针织服帽有限公司	2007	13	妙桥金村路427号	针织服帽加工
市中兴群力针织厂（普通合伙）	2000	40	妙桥吹鼓路26号	针织类加工
市东豪针织服饰有限公司	2006	20	妙桥商城路007号	针织品织造
市金晶针织有限公司	2001	18	横泾朱家湾组	针织品织造
市盛卢达针织服饰有限公司	2001	15	妙桥金村路	针织品织造
市鼎新针织服饰制造有限公司	2005	19	妙桥吹鼓路10号	服帽针织加工制造
张家港金拓帽业有限公司	2015	60	妙二路16号	布帽织造
市盛亿马针织制品有限公司	2004	70	双丰路5号	针织衣片制造
张家港雪儿服饰有限公司	2002	120	永进路521号	针织品制造
市澳东帆尔针织服装有限公司	2003	100	妙二路2号	羊毛衫生产
市奥鑫特服饰有限公司	2017	100	希望路8号	羊毛衫生产
张家港天胧行制帽有限公司	2012	20	金村路22号	针织服饰制造
市中协针织有限公司	2002	30	希望路11号	针织坯布织造
市飞达手套针织品制造有限公司	2000	30	光明路1号	针织手套织造
市鸿一服饰有限公司	2015	20	吹鼓路	针织品制造
市海诺服饰有限公司	2014	40	妙三路1号	针织服饰制造
市统领服饰有限公司	2013	68	妙一路8号	针织帽制造
市诺万里针织服饰有限公司	2010	18	吹鼓路	针织服饰制造
中原绣品厂（张家港）有限公司	2013	28	商城东路	针织品绣加工
市万兴针织服饰有限公司	2012	41	希望路13号	针织手套织造
市新三吉服饰有限公司	2008	40	希望路17号	针织服饰制造
市乔奇诺针棉服饰有限公司	2000	95	永进路400号	针织品制造
市春竹帽业有限公司	2001	22	双丰路18号	针织服饰制造
张家港欧凯服饰有限公司	2005	27	双丰路9号	针织品制造
市博恩服饰有限公司	2016	23	友谊路6号	针织帽制造
张家港圣托普帽业有限公司	2017	70	双丰路	针织帽制造
市顺祥服饰有限公司	2004	200	双丰路	针织帽制造

纺织业

中华人民共和国成立前，境内农村妇女用手摇纺车和手拉织机进行自纺自织土布。中华人民共和国成立后至60年代，男女穿着仍以土纺土织自行解决。1963年，吹鼓大队与金村等9个大队创办回纺厂。1965年，薛家大队创办手套厂，生产黄纱手套。进入70年代，境内纺织工业稳步发展，蜡线厂、并线、加捻厂等相继创办。1979年，境内有纺织厂4家，年产值135万元。进入80年代，妙桥乡办企业麻纺厂、毛线厂、毛纺织染整厂在横泾村境落户，带动了村办纺织企业的发展。这一时期境内新建横泾新丰织带厂、洞泾毛纺织厂、并线厂三家纺织工业企业。纺纱为粗梭毛纺，生产麦尔登呢绒布等。1986年，境内纺织工业总产值835万元，占工业总产值的55%。90年代，家庭工业快速发展，村（大队）办企业在竞争中逐步丧失优势。1997年，境内产权制度改革后，一批个体私营纺织企业取而代之。2000年11月，张家港市华益纺织有限公司在横泾村创办，引进5台细纱机。2000年7月，张家港市协昌纺染有限公司引进4万锭棉纺纱锭、4000锭精纺纱锭，配套染色筒子纱、绞纱、成衣染色机40台，设备总投资4000余万元。2004年，张家港市泊洋纺织有限公司引进剑杆织机130台，年产各类坯布500万米。2005年，张家港市景程纺织有限公司、张家港市保祥纺织有限公司进驻工业园区。至2018年，境内棉纺织工业企业有9家，其中规上企业3家，

纱锭总量5万锭。产品有包芯纱、包覆线两大系列十多个品种，年产各种规格的纯棉精梳纱线及混纺纱线1万吨。织机总量504台，其中剑杆织机202台、大圆机82台、普通织机220台，产品有棉坯布、印花布等，年产坯布1600万米，年销售收入2.24亿元。毛纺工业企业有市协昌纺染有限公司、市焓诚纺织有限公司、市福泰新型毛纺有限公司、市慧钺毛纺有限公司、市欣盛毛纺有限公司、市瑞蘅毛纺有限公司6家，其中规上企业2家，毛纺工业纱锭总量2.62万锭，年产各种规格的精纺毛纱5600余吨，年销售收入1.24亿元。2020年有棉纺织工业9家，其中规上企业有巨鸿、泊洋、华益、协昌4家，销售收入3.12亿元，占全村工业销售总额的12%。毛纺织工业6家，其中规上企业有焓诚纺织1家，销售收入2000万元。

张家港市协昌纺染有限公司　位于商城路68号，2000年7月建办。法人代表张建丰，有员工1000人。注册资本400万元。公司占地4万平方米，厂房1.2万平方米。主要设备有棉纺4万锭，精纺4000锭；染色设备有筒子纱、绞线、成衣染色机40台，总投资4000余万元。2005年，公司销售收入6200万元，利税856万元。2007年6月，公司投资7000万元，引进德国斯托尔电脑横机150台，配套纺纱、织造一条龙生产，年产羊毛衫150余万件。2011年4月，公司又投资3000余万元，在兄华路北侧创办张家港市协兴纺染有限公司，占地3.3万平方米，厂房3.2万平方米。公司经营纺纱、染色等。2017年，

该公司开发包芯纱、涤棉混纺纱新品，年纺各类纱线1万吨，销售收入6615余万元，利税805万元。2020年，销售收入6500万元。2011—2019年，公司年年被评为张家港市百强企业。

服装业

1973年，陶桥服装厂创办，有员工30人，为新疆维吾尔自治区一家服装公司来料加工各式服装。1975年，境内吹鼓服装厂创办，有39名裁缝自带缝纫机进厂。2002年3月，市名枪针织制衣有限公司在横泾村境创办，生产内衣。2004年1月，苏州兄华服饰有限公司在镇工业集中区创办。2015年，张家港龙之杰纺织品有限公司进驻工业园区。2020年，境内有服装企业17家，其中规上企业2家，有员工1000余人。年产各类服装

1800余万件（套），其中针织内衣320万套，年开票销售收入6.78亿元，占全村纺织工业销售总额的50%。

张家港众智纺织品有限公司　位于永进路390号。2015年1月创办，法人代表为任晓东，有员工600余人。注册资金5000万元。公司占地4.5万平方米，建筑面积1.5万平方米。主要有缝纫机、裁剪机、整烫机、包装机等一条龙生产设备。公司年产服装1500余万件，产品大部分出口欧美市场。2016年销售收入为7793万元，2020年销售收入6.36亿元。

苏州兄华服饰有限公司　位于兄华路28号。2004年1月进驻工业园区。法人代表蔡清风，有员工400人。注册资金1658万元。公司占地4万平方米，建筑面积2.66万平方米。主要设备有缝纫机260台、裁剪床4台，其他配套设备60台，年产针织内衣160

张家港众智纺织品有限公司

万套。是年，销售收入1200万元。2005年，该公司生产的"兄华"品牌被中国纺针品工业协会评为消费者最受欢迎的十大内衣品牌之一，并认定为中国驰名商标。2010年销售收入5120万元，2020年销售收入4215万元。

苏州兄华服饰有限公司

2020年横泾村服装企业一览表

表37

单位名称	建办年份	职工人数	单位所在地	主要业务
市名枪针织制衣有限公司	2002	30	希望路20号	服饰制造
市美隆服饰有限公司	1997	17	妙桥中路109号	针织服装制造
市东吉服饰有限公司	2018	22	金村路428号	服装制造
市译顺针织制衣厂	2016	10	妙桥横泾三市场	针织服装加工
市欣达利针织制衣有限公司	2007	20	妙桥吹鼓路158号	服装制造
张家港福原针纺织品有限公司	2008	12	横泾王金湾	生产各类针纺及服装
市鸿文服饰有限公司	2011	15	妙桥永进路386号	服饰制造
市新玥服饰有限公司	2012	12	妙桥商城路	服装制造
市诺万里针织服饰有限公司	2010	18	妙桥吹鼓路	服装织造
市金博朗服饰有限公司	2018	20	妙丰公路和商城路交叉口	服饰制造
市精亦诚帽业有限公司	2011	24	妙桥中路与金村路交会处	服装制造
张家港众智纺织品有限公司	2015	450	永进路390号	服装
苏州兄华服饰有限公司	2004	150	兄华路28号	针织内衣
市深发针织服饰有限公司	1999	21	友谊路6号	针织服饰
市东盛美如意针织服帽有限公司	2005	65	富民中路333号	针织服饰
张家港盛鑫服饰有限公司	1999	35	商城路9号	针织服装
市春宇服饰有限公司	2013	35	商城路7号	针织服装

机电工业

1992年，台湾盛美机械有限公司与张家港市针织机械总厂在横泾村三五叉口自然村合资建办张家港市盛美机械有限公司，生产针织横机。1994年，该公司生产针织横机4万台，产品销售收入2.33亿元，利税550万元。2002年，境内有机械工业8家，分别是张家港盛美机械有限公司、张家港盛佳机械有限公司、张家港市诚佳机械有限公司、张家港市盛丰针织机械厂、张家港市盛飞针织机械厂、张家港市晶晶针织机械厂、张家港市妙桥祥达机械厂、张家港市华成机械有限

公司。年产针织横机5.6万台。2006年，机械工业产品从针织手摇横机拓展到电子产品。2013年，境内有机电工业企业17家，其中规上企业有7家。机电产品有电脑横机、电线、电缆、汽车零配件等。机电工业销售收入1.12亿元，占全村规上工业企业销售额的6.5%，利税796万元，占全村利税总额的7.5%。2017年，有机电工业27家，其中规上企业8家，销售收入1.14亿元，利税785万元，分别占全村规上企业销售收入的6.2%和利税总额的5.5%。2018年有机电工业48家，其中规上企业6家，销售收入3.80亿元，利税1837万元，分别占全村规上企业销售

2020年横泾村机电企业一览表

表38

单位名称	建办年份	职工人数	单位所在地	主要业务
市印刷五金配件厂	1995	10	永进路396号	机械加工
市天锐机械智能科技有限公司	2016	11	横泾村雪家四组	纺织机械制造
苏州丰易德机电科技有限公司	2015	14	妙桥开发区妙一路8号	电器机械制造
市诚佳机械有限公司	2002	14	妙桥永进路406号	横机针板制造

单位名称	建办年份	职工人数	单位所在地	主要业务
苏州捷蓝智能设备有限公司	2014	20	妙桥中路8号	智能设备制造
市妙桥红星铸件厂	2000	29	横泾村吹鼓十二组	纺机配件铸造
市鑫盛模具厂	2004	13	妙桥中路与金村路交会处	模具制造
市盛佳机械制造有限公司	1999	18	妙桥永进路408号	纺织专用设备制造
市昌鹏机械有限公司	2017	16	横泾常横路	针织机械制造加工
市盛丰针织机械厂	1997	15	妙桥永进路396号	针织机械制造
市欣茂电子有限公司	2000	150	妙桥希望路9号	机顶盒信号线生产
市玉宇机械厂	2011	12	妙桥吹鼓路	机械设备加工
市东尔针织机械有限公司	2010	30	妙桥商城路151号	纺织设备制造
市宝利马针织机械有限公司	2005	17	妙桥开发区妙一路10号	针织机械制造
市德一机电有限公司	2015	10	妙桥中路与金村路交会处	通用设备制造
市兴洁机械有限公司	2017	18	妙桥永进路396号	机械加工
市鸿兴针织机械有限公司	2009	12	妙桥永进路396号	机械加工
市俊美机械有限公司	2016	17	横泾诚信创业园	纺织加工配件
市盛联机械包装有限公司	2000	18	妙三路2号	机械加工
市创优机械有限公司	2017	20	妙桥友谊路1号	轴承制造
市华昊机械有限公司	2015	31	妙桥商城路151号	机械零部件加工
市港鸿模塑有限公司	2005	10	妙桥商城路237号	模具制造
江苏广川超导股份有限公司	2013	80	商城路100号	铜包铝线生产
张家港市博格机械有限公司	2012	150	商城路139号	汽车配件制造
市逸洋精密轴承有限公司	2007	200	友谊路1号	轴承套圈配件制造
百福工业缝纫机（张家港）有限公司	2016	100	妙桥东路8号	工业缝纫机制造
市翔翔机械有限公司	2015	20	希望路7号	电脑横机配件制造
苏州锐冠电子科技有限公司	2008	100	兄华路38号	电脑支架制造
市荣臻机械有限公司	2005	48	永进路408号	电脑横机制造
市盛鸿精密针织机械有限公司	2004	32	友谊路2号	横机针板制造

江苏广川超导股份有限公司

收入、利税的7.2%和6.2%。2020年有机电工业30家，其中规上企业6家，销售收入3.23亿元，占全村工业销售收入的12%。

江苏广川超导股份有限公司　位于商城路100号。2013年创办，法人代表谢国锋，有员工80人。注册资本1400万元。公司占地2.67万平方米，建筑面积2万平方米。公司有包覆机流水线5套，拉丝机80台套等设备，年产铜包铝线1万吨。该公司2018年上市，销售收入1.15亿元，利税152万元。2020年销售收入1.38亿元，利税486.66万元。

张家港市欣茂电子有限公司　位于希望路9号。2000年，进驻镇工业园区。法人代表卢惠珠，有职工150人，其中高级技术员30余人。公司占地7028平方米，建筑面积4545平方米。年销售收入2000多万元。设备有自动剥线机2台、高速端子机26台、注塑机11台等，专业生产电子连接线、音源线、电

源线、线路板等系列产品。2010年销售收入3742万元，利税328万元。2015年销售收入2526万元，利税306万元。2020年销售收入806.6万元，利税62.64万元。

张家港市东尔针织机械有限公司　位于商城路151号。2010年创办，法人代表王东，有员工60人。公司占地6000平方米，建筑面积4000平方米，主要设备有数控机床、刨床、磨床等，生产电脑横机针板。2016年销售收入5000余万元，2020年销售收入3671万元。

苏州锐冠电子科技有限公司　位于兄华路38号。2008年创办，法人代表季永波，有员工100人，其中技术人员6人，注册资本100万元。公司建筑面积3000余平方米，总投资200余万元。主要设备有冲床7台、压铸机2台、注塑机8台，装配流水线5条，主产品为显示器底座、触摸显示器底座、POS机支

架及医疗显示器支架和平板电脑支架，年产各式支架60万台。2018年，公司销售收入3300万元，利税150万元。2020年公司销售收入3028万元，利税120万元。

张家港市博格机械有限公司　位于商城路139号。2012年9月创办。初办时租双丰路28号厂房。2015年移至商城路。法人代表章新年，职工115人，其中技术人员36人。该公司占地1.06万平方米，建筑面积1.5万平方米，其中厂房面积1.2万平方米。主设备有冲床12台，加工中心设备10台套，机器人1套，主要生产汽车配件。2013年，销售收入3481万元，利税214万元。2020年，销售收入6534.6万元，利税333.24万元。

张家港市逸洋精密轴承有限公司　位于友谊路1号。2007年7月创办，法人代表陈彬。职工200人，其中技术人员8人。注册资金2000万元。该公司占地2万平方米，建筑面积1万余平方米，主要设备有刨床、数控钻、铣床、数控质量检测仪等，生产轴承套圈、机械配件、汽车零部件等产品。2010年，公司销售收入3542万元。2020年销售收入7682万元。

化学工业

1986年，境内吹鼓村建办市有机齿科厂，总投资42万元，生产牙粉、牙托水、甲钠、502胶水等。是年，销售收入75.25万元，利税15.62万元。2001年，市龙威气雾剂制造有限公司移址境内。2006年有化工企业2家，销售收入1724万元，占全村工业销售收入的4%，利税194万元，占全村工业利税总额的7%。2016年有化工企业6家，其中规上企业3家，销售收入1.5亿元，占全村工业销售总额的7.8%，利税639万元。2020年，有化工企业10家，其中规上企业2家，销售总额1.58亿元，占全村工业销售总额的6%。

张家港华源塑胶有限公司　位于工业区光明路10号。2005年11月创办，公司占地2.3万平方米，建筑面积7669.42平方米。2006年5月投产。法人代表季伟源，有员工103人。注册资本922.68万元。公司拥有10条PVC手套生产线，年产13亿副手套。2007年，公司销售收入4520万元，利税301万元。2018年，销售收入6030万元，利税360万元。2019年移至苏高新产业园。

张家港瑞泰美弹性材料科技有限公司　2012年12月进驻工业园区双丰路2号，法人代表徐斌，有职工132人，其中科技人员9人。注册资本731万美元。公司占地1.33万平方米，建筑面积2.16万平方米。主要设备有手套机40台、造粒机4台、全自动制膜机4台等。主要生产CPE手套、CPE围裙、CPE鞋套等。2015年公司销售收入3161万元，利税296万元。2020年销售收入1.16亿元，利税912万元。

张家港市龙威气雾剂制造有限公司　位于工业区永进路402号。2001年3月进驻妙桥镇工业区。法人代表杨正石，有职工58人。公司占地1.78万平方米，建筑面积9000平方米。公司拥有3条全自动制罐生产线和

瑞泰美弹性材料有限公司

3条灌装设备，总投资1800万元。主要生产201、202系列马口铁三片罐、上下盖罐等气雾罐系列产品，年产气雾罐2500万罐，灌装气雾剂1000万罐。2005年，销售收入3017万元，利税120万元。2015年，销售收入2891万元，利税230万元。2020年销售收入4195.9万元，利税706万元。

建材工业

20世纪60年代，境内薛家、洞泾、横泾大队相继建办窑厂，利用水利建设堆积的泥土，土法烧制砖瓦，供社员修建房屋。70年代，横泾小窑改建轮窑，年产红砖80余万块。1973年，横泾大队建办预制场，浇制楼板、桁条、门窗档等预制件。建材产品从砖瓦拓展到楼板、梁柱、窗档等。1985年，境内有4家窑厂、3家水泥制品预制场，有员工181人，建材工业销售额124.24万元。进入21世纪，横泾村有建材工业企业5家，其中市建招塑钢门窗有限公司、市盛建木业有限公司、市鑫联建材有限公司3家，年销售总收入682万元，占全村工业年销售总额的3.2%。2016年，全村有建材工业企业6家，有员工450人。其中规上企业有江苏中宝建材有限公司、江苏博腾新材料股份有限公司2家，有员工230人，生产门窗、地板、家具等产品。年工业销售收入1.35亿元，占全村工业销售收入的4.5%，利税730万元，占全村工业利税总额的4.2%。2020年有建材工业企业12家，其中规上企业2家，销售收入4540万元，占全村工业销售总额的1.2%。

江苏中宝建材有限公司

江苏博腾新材料股份有限公司

　　江苏中宝建材有限公司　位于兄华路8号，2012年2月进驻工业园区。法人代表刘登峰，有员工80人，其中技术员12人。注册资金1500万元。公司占地2万平方米，建筑面积1.7万平方米。主要设备有剪板机、折弯机、四面刨等20台，生产铝包木门窗、钢门、木铝复合窗、断桥铝等产品。年产20余万平方米门窗。2013年，公司销售收入1905万元，利税202万元。2020年销售收入1178万元。

　　江苏博腾新材料股份有限公司　位于工业园区双丰路3号。2012年4月动工兴建，2013年4月开业。法人代表瞿志强，有员工150人，其中技术人员50人。注册资本3000万元。该公司占地2.30万平方米，建筑面积1.67万平方米。主要设备有蒸煮缸、木皮改良缸、烘干机、切割机等27台。主营家居建筑材料及室内装潢，主产品是涂装复合新型饰面木材及木制品。2014年销售收入3354万元，利税173万元。2020年销售收入3362万元，利税32万元。

新能源产业

2010年，镇工业集中区获批"江苏张家港新能源产业园"。至2016年，市友诚科技机电有限公司、江苏索尔新能源科技有限公司、江苏巨鸿科技有限公司、市吉阳新能源有限公司4家在园区落户。产品由集成电路拓展到电子信息、低碳环保等新材料。2017年新能源工业企业增至7家，其中规上企业有3家，销售收入3.96亿元，利税8837万元。2020年，有新能源工业企业8家，其中规上企业有张家港南源光电科技有限公司和张家港友诚能源科技股份有限公司2家，销售收入5.99亿元。

张家港南源光电科技有限公司　位于兄华路2号。2014年1月创办，2017年进驻工业集中区。法人代表刘献良，职工40人。注册资本2.18亿元。公司占地10.66万平方米，建筑面积7.46万平方米。主要设备有拉丝机等，生产太阳能光伏线缆、光纤光缆、电力电缆等产品。2020年，销售收入4.17亿元。

张家港友诚新能源科技股份有限公司　位于工业园区，永进路999号。该公司前身是市友诚科技有限公司，2016年7月，由中国宝安集团收购，为中国宝安集团旗下一家上市公司，更名为张家港友诚科技有限公司。法人代表宋高军，有员工380人，其中中高级技术人员30人。注册资本3183万元。公司占地2万平方米，建筑面积2.8万平方米。中国宝安集团公司收购该企业后，启动大规模迭代研发，产品从充电接口延伸至高压连接器、高压连接总成、壁挂式充电桩、无线充电，逐步形成新能源汽车充电和连接领域完整的产业链。产品应用于多个著名品牌的各类型电动汽车和国家级充电站，成为比亚迪、江淮、起亚等车企的配套供应商。2017年销售收入1.73亿元，利税5999万元。2020年销售收入1.82亿元，利税3396万元。

张家港市顾乐仕家居科技有限公司　位于商城路18号。2014年10月创办，法人代表林凯旋，有员工50人，其中技术人员12人。该公司注册资金600万元，建筑面积7692平方米，主要设备有浇注机、模具等。生产生物基亲水棉、生物基零度棉、生物基凝胶枕等，产品销往国内外市场。2018年，销售收入900万元，利税53万元。2020年销售收入1580.2万元，利税86万元。

创晋（妙桥）智造产业园　位于张家港市新能源产业园吹鼓路。2018年由张家港兰生中恒管理有限公司创办，注册资本1亿元。公司占地3.61万平方米。依托新能源产业园这一载体，建造高标准型厂房，建办办公项目基地。公司负责招商，承接新能源装备、高端智能装备、环保节能灯产业，建成集研发、生产、销售以及企业投融资功能为一体的现代化产业基地，成为先进制造业、新能源产业的集聚地和工业区的经济增长点。

塘桥镇工业集中区

2001年5月，妙桥镇人民政府在洞泾村域启动工业集中区建设。首期开发区域为永进路北、奚浦塘东，面积0.67平方千米。2002年，区域面积往东扩展至1.67平方千米。是年，有46家民营企业进驻工业区。

2003年8月，妙桥镇并入塘桥镇后，以境内妙桥工业区为基础，将原塘桥镇工业东区和鹿苑开发区（部分）两块并入，新建塘桥镇工业集中区，并建立管理委员会。其区域为东至妙丰路，南达兄华路，西至204国道，北迄张杨公路东延段。规划面积41.5平方千米，一期规划区域12.6平方千米，启动区域5平方千米，其中横泾村境3.15平方千米。集中区主要以纺织业为主，兼以机械、电子、冶金、建材等产业。是年末，区内有企业53家，完成工业销售收入2.29亿元。2005年，区内有企业112家，其中外资企业20家。年内新开工项目24家。2008年，扩大区域1.8平方千米，投入资金300万元，用于区内基础设施建设，完成绿化面积2.5万平方米。是年，累计进区企业182家，其中外资企业36家，内资企业146家，完成销售收入36.03亿元。

2010年，经江苏省商务厅批复同意，

开发区一角

在镇工业集中区设立"江苏省张家港市新能源产业园",园内形成新能源研发、光电、智能制造、纺织新材料四大产业基地。2011年,投入1500万元,用于园内希望路延伸、商城路拓宽、兄华路东延及与之配套的路灯装饰、绿化、给排水和污水网的建设。2012

至2015年,园内新开工项目10个,总投资26.09亿元。2016年1月,塘桥镇人民政府撤销工业集中区管理委员会,横泾村境工业企业由横泾村管理,履行安全生产、环境保护、社会保障和企业稳定等监管职责。

妙桥工业区项目开工

基础建设

一、动迁安置

妙桥工业区建设启动后,动迁工作立即展开,至2002年12月,境内动迁李家宕、迈步宕、徐家宕3个自然村共37户,计建筑面积8250平方米。同时建洞泾小区,安置动迁户。2003年动迁洋里宕和宋家宕2个自然村共30户,计建筑面积7500平方米。2004年动迁谈家、夏湾、小唐家、陶桥等自然村共54户,计建筑面积13500平方米。2005年动迁潘家桥、洋宕里、奚家宕等自然村71户,计建筑面积17800平方米,均安置卢厅小区。

2007—2009年,动迁北宅、洞泾湾、苏家角等自然村共54户,计建筑面积13672平方米。2010年动迁陆巷里、殷家角、马家宕、谢家宕等自然村共75户,计建筑总面积18975平方米。这两期动迁户分别安置黄金湾小区、横泾小区。

2011年动迁宋家宕、陶桥、谢家宕、奚家宕等自然村共91户,计建筑面积22463平方米。2012年动迁苏家宕、陆巷里、夏湾、新桥、刘桥5个自然村共114户,计建筑面积28728平方米。2014年,沪苏通高铁工程动迁任家桥、钱家巷、三条桥、马家宕、奚家宕等自然村91户,建筑面积23478平方米。三期大部分安置在黄金湾小区。

2001—2014年,共动迁农户617户,横泾村安置住房总面积153798平方米。

二、基础设施建设

2001年投入基础建设资金5000万元,辟筑光明路、希望路、妙一路、妙二路,同时建设给排水、供电和通信主干线。2002年2月区域向东扩展,又投入2000万元,劈筑妙二路东段、妙三路、友谊路、双丰路北段等。至2003年上半年,工业集中区区域面积为1.66平方千米。区内主干道框架形成,供电、给排水和邮电通信设施配套。

2003年8月,妙桥镇并入塘桥镇后,塘桥镇对永进路南侧从奚浦塘向东到吹鼓路、南至兄华路区域为工业区,扩大区域面积2平方千米。是年,辟筑兄华路、卢厅路、希望路及双丰路、友谊路。至2006年,路道、给排水、供电、供气等基础设施建设资金2亿多元,新建道路16千米,架设电力线路14.2千米,通信线路15.6千米,供电能力50万千伏安,铺设热气管道16千米,日供气60吨。并对道路两侧绿化35万平方米,园林绿化面积达50万平方米。2013年,镇投入2亿元,将镇工业区主干道混凝土路面改造为沥青路面。

招商引资

2001年5月,妙桥镇工业集中区招进27家工业企业驻区建厂,总投资3亿元。2002年3月,有46家工业企业进驻该区,总投资4.6亿元,注册资金1.94亿元。当年有25家企业开业投产。2003年8月，妙桥镇并入塘桥镇，塘桥镇工业集中区成立管理委员会，其中下设的招商部门专门负责工业区招商引资，通过电子网络、外地商会、聘请招商顾问、组织招商恳谈会等，构成招商信息平台。是年，招商部人员分赴广东番禺和福建厦门举办招商推荐会，引进外资企业4家，注册资本1800万美元，招进外地民营企业8家，注册资本1200万元。2004年3月和9月，相继赴韩国、日本和国内的福建厦门举办招商引资推荐会，引进外资企业6家，注册资金2500万美元。2005年2月、6月和9月，先后赴韩国、欧洲及中国香港和浙江温州、乐清举办招商说明会，引进外企10家，注册资金7565万美元。2007年3月与9月，赴浙江宁波、温州举办招商说明会，引进外地民营企业12家，注册资本2200万元。2009年5月和10月，赴上海和厦门举办招商推荐会，引进外地民营企业5家，注册资金1000万元。2013年3月，赴上海嘉定招商，引进力天新能源企业1家，注册资金2000万元。2014年3月赴上海嘉定举办招商说明会，引进3家高新技术企业。2014—2018年，先后引进10家高新工业企业。至2018年，实际进区企业总计150家，其中外资企业3家，内资企业147家，累计注册外资5000万美元，内资注册资金10.02亿元。

2003—2012年塘桥工业集中区主要企业投资情况表

表39

年份	企业名称	投资金额	主要产品
2003	市宏丰电脑制衣有限公司	1.50亿元	针织品
	市伟翔机械有限公司	0.60亿元	针织机械
	市新永电脑针织有限公司	0.70亿元	针织品
	市泊洋织布有限公司	0.03亿美元	亚麻布
	市瑞蔚毛纺有限公司	0.25亿元	精毛纺纱
	市诚佳机械有限公司	0.20亿元	针板
	市沁诺利针织服饰有限公司	0.10亿元	针织品
	市盛佳机械有限公司	0.08亿元	针织机械
2004	苏州兄华服饰有限公司	0.30亿元	内衣、织布服装、服饰制造
	市顺祥服饰制造有限公司	0.25亿元	针纺织品、服装、服饰
	市锦程纺织有限公司	0.25亿元	针织服装、针织品
	市波尔曼针织服饰有限公司	0.07亿元	针织服装、针织品
	江苏世博科技实业有限公司	0.38亿元	针织面料、包装材料
	苏州奥诚工艺品有限公司	0.26亿元	工业饰品、玩具

年份	企业名称	投资金额	主要产品
2004	张家港泊洋麻纺织有限公司	1.20 亿元	亚麻布
	张家港骏扬纸制品有限公司	2.00 亿元	纸制品
	张家港旺路运牙膏有限公司	1.60 亿元	牙膏
	国靖办公家具有限公司	1.20 亿元	办公桌椅
	张家港裕人机械有限公司	0.80 亿元	手摇电动横机
	威仪电子有限公司	2.36 亿元	车用电子产品
2005	市锦程纺织有限公司	0.50 亿元	针织服饰
	市中达针织服饰有限公司	1.00 亿元	针织服饰
	苏州兄华服饰有限公司	1.00 亿元	针织布、内衣
	市正大针织制品厂	0.30 亿元	针织服饰
	市佳盛纸制品有限公司	0.20 亿元	纸箱包装
	市港鸿花式纱线有限公司	0.20 亿元	特种纱线
	市协兴纺织有限公司	0.80 亿元	针织服饰
	市昆仑特种纱线有限公司	0.20 亿元	特种纱线
2006	市奥鑫特服饰有限公司	0.22 亿元	针织品
	市沁诺利针织服饰有限公司	0.50 亿元	针织服饰
	市润忠生物科技有限公司	0.65 亿元	葡萄糖、麦芽糖
	市鸿鑫针织帽业有限公司	0.60 亿元	针织帽
	市兄力针织服饰有限公司	0.30 亿元	针织品
	市美佳服饰有限公司	0.18 亿元	针织服饰
	市正大针织制衣厂	0.50 亿元	针织服饰
2007	市中达针织服饰有限公司	0.60 亿元	羊毛衫
	市铭润铜业有限公司	0.40 亿元	拉杆铜
	市联宏纺织有限公司	0.30 亿元	毛纱
	市中衡压力容器有限公司	0.33 亿元	各类压力容器
	市沁诺利针织服饰有限公司	0.35 亿元	电脑衣片
	市远大纺织电脑横机有限公司	0.32 亿元	电脑衣片
	市佳美服饰电脑横机有限公司	0.12 亿元	电脑衣片

年份	企业名称	投资金额	主要产品
2007	市名枪内衣有限公司	0.10亿元	内衣
	市逸洋制管有限公司	0.10亿元	轴承
	市联宏纺织有限公司	0.12亿元	毛衫、毛纱、毛条
2008	市恒利机械有限公司	0.12亿元	办公用品
	市中达针织服饰有限公司	0.08亿元	针织服饰
	市天泽帽业有限公司	0.05亿元	帽业
	张家港维克罗搭扣系统有限公司	0.50亿美元	工程用搭扣带钩
	市恒宇太阳能有限公司	1.50亿元	LOW-E中空玻璃
2009	江苏力天新能源科技股份有限公司	4.50亿元	磷酸铁锂电池
	江苏华程光电有限公司	2.00亿元	LED新光源
	江苏博星顺华羊纤维有限公司	0.36亿元	羊毛衫、羊绒衫
	江苏联宏纺织有限公司	0.40亿元	毛纱
	江苏中港特变科技有限公司	2980万美元	变压器
	江苏巨鸿超细纤维制造有限公司	0.12亿美元	超细纤维特种纺织制品
	市菲尔斯机械有限公司	0.90亿元	塑料机械、电线电缆机械
	江苏国信金属制品有限公司	0.90亿元	高档精密焊接、冷轧钢
2010	张家港维克罗搭扣系统有限公司	0.50亿美元	工程用搭扣带钩
	市铭润铜业有限公司	0.75亿元	钢管
	市恒宇太阳能科技有限公司	1.30亿元	中空玻璃
	江苏吉阳新能源有限公司	3.50亿元	晶体硅太阳能电池片
	江苏中宝建材有限公司	0.30亿元	实木门窗
	市华扬冶金机械有限公司	0.50亿元	结晶器铜板
	江苏巨鸿超细纤维制造有限公司	0.12亿美元	清洁布、毛巾等纺织品
	市华扬冶金机械有限公司	4.00亿元	结晶器铜板
2011	市联宏纺织有限公司	0.30亿美元	针织品、服饰
	市协兴纺织有限公司	0.90亿元	腈纶纱
	市锦程纺织有限公司	0.45亿元	纺织品
	江苏旭晶新能源公司	20亿美元	太阳能电池背板

年份	企业名称	投资金额	主要产品
2012	江苏索尔新能源科技有限公司	0.80亿美元	锂电池组件
	江苏中宝建材有限公司	0.60亿美元	各类门窗
	市菲尔塑料机械有限公司电线电缆研发中心	2.00亿美元	各类精密机械
	江苏博腾新材料股份有限公司	1.5亿美元	复合涂装树皮、改良树皮
	江苏索尔新能源科技有限公司	1.20亿元	锂电池管理器
	江苏旭晶新能源有限公司	5.10亿元	太阳能电池背板
	江苏索尔光电科技有限公司	1.00亿元	LED芯片封装及照明产品
	江苏博腾新材料股份有限公司	1.5亿元	高档铝箔复合材料
	江苏联宏纺织有限公司	1.00亿元	多品种纤维混纺纱
	市瑞泰美弹性材料科技有限公司	1.20亿元	新型共聚物弹性新材料
	江苏联宏纺织有限公司	0.38亿元	全自动配件管理系统设备

主导产业

塘桥镇工业集中区经过近20年的开发建设，工业企业从初始单一的纺织、服装产业拓展到机械、电子、新能源等产业，形成纺织、服装、机电、新能源产业集群。

纺织 纺织产业是镇工业集中区最大的产业群。2015年，区内有纺织、服装企业78家，占整个工业集中区企业总数的60%。规模以上企业19家，年销售收入13.34亿元，占年工业销售总额的54%。销售收入超亿元的有龙之杰纺织品有限公司、市众智纺织品有限公司2家企业。

机械 机械工业企业有20家，主要制造针织机械，初始生产手摇横机，2005年后转产电脑横机。机械工业具有生产规模的企业有市荣臻机械有限公司等4家，年产电脑横机4000余台，产品主要出口东南亚。

新能源 新能源产业从2010年起步，当年由江苏索尔新能源科技有限公司等3家企业进驻园区。12月，在工业集中区内设立江苏张家港新能源产业园。至2015年，经过5年打造，已成为全镇新能源密聚区、招商引资的重要载体。区内有8家新能源生产企业，产品有集成电路、电子信息、低碳环保新材料等。其中具有规模生产的企业2家，年销售收入5.99亿元。

园区管理

镇工业集中区创建初始，由妙桥镇农工商总公司管理，负责基础设施建设和招商引资。2003年并镇后，成立塘桥镇工业集中区管理委员会，下设招商引资、规划建设、企业服务部，各负其责管理工业区。2016年1月，塘桥镇政府撤销镇工业集中区管理委员会，其招商引资、规划建设由塘桥镇人民政府直接管理，企业服务包括环保、治安、消防及企业生产的运行情况（职工社保、工资发放）等均由属地横泾村直接负责管理。

实行属地管理后，横泾村组建安全生产网格化管理小组，配备专职安全生产网格员，具体负责企业的安全生产网格化日常管理，与各企业签订安全生产责任书，落实安全生产责任制，办好安全管理人员、特种作业人员培训班，持证上岗，提高应对和防范事故能力。每季度开展一次安全生产大检查，发现隐患立即整改。2016年，对140家工业企业即时整改，其中更换电器线路的17家，增配灭火器的纺织、服装企业23家。对3家密集型、存在粉尘爆炸危险的机械制造企业及时进行整改。

同时，围绕产业转型升级，确保企业无重大环境污染事件发生，统一供水、电、气，统一回收污染物。切实解决污染物对职工食堂、住宿、厕所的卫生安全问题，发现一处整改一处。同时开展生活垃圾分类投放，引导员工养成良好的卫生习惯，提高环境卫生意识。

其次，做好企业金融风险预警。村财会人员每季对域内工业企业经营状况进行摸底调查，如销售、利税、职工人数、劳动合同、职工社保、住房公积金缴纳情况以及企业资产包括土地、厂房租赁及工资发放情况，重点检查工资总额、欠发工资总额，通过调查摸底，发现隐患，及时采取整改措施，避免企业发生金融风险，保障社会稳定。

附：动迁企业

2019年12月，塘桥镇作出对高铁线西、永进路北、奚浦塘东区域内的工业企业整体动迁的决定，2020年10月始对村域内32家企业进行动迁。

2020年工业园区动迁企业一览表

表40

企业名称	单位地址	创办年份	法人代表	占地面积（平方米）	建筑面积（平方米）
张家港欣茂电子有限公司	希望路9号	2002	卢惠珠	7028	4545
市中协针织有限公司	希望路11号	2004	王炳忠	15741	9234
市争渡服饰有限公司	希望路13号	2003	陆雪华	5345	1553
市瑞蓊毛纺有限公司	希望路15号	2002	龚伟	5258	1978
市新三吉服饰有限公司	希望路17号	2002	陆红军	3768	1188
市鹏恒纺织有限公司	妙一路12号	2004	陈建鹏	6252	5247

企业名称	单位地址	创办年份	法人代表	占地面积（平方米）	建筑面积（平方米）
市永丰毛纺针织品制造有限公司	希望路18号	2002	邵德芳	2093	2017
市妙桥健达提花织物厂	希望路18号	2002	龚小健	1799	1859
市名枪针织制衣有限公司	希望路20号	2002	沈亚龙	3465	8736
张家港润忠生物有限公司	希望路28号	2003	钱仕忠	8333	2900.
市盛宏机械制造有限公司	妙一路1号	2002	钱俊斌	3599	954
市培骅针织服饰有限公司	妙一路12号	2006	章晓平	3382	1070
市鲲鹏特种纱线织造有限公司	妙一路2号	2003	尹林鳌	3266	4901
市东祥帽业有限公司	妙一路6号	2003	韦念东	4740	13679
市帅哥服饰有限公司	妙一路8号	2002	江建石	3266.	4824
迈步组厂房（集体出租）	妙一路5号	2003	—	2344	1749
市保利马针织机械有限公司	妙一路10号	2006	倪向阳	8081	2950
市宏华织带有限公司	妙二路12号	2003	赵红春	6141	7635
市佳达制帽厂	妙二路27号	2003	马庆德	4068	2128
市晟丽针织服饰有限公司	妙二路9号	2002	魏丽华	5007	4349
市龚成服饰有限公司	妙二路126号	2003	龚献江	7142	5923
市飞达手套针织品制造有限公司	光明路1号	2002	徐建飞	4149	2273
张家港盛鑫服饰制造有限公司	光明路2号	2003	钱建江	5900	526300
市金星针织机械配件厂	光明路3号	2002	吴永江	966	966.
市东盛美如意针织服帽有限公司	光明路8号	2002	唐正东	6006	7747
张家港华源塑胶有限公司	光明路10号	2015	季伟源	22907	10694
江苏索尔新能源科技有限公司	光明路12号	2011	叶正新	6766.	13074
张家港泊洋织布有限公司	光明路16号	2003	刘鹏	20029	15824
市乔奇诺针棉服饰有限公司	永进路400号	2002	谢宏宾	6008	1765
市美佳乐气雾剂制造有限公司	永进路402号	2001	杨正石	16590	5947
市诚佳机械有限公司	永进路406号	2003	陆文忠	13791	12429
市荣臻机械有限公司	永进路408号	2002	杨献刚	23166	14772.

第七篇　妙桥羊毛衫市场

　　妙桥素有"针织之乡"美誉。早在1954年,妙桥就建有针织社,生产劳保用的黄纱手套。20世纪60年代,妙桥公社创办沙洲县羊毛衫厂、欧桥针织厂。70年代,境内有18家工厂生产的针织品销往国内外。80年代,妙桥有针织厂24家,员工2200人,年产针织品近百万件。1987年,全镇外贸扎口收购额5285万元,名列苏州市第一。90年代,在商品经济和市场经济的涌动下,妙桥针织业由集体企业逐步转向以户为单位的"家庭工厂"。1990年,全镇从事针织业的农户数有千户,形成了设计、编织、缩绒、裁剪、缝合、绣花、定型、销售等社会化生产,拥有手工、电动、电脑编织机械和配套设备一万多台(套),年产5000万件各类纯羊毛衫、混纺羊毛衫。生产带动销售,数百销售人员跑码头、摆地摊、闯城市,拓展销售渠道。外地商人上门收购羊毛衫,妙桥逐步发展成苏南地区著名的羊毛衫贸易地,羊毛衫市场逐步兴旺起来。

　　妙桥羊毛衫市场位于妙金塘东岸,东至蔡坟堂,南依周家巷,西傍金村路,北临立新路,规划用地面积27.6公顷,主干道环城路用地总面积16.8公顷,营业面积13万平方米。1996年,市场主商贸区域总占地面积20万平方米,总建筑面积8.5万平方米,停车场5.7万平方米。市场历经13年,经历起步、发展、繁荣、调整几个阶段,2005年停业。

羊毛衫商城开业仪式

羊毛衫商城

商贸设施建设

1992年，妙桥镇利用位于镇区东部、横泾村境内的镇办汽车修配厂的旧厂房，办起针织品销售试验性市场，占地面积6136平方米，建筑面积2500余平方米，内先后共设1000余个摊位，定名为张家港市针织品专业市场。该市场开业不久，就成为远近闻名的羊毛衫批发市场。1993年4月，变更为江苏妙桥针织精品市场。

1993年，妙桥镇党委、政府对羊毛衫市场进行全面规划、总体设计、分期实施、滚动发展。在原市场南部、横泾村朱家湾建造一座大型羊毛衫市场（商城），全部工程总投资1.5亿元。1993年2月启动，1996年8月完工，经过三期工程建设，商城实际占地面积

20万平方米，总建筑面积8.5万平方米。主要商贸建筑有妙桥针织精品市场、妙桥羊毛衫商城、妙桥超级商场和妙桥毛纱市场，共有摊位3400余个，门市部1540个。

妙桥针织精品市场（第一羊毛衫交易市场） 位于金村路、西旸路、立新路交会处。1993年2月动工建设，妙桥镇与中国信托投资有限公司北京国安电器公司合作，共同投资1086万元（其中妙桥镇投资476万元），兴建第一交易市场。这是首期工程的主体建筑，占地2万平方米。其结构是一座礼堂式建筑（一层），建筑面积1万平方米，土建投资800多万元。场地、通道、停车场面积7320平方米，投资100万元，可停轿车位2000个，自行车、摩托车位4000个。水电、通讯、网络等设施投资42万元。2200个摊位设施投

资48万元。工程于是年8月18日完工开业。每个摊位以每年租金3500元向商人全部出租。该市场成为吸引大江南北客商的"寸金地",沪宁苏锡常50家毛纱厂在市场设立50家毛纱门市部。市场迅速向全国各地辐射,一辆辆车头打着"一日游"的客车云集妙桥,商场羊毛衫顾客似潮涌动,平均日客流量2万人次,日车流量超过600辆次,日成交额800多万元。到此寻求设摊的商人越来越多,有本镇的,也有外县、外省市的,浙江、安徽商人居多。1993年4月,该交易市场被江苏省体改委批准更名江苏妙桥针织精品市场(即第一羊毛衫交易市场)。年营业额超过10亿元,列江苏十大工业品市场前五名。

妙桥羊毛衫商城(第二羊毛衫交易市场)　位于妙桥针织精品市场南侧。1994年5月12日,妙桥镇党委加大工作力度,抢抓发展制高点,进行二期工程建设,主体建筑是在市场区域南侧兴建第二羊毛衫交易市场,这是一座城堡式建筑,四周二层,内有一排排纵向平房,占地2.4万平方米,建筑面积2.85万平方米。内设门市部1100个。其外扩建停车场3.2万平方米,可停大型车辆415辆,轿车100辆,自行车、摩托车停车位300个。土建投资4000万元,场地通道投资350万元,水电、通信设施投资550万元。工程于9月竣工并交付使用。每个门市部预收年租金2万元,不满3天就全部出租。开业当天,人流似潮,商铺内挂满花色各异的羊毛衫,既有薄型内衣,也有羊毛外衣。是月,国家体改委将妙桥镇列为以市兴镇综合性改革试点

镇,其市场被命名为妙桥·中国羊毛衫商城,即第二羊毛衫交易市场。

妙桥毛纱交易市场　位于妙桥针织精品市场东侧,1995年6月动工建造,1996年交付使用。工程总投资1600万元,这座建筑分内外两圈,为二层楼圆形建筑,正门三层楼,内外两圈通道是天棚覆盖,占地3.6万平方米,建筑面积1.78万平方米,内设120个门市部。开业后,进场经销商人从外地引进优质毛纱,须经商城质量检测,把好质量关,确保市场羊毛衫的质量和声誉。是年,销售毛纱3.8万吨,成交额10亿元。2002年,有40个门市部,经销人员100余人,市场管理人员7人,年销售毛纱1.8万吨,成交额3.24亿元。

妙桥超级市场(第三羊毛衫交易市场)　位于妙桥第二羊毛衫交易市场(商城)东侧,1995年6月兴建第三羊毛衫市场。该市场占地8000平方米,建筑面积2.15万平方米。内设1200个摊位,300个门市部。整个工程耗资2500万元。该市场是一个综合性商品批发、零售市场,设施档次高,内置中央空调、自动扶梯等设备,划分高档羊毛衫、服装、鞋帽日杂用品、家用电器四个区,可解决羊毛衫商城产品单一的问题,形成淡季不淡、旺季更旺的景象。1996年8月竣工,但因羊毛衫市场开始进入适应性调整,终未开张营业。

配套设施建设

道路建设　1993年妙桥镇和市场共同投资兴建商城路,混凝土路面,路面宽26

米。其中主车道14米，绿化带4米，人行道8米。全长1960米，可分商城街、商城南路和商城西路。商城街北自新风桥，南至商城桥，长560米，其原是金村公路北部路段，在碎石的基础上改建。路东是羊毛衫商贸交易市场，路西是门店，形成商业一条街；商城南路西接吹鼓路口，东连商城街，长850米。路段跨妙金塘，投资20万元，建商城桥。该桥为钢筋混凝土拱桥，桥长28米，桥宽24米，当时为妙桥镇最宽的桥梁，荷载汽车20吨。商城西路原是镇级机耕路吹鼓路北部路段，遂改造成直通永进路东段（永进街），长550米。

1993年始，妙桥羊毛衫市场繁荣，日客流量2万—6万人次，车流量日超千辆次。为改变公路路面、桥梁狭窄的状况，缓解交通，发展商贸，妙桥镇政府于1994年8月动工，把原妙桥公路洞泾至204国道路段进行拓宽，截弯取直，建造成永进公路。该路东起镇区人民路东段与商城街北相连，西迄204国道，全长3.95千米，宽26米，混凝土路面，并对沿路新风桥、友谊桥亦进行改建，该路于1995年8月竣工通车。

水电、通信设施 1994年5月，市场投资550万元，进行水电和通信设施建设。其中投入270.45万元建设商城电站，电缆线直接埋地铺设。商城水厂投资133.32万元，铺设供水主管道。并对市场内排水系统采用雨污分流制。

后勤服务设施 妙桥羊毛衫市场的开发建设，给服务于市场的交通运输、商业发展、饮食业和其他第三产业的发展带来契机。1992年，羊毛衫市场建立时，区域除设立一个汽车招呼站外，短途仅用10多辆摩托车接送，无银行储蓄所、旅馆、饮食店。1995年，新建妙桥客运服务站，农业银行、建设银行等金融机构落户商城街，阆苑大酒店、江南大酒店、景城酒家、商城旅社、横泾招待所、长虹旅社等十多家餐旅业单位落户商城区域内和周边。餐饮小店在妙桥镇区有数十家。商城街上还有供销商厦、馨妙宾馆、邮电所、食品市场、药店、妙桥医院分院等。妙桥羊毛衫市场投资831万元建造集快餐、饮食、娱乐、宾馆于一体的娱乐中心，主体建筑为三层，占地960平方米，建筑面积2429.63平方米。

妙桥客运服务站 位于妙金塘西岸，东邻妙桥羊毛衫市场，1995年4月建成，占地7203平方米，建筑面积1789平方米。东侧是1幢两层楼，一层为仓库，二层为招待所；西侧一排8间上下两层，为办公用房；北部临街12间为门店房，后有寄车库；中间开阔地为停车场。开通至无锡、常熟、张家港和临近几个乡镇的公交班车，并直接通往上海、北京、南京、成都、河南商丘、浙江濮县等数十个大中城市的客货班车。原羊毛衫市场内的托运部、寄存处等业务亦移至站内，有职工17人。1996年，该站内大客、中巴和货车共有23辆，日往返125班次。2002年，该站职工减至4人，主要经营车辆存放、货物存放和售票代理业务。

市场经营

1992年8月18日，张家港市针织品专业市场开业，设三个交易区。第一交易区内1000多个摊位，包括镇办针织公司和镇村羊毛衫厂设的20多个摊位。第二交易区各摊位亦摆满了琳琅满目的中高档针织产品。是

年9月，第三交易区56个摊位由常熟市冶塘镇、武进区横林镇等外地客商进场设摊，开业后迎来了乌鲁木齐、哈尔滨、天津、武汉、上海、无锡、苏州上百名顾客光顾市场。有的摊位一下就与客商预订羊毛衫3000件，获利最多的摊位获利逾万元。至年末，市场吸引大江南北、全国各地客商，日客流量达8000

繁华的市场

余人次，日成交额超过300万元。市场摊位扩展到上千个，至年底经营4个月，成交羊毛衫（裤）250万件（套），成交总额8000万元。1993年1月至7月，该市场羊毛衫成交量达到800多万件，成交总额2亿多元。

1993年8月18日，第一羊毛衫交易市场开业，2200个租赁摊位被商贾一抢而空。市场内羊毛衫花色繁多，款式新颖，品种超过3000种，从业经商人员近4000人。其中70%是女性，60%以上为妙桥及邻近乡镇的农村羊毛衫个体户。每个摊主在场外连着几家个体户，整个市场货物的供应者是个体工商户这个"社会大工厂"，形成工贸联体、以贸带工、以工促贸的良性循环。秋冬季节，正是羊毛衫需求旺季，市场日客流量达到3万余人次，车流量达1000多辆次。是年，成交量3000多万件，成交额超过10亿元。该市场以规模大、品种多、价格廉、服务优、信誉佳的优势，跻身江苏省工业品十大市场第五名。各大报刊纷纷报道妙桥羊毛衫市场盛况，如《针织王国数妙桥》（《新华日报》）、《要选羊毛衫，请到妙桥来》（《华东信息报》）、《妙桥镇有个羊毛衫市场》（《人民日报》）。

1994年9月，妙桥第二羊毛衫交易市场（商城）开业，场内有羊毛衫门市部1100个。西侧有毛纱市场交易门市部60个，个个店铺样品上架，商贾来自全国各地，有经销人员5000余人。市场主营注册的"金妙桥"羊毛衫，一时成了全国羊毛衫畅销产品。羊毛衫质料有精支羊毛纱，也有高支羊毛纱。工艺有手工绣花，也有电脑绣花，还有贴花、

满意在市场

生意兴隆

压花、盘花等。品种有适宜老年人的粗针羊毛衫，也有受年轻人青睐的新潮流细针羊毛裤、风衣和健身服，还有适宜中年人的羊毛西裤。羊毛衫价格比大中城市销售的同类产品低20%至50%。妙桥羊毛衫市场以其规模宏大、品种齐全、款式新颖、质优价廉闻名遐迩。全国各省、市、区的客商及旅游者纷至沓来观光购物。上海、南京、苏州、无锡、常州等大中城市的旅行社开辟了"妙桥·中国羊毛衫商城一日游"专线。商城开办了通往全国各大中城市的汽车直达运输和火车托运业务。市场日均客流量2万余人次，高峰期达到9万人次。日均车流量600车辆次，最多时达3000辆次，日均销售羊毛衫5万余件，羊

毛纱20吨左右。是年，市场羊毛衫成交总量2000万件，市场成交总额18亿元。

1995年9月12日，首届"金妙桥"羊毛衫展示商贸会开幕，全国各地500余名宾客参加会议。会议期间共完成订货额8200万元，张家港市文艺工作者表演了精彩节目，时装表演队展示了"金妙桥"羊毛衫。12月8日，《服务导报》社苏南记者站对妙桥羊毛衫市场进行现场采访，各家报纸共刊登报道50多篇。12月20日，由妙桥羊毛衫市场与《中国青年报》社联合举办、中国服装设计协会协办的"金妙桥杯"全国羊毛衫设计大赛在北京举行颁奖仪式，全国羊毛衫专业市场首家研究机构——妙桥羊毛衫研究所同时

宣告成立。该次大赛得到全国服装设计爱好者和专业院校师生的响应，新疆维吾尔自治区、广东省均有读者寄送参赛作品，共收到稿件近万件。大赛由中央工艺美术学院染织服装学系副主任、教授龙晋等组成评委，共评出获奖作品23件。全国政协常委杨斯德、国家计划委员会副主任马凯、中央政策研究室副主任肖万钧、共青团中央书记处书记姜大明及国家体制改革委员会、国内贸易部、国家工商总局等单位的有关领导出席颁奖仪式。在颁奖仪式上，中国服装总公司高级服装设计师徐波波等5位专家被聘为妙桥羊毛衫研究所顾问。是年，田纪云、钱正英、吴阶平、李长春、李德生等党和国家领导和有关

羊绒衫门店

省主要领导先后到妙桥羊毛衫市场参观考察。是年，妙桥羊毛衫市场成交量达4200余万件，成交总额达35亿元，名列江苏省十大工业品市场第二名。1996年，妙桥羊毛衫市场与中国太平洋保险公司苏州分公司签订"金妙桥"系列品牌质量信誉保险合同。市场出租摊位、门市部3477个，年成交羊毛衫5000万件，毛纱5万吨，外出展销48批次，成交总额40亿元。《人民日报》先后两次对妙桥羊毛衫市场"以市兴镇"的试点经验作了长篇报道，海外报刊称中国最大的羊毛衫市场在长江入海口的张家港市妙桥镇。

1997年，在国内市场大气候的影响下，周边地区先后兴建羊毛衫专业生产基地，其交通、地理位置等都比妙桥羊毛衫市场好，羊毛衫市场竞争日趋激烈，加上该市场先期投入大量资金用于房屋、场地、道路等配套设施建设，市场经营成本较大，由此背上了沉重的债务包袱。且由于市场前期疏于管理，又没及时应对后期激烈的市场竞争，市场信誉、客流量、成交量显著滑坡，摊位、门市部出租率每况愈下。妙桥镇吸取一些同类大市场正反两方面经验，及时提出羊毛衫市场走"一业为主，多业并举"的适应性调整之路。在张家港市委、市政府的支持下，于4月开办了张家港百货商城，全市各乡镇以及市经委系统、商业系统、各大厂商在此交易。产品有轻纺面料、服装、鞋帽、电器、家具、装潢材料、小百货、副食、烟酒等九大类，妙桥镇政府又先后多次到安徽、淮阴、盐城等10多县市招商引客。浙江海宁皮装、精品皮鞋和柯桥服装的经营者先后入驻该市场。9月，妙桥羊毛衫市场商业联合会加强行业自律。是年第4季度，市场出租率、开摊率比上年同季度增30%，市场成交总额达43.21亿元。其中，羊毛衫销售总额约占二分之一，成交量达3500万件。翌年，市场羊毛衫交易不断滑坡，部分门市部和摊位经营者撤离。

1999年，妙桥羊毛衫市场将第二交易市场门市部并入第一交易市场，开辟精品区，改建近百个门市部，将第二交易市场内移入20多家个体羊毛衫生产户，形成加工区，使市场从单纯销售转变为销售加工一体化经营。市场经营方式由原来的零售为主转变为批发为主，并将固定摊位（门市部）销售与外出展销相结合。年内，市场组织赴全国各地展销155批次。展销销售羊毛衫占市场销售羊毛衫总量的50%，羊毛衫市场重新焕发出生机。2000年，出租摊位、门市部526个，出租率分别达到86.5%和93%。是年末，围绕"展妙桥羊毛衫新品，创妙桥羊毛衫品牌，树妙桥羊毛衫形象"的主题，妙桥镇在张家港市国际购物中心举行妙桥新羊毛衫展示会，向消费者展示"瑞群""兰珂""上联""万象"等品牌羊毛衫，并举行时装表演晚会，重塑妙桥羊毛衫形象，吸引众多消费者重返妙桥羊毛衫市场，市场内外交易活跃，实现交易总额22亿元。2001年，妙桥羊毛衫市场围绕"诚信至上赢得回头客，精品主导打造市场魂"的目标，以精品名牌羊毛衫为主要经营方向,建设消费者信得过的精品市场。市场积极引进"烟斗老人""红豆""啄木鸟""恒源祥""鳄鱼"等外地品牌羊毛衫,成为一个精品羊毛衫大型超市,形成精品引路,高中低档产品齐全,多元化经营的新格局。2002年,市场有276个门市部,市场组织场外展销256批次,成交3100万件,成交总额17.37亿元,占张家港市消费品市场成交总额的20.19%。

1993—2002年,妙桥羊毛衫市场固定经营户最多时有5300户(个),赴全国各地展销有1320余场次,羊毛衫成交总量近4亿件,对妙桥及周边地区的经济发展起到了极大的推动作用,影响深远。2003年,妙桥羊毛衫市场被评为苏州市诚信市场。2005年,张家港市政府和塘桥镇政府(妙桥镇已并入塘桥镇)为进一步振兴羊毛衫市场,兴建塘桥国际针纺城。2005年8月,妙桥羊毛衫市场200多个体经营户迁入塘桥国际针纺城。妙桥羊毛衫市场停业关闭。

1992—2004年妙桥羊毛衫市场经营情况一览表

表41

年份	固定经营户（个）	场外展销组（个）	成交羊毛衫总量(万件)	场内成交总额（亿元）	法人代表
1992	1000	—	250	0.80	
1993	2200	3	3000	10.00	郁龙德
1994	3440	6	6000	18.00	
1995	3460	15	4200	35.00	
1996	3477	48	5000	40.00	徐根传
1997	5300	105	3500	43.21	
1998	1282	150	2500	6.00	
1999	519	195	2300	8.50	
2000	526	230	3200	11.00	卢正兴
2001	517	256	3100	9.10	
2002	202	314	4500	17.37	
2003	236	195	2200	8.50	
2004	236	116	2000	7.27	

市场管理

1992年8月，妙桥镇农工商总公司建立针织品专业市场管理委员会，翌年建立市场党支部。1994年9月，国家体改委批准市场更名为妙桥·中国羊毛衫商城，12月12日，撤销市场管理委员会，经上级党委批准，成立妙桥·中国羊毛衫商城管理委员会，由妙桥镇党委书记任管委会主任，镇长和第一、第二个交易市场总经理任副主任。并建立商城党总支部，下设3个支部。在商城内分设两个办公室：一是联合管理办公室，由工商、税务、公安、交通、卫生等部门派出人员组成，其职能是负责商城发展规划，组织交易及日常管理和服务。二是业务后勤办公室，具体组织实施交易和服务功能，对符合章程的申请入场工商户办理进场或临时营业手续，建立质量、信誉、工商、税务、计量、价格、治安、卫生、计生和消防办公室，要求做到合法经营、守法经营、文明经商。

商品质量管理　1993年，市场成立质量、信誉管理小组，坚持认真监督经营者的交易行为，打击以次充好、以假乱真的不良行为。质量管理小组流动抽查，随时接受消费者投诉，一经查实，对责任经营者严肃处理，依规处罚，情节严重者取缔其经营资格。另外，在市场内外设立2个质量、信誉投诉箱，接受消费者监督。市场还建立"张家港市羊毛衫质量监测站"，在第一、第二交易市场配备国内最先进的检测仪器，通过对含毛量、色牢度、缩水率的检测，对商品质量做定性分析，有效打击假冒伪劣商品。仅1995年就查出伪劣商品300余件次，切实维护了消费者利益。市场还借鉴大百货商场经营方式，对所有出样商品明码标价，客户购买羊毛衫后，可向经营者索取信用卡。如发现质量、价格有明显问题，可凭卡向市场业务科投诉，按价赔偿或退货。市场内还办起信息窗，定期向摊主和客户提供全国各地主要羊毛衫产地的价格情况和流行款式，为他们提供信息服务。

管理队伍建设　1994年为质量管理年，市场充实管理人员，设立行政管理小组、治安消防小组、清洁卫生小组、行为规范小组、禁烟小组和交通秩序小组，共90多人，划区包干负责，定点、定位、定职。同时，对市场摊主实行自我管理，以通道为单位，设立柜台组长兼计划生育指导员，协助市场开展自我管理。市场摊主和客商来自四方，人员比较复杂，单靠行政干预效果欠佳。为此，市场建立强有力的管理机制，强化法制、法规教育，制订了《市场依法管理章程》，包括场规场纪、交通、卫生、消防、用电、计划生育、市场经营、组织建设等8个方面，共43条款，做到摊主人手一册。对文明经商的先进摊主进行张榜公布表扬，对违章者进行教育。1996年，对3名不听劝阻，多次与顾客发生纠纷并殴打顾客的摊主，依照《治安管理处罚条例》进行依法处理。此后，市场再也没发生重大的治安案件。

文明市场创建　1994年，为使市场保持洁美、有序、文明的经商环境，市场宣传组每天通过广播和印发资料开展文明教育。在宣传教育中，以市创建文明城市提出"以张家港保税区为龙头，以市区为中心，以妙桥·中国羊毛衫商城为窗口"为动力，开展"满意在市场，满意在摊位（门市部）"的文明经商教育，并开展评比"信得过摊位（门市部）""文明工商户"活动。是年，被评上的1000个"信得过摊位（门市部）"和"文明工商户"都挂牌亮相。通过系列工作，市场内礼貌待客、文明用语、买卖公平、拾金不昧等蔚然成风。市场每月收到全国各地顾客的感谢信和表扬信数十件。市场还花一定的财力、物力、人力，努力改善经商环境。专职清洁卫生小组由36人增至50余人，并设立果壳箱40只，流动卫生箱50多只，确保市场动态性卫生整洁。市场与经营者建立卫生公约，实行垃圾袋装化。禁烟小组采取行政措施，创建无烟市场。市场还增添了推式干粉灭火器和其他消防器材，建立一支60余人的治安联防消防队伍，确保市场良好的治安秩序。针对市场年轻女性多的情况，建立计划生育管理机构。每个交易市场配备一名专职计划生育指导员，每20个摊位（门市部）配备一名计划生育管理员。1995年，市场有6个经商户被评为张家港市"百户标兵"，市场被评为张家港市无烟市场、江苏省消防合格单位。市场化大力气搞好绿化，种植各种花本11535株，草坪3400平方米，绿化面积达4500平方米。市场内外常年绿树成荫，鲜花盛开。是年，该市场被国家工商行政管理总局评为全国文明市场，增强了市场吸引力，产品销售覆盖全国各地，还销往俄罗斯、韩国等国家和地区。1996年，在全国百强市场评比中，妙桥羊毛衫市场被评为全国工业品十大市场第二名，2002年，被评为张家港市文明市场。

第八篇　商贸服务

　　50年代，境内没有商家店铺，村民购物到妙桥集镇供销社合作商店。商店里棉布、火油、食糖、肥皂、香烟等均凭购物证购买。60年代，妙桥供销社在各大队设代销店，社员去代销店购物亦凭票供应。逢年过节，社员买猪头、脚爪、肚肠、皮蛋、肉皮等要早晨排队才能买到。80年代中期，随着商业体制改革，允许个体经营商店。境内妙桥中路北侧开始出现面店、馄饨店、烟酒店、自行车修理店、补鞋店等10余家，各店年营业收入9000余元。1987年3月，妙桥镇政府决定恢复农历三月十八传统节日（农历西旸金童庙会），节日集场主要设在境内。90年代始，妙桥镇在横泾村创办妙桥羊毛衫交易市场，商贸服务业也日趋兴旺。1994年，金村路北端往南至商城路已形成商业街。西旸公路与立新路交会处开设东菜场。由于外来流动人口增多，1995年，横泾村有425户房屋出租，年租金收入近40万元。进入21世纪后，在境内（洞泾）开发镇工业集中区，横泾村利用区位优势，在永进路两侧投资建造商铺出租给私营业主，商贸服务业快速发展。2010年，村域内的商城路、吹鼓路、妙桥中路、江南路、妙景路、永进路也都形成商业街区，道路两侧商铺密布，成为妙桥集镇最繁华的商贸区。是年，村境有个体工商户217家，商贸服务收入2亿余元。2020年，境内有各类商业店铺270家。

商业

商业体制

20世纪80年代，境内商业有集体商业、个体私营商业两种体制。

集体商业创办于1965年，由妙桥供销社在各大队设代销店，店铺房由大队集体建造，共有11间，营业面积287平方米，从业人员9人。铺底资金由供销社划拨，营业收入归大队所有，营业员报酬由大队年终结算。至1975年，境内有7家代销店。1983年，农村实行家庭联产承包责任制后，妙桥供销社在村设肥药销售网点，经营形式跟代销店一样，营业房、仓库及营业员均由村安排，营业收入归村所有，肥药由供销社专供。1985年，境内有集体店铺12家，其中代销店7家，营业房15间，营业总面积394平方米，从业人员11人；肥药供应店5家，店铺及仓库总面积285平方米，从业人员5人。1994年，妙桥

供销社在横泾村投资建造供销商厦和馨妙宾馆，营业总面积3490平方米。1998年，供销社体制改革后，采用抽资承包经营和租赁承包经营方式，至2020年未变。

私营个体商业是在改革开放后发展起来的。1985年，妙桥新风商店在妙桥中路南侧开办，业主领取工商营业执照，经营烟酒等日用品。1990年，妙桥中路北侧，开设12家商店，其中商业零售5家、服务业2家、修理业2家、饮食业3家，年营业收入10余万元。1994年，妙桥中国羊毛衫商城建成后，有个体商业户136家，从业人员249人。2002年，永进路东西两侧建造店铺房，商业门店随之增加。2010年后，商城路、吹鼓路、妙景路、江南路相继形成街市。2020年，境内注册的个体私营商业门店总计270家，注册资金750万元，从业人员1152余人。

商业街区

商城街（金村路街区）　商城街地处妙桥中路与金村路交会处。原为金村路北部，1993年3月启动商业街建设，1994年5月完工。街道北起妙桥东路，南至商城路。全长580米、宽28米，混凝土路面。街道围绕妙桥羊毛衫商城形成，故称商城街。路东有羊毛衫一、二、三交易市场及毛纱市场和娱乐中心。北部有菜场、邮电所。路西有供销商厦、馨妙宾馆、妙桥农村商业银行、上海饭店等。

2005年8月，妙桥羊毛衫交易市场停业。商城街人流锐减，街市逐渐冷落。2007年1月，浙江台州商人郑孟尔在羊毛衫第一交易市场开办了妙桥地区第一家超市——苏杭时代，街市又热闹起来。2011年5月，张家港市金机针织服饰有限公司在商城街西侧新建32间三层商业大厦，外地商家入驻商业街。2020年，商城街有商铺48家，其中万家百货等小超市5家，宾馆、饭店、小吃店等11家，远程快递、中铁物流、顺丰速运等7家，家政服务9家，理发、休闲、养生、美容馆等6家，汽配、汽车美容、干洗店等6家，保险公司、医疗诊所等4家。

商城路街区　位于商城街南首，东接妙丰路，西连吹鼓路。该路于1994年6月辟筑，路北为三商场，路南为商住楼，上层旅馆，底层商铺，遂形成街市。2005年3月，商城桥东桥墩南侧建造一座占地3000多平方米、建筑面积3000多平方米的商业大楼，开设18家商店。2006年3月，商业大楼对面沿路一带居民房改建商铺，连成一线，形成商业区。2020年，该街区全长500余米，有新丰汽车修理、副食品商店、装潢材料部、卫锋油漆店、安驰汽车养护中心、国通通讯科技馆、如意超市、胖子小吃部、庆丰家常菜馆、小周木业、暖洋洋羊绒服饰店、金马针配部、副食品商店、好再来大排档、诚信修理部、辅料店、干面销售店、废纱回收铺、熟食店、小百货店、冬香商店、协昌小吃店、汽车美容铺、众味居小吃、秀芹蔬菜店、朱余兴烟杂店、如意电瓶车维修部等43家商铺。2020年营业收入1516万元。

吹鼓路街区　位于吹鼓路北部，北接妙桥中路，南连商城路，沥青路面，长540米、宽22米，该路段街区形成于2010年。2013年，妙桥新沙钢超市在此开业，店铺日益增多。2020年，吹鼓路主要商铺有婴儿母婴生活馆、苏尼特尔羊绒生活馆、美食美容店、欧美陶瓷、今世有缘喜铺婚庆、爱婴旋律成人用品专卖部、保罗渔具专卖店、以车会友维护中心、宝宝衣橱、格力电器4S连锁专卖店、星云小店、永利饭店、腾达电脑服务部、大众汽车美容中心、江南移门、隆昌达整体家居定制、唯魅造型、靓密码美容美体、铅彩广告等35家商铺。2020年营业总收入达3486万元。

吹鼓路街区

妙桥中路街区 位于妙桥中路东部，东至商城街，西迄吹鼓路，全长580米。街道路面东段为混凝土路面，西段为沥青路面。街市形成于1993年，当时由市交通局在新风桥墩西南处建办妙桥羊毛衫商城客运站，建成通车后车来人往，人流、物流、信息流骤增，沿路西侧商铺日益多起来。2008年，塘桥镇镇政府对妙桥集镇进行规划，在妙桥中路东段两侧启动建设商业区，此后成为妙桥集镇最繁华段街市。2020年，妙桥中路有商铺78家，年营业额达9320余万元。

2020 年妙桥中路街区主要商业店铺一览表

表 42

商店名称	地址	从业人数（人）	经营面积（平方米）	经营项目
新风私房菜	妙桥中路 2、3、4、10 号	3	150	酒菜饭
利群浴室	妙桥中路 9、11 号	3	60	淋浴
熨衣店	妙桥中路 13 号	2	40	服装整烫
戎氏牛肉馆	妙桥中路 12、14 号	2	40	牛肉
新风面馆	妙桥中路 16 号	2	40	面条
小吃店	妙桥中路 17 号	2	40	馄饨、水面
联想电脑	妙桥中路 18 号	1	30	电脑修理
兰州牛肉拉面	妙桥中路 20 号	2	70	拉面
陶瓷卫浴	妙桥中路 22 号	2	70	陶瓷卫浴
时代理发店	妙桥中路 23 号	1	40	理发服务
信达纺织经营店	妙桥中路 24 号	2	40	纺机配件
创优网络	妙桥中路 26 号	1	40	电脑
小顾车行	妙桥中路 27 号	2	25	电瓶车修理
水产经营	妙桥中路 29 号	2	30	鱼、虾等水产
正祥饭店	妙桥中路 28、30 号	2	200	酒菜饭
华皖小吃店	妙桥中路 31 号	3	30	馒头、油条
王洁烟酒店	妙桥中路 32 号	1	40	烟酒
国良菜馆	妙桥中路 33 号	5	30	熟食品
实在超市	妙桥中路 34 号	3	40	百货、食品
建平副食店	妙桥中路 35、37 号	3	80	副食品
先得来小吃店	妙桥中路 36 号	2	20	面食品
母婴时尚生活馆	妙桥中路 38、40 号	2	40	婴儿用品
新港熟菜馆	妙桥中路 39、41 号	3	60	熟食品
摩托车修理	妙桥中路 42 号	2	15	摩托车修理

商店名称	地址	从业人数（人）	经营面积（平方米）	经营项目
顺发空调店	妙桥中路43、45号	2	60	家用电器
聚餐缘家常菜	妙桥中路44号	3	60	家常菜
顺达油漆经营部	妙桥中路47、49号	2	80	油漆
冬冬面馆	妙桥中路50、52号	3	100	水面
勤磊果园	妙桥中路51、53号	2	80	水果零售
友谊车行	妙桥中路54号	2	50	电动车零售
炜炎汽车维护中心	妙桥中路55、57号	2	60	汽车修理
兄弟电脑	妙桥中路56号	1	20	修理
良友鲜花婚庆	妙桥中路58号	2	60	鲜花
鸭肉面馆	妙桥中路60号	2	40	水面
扬州汤包	妙桥中路62号	2	30	汤团、饺子
王龙车行	妙桥中路63号	1	20	电瓶车修理
名尚造型	妙桥中路64号	2	40	烫发
银河旅社	妙桥中路65号	2	300	住宿服务
小鹏龙虾	妙桥中路66号	2	40	龙虾批发
星诚医药连锁妙桥店	妙桥中路67、69号	2	100	中西药
雪花家电	妙桥中路68、72号	3	300	家电
新永亨专卖店	妙桥中路71、75号	4	100	服装
金芬粮油商店	妙桥中路74号	2	40	粮油
俊宇义务小百货大卖场	妙桥中路77、79号	2	100	小百货
鑫凯机械经营部	妙桥中路78、82号	2	120	纺机配件
东翰茶业	妙桥中路83、85号	2	100	茶叶销售
妙桥超市	妙桥中路84号	1	40	日杂零售
幽香居面馆	妙桥中路86号	2	40	水面
家具城	妙桥中路87、89号	6	500	家具销售
德荣沙县小吃店	妙桥中路88号	3	40	包子
中国福利彩票	妙桥中路90号	1	20	彩票

商店名称	地址	从业人数（人）	经营面积（平方米）	经营项目
好口福食堂	妙桥中路91、99号	5	250	饭菜
稀奇古怪玩具	妙桥中路92号	2	40	玩具
第一胖子烧烤	妙桥中路94号	2	40	烧烤鸡腿
黎华电器维修部	妙桥中路96号	1	35	电器修理
妙桥月圆理发店	妙桥中路98、100号	3	160	理发服务
新风商店	妙桥中路101、105号	5	150	烟酒批发
缘米一家面馆	妙桥中路102号	2	40	水面
汉堡小子	妙桥中路153、155号	3	80	汉堡
嘴留香蒸包店	妙桥中路157号	2	30	包子
慧慧烟酒店	妙桥中路159、161号	2	60	烟酒零售
名枪内衣	妙桥中路169号	1	30	内衣
五洲旅社	妙桥中路175号	2	300	住宿
阿香婆堡仔饭	妙桥中路177、179号	3	80	米饭菜
汉堡小妮	妙桥中路181、183号	3	60	汉堡
苏豫超市	妙桥中路191、195号	2	80	日用品
长城旅社	妙桥中路197号	2	300	住宿
回春堂药店	妙桥中路199、203号	2	80	中西药
东北王特色烧烤	妙桥中路205、207号	3	80	烧烤食品
宝岛眼镜连锁店	妙桥中路211、213号	2	70	眼镜零售
婴贝儿生活馆	妙桥中路217、219号	2	80	婴儿食品
南京吴良材眼镜	妙桥中路223、225号	2	80	眼镜零售
鹏城旅社	妙桥中路227号	2	300	住宿
兄妹小吃	妙桥中路229号	2	40	馄饨、团子
森林果园	妙桥中路231、233号	2	60	水果批发零售
88咖啡、台球	妙桥中路235号	3	300	咖啡、台球
聚缘宾馆	妙桥中路180号	6	2000	住宿
吉麦隆超市	妙桥中路311号	50	45000	日用百货

妙景路、江南路街区 妙景路位于永进路东首,是永进路至商城路之间连接的一段路。路东原有妙景花园(该园于1997年建造,2008年拆除),故谓妙景,全长780米,1994年辟筑,初为石子路,2006年浇制混凝土路。2010年始沿途有商铺出现,2020年,该路有康博超市、北京布鞋、华斌饭店、御妙足道会所、无源梦迪、鑫川峡火锅、烧烤龙虾店等门店8家,年营业收入350万元。

江南路位于永进路东,1996年建造,长180米,北为居民住宅区,初始有2家商铺,前店后家。2001年,安徽商人在此开设江南酒店,生意红火,路名因此而得。2002年,综艺歌舞厅开业后,流动人口增加,商铺逐渐增多,主要经营羊毛衫、内衣等。2020年,江南路有综艺歌舞厅、春暖人间(浴室)、龙虾馆、国通快递等7家商铺,年营业收入125万元。

永进路街区 该街区分东西两部分。东部自永进路和妙桥中路交会处至吹鼓路,全长410米。该处商铺始建于2001年,初时开设10余个店铺经营烟酒糖果销售、修理自行车及理发等。2010年后,商铺逐渐增多,经营项目拓展到纺机配件、女子美容等。至2020年,该处商铺有30家,年营业收入600余万元。西部自洞泾加油站至希望路,全长530米。该处商铺始建于2002年,2003年部分商店开始营业。2006年后,商店逐渐增多。2018年,因高铁线路经过,拆除门店12家。2020年还有店铺53家,年营业收入1600余万元。

2020年永进路街区主要商业店铺一览表

表43

商店名称	地址	从业人数(人)	经营面积(平方米)	主要经营项目
恩典之家早点快餐	永进路1、3号	2	50	小吃、馒头、大饼
妙桥商务宾馆	永进路4号	6	1500	住宿
蜜果果	永进路7、9号	2	50	水果
一帆商店	永进路11号	2	25	食品、日用品
为峰五交化	永进路13—17号	1	150	五金、日杂
钻豹、台铃电动车	永进路19—23号	3	90	电动车专卖
龙祥纺配	永进路25—29号	2	90	纺机配件
蓝岛女子美容会所	永进路31—35号	8	300	女子美容
维特斯洗衣	永进路37—41号	2	60	干洗服装及窗帘
祥龙电动车	永进路43—47号	2	150	电动车专卖

商店名称	地址	从业人数（人）	经营面积（平方米）	主要经营项目
新祥针配	永进路 49—53 号	1	150	针织配件
新风网吧	永进路 59 号	2	300	网吧服务
永诚针织	永进路 63、65 号	1	150	针织服装
中国体育彩票	永进路 67 号	1	20	彩票
星艳针织服饰	永进路 69—73 号	1	200	针织服装
康源烟酒商店	永进路 75 号	1	40	烟酒副食零售
魅力女人养生馆	永进路 77 号	2	40	美容
杭州窗帘	永进路 87、89 号	2	80	窗帘
鑫达电脑	永进路 91 号	2	40	电脑专卖
新日电动车	永进路 93—97 号	2	100	电动车专卖
市妙桥粮油供应站	永进路 99、101 号	2	40	粮油专卖
老福喜糖铺	永进路 103 号	1	40	喜糖专卖
沙县小吃	永进路 105 号	2	40	早点零售
江南酒店	永进路 121 号	10	700	酒菜饭
热胶补胎、洗车	永进路 379 号	1	30	汽车维修
妙桥卫珍洗车行	永进路 379 号	3	20	洗车服务
新天客隆超市	永进路 385—389 号	2	120	食品专卖
好邻居购物中心	永进路 393—403 号	2	300	食品专卖
动力源汽车服务	永进路 405—411 号	3	100	汽车修理
婚庆礼品店	永进路 413 号	1	50	婚庆品专卖
麦乐基（汉堡店）	永进路 415 号	2	50	汉堡专卖
刀削面	永进路 417 号	2	50	水面
温馨超市	永进路 471—473 号	2	100	食品零售
兰州拉面	永进路 477 号	2	50	早点水面
一品川菜馆	永进路 481 号	3	60	酒菜饭
东波超市	永进路 483—485 号	2	100	食品批发零售
和合早餐店	永进路 487 号	2	50	酒菜饭
四季红火锅家常菜馆	永进路 489 号	2	200	酒菜饭
老王快餐	永进路 491 号	2	150	快餐专卖
先得来小吃店	永进路 493 号	2	200	酒菜饭

商店名称	地址	从业人数（人）	经营面积（平方米）	主要经营项目
新小蓉饭庄	永进路495—497号	5	250	酒菜饭
新区旅馆	永进路499号	1	50	住宿
香泉小吃	永进路501号	2	50	点心小吃
中国体育彩票	永进路503号	1	50	体育彩票
新逛逛吧商店	永进路505号	3	50	日用品零售
永进麻辣烫店	永进路507号	2	50	小吃
易家福商店	永进路509—517号	2	250	日用品零售
华康超市	兄华服饰对面	2	100	食杂品零售
小李家常菜馆	兄华服饰对面	2	100	酒菜饭

商业门店选介

妙桥新风商店 位于妙桥东路205号，创办于1985年。占地面积260平方米，商店经营面积200余平方米。该店是境内最早开办的个体商店，当时谓"夫妻路边店"，仅一间茅草棚20平方米，经妙桥工商所批准领取营业执照后，经营烟酒等日用品。2000年主营酒类批发，有员工16人，业务覆盖全市各镇。2002年拓展到江阴、常熟，年批发销售收入600多万元。2015年，烟酒经营竞争激烈，生意日趋萎缩。2018年，有职工4人，批发销售收入400多万元。2020年，新风商店搬至商店南侧自己住宅处经营，原商铺出租给福山商人开设一品鲜面馆。

妙桥供销商厦 位于金村路753号。1995由妙桥供销社出资建造，占地面积2000平方米，建筑面积3020平方米。一楼、二楼为营业大厅，三楼为库房。妙桥供销商厦营业大厅开设妙桥第一家金银首饰珍珠项链专柜，年销售额100万元，家电经营部年销售彩电413台。1996年，妙桥供销社实现销售收入4268.7万元，综合效益140.09万元。1998年，妙桥供销社产权制度改革，供销商厦产权由市财政局收购后，采用抽资承包（即库存商品总值）由承包方出资的方式，承包给浙商经营。2006年2月，浙商合同期满后也按抽资方式转包妙桥供销社职工纪杏花等10人合资经营，纪杏花出资51%，其他9人出资49%，年终按资分配。供销商厦抽资承包后，纪杏花创新经营模式，从品种经营转向品牌经营，以优质的服务、科学的管理，保持长期的竞争力。2006—2019年，年营业收入一直保持在400万元。2020年，销售收入380多万元。

妙桥沙钢超市 位于商城路与吹鼓路交会处西侧。2013年2月1日开业，有职工35人。经营面积3700平方米，底层经营生鲜副食品，二层经营日用百货，三层为仓库，内设中央空调、自动扶梯、电脑监控等现代化设施。商品经营有食品、副食品、油糖烟盐酒、五金交电、服装鞋帽、床上用品、什杂果品、饮料、蔬菜、猪羊肉、禽蛋、干果南北货、家庭用具用品、玩具、儿童用品等。2015年，妙桥沙钢超市获张家港市消费者权益保护委员会颁发的"服务创新"单位。2020年超市日均客流量2000余人次，日均营业额3万余元。

苏杭时代（超市） 位于原妙桥中国羊毛衫市场第一交易所。2007年2月创办，是妙桥地区开办的第一家超市。占地面积1.2万平方米，建筑面积1万平方米。有员工60人，内设冷冻冷藏区、生活区、外租区、经营区四块。经营区商品有食品、副食品，分七大类：水产品、禽肉猪肉、水果干果、蔬菜、香烟、炒货、冷藏食品等。外租区经营商品有家用电器、金银首饰、收录机、音像图书、玩具、家具、服装鞋帽等8000多种各类民用必需品。该超市融合农村传统市场的特点，以价廉物美、最生活化的方式为顾客服务，赢得了客户的信赖，超市日均客流量5000人次。节日最高峰时达1万人次，日营业额5—6万元。2012年5月停业。

购物广场

妙桥吉麦隆超市　位于妙桥中路311号，与嘉宝影城隔路相望。2015年12月入驻，占地面积1万平方米，经营面积二层楼共7000平方米。底层经营生鲜副食，上层经营日用百货，有职工50人。超市内设中央空调、自动扶梯、电脑等现代化设施。设生鲜熟食、冷冻冷藏、仓储三个区。商品经营有食品、副食品、烟草制品零售、服装、鞋帽、日用百货、日杂用品、通信器材、床上用品、什杂果品、干果南货、家庭用具用品、蔬菜、鱼肉等6000多种各类民用必需品。妙桥吉麦隆超市地处妙桥闹市区，日均客流量5000人次，节日最高峰时达1万人次，平均年销售额3000余万元。

吉麦隆超市

住宿餐饮业

80年代，境内妙桥东路北侧有餐饮店铺4家，经营面条、馄饨、大饼、油条等，平时进店就餐的都是上班族和学生。90年代，中国羊毛衫商城建成，推动了住宿、餐饮业发展。1994年，商城街有旅馆3家，宾馆1家，酒店、饭店、小吃店7家，从业人员19人。就餐、住宿的大多是经营羊毛衫的老板和客商。1996年，住宿、餐饮店铺拓展到妙桥中路、永进路。是年，有住宿、餐饮店铺17家，其中酒店4家，从业人员21人。进入21世纪，商业店铺从妙桥中路、永进路东端一直延伸至镇工业集中区（希望路）。2020年，村境有旅馆8家，从业人员32人。规模较大的有馨妙、商务、聚缘3家宾馆。有餐饮业40余家，从业人员92人。规模较大的有上海饭店、江南酒店、苏乡人家。

馨妙宾馆　位于供销商厦南侧，1995年兴建，占地680平方米，建筑面积1492平方米，内设30间标准房、60张床位，客房装修时尚豪华，房间安放了简约精致的高档家具。同时还辟有5间娱乐、钟点、商务、休闲客房，设置有棋牌、扑克、唱歌等娱乐设施，为顾客提供食宿、娱乐一条龙服务，有员工12人。1996年，营业收入40多万元。1998年，妙桥供销社对馨妙宾馆实行抽资承包（即流动资产总值），员工杨晓东出资承包经营，旅客入住率保持在80%左右。进入21世纪后，住宿行业竞争激烈，年营业收入保持在38万元。2020年，年营业收入28余万元。

妙桥商务宾馆　位于永进路4号。2013年6月开业，营业面积3层共1500平方米，每层内设17间标准房，其中单人房11间，双人房6间，床位23张。三层楼面共设标准房51间，床位69张。宾馆有工作人员6人，日均营业额在0.8—1万元之间。2020年宾馆营业收入216万元。

聚缘商务宾馆

妙桥聚缘宾馆 位于妙桥中路180号。2015年3月创办，租用五层、六层楼面，共2000余平方米。每层设27间标准房，其中10间为双人床，2间为套房，2间为棋牌室。二层共设床位52张，房间内均有完善的空调系统、消防报警系统、宽带网络、高清晰液晶电视等设施。有6名工作人员，安保措施严密，全部采用电脑程序自动化操控，具有计算机网络监控的"三防"系统。宾馆开业后，客人入住率达80%，月营业收入24万元。2020年

宾馆营业收入282万元。

银河大酒店 位于妙桥中路183号，2001年建办，占地面积600平方米，营业面积1000平方米，有员工33人。集餐饮、住宿为一体。有餐厅18间，客房10间，可同时容纳200人就餐，为设施齐全的中型豪华酒店。酒店以本帮菜为主，并供应各色海鲜，2006年营业额达300余万元。酒店设施、内部管理和对客户服务均坚持高标准、严要求，在同行业中创出特色。2007年3月，银

河大酒店扩建，将原来的二层楼改建成三层楼，营业面积增至2000平方米。底层为大厅，二层设包厢18间，三层大厅可容纳40桌，同时供400人就餐。员工增至62人，其中厨师16人，食客日均300余人次。2010年年营业额800余万元。酒店自2001年始连续10年被评为张家港市消费者信得过单位。2005年，酒店总经理邹亦刚被苏州市政府授予"创业之星"称号。2013年8月，塘桥镇人民政府对妙桥集镇建设规划用地，银河大酒店动迁。

阆苑大酒店　位于永进路126号，2004年动工建设，2006年开业。占地6666平方米，建筑面积4800平方米。酒店设四层楼，底楼为餐厅。二楼设32间包厢，可容纳300余人就餐。酒店菜肴以苏帮菜为主，也可制

阆苑大酒店

作杭帮、淮扬菜。三楼为住宿，有26个客房、40张床位，配有8名工作人员。酒店有员工12人、厨师5人，年营业额500万元左右。2011年店主回原籍创业，该店转卖给妙桥业主，2020年因规划工业用地拆除。

江南酒店 位于永进路121号，旧址在江南路2号，故为江南酒店。2015年3月移至永进路经营，营业面积700余平方米，内设3个包间，一个大厅，共备大圆桌15张，一次可接待客人150人。配备厨师4名，工作人员6名。该店以"农家菜"为拿手菜，受到客人青睐，日均营业额6000余元。

苏乡人家 位于吹鼓路131号，2017年7月开业。营业面积上下2层共500余平方米，内设包厢5间，大餐厅3间。配厨师2人，服务员4人，零杂工2人。主营土特产，重点推出有一定特色的受苏南人喜欢的菜肴，日均营业额上万元。2020年营业收入240万元。

其他服务业

80年代，服务业在境内发展起来，初始有竹器修旧、加工棉胎、补鞋、理发、自行车修理等服务行业。1987年，境内有个体服务店铺6家，其中理发店4家，自行车修理店1家，补鞋店1家。

90年代始，出现摩托车修理、电视机等家用电器修理铺和浴室、照相馆、音像制品出租等店铺，从业人员大多是有一定文化的中年人。1998年，境内有服务业13家，其中浴室2家，家用电器、摩托车修理铺2家，照相馆1家，音像制品2家，理发、网吧、电脑打字、复印等6家。2000年以后，服务业快速发展，货运、电子游戏、机电维修、家居装饰等店铺相继开业。商城南路至吹鼓路仅600米商铺就有汽车修理部3家，从业人员15人。货运公司2家，从业人员17人。2010年起，动漫、保洁、融资担保等公司陆续创办。至2020年，境内服务行业有45家，其中汽车维修服务公司3家、汽车美容公司3家、汽车保洁3家、干洗店3家、家政保洁公司2家、货运公司3家、快递公司4家、美容店4家、银行1家、非融资性担保公司1家、家电修理店5家、打字复印2家、水暖建材店4家、药店4家、眼镜店2家、家居装饰公司1家，从业人员125人。

镇东菜场

镇东菜场位于境内西旸公路、立新路交会处，南傍妙桥羊毛衫贸易市场。于1994年5月建成，占地面积2400平方米，建筑面积2000平方米。场内设鲜肉、水产、禽蛋、豆制品、蔬菜等50个摊位，并在农贸市场西南建造曲尺型十余间居民楼，楼高三层，上面二层为居住房，底层开设店铺，供个体户经营米、面、油等。1995年，日均人流量3000人次。1997年后，因羊毛衫商城人流量减少，菜场平均日流量500余人次。2006年市场营业额160万元。2008年停办。

横泾集场

1987年3月，妙桥镇政府决定恢复三月十八（农历西旸金童庙会）传统节日，并定为城乡物资交流日，前后4天，集场主要设在境内永进路、妙桥（人民路）东路。节日期间，商贾云集，街道两旁商铺林立，游客如潮。集场交流的商品上万种，客流量超3万人次。2000年农历三月十八，集场东起金村路，西至吹鼓路，全长2千米，沿途两侧摊位达1000余个，赶集的人流日有4万余人次，日成交额150余万元。2006年，塘桥镇人民政府为安全、环境等考量，停办三月十八集场。

2013年，当地赶集场销售的商人征得妙桥办事处爱卫会、治安组的同意，在已拆除的原妙桥羊毛衫市场空地上自发组织小规模集场。设摊控制在300个左右，集日为每月农历初二、十二、廿二日。集场开办后，非常热闹，赶集的人流日均2000多人次，日成交额3万余元。2017年2月停办。

横泾集场

房东经济

民房出租

　　1992年，妙桥羊毛衫市场在横泾村建办，许多商人租房居住，村里一些农户把空房出租给商人。1994年，境内有房屋出租户182家，外地暂住人数436人，年租金收入18万元。1995年，房屋出租户425家，外地暂住人数2694人，年租金收入85万元。2000年后，镇工业集中区在境内建造，大批外来员工到镇工业区就业，租房人数剧增。据村外管办统计，2017年有外地暂住人口11216人，供有房屋出租的人家共有688户，占全村总户数的32%，其中外地员工租住人数达6583人，占外地员工总数的58.60%。2020年，有房屋出租户557户，占全村总户数的27.90%。外地员工租住人数3615人，占当年外地员工总数的43.39%。村民出租房屋收入共计近千万元，每户年均租金收入超万元。

厂房出租

　　从2006年始，横泾村投入资金，在工业集中区建造标准型厂房，出租给私营业主，增加村级财力。2007年9月投资1300万元，在镇工业集中区科创路3号建造标准型厂房1.62万平方米。2011年2月出租，年租收入160万元。

　　2011年10月，横泾村投资1000万元，在妙桥东路3号地建造诚信创业园，建筑面积8000平方米，安置工业用地动迁个体私营企业12家，年租收入64万元。2012年，横泾村投资1300万元，在镇工业集中区希望路建造标准型厂房8000余平方米，2014年出租，年租收入85万元。

　　2013年3月开始，横泾村在希望路与永进路交会处建造标准型厂房。整个工程分三期施工，总投资1600万元。其中首期工程投资1000万元，建造标准型厂房6063平方米，2016年招标出租，年租收入60余万元。二期工程于2014年8月启动，投资400万元，建造标准型厂房2227平方米，2016年3月招标出租，年租收入22.2万元。三期工程于2016年8月启动，投资200万元，建造标准型厂房1132平方米，2018年招标出租，年租金收入11.3万元。

　　2017年3月，横泾村投资1100万元，在妙桥羊毛衫第三交易市场北侧建造标准型厂房6600平方米，2018年11月完工，并通过互联网招投客户。

　　2018年，横泾村出租公房总建筑面积4.14万平方米，租金收入420余万元。2020年出租公房总建筑面积6.46万平方米，租金收入764.81万元。

第九篇　乡村治理

　　早在大革命时期，境内就有党员活动。中华人民共和国成立后，在土地改革、镇压反革命和农业合作化运动中，各小乡建立党支部，党员发展较快。1955年有党员39人。1957年，境内4个高级社建立党支部。1958年妙桥人民公社建立时，更名为大队党支部。1962年，境内有5个大队党支部，1983年大队改称行政村后，境内有5个村党支部。2000年陶桥村并入洞泾村后，境内有4个村党支部。2004年洞泾、薛家、吹鼓3村并入横泾村后，建立横泾村党总支部。2015年11月，升格为横泾村党委，2018年村党委下辖13个基层支部，党员275人，2020年村党委下辖14个基层支部，党员277人。

　　1950年3月，境内废除保甲制，跨境设有18个行政村。1957年境内有4个高级社，行使行政村职能。1958年妙桥公社成立后，境内设大队、生产队。1962年各大队设有大队长和"四线"（民兵、治安、共青团、妇联）干部，组成管理委员会。1979年境内各大队恢复管理委员会，设正副大队长。1983年，农村经济体制改革，大队改名行政村，设村民委员会。生产队改名村民小组，设村民组长。2000年6月，陶桥村并入洞泾村，2004年，四村合一后，横泾村辖65个村民小组。

　　中华人民共和国成立后，境内先后成立农民协会、共青团（青年团）支部、妇联（妇代会）、贫下中农协会、老年协会、工会（工会联合会）。这些群团组织积极配合党组织的各项中心工作，成为基层党组织和乡村治理的得力助手。

党建引领

党员队伍

　　早在大革命时期，境内就有党员活动，其中横泾季家宕自然村卢宝云为1926年中共金村支部成员。中华人民共和国成立后，在土地改革、镇压反革命和农业合作化运动中，党员发展较快。1952年，谈根、沈仲年、杨元保先后入党。至1955年，境内有党员39人，分别属境内各小乡党支部领导。1957年，境内各高级农业生产合作社建立党支部

党群服务中心

后，发展一批均是贫下中农积极分子入党。1958年，有党员54人。1964年，境内5个大队支部共有党员80人，其中女性党员8人。党员中有63人家庭成分为贫农，文化水平较低，小学文化程度居多，有15名党员是文盲。

"文化大革命"初期，境内党的基层组织瘫痪，党员发展一度中断。1970年，境内各大队恢复党的支部组织后，注意吸收"新鲜血液"，大多数是农业战线和队办工业企业的骨干。至1980年，党员人数增至156人。随着乡（镇）办工业的蓬勃发展，境内沈仲年、顾茂郎、卢明华、邹春华等部分党员干部调入乡镇企业支部。1986年，境内有党员141人，其中年龄30岁以下的4人，61岁以上的26人；党员中，高中文化及以上的12人，初中文化程度的21人。1988—1990年，贯彻"坚持标准，保证质量，改革结构，慎重发展"的方针，3年中共发展党员7人。1995年后，党员发展趋向年轻化、知识化，积极稳妥地发展女性党员。2002年，境内4个村党支部共有党员219人，其中女性党员15人；党员中，初中文化程度以上占53.88%，基本上消除文盲。

2004年，境内横泾、洞泾、薛家、吹鼓4村合并成新的横泾村，村党总支部共有党员218人。2006年，有党员234人，其中女性党员19人，大专以上文化程度的12人，高中（中专）学历的有30人。2007年始，根据市委下发《关于发展党员实行票决制的意见》，进一步规范党员发展程序，实施发展对象和新党员标准化培训机制，至2012年，共发展党员9人。2015年，横泾党总支部升格为横泾村党委，是年有党员257人。2018年有党员275人，其中女性48人，30岁以下青年党员24人，大专以上知识分子党员25人。党员总数中，党龄满30年以上的有193人，其中党龄满50年的有36人，党龄满60年的有11人。2020年，有党员277人，其中女性党员51人。党员中年龄在30岁以下的青年党员有17人，31—60岁的党员有93人；高中（中专）学历以上的党员有101人。

1970年以前，境内党员绝大多数从事农业生产。党的十一届三中全会后，随着乡镇工业和村（队）办工业的发展，1988年有50%以上党员从事工业企业生产和管理。农村经济体制改革，企业转制和个体私营企业的发展，部分党员兴办企业和从事第三产业活动。2020年，横泾村企业支部有党员25人，农村（社区）支部有党员252人中，61岁以上的党员有167人。

1952—2020 年境内党员年龄和文化程度结构选年一览表

表 44

年份	党员人数		年龄结构			文化程度结构			
	总数	其中女性	30岁以下	31—60岁	61岁以上	大专以上	高中中专	初中	小学以下
1952	3	—	2	1	—	—	—	—	3
1955	39	2	28	11	—	—	—	1	38
1962	70	9	21	49	—	—	—	4	66
1965	80	6	40	40	—	—	—	5	75
1972	114	5	26	84	4	—	2	8	104
1982	152	8	32	108	12	—	13	27	112
1992	149	7	2	116	31	—	11	36	102
2002	219	15	3	97	119	6	26	86	101
2006	234	19	11	90	133	12	30	95	97
2012	243	38	18	61	144	15	51	98	79
2015	257	37	23	62	172	17	63	100	77
2018	275	48	24	81	170	25	74	109	67
2020	277	51	17	93	167	56	45	117	59

1962—2003 年境内各村（大队）支部党员人数选年一览表

表 45 　　　　　　　　　　　　　　　　　　　　　　　　　　　　单位：人

年份	横泾	洞泾	陶桥	薛家	吹鼓
1962	13	14	15	13	15
1964	16	13	16	13	22
1966	16	13	16	13	21
1970	21	21	21	23	26
1975	26	20	25	25	28
1977	30	23	21	27	29
1980	37	26	29	30	34
1982	37	22	29	30	34
1985	36	22	27	25	31
1990	36	21	19	24	40
1992	37	23	32	21	36
1995	45	29	45	32	42
2000	57	77		36	48
2003	54	78		37	48

1962 年境内各大队党员一览表

表 46

党支部名称	党员姓名	性别	出生年月	家庭成分	文化程度	入党时间
横泾大队党支部	黄祖章	男	1921.08	中农	高小	1954.03
	卢培元	男	1933.02	贫农	初小	1955.10
	王望生	男	1933.08	中农	文盲	1959.08
	周金保	男	1926.06	贫农	初小	1957.08
	王望云	男	1923.08	贫农	初小	1955.10
	卢关兴	男	1927.08	贫农	初小	1955.11
	周祥保	男	1934.06	贫农	高小	1956.12
	王桂华	女	1935.10	中农	高小	1956.11
	陆良元	男	1937.12	中农	初中	1960.05
	钱德生	男	1937.02	贫农	初中	1959.09
	唐菊保	女	1933.10	贫农	初小	1955.12
	吴仁生	男	1937.06	贫农	高小	1961.12
	卢满保	男	1927.04	中农	文盲	1959.08
洞泾大队党支部	严培寿	男	1917.11	中农	高小	1955.08
	顾茂郎	男	1931.06	贫农	初小	1955.05
	沈生保	男	1930.03	贫农	初小	1954.09
	杨和尚	男	1937.07	贫农	初小	1959.08
	谈 根	男	1924.07	中农	文盲	1952.08
	钱法保	男	1920.04	贫农	文盲	1954.09
	顾永生	男	1912.02	贫农	文盲	1956.05
	严文宗	男	1926.05	中农	文盲	1954.09
	周狗男	男	1922.04	贫农	初小	1955.07
	严庆生	男	1926.10	贫农	高小	1954.10
	王圆保	女	1923.06	贫农	初小	1959.12
	钱巧媛	女	1931.10	贫农	高小	1958.12
	李法法	男	1936.08	贫农	初中	1956.09
	顾菊保	女	1936.07	贫农	高小	1955.02
陶桥大队党支部	沈仲年	男	1932.08	贫农	高小	1952..09
	俞祥先	男	1908.01	中农	初小	1954.08
	曹永生	男	1935.11	贫农	高小	1955.11
	戴乾保	男	1936.02	贫农	高小	1956.08
	顾满满	男	1923.04	贫农	文盲	1955.10

党支部名称	党员姓名	性别	出生年月	家庭成分	文化程度	入党时间
陶桥大队党支部	陈金林	男	1926.06	中农	初小	1957.08
	陆龙保	男	1930.06	贫农	高小	1955.02
	卢云根	男	1926.03	贫农	初小	1955.02
	钱生保	男	1936.06	贫农	高小	1959.04
	沈兴保	男	1926.06	贫农	初小	1955.03
	陈和尚	男	1917.11	贫农	初小	1959.08
	余月球	女	1936.02	中农	高小	1959.08
	顾恒兴	男	1919.11	贫农	初小	1954.08
	郭良保	男	1909.10	贫农	初小	1959.08
	季关金	男	1932.08	贫农	初小	1956.05
薛家大队党支部	邹和尚	男	1913.07	中农	高小	1954.09
	王祖全	男	1918.05	贫农	初小	1954.07
	杨二保	男	1930.06	贫农	初小	1955.07
	邹苟喃	男	1930.10	中农	文盲	1959.08
	卢四男	女	1926.09	贫农	文盲	1958.11
	钱丽华	女	1927.10	贫农	初小	1956.09
	姜金保	男	1936.06	贫农	初小	1959.08
	朱保元	男	1930.01	贫农	初小	1956.08
	朱友泉	男	1927.06	贫农	初小	1958.07
	王连保	男	1917.07	贫农	初小	1954.07
	邹月保	女	1937.02	中农	高小	1960.12
	姜仁保	男	1936.06	贫农	高小	1958.08
	殷满生	男	1939.07	贫农	高小	1954.12
吹鼓大队党支部	金长根	男	1916.12	中农	高小	1955.11
	邹小生	男	1921.06	贫农	初小	1954.06
	杨正才	男	1921.04	中农	初小	1955.03
	杨关金	男	1924.12	贫农	初小	1955.11
	唐　永	男	1930.12	贫农	初小	1955.08
	杨元保	男	1923.04	贫农	初小	1950.10
	汪关根	男	1931.09	贫农	文盲	1955.10
	杨小保	男	1931.04	贫农	初小	1956.06
	杨良保	男	1930.12	贫农	初小	1955.10

续表46

党支部名称	党员姓名	性别	出生年月	家庭成分	文化程度	入党时间
吹鼓大队党支部	杨祥保	男	1923.11	贫农	初小	1956.04
	赵新保	男	1930.11	贫农	文盲	1955.10
	查留兴	男	1921.11	中农	初小	1955.10
	杨二保	男	1899.06	贫农	文盲	1955.09
	徐年保	男	1930.06	小土地出租	高小	1956.02
	杨妙龙	男	1937.06	贫农	初中	1959.05

基层组织

20世纪50年代初期，境内各小行政村未建立党支部，党员参加所在小乡党支部活动，时妙桥乡党支部书记为邵小金、兴教乡党支部书记为陆林根、杏市乡党支部书记为葛根生、金村乡党支部书记为曹志坚。1957年，境内各高级社均建立党支部。红旗十社党支部书记为严培寿、红旗十一社党支部书记为俞祥先、红旗十二社党支部书记为唐祖林、红旗二十社党支部书记为邹小生。1958年人民公社成立后，境内各高级社党支部更名为大队党支部，并反复调整。1961年8月，境内设有陶桥、薛家、吹鼓3个大队党支部，共有党员60人。1962年又调整为横泾、陶桥、洞泾、薛家、吹鼓5个大队党支部，有正式党员70人，预备党员11人。黄祖章任横泾大队党支部书记，严培寿任洞泾大队党支部书记，沈仲年任陶桥大队党支部书记，杨二保任薛家大队党支部书记，金长根任吹鼓大队党支部书记。"文化大革命"初期，境内各大队党支部停止活动。1970年，境内5个大队重建党支部，唐祖林、顾茂郎、沈仲年、杨祥保、邹云兴分别任横泾、洞泾、陶桥、薛家、红星（吹鼓）大队党支部书记。1975年，境内薛家地农科站建立党支部。1983年，农村实行体制改革后，各大队党支部改称行政村党支部。2000年6月，陶桥村党支部撤销并入洞泾村党支部，苏建明任党支部书记。2003年8月，妙桥镇并入塘桥镇后，境内各村党支部隶属于塘桥镇党委。2004年，横泾、洞泾、薛家、吹鼓4村合并成新的横泾村，建立党总支部，下设4个农村党支部。2015年11月，经中共张家港市委批准，中共横泾村总支委员会升格为中共横泾村委员会，陆学军任党委书记。2017年2月，村党委进一步推进农村党支部规范化建设，提升农村党支部活力，结合年龄结构、工作单位和居住地址等情况，增设3个农村党支部，村境企业支部亦划归村党委管理。2018年，横泾村党委下辖13个党支部，其中农村党支部7个，企业党支部6个。2020年，横泾村党委下辖14个党支部，其中企业党支部7个。

1962—2004 境内各村（大队）党组织成员一览表

表 47

名称	支部书记	任职时间	历任副书记	历任支部委员		
横泾村(大队)党支部	黄祖章	1962—1963	卢留保 卢明华 钱德生 季祖元	卢五保 季祖元 杨彩华 朱根兴	钱德生 朱祖元 刘永祥 朱伟贤	卢元元 王仁雄 王正球 陆学军
	邵永良	1963—1967				
	唐祖林	1970—1973				
	卢明华	1974—1980				
	卢正兴	1980—1997				
	王正球	1997—2004				
薛家村(大队)党支部	杨二保	1962—1963	王连保 杨关兴 殷永祥 陶建良 邹建刚	王祖全 卢小迷 殷建华 汪兰英	宣关保 殷兰芬 邹士达 黄雪忠	宣友良 殷永祥 殷建军
	黄祖章	1963—1967				
	杨祥保	1970—1978				
	邹春华	1978—1988				
	陶建良	1988—1996				
	张江峰	1996—1996				
	卢建刚	1996—1997				
	殷建华	1997—2001				
	孟仁元	2001—2004				
洞泾村(大队)党支部	严培寿	1962—1964	顾茂郎 严鼎丰 钱旺兴 钱士明 谈建江	顾茂郎 朱兴华 陶凤珍 苏建明 陈建英 杨正元	谈 根 顾永生 钱惠良 周正环 顾明娟 谢福林	钱士明 周苟喃 徐六四 纪金元 钱培元
	顾茂郎	1964—1978				
	周小保	1979—1980				
	钱旺兴	1980—1981				
	郁龙德	1981—1987				
	苏建明	1987—2004				
陶桥村(大队)党支部	沈仲年	1962—1975	俞祥先 钱生保 戴乾保 戴忠林 李小友 陈兴龙 纪金元	俞祥先 戴乾保 周小保 戴忠林 陈建英	曹永生 钱义保 马永良 刘仁法	钱生保 顾炳如 顾岳明 郭祖昌
	李小友	1975—1984				
	★戴忠林	1984—1987				
	陈兴龙	1987—1987				
	顾炳如	1987—1990				
	夏正龙	1990—1992				
	陈兴龙	1992—1997				
	杨根元	1997—1998				
	邓志刚	1999—1999				
	顾申环	1999—2000				

名称	支部书记	任职时间	历任副书记	历任支部委员
吹鼓村（大队）党支部	金长根	1962—1964	邹小生 邹凤生 黄金华 杨正环 陶祖坤 邹世根 杨仁明	查全保　邹云兴　黄金华 姜银保　邹世根　黄仕钧 赵大青　杨保华　查永祥 顾雪忠　杨静玉　杨仁明
	邹云兴	1964—1972		
	徐年保	1972—1975		
	黄金华	1975—1990		
	★邹世根	1990—1994		
	杨正环	1994—1996		
	查永祥	1996—2001		
	姜银保	2001—2003		
	★杨仁明	2003—2004		

注："★"为以副代正，主持全村工作。

2004—2020 年横泾村党组织成员一览表

表48

机构名称	职务	姓名	任职时间	备注
中共横泾村总支部委员会（2004.06—2015.11）	书记	苏建明	2004.06—2004.07	2010年6月—2010年10月，陆学军（副书记）主持横泾村工作
		卢正兴	2004.07—2006.11	
		朱伟贤	2006.11—2010.06	
		陆学军	2010.10—2015.11	
	副书记	王正球	2004.06—2008.11	
		杨仁明	2004.06—2012.05	
		孟仁元	2004.06—2006.04	
		谈建江	2008.11—2013.07	
		陆学军	2008.11—2010.10	
		王冬梅	2012.05—2013.07	
		姜卫义	2013.07—2015.11	
		卢伟刚	2013.08—2015.11	
	委员	谈建江	2004.06—2008.11	
		陆学军	2004.06—2008.11	
		顾明娟	2004.06—2013.08	
		纪金元	2008.11—2010.10	
		邹建刚	2008.11—2013.08	
		卢伟刚	2010.10—2013.08	

机构名称	职务	姓名	任职时间	备注
中共横泾村总支部委员会 （2004.06—2015.11）	委员	姜卫义	2010.10—2013.07	2010年6月— 2010年10月，陆 学军（副书记）主 持横泾村工作
		李亚	2013.08—2015.11	
		季丽霞	2013.08—2015.11	
		顾爱兵	2013.08—2015.11	
		黄雪忠	2013.08—2015.11	
中共横泾村委员会 （2015.11—2020.12）	书记	陆学军	2015.11—2020.12	2015年11月中共 横泾村总支部升 格为中共横泾村 委员会
	副书记	姜卫义	2015.11—2020.05	
		卢伟刚	2015.11—2020.12	
		顾爱兵	2018.08—2020.12	
	委员	李亚	2015.11—2020.12	
		季丽霞	2015.11—2020.12	
		黄雪忠	2015.11—2020.12	
		顾爱兵	2015.11—2018.08	

2020年横泾村党委下辖支部一览表

表49

支部名称	支部书记	党员人数（人）	建立年份
横泾片区第一支部	卢伟刚（兼）	35	2017
横泾片区第二支部	陆明祥	37	2017
洞泾片区第一支部	李亚	34	2017
洞泾片区第二支部	顾爱兵（兼）	31	2017
薛家片区支部	黄雪忠	45	2004
黄金湾小区支部	季丽霞	36	2017
吹鼓片区支部	黄超	34	2004
盛亿马针织服饰有限公司支部	朱元凯	3	2017
益伟制线有限公司支部	姜伟刚	3	2017
协昌纺织有限公司支部	张建丰	3	2018
非公有制企业第一联合支部	谈建江	6	2017
非公有制企业第二联合支部	邹士达	4	2017
非公有制企业第三联合支部	查永祥	3	2017
博腾新材料股份有限公司支部	瞿志强	3	2020

党务工作

宣传工作

20世纪50年代，境内各大队（村、高级社）党的宣传工作围绕土地改革、抗美援朝、镇压反革命等运动以及农业合作化、人民公社化、整风"反右"斗争进行宣传，提高了干部群众的政治觉悟，密切了党群关系，激励广大群众贯彻党的"鼓足干劲、力争上游、多快好省地建设社会主义"的总路线。结合当地实际，境内号召党员干部学习福山区带领农民走合作化道路的先进典型人物张福年、秦永成等一批党的基层干部、劳动模范的事迹。

60—70年代，境内横泾、洞泾、陶桥、薛家、吹鼓（红星）大队党支部，宣传贯彻中央《农村人民公社工作条例》，宣传以粮为纲、大办农业，宣传"农业学大寨"，横泾大队章泾生产队大办农业种"十边地"受到县委表彰。在学习宣传毛泽东思想、"农业学大寨"运动中，境内多名党员被评为"学毛选"积极分子、学大寨标兵。党的十一届三中全会后，重点宣传"拨乱反正，把工作重心转移到经济建设上来"，宣传学习欧桥大队治穷致富典型，坚定不移走农副工商综合发展的道路。洞泾、吹鼓等大队在办好农业的基础上发展队办工业，迅速改变贫穷面貌。

时代强音

1981年始，在妙桥公社党委和公社精神文明建设领导小组指导下，境内各大队党支部开展了文明礼貌月活动，开展"五讲四美三热爱"宣传教育，境内洞泾、薛家等大队先后被评为乡镇文明集体，评出镇村先进党员100余人。1988年，开展以"禁赌刹歪风"为主要内容的"三提倡"（提倡科学、提倡遵纪守法、提倡节俭朴素）"三反对"（反对封建迷信、反对赌博、反对铺张浪费）活动。1990年，开展文明新风系列活动。1991年，洞泾村被评为市文明村。1996年，横泾村、薛家村获妙桥镇精神文明新风杯（铜杯），杨彩华、杨静玉获评镇"十佳优秀党员"和"十佳巾帼标兵"，吹鼓村团支部被评为镇先进团组织，薛家、吹鼓两村妇代会被评为镇先进妇代会。1997年，横泾、薛家两村被评为镇计划生育先进集体，陶桥村被评为镇卫生工作先进集体。陆学军被评为镇先进民兵干部，王雪忠被评为镇先进团干部，周建益、顾友成、邹仕传、卢维龙、邹凤生等10名党员家庭被评为镇"五好家庭标兵户"。2000年，横泾村率先创建成省卫生村，其他各村也多次评为镇级文明村。

进入21世纪，特别是2004年四村合并成新的横泾村后，先后开展"三讲一破一促进"（讲科学、讲法制、讲节约，破除陈规陋习，促进文明建设）和三提倡、三反对（提倡讲文明，反对封建迷信；提倡艰苦创业，反对奢侈浪费；提倡民主与法治，反对违法乱纪行为）以及"三德"（社会公德、职业道德、家庭美德）、"三优一学、三热爱"教育，

大力宣传中共十八大、十九大精神，宣传学习习近平新时代中国特色社会主义思想。在上级党委领导下，大力弘扬张家港精神，坚持"稳中求进，争先率先"，横泾村创新能力持续增强，生态建设全面深化，生活质量持续改善，基层党组织的宣传工作取得较大成效。

1962年，沙洲县成立后，共举行11次中共张家港市（沙洲县）代表大会、8次中共妙桥镇（公社、乡）代表大会、3次中共塘桥镇代表大会。境内有30名代表分别出席市（县）党代表大会，有240名代表分别出席镇（公社、乡）党代表大会。每次党代表大会结束后，这些代表都迅速向境内党员干部和群众传达会议精神。在保持共产党员先进性教育中，市优秀共产党员先进事迹巡回报告团，赴镇宣传张家港市秦振华、沈文荣、吴栋材等一批优秀共产党员的先进事迹，使习近平新时代中国特色社会主义思想深入人心，教育全体党员干部"不忘初心、牢记使命"，进一步树立责任意识、担当意识，大力弘扬求真务实、清正廉洁的作风，全面助推横泾村经济社会发展。

党员教育

为不断提高境内党员的政治觉悟和业务水平，在镇（乡、公社）党委的领导下，横泾村（境内）农村基层党组织十分重视对党员的教育管理，利用党员冬训、"三会一课"、远程教育等形式，围绕党在各个时期的路线、方

革命传统教育

探访红色遗迹

针、政策，结合农村中心工作展开此项工作。

党员冬训 1952年秋，常熟县委在东张举办两期党员冬训班，境内土地改革中的积极分子谈根、沈仲年等近10人参加学习，大部分被吸收入党。1979年始，根据沙洲县委指示，妙桥公社每年利用秋收秋种、田间管理后的冬闲举办由各大队党员干部参加的冬训班，集中培训。根据市委组织部、宣传部、农工部联合编写的教材，以妙桥镇（乡）党校为阵地，采用集中和分散相结合的方式，围绕土地承包、乡村工业发展、农民增收与分配、发展私营经济、土地规模经营和党员干部普遍关心的重大问题，学习党的代表大会文件和中央关于经济建设和农村改革的方针政策。2003年，党员冬训为期二个半月，内容是进行党的十六届三中全会精神教育和实践"三个代表"重要思想、实现"两个率先"教育。2005年的党员冬训从12月中旬至次年1月结束，内容：一是深入进行党的十六届五中全会精神和科学发展观的学习教育，二是深入进行建设社会主义新农村教育，三是深入学习开展保持共产党员先进性教育。1986—2020年，境内党组织参加冬训、轮训共40余期，党员干部参训率达95%以上。

三会一课 1978年后，各党支部建立

追溯红色之旅

"三会一课"制度,每月召开一次支部会、支委会、党小组会,每年开展先进党组织和优秀党员的评选和表彰活动。1992年,境内5个农村支部进行党课教育8次以上的有4个,党内民主生活活动开展4次以上的党小组有9个。2002年,境内5个农村支部全部建立起党员活动室,活动情况均为良好。2004年,横泾村党总支部设立党员电化教室。2015年横泾村党委成立后,各支部不定期地组织党员收看电教片,组织部分党员干部开展红色之旅学习参观活动,参观中共1926年金村支部展览馆、新四军江南指挥部纪念馆等。2019—2020年,党委组织党员干部参观革命历史博物馆,党委书记上党课,重温党的历史,感悟革命情怀,进一步弘扬党的优良传统。

远程教育 2005年6月,张家港市农村党员干部现代远程教育领导小组成立。是年末,横泾村党总支部依托镇电化教育播放点,开展远程教育。同时,远程教育终端接收点从村拓展到境内各片区党支部和非公制党组织。2010年,横泾村内有7个片区和3个非公有制企业建立终端接收点,建立远程教育的管理、点播和互助软件系统。2017—2020年,通过安装"江苏先锋"远程教育终端,实现远程教育上电视、上手机、上互联网,构建了以江苏先锋综合服务平台为主体,"视频先锋"海量资源库为基础,远程教育终端点为依托的党员教育融媒体平台,无缝衔接各类媒体,多屏呈现各级教育资源,营造权威、高效、互动的全媒体党员教育环境,满足不同层次、不同领域党员的学用需求,为党员随时、随地、随身学习提供便利条件,形成常态长效的党员教育新机制。

纪监工作

1958年秋,境内各大队党支部由1名支部委员分管党的纪律监察工作。1962年,由卢留保、严培寿、沈仲年、王祖全、邹小生等分别兼任横泾、洞泾、陶桥、薛家、吹鼓5个大队监察主任,在妙桥公社党委监察委员会领导下开展工作。1981—1987年妙桥镇(公社、乡)党委设纪律检查委员,境内各支部的纪检工作在其领导下,充分发挥纪检工作"保护、惩处、监督、教育"的职能。1986年,在镇党委领导下,境内各村分批进行整党整风,全体党员重温入党志愿和党员的八条标准,对照各自思想,开展批评与自我批评,做到政治上与党中央保持一致。在整党期间,部分党员归还了宕欠款,部分党员还主动清退了多占的宅基地。同时也清除了极个别不合格党员。1988年,开展禁赌刹歪风,严查境内参赌党员干部。1996年,横泾、陶桥两村各有1名党员被劝退党。1998年根据妙桥镇党委作出《关于清理个人宕欠款的有关规定》后,境内各村、各队办企业对发生的个人宕欠款进行全面清理,认真核实,如数追讨。2004年,横泾村党总支部严格例行职责,组织党员干部学习中央下发的

市委第三专项巡察组巡察横泾村党委工作动员会

《中国共产党纪律处分条例》。2015年，横泾村党委建立后，选举产生中共横泾村纪律检查委员会，由村党委副书记卢伟刚等3人组成，卢伟刚任纪检书记，加大了纪检力度。2004—2018年，接受党纪处分的党员12人，其中警告8人，严重警告1人，开除党籍3人。

先锋村创建

2007年初，根据苏州市委的部署，在全市开展创建苏州市实践"三个代表"、实现"两个率先"先锋村活动。横泾村党组织大力推进服务型组织建设，搭建为民服务平台，发挥党组织的战斗堡垒作用及党员的先锋模范作用。依托"先锋村"创建，重点把党建引领作为龙头工程，确立先锋引领村级发展目标，设计、打造以"金色党园""金色家园""金色乐园""金色田园""金色梦园"为抓手的党建工作思路。

金色党园 通过请老党员老干部谈创业史、道德讲堂、赴先进村学习、到红色基地重温入党誓词，"七月阳光"进社区、"年度先锋党员"评比等形式，丰富党建活动，办好电化教育，与苏州市远程教育视频互动系统接轨。自2007年起，村每年投资2万元为每名党员增设7个党建电视频道。同时开辟了党员之家、农家书屋、电子阅览室等宣传阵地。利用文化惠民，组织"小区域、大党建""小区域、大文化"活动，由村牵头，组织区域企业党员，多次举行村企党建协调会、文化联谊会、"区域共建戏曲专场""区域共建助慈善"等活动，打造"金色党园"。

金色家园 以实现民主、和谐、幸福为目标，实行重大事项民主议事制度，开展民生面对面座谈会，听取群众心声；开设网上村委会，设立民意信箱、学习中心等专栏，实时反馈村民意见，发布村委动态；通过不断优化物业管理、建立网格楼道长等举措，为百姓提供城市化服务；组织开展义诊活动，免费为老人体检；实行"助老助学助困"政策，对去世的村民发放丧葬补贴，对录取本科、专科学生发放一次性助学奖励，年终对困难户进行慰问，不断提升村民的幸福指数，体现村以人为本的工作理念，打造"金色家园"。

流动党员之家

金色乐园 以提升群众精神文化生活为目标，打造"老来乐驿站"，开展琴棋书画、健康养生、品茶交流等活动；开设"便民书屋"，开展阅读交流、亲子联谊、手工创意等活动；以"我们的节日"为契机，开展"夏送清凉""冬送温暖""红红火火送春联""清明祭英烈""元宵节猜灯谜""广场舞比赛"等活动，为党员群众送上丰富多彩的文化大餐，打造互动型"金色乐园"。

金色梦园 以服务社会、造福群众、实现梦想为主题，横泾村以在职年轻党员和有志青年为主体组建横泾村志愿者团队，组织开展植树节志愿活动、送温暖、慰问百岁老人等活动，同时联合妙桥小学，组建小小志愿者团队，开展了"小小交通志愿者""香山祭英烈""关爱孤寡老人"等志愿活动。同时在黄金湾小区广场开设"圆梦墙"，收集群众的愿望，由村志愿者、在职党员组成"圆梦队"，以志愿服务形式为群众"圆梦"；结对阳光小学，开展"手牵手圆梦行"活动，并

针对辖区内新市民较多的情况，将志愿服务的正能量传递到他们心中，打造友爱型"金色梦园"。

金色田园 以"科技兴农"为出发点，成立种养殖专业合作社，推广优良品种，健全水利配套设施，配备机械化农机，提高春耕春播、夏收夏种、秋收秋种效率，并广泛宣传秸秆禁烧政策，保护生态环境。同时发展特色农业，如葡萄、西瓜、水蜜桃等。如今横泾村"妙玉牌"水蜜桃成为水蜜桃产品的知名品牌。建立农家休闲小屋，建立"手工针织坊"，丰富农民生活，同时依托新的办公场所，邀请专家开展技术培训，促进农民增产增收，同时进一步完善各项惠民政策和福利制度，提高村民的生活水平，打造"金色田园"。

2007年末，横泾村被苏州市委评为实践"三个代表"、实现"两个率先"先锋村，2009年、2015年被苏州市委评为先锋村。

村民代表大会

1983年政社分设，大队改为村，设立村民委员会。境内各村设村民委员会和经济合作社。村民委员会设主任1名，委员若干名，经济合作社设社长1名，委员若干名，各村所辖生产队更名村民小组。1998年11月，

全国人大常委会通过《中华人民共和国村民委员会组织法》后，境内各村不断完善选举程序，严格按照《江苏省村民委员会选举办法》，届满均及时进行换届选举。村委会换届选举期间，在镇选举工作指导小组指导下，成立村民选举委员会，一般由5人组成，经村民会议或村民小组推选产生，并推举1

苏州市人大接待日活动

村民代表会议

名成员为选举委员会主任，主持选举委员会工作，认真进行选民登记，确定村委会主任、副主任、委员候选人名额。候选人名额应多于应选名额1人，并于选举日的三日前张榜公布，并报乡（镇）村民委员会换届选举工作指导小组备案。在召开村民代表大会投票选举中，认真核实参加选举的人数，确保选民过半、候选人获得投票过半的赞成票，始得当选。选举结果当场公布，并报镇村委会换届选举工作指导小组备案。自1983—2001年，境内各村分别举行6次村民代表大会进行换届选举。2004年，四村合并成新的横泾村后至2020年，共举行5次村民代表大会选举村

委会组成人员，每次村民代表大会参加选民在95%以上，当选村委会成员得票数均超过70%。

村民委员会

1950年3月，常熟县废除保甲制，境内跨设妙桥乡（小乡）六村、兴教乡二村、杏市乡吹鼓村、金村七村等18个行政村，每个村都配备村主任、农会主任、民兵营长和妇联主任，管理村级行政工作。1956年，境内4个高级社都建立社务委员会，设正副社长、会计等，实际行使行政村职能。1958年，人民

公社成立后，境内各大队设有正副大队长、会计和"四线"干部在大队党支部领导下管理大队事务。1969年，境内各大队建立革命委员会，由5—7人组成，设主任1名，副主任1—3人，行使大队行政职能。1979年境内各大队恢复管理委员会，设正副大队长。

1983年，境内有横泾、洞泾、陶桥、薛家和吹鼓5个村民委员会，刘永祥、钱旺兴、戴忠林、陶建良和邹世根为首任横泾、洞泾、陶桥、薛家、吹鼓各村村委会主任。村委会设有生产建设、人民调解、治安环保、社会保障、文教卫生等机构，分别管理村务工作。村委会的主要任务是依法管理本村属于农村集体所有制的土地和其他财产，做好本村生产的服务和管理协调工作，办理本村公共事务和公益事业，调解民事纠纷，协调维护社会治安，向上级政府反映村民建议、意见和要求，宣传法律、法规和政策，维护村民合法权益，教育和推动村民依法履行义务。2004年11月，横泾村委会认真贯彻中办发〔2004〕

17号文件精神，进一步做好村务公开和民主管理工作，把推进村务公开和民主管理作为争当村民自治模范村、民主法治村的一项重要内容。

按照《村民委员会组织法》规定，每届任期3年。2000年，陶桥村并入洞泾村后，境内设有4个村委会。2004年，横泾、洞泾、薛家、吹鼓合并成新的横泾村后，村委会由6—7人组成，设主任1人，副主任2—3人，至2016年共进行5次换届选举。2016年，横泾村村民委员会主任为姜卫义，副主任为黄雪忠、顾爱兵、陆明祥，委员有刘建宇、黄超、季丽霞。2020年5月，由党委书记陆学军兼任村委会主任。村委会下辖65个村民小组。

境内为进一步加强和保障村民自治，由村民依法办理自己的事情，发展基层民主，维护村民合法权益，2018年6月，按照宪法等法律，分别制定并经村民代表大会通过的《横泾村村民自治章程》和《横泾村村规民约》，规范村民自治和管理行为。

1962—2004年境内各村（大队）负责人一览表

表50

村（大队）名	机构名称	主任（大队长）		历任副主任（副大队长）
		姓名	任职时间	
横泾	横泾大队管理委员会（1962—1967）	卢留保	1962—1967	—
	横泾大队革命委员会（1969—1979）	吴国康	1968—1969	卢留保、钱德生、卢明华、季祖元、卢元元
		唐祖林	1969—1974	
		卢明华	1974—1979	

村（大队）名	机构名称	主任（大队长）		历任副主任（副大队长）
		姓名	任职时间	
横泾	横泾大队管理委员会（1979—1983）	钱德生	1979—1980	刘永祥、季祖元
		季祖元	1980—1983	
	横泾村村民委员会（1983—2004）	刘永祥	1983—1994	—
		王正球	1994—1997	
		朱伟贤	1997—2002	
		陆学军	2002—2004	
洞泾	洞泾大队管理委员会（1962—1967）	顾茂郎	1962—1964	
		钱旺兴	1964—1967	
	洞泾大队革命委员会（1969—1979）	顾茂郎	1968—1974	严鼎丰 周小保
		周小保	1974—1979	
	洞泾大队管理委员会（1979—1983）	钱旺兴	1979—1980	郁龙德、钱士明、钱惠良、钱旺兴、徐兴法
		郁龙德	1980—1983	
	洞泾村民委员会（1983—2004）	钱旺兴	1983—1987	许正东
		苏建明	1987—1987	
		徐六四	1987—1988	
		钱惠良	1988—1996	
		谈建江	1996—2000	
		纪金元	2000—2004	
陶桥	陶桥大队管理委员会（1962—1967）	俞祥先	1962—1967	—
	陶桥大队革命委员会（1969—1979）	沈仲年	1968—1976	钱生保 李小友、戴乾保
		李小友	1976—1979	
	陶桥大队管理委员会（1979—1983）	戴忠林	1979—1983	戴乾保、钱义保、刘仁法、钱正年
	陶桥村村民委员会（1983—2000）	戴忠林	1983—1984	—
		顾炳如	1984—1987	

村（大队）名	机构名称	主任（大队长）		历任副主任（副大队长）
		姓名	任职时间	
陶桥	陶桥村村民委员会（1983—2000）	郭祖昌	1987—1990	—
		顾炳如	1990—1992	
		纪金元	1992—1997	
		谢建新	1997—2000	
薛家	薛家大队管理委员会（1962—1967）	杨二保	1962—1967	邹苟喃
	薛家大队革命委员会（1969—1979）	杨祥保	1969—1978	殷永祥、卢小迷
		邹春华	1978—1979	
	薛家大队管理委员会（1979—1983）	殷永祥	1979—1981	宣友良 李俊民
		宣友良	1981—1983	
	薛家村村民委员会（1983—2004）	陶建良	1983—1987	—
		邹建刚	1987—1996	
		殷建华	1996—1997	
		殷建军	1997—2000	
		邹建刚	2000—2004	
吹鼓（红星）	吹鼓大队管理委员会（1962—1967）	邹云兴	1962—1967	杨关金
	吹鼓大队革命委员会（1969—1979）	邹云兴	1968—1972	邹凤生、姜银保、杨正环、黄金华、查全保
		徐年保	1972—1975	
		黄金华	1976—1979	
	吹鼓大队管理委员会（1979—1983）	杨正环	1979—1983	邹世根 陶祖坤
	吹鼓村村民委员会（1983—2004）	邹世根	1983—1992	—
		查永祥	1992—1996	
		黄忠良	1996—1999	
		顾雪忠	1999—2004	

2004—2020年横泾村村民委员会任职情况表

表51

职务	姓名	任职时间	备注
主任	谈建江	2004.10—2013.11	2004年6月至2004年9月，谈建江任村委会负责人
	姜卫义	2013.11—2020.05	
	陆学军	2020.05—2020.12	
副主任	纪金元	2004.10—2007.11	
	陆学军	2004.10—2010.11	
	姜卫义	2007.11—2013.11	
	黄雪忠	2007.11—2020.12	
	顾爱兵	2013.11—2020.12	
	陆明祥	2013.11—2020.12	
委员	顾雪忠	2004.10—2007.11	
	邹建刚	2004.10—2007.11	
	姜卫义	2004.10—2007.11	
	顾明娟	2004.10—2013.11	
	纪金元	2007.11—2013.11	
	顾爱兵	2010.11—2013.11	
	黄超	2013.11—2020.12	
	季丽霞	2013.11—2020.12	
	刘建宇	2013.11—2020.12	

1958—2020年境内村民组长（生产队长）一览表

表52

组别	所在自然村	历任村民组长（生产队长）
1	季家宕	季环环　季祖元　卢叙法　韦虎保　季叙保　季祖元
2	南卢巷	卢留保　卢祖生　卢隆保　卢伟良　卢兴华　刘仲德　刘永祥
3	隆家巷	卢满满　卢仁元　卢正华　卢三元　卢环元　卢四元　卢友兰
4	尹家	陆元元　钱世生　唐正祥　陆明元　钱世生　陆建平
5	横泾岸	周金保　陈青　刘福元　李大连　周永祥　王建新
6	周家巷	周德保　周雪根　周祥保　周锦明　周建明　钱正刚
7	朱家湾	朱兴保　钱小琪　卢小龙　钱丙江　凌小忠
8	三五叉口	朱洪元　朱惠生　朱世元　朱建修

组别	所在自然村	历任村民组长（生产队长）
9	三五叉口	陈良　朱金元　陈福康　陈正东　陈正园　陈林祥　陈建平
10	王泾湾	卢雪元　丁祖法　卢小妹　吴仁生　杨根保　陶亨元　丁耀明　卢月明 杨正刚　谭云祥　杨正才　吴永明
11	章泾头	卢元元　卢玉祥　卢祖林　卢雪昌　卢保元　卢雪华　卢永祥　卢卫国
12	章泾头	陆妙生　卢金兰　陆金龙　卢大咲　王国梁　卢永明
13	长浜岸	李洪元　李正华　李金保　卢兴环　李明丰　李建华　邓晓飞
14	王家墩	王望生　王明生　王正球　王仁雄　王永成　王正华　王望德 王士星　王立新
15	刘桥	邓金兰　赵生发　赵正正　邓祖基　宣仲华
16	迈步宕	钱王兴　钱仕元　徐六四　钱建刚　钱金元　严端华
17	北宅	顾永生　杨云祥　顾同保　顾明保　杨国祥
18	洞泾湾	周狗保　周官保　周正林　周利保　杨关龙　杨和尚　周董良
19	徐家宕	钱天生　徐祥保　徐元芳　钱文元　徐永法　钱锦华　徐根法　钱锦财
20	钱家	钱铁铮　钱堤保　钱大元　钱丙义　钱丙留　卢仁保　钱钜民 钱培根　钱智保
21	李家宕	李洪保　郁仁保　郁友德　钱惠良　李正明　钱卫龙　郁龙保 郁善德　卢丽新
22	任家桥	卢仁保　杨正石　杨正元　杨正华　卢建平
23	三条桥	谈根　朱兴华　殷根生　戴祖达　卢保龙　卞四保　顾蔡保　陶惠定
24	洋宕里	王正标　谈坤元　苏建明　张乾保　邱云保　李玉良
25	谈家	谈根　陈二　卢关洪　谈石保　谈建江　卢卫明　卢建石
26	小唐家	唐坤元　唐洪元　唐建新
27	潘家桥	陆龙保　钱福根　钱永生　马永良（兼）　陈永年　钱仁法　李毛保
28	奚家宕	谢同同　谢和生　谢寿保　钱达刚
29	王家宕	夏关元　夏江江　王正林
30	谢家	陈保庆　陈和尚　谢忠良　胡颂伯　陈友保　谢海峰
31	纪家	卢雪根　章才保　纪金元　卢正龙
32	马家宕	李小友　马永良　李正华　顾永年　李正华　李立丰
33	陆巷	顾恒兴　李关金　卢仁发　李关金　顾岳明　顾玉祥　顾建明 李关金　顾岳明
34	夏湾	夏银保　夏良保　夏保兴　李兴保　李岳保　李桂英　李建国
35	何家湾	朱小云　宋环生　葛祥保　何新保　宋龙保　朱妙球　葛维平
36	俞家宕	俞坤保　陈锦林　沈兴兴　夏增兴　俞正环　瞿正言

组别	所在自然村	历任村民组长(生产队长)						
37	宋家	戴乾保	谈福保	郭祖兴	宋根保	戴海洋	戴乾保	宋建雪
38	朱家宕			朱小云	宋环生	王环保	杨金龙	
39	陶桥			陈和尚	夏关元	夏江江	谢云官	
40	苏家角		李丙和	孟永兴	孟阿云	孟小山	孟小四	杨金辉
41	俞桥		姜和尚	姜元元	姜金林	姜金岳	陶建刚	姜正明
42	杨家湾	杨小弟	卢元元	杨根华	杨福明	杨保华	杨正明	杨石保 杨正明
43	陈家宕			朱友全	卢鼎元	杨正华	秦良忠	李正保
44	洋泾桥	黄祖全	孟桂生	黄德华	宣苟山 黄建良	宣关保 许建国	孟仁元	许建良 钱福生
45	殷家角	王连保	宣望法	王保全	殷正年 宣友良	宣友良 王卫星	殷建华	殷国祥 殷浩根
46	新桥	卢小迷	卢友德	邓绍祥	钱小金 邓绍中	邓绍林 谭根林	钱小金	杨仁法 卢建刚
47	薛家地			邹狗喃	邹金喃	邹世福	邹建锋	
48	苏家宕	苏三三	邹春华	苏仁忠	邹忠明	苏毛毛	邹国清	苏永明 苏建龙
49	黄家巷			黄金保	邹金喃	黄德保	黄正华	黄国祥
50	苏家角		李俊明	李丙和	汪祖明	许秋明	汪毛毛	李俊明
51	薛家地				杨康	邹永根	邹士林	
52	西黄	黄兰保	查全全	陈仲仲	陈保根 陈正明	徐年保	黄华保	黄国平 陈连生
53	邹家			查全全	邹世根	邹丙法	查金林	
54	杨家宕		杨文元	杨石林	杨建国	查根兴	杨石林	
55	小山房				黄根元	杨元林	黄正明	
56	唐家		杨永根	唐小法	郭培伦	唐卫明	杨金生	
57	北杨家巷			汪关根	张留留	邹元丁	杨建刚	
58	赵巷				赵新保	赵根保	赵鞋保	
59	赵巷			赵新保	赵根全	赵大清	赵利忠	
60	东巷		张叙根	汤建刚	汤正明	张新保	杨保忠	
61	南巷		杨祖林	杨培章	杨保华	刘高寿	杨永祥	顾雪忠
62	田都	杨祖元	杨教保	杨培男	杨龙保	杨丁元	杨正环	杨永兴 杨龙保
63	姚浜		杨祥保	杨关生	杨建明	杨正法	杨建龙	杨卫刚
64	姚浜		杨祥保	杨关生	杨建明	杨关生	徐德华	杨关保 章建新
65	姜家湾		姜云生	姜祖法	姜祖生	章正法	姜卫刚	姜金华 姜祖生

群团组织

农会与贫协

农会　1949年10月，境域各乡开始成立乡农民协会筹备委员会。1950年3月，境域妙桥乡五、六、七、八、九、十等村的农会工作隶属妙桥乡农会，农会主任陈洪增；兴教乡一、二、五村的农会工作隶属兴教乡农会，农会主任张鹤；杏市乡东杨、邹家、新民、吹鼓、中扬、巷路、中民等村的农会工作隶属杏市乡农会，农会主任陈保根。各行政村也成立农会，配备主任，各行政组设农会组长。农会的主要工作是配合乡村行政干部搞土改、分田地、收公粮、调纠纷和斗争恶霸地主与反革命分子。在互助合作、建办初级社时期是中坚力量，各村农会干部大多成为互助组带头人、初级社干部。1956年，建立高级社后，农会的职能弱化。1957年各级农会停止活动。

贫协　1964年秋，在社会主义教育运动中，境内横泾、洞泾、陶桥、薛家、吹鼓大队先后成立贫下中农协会（简称"贫协"），设主任、副主任和委员，隶属妙桥公社贫下中农协会。1965年4月7日，境内60余名贫协代表出席妙桥公社第一次贫下中农代表大会，会后，各大队贫协在公社贫协主任陆勋指导下，开展"四清"工作。各生产队产生贫协组长1人，协助生产队长搞生产、学毛选以及清理阶级队伍，并代表贫下中农利益，监督干部贯彻执行党在农村的各项政策，为发展生产，提高农民生活水平当参谋。1969年3月30日，妙桥公社在造反派大联合的基础上召开妙桥公社第二次贫下中农代表大会，洞泾大队瞿增元当选为公社贫协主任，陶桥大队陈歧根当选为副主任，红星大队杨良保任委员。是年，公办小学下放大队办后，各大队贫协代表一度进驻境内横泾、洞泾、陶桥等小学。1974年12月6日，境内各大队贫协代表70余人，出席妙桥公社第三次贫下中农代表大会，听取公社贫协主席徐小青所做的工作报告。1976年后，各大队贫协组织的职能逐步减弱。1979年5月，根据党中央指示精神，对境内16户地主、15户富农等五类分子全部摘帽，农村阶级成分发生根本变化，贫协组织处于停顿状态。1984年4月村组贫协组织被撤销。

工会

1979年，根据中央关于恢复工会组织的精神，境内横泾、陶桥小学公办教师参加妙桥小学工会活动。1994年7月，妙桥镇总工会成立，境内规模工业企业先后建立工会组织。至2003年，境内有华益纺织、中捷机电、协昌纺织、乔奇诺针棉服饰、中协针织等11家企业建立基层工会。

2004年，横泾、洞泾、薛家、吹鼓4村合并成新的横泾村后，随着境内工业企业的增多，职工人数的扩大，是年8月5日，经张家港市总工会批准，横泾村工会成立，由3人组成，王正球首任工会主席。工会下设4个工会小组，会员459人，其中女性320人。2011年9月，横泾村工会更名为横泾村工会联合会。是年10月，召开工会代表大会，选举产生第二届工会联合会委员、正副主席和经济审查委员会委员及主任。2017年12月，召开横泾村工会联合会第三届第一次会员代表大会，选举产生新一届工会和经济审查委员会组成人员。工会下设劳动监察委员会、企业劳动争议调解委员会、女职工委员会、劳动竞赛组织委员会和劳动妇女咨询委员会。2018年，村工会联合会下辖40个基层工会，会员5452人，其中女性3530人。2020年有44个基层工会，会员4289人（其中女性2789人），占全村企业职工总数的95%。

各基层工会的主要任务是维护本单位职工的合法权益，参与本单位的民主管理，开展政治和科技知识学习、劳动竞赛等。2017年，江苏广川超导股份有限公司工会举办由30多名技术员参加的技能竞赛，项目分别为放模、打头、穿线及开机拉拔4个部分，以质量好、用时少为评比原则。通过竞赛，激发职工爱岗敬业精神和技术创新热情。横泾工会联合会每年开展夏送清凉活动，工会主席带领工会干部深入兄华服饰、博格机械等高温车间，送上冷饮，切实关心高温天气下职工的身体健康和安全。村工会在节假日组织职工开展文体活动，举办篮球邀请赛。10年来，境内工会联合会干部配合村委会调解劳动纠纷6件，其中劳保纠纷2件，因公致伤纠纷1件。同时为外来职工解决工作和生活中的困难。

表53

职务	姓名	任职年份
主席	王正球	2004—2008
	杨仁明	2010—2012
	王冬梅	2012—2013
	卢伟刚	2013—2020
副主席	王仁雄	2004—2010
	卢伟刚	2011—2013
	刘建宇	2013—2020
历届委员	许正东　谢福林　卢伟刚　杨仁明　金建花　顾明娟　季丽霞　姜卫义 李亚　刘建宇　陆鑫娟　钱冬　朱均霞	

共青团

1953年，妙桥、兴教、杏市、金村等小乡先后建立新民主主义青年团（简称"青年团"）支部，境内各村团员隶属所属乡团支部。1957年5月，青年团改称为中国共产主义青年团（简称"共青团"）。境内各高级社先后建立团支部，隶属常熟县妙桥乡团总支部。1961年，境内共有团员55人，设有3个支部，卢培元任薛家大队团支部书记，沈才保任陶桥大队团支部书记，邹云兴任吹鼓大队团支部书记。1962年，境内设有横泾、洞泾、陶桥、薛家、吹鼓5个团支部，隶属沙洲县妙桥公社团委。1983年，各大队团支部更名为行政村团支部。2000年，陶桥村团支部归并洞泾村团支部。2004年四村合一后，建立横泾村团总支部，下设4个农村支部，有团员123人。2015年升格为横泾村团委。2018年，共有团员143人，村团委下设14个团支部，其中农村支部4个，企业支部10个。2020年，共青团横泾村委员会下设25个团支部，有共青团员388人，其中女性172人。

境内各村（大队）团组织的主要工作是根据团的章程，围绕党在各个历史时期的中心工作，宣传党的方针政策，团结青年在社会主义革命和建设中发挥积极作用。

中华人民共和国成立初期，团组织以夜校为阵地，向青年宣传土改方针政策，宣传农业合作化，宣传抗美援朝。共青团员高祖德、李关金、杨永来、朱元保、查关生、严庆生等20余人踊跃参加中国人民志愿军。1957年，境内各高级社团支部组织青年突击队，战天斗地，为夺取农业丰收打先锋。1963年，境内各大队团支部学习毛主席著作，向雷锋同志学习，争做好事。1970年后，响应党的号召，投入"农业学大寨"运动，大力平整土地，削高墩，填河浜、河梢，为建高标准吨粮田出力出汗。改革开放后，在团员青年中开展"发扬共产主义精神，树立共产主义道德风尚"的教育活动，重点做后进青年和失足青年转化工作，开展做"有理想、有道德、有文化、有纪律"的一代新人活动，境内各村团支部组织青年服务队、学雷锋小组、助耕包户队10多个，为困难户、缺劳力户、军属助耕送暖。1983—1986年，境内有3个新长征突击队、5名新长征突击手受到共青团沙洲县委员会和共青团妙桥乡委员会

的表彰。1990年，境内各村团支部积极开展"共青丰产方、青年科技示范户、青年种田大户、青年多种经营"的竞赛活动。洞泾青年钱建刚被评为苏州市种田能手。2004年以来，横泾村团组织每年组织团员青年开展志愿服务进社区活动。每年暑假期间组织少年儿童开展"践行弟子规，文明伴我行"主题教育活动。2018年7月，横泾村团委和妙桥小学师生共同举办"开心农场"劳动体验项目——"金博园欢乐行活动"，体会劳动的艰辛，开阔了眼界。活动中还观看影像《历害了，我的国》，影像展示我国改革开放40年来取得的举世瞩目的成就，让参与活动的团员青年和少年儿童接受一次爱祖国爱家乡的教育。

1962—2020年境内各村（大队）历任共青团组织书记一览表

表54

村（大队）支部名称	历任支部书记	任职年份
横泾村（大队）团支部（总支、团委）	卢培元　陆建刚　朱根兴　陆学军　卢伟刚 姜卫义　顾爱兵　黄　超　谢科慧　陈海荣	1962—2020
洞泾村（大队）团支部	徐　祥　钱元兴　钱士明　钱爱华　许正东　顾明娟	1962—2004
陶桥村（大队）团支部	戴乾保　曹永生　俞保珍　俞正环　郭祖昌	1962—1999
薛家村（大队）团支部	姜仁保　杨二保　殷永祥　殷建华　黄雪忠	1962—2004
吹鼓村（大队）团支部	邹云兴　唐良保　查金林　姜银保　黄忠良　查金林 杨仁明　姜卫义	1962—2004

妇代会

1950年3月，境内各村所属的妙桥、兴教、杏市、金村4个小乡都配有妇女干部。1957年，境内各高级社均配备妇女主任。1958年10月，妙桥公社召开第一次妇女代

表大会，境内各大队设妇女大队长。1961年，境内陶桥大队有劳动妇女295人，俞月球任妇女大队长；薛家大队有劳动妇女338人，钱丽华任妇女大队长；吹鼓大队有劳动妇女292人，杨云保任妇女大队长。"文化大革命"初期，大队妇女组织处于瘫痪状态。1970年，妙桥公社妇联组织恢复，境内各大队设置妇代会，配备妇女主任1人，各生产队设妇女队长1人。1983年改称村妇代会，隶属妙桥乡（镇）妇联，设妇女主任，并参与村民委员会工作。2003年8月，境内各村妇代会隶属塘桥镇妇联。2004年，四村合一后，横泾村设立新的妇代会，配备妇女主任1人，参与村委会工作。2017年，根据张家港市委《关于加强基层妇联组织意见》，横泾村妇代会改建成村妇女联合会，设妇联主任1人，委员2人。

境内各村（大队、高级社）妇女组织围绕各时期的中心任务，结合妇女工作自身特点开展工作。50—70年代倡导婚姻自由和"妇女能顶半边天"，支持妇女参加农业合作社、人民公社的大生产运动。80年代，重点开展计划生育工作。1980年，在贯彻中共中央《致全体共产党员、共青团员的公开信》，提倡"一对夫妇生育一个孩子"的宣传动员工作中，做了大量细致的思想教育工作，使80年代各村（大队）计划生育率常年保持100%，独生子女领证率80%以上。90年代后，开展创"三好""送温暖"活动，创建"五好家庭"，着力提倡家庭文明。2017年1月，妇联开展"点滴真情暖人心"活动，走访慰问贫困妇女朱卫芬等。是年3月，母亲节来临之日，妇联组织10多位母亲代表在计生干部和志愿者陪同下，"一路相伴，爱心随行"，畅游永联农耕园。在端午节来临之际，妇联和阳光学校开展由20多位师生、家长、妇联志愿者参加的"粽香端午，异乡浓情"的主题活动。

1962—2020年境内各村（大队）历任妇代会主任一览表

表55

村（大队）名	妇代会主任	任职年份
横泾	钱丽亚　杨彩华　顾明娟　季丽霞	1962—2020
洞泾	杨祥妹　陶美芳　钱爱华　陶凤珍　顾明娟	1962—2004
陶桥	俞月球　夏珍美　陈建英　陈建花	1962—1999
薛家	钱丽华　殷兰芬　汪兰英　周彩华　金建花	1962—2004
吹鼓	杨云保　姜银保　黄惠珠　季凤云　杨美玉　杨静玉	1962—2004

老年协会

1990年10月，妙桥镇老年协会成立后，境内各村相继成立老年协会分会，由各村村委会主任兼任分会会长。这是一个在上级老年协会指导下"自己教育自己，自己管理自己，自己服务自己"的群众组织。是年，境内70岁以上老人503人。1993年为522人，其中横泾100人、洞泾113人、陶桥123人、薛家87人、吹鼓99人。至2002年，印发国家老年人权益保障法和老年人健康知识问答等宣传材料，在境内各村开展尊老、敬老、养老的宣传教育活动，取得了良好的效果，涌现出许多敬老尊老的孝媳妇、孝儿女。

2004年，四村合一后，成立了塘桥镇横泾村老年协会。2016年6月，协会经张家港市民政部门核准登记，法人代表为谈建江。2017年4月，村老年协会组织"支援服务进社区，义诊活动暖人心"活动，全村近千名老人参与活动，提高了老年村民的健康意识、防病和治病意识。是年10月，村委会、村老年协会为营造安定的社会环境，决定从2018年起，对70岁以上横泾村农业户人员年发放慰问金100元，每年重阳节发放重阳糕，对去世村民支付丧葬费补贴1000元，对老年村民购买团体意外伤害险、疾病身故保险和重大疾病保险。2020年，全村60岁以上人口增至2194人，其中90周岁以上高龄老人48人。是年，村老年协会配合村党委组织老年党员开展红色之旅学习教育活动。在重阳节，开展"金婚银婚圆梦"活动，为全村50余对老夫妻弥补了当年没结婚照的遗憾，并以此活动，在全村范围宣传积极的生活、养老理念。

2020年，横泾村老年协会由7人组成，设正副会长、秘书长，村党委副书记卢伟刚兼任会长。

1951年，国家实行志愿兵役制。1955年，国家颁布兵役法，把志愿兵役制改为义务兵役制。1958年9月，人民公社成立后，大队成立民兵营，生产队建立民兵排，民兵组织由普编制改为普通、基干、武装基干民兵编制。1972年，大队以退伍军人为主体，建立民兵营。1978年，大队武装民兵连装备步枪、冲锋枪等武器，组织民兵军事训练。1981年，贯彻"缩小组建范围，压缩年龄，简化层次，提高质量"的方针，减少村参训民兵人数。1987年始，每年对适龄青年进行兵役登记、颁发兵役证，适龄公民履行兵役登记手续。2001年村建立退役军人服务室，2018年改为退役军人服务站，进一步做好退役军人安置服务工作。

中华人民共和国成立后，社会治安由民兵组织负责。1962年，大队建立治保组织，有民兵营长兼任治保主任。1964年，大队成立调解委员会。"文化大革命"初期，治保、调解组织一度停顿。1971年大队治保、调解组织恢复。1981年，大队建立治保委员会。

1994年，村成立社会治安综合治理领导小组，加强社会治安管理工作。2004年四村合一后，设警务室，建立专职联防队。2007年，村成立由村综治办、村调解委员会、村联防队、村外来人口服务站、警务室，构成五位一体的综合治理领导小组。2015年，村社会治安综合管理委员会更名为社区管理委员会。

治安

治安管理

社会治安　中华人民共和国成立初期，域内社会治安由民兵负责，打击反动势力和各种刑事犯罪活动，保障社会稳定。1958年，大队成立治保委员会，各生产队建立治保小组。"文化大革命"期间治保组织一度瘫痪，到1971年治保组织恢复。恢复后的治保工作重点对地、富、反、坏分子进行管理，实行就地监督教育和劳动改造，使他们成为自食其力的公民。党的十一届三中全会后，

消防演练

对地、富、反、坏分子全部摘帽。冤假错案和历史遗留问题，按照党的政策进行复查、纠错、平反、恢复名誉。1985年，境内各村贯彻妙桥乡九届二次人民代表大会作出的《关于严禁赌博、迷信活动的规定》决议精神，全面开展禁止赌博、迷信活动，对参与赌博、从事迷信活动人员进行法制教育，净化社会风气。1995年，各村建立治安专职联防队，在妙桥派出所的领导下，开展扫"六害"（卖淫、嫖娼、走私、贩毒、聚众赌博和利用封建迷信骗财骗人）专项斗争，取缔赌博场所5处，抓获嫖娼4人，严厉打击社会丑恶行为。

2004年，村对安全防范、人民调解、社区矫正、安置帮教、外来人口管理等实行分工负责制，用责任和担当确保一方平安。2016年，塘桥工业集中区的工业企业划归横泾村属地管理后，村构建社区、工业区社会治理一张网，依托网格化社会治理信息平台，做好安全生产、职工工资发放预警、矛盾纠纷、公共安全、信访上访等各项治安工作，打造社会稳定第一道防线。

新市民管理与服务 70年代，队办企业兴起，一大批农村劳动力成了离乡不离土的亦工亦农人员。进入90年代，个私经济异军突起，外地劳力进入针纺行业打工（主要是羊毛衫生产或加工），给村治安工作提出了新要求。

1995年4月，根据《江苏省暂住人口管理条例》和《苏州市外来人口管理规定》，村组建专职联防队，配合警务室对外来人员规范化管理，做到外来人口的职业、住所、工作单位三明确，发务工证、营业证、暂住证、计划生育证及就业登记证，发证率98%。是年，境内外来暂住人员3718人，发证率98%。2004年，张家港市人民政府颁布了《张家港市外来人口管理服务暂行办法》，塘桥镇成立暂住人口管理中心，妙桥派出所在横泾村设立警务室。村配有专职协管员5人，配合民警对外来人员进行治安管理、信息管理、私房出租户管理、计划生育管理，为外来人员提供就业、维权等项服务。成立暂住人口管理办公室（后改为新市民管理服务中心），针对境内新市民多而杂的情况，协管员、联防队做到定期或不定期地上门核对清查，督促和帮助办理暂住证；对暂住人员、房屋出租人员进行经常性的法制和安全教育。出租房屋的单位和个人，需到派出所申请登记，领取《房屋出租许可证》《准租证》等。对暂住一年以上、有固定工作、有稳定收入的外来户（放心户）每月随访一次；对有劣迹、深夜不归的、交往复杂的、单独居住的、无固定职业的、经常变更住址和工作单位的重点人员，每周一次见面；对"三无"盲流人员及时清理遣返；做好出租户一户一档和"三无"人员一人一档工作，采集的信息一个不漏地输入微机。

2015年，境内新市民共有10283人，其中务工7783人，务农26人，经商98人，服务行业587人，无业63人。是年，境内共办理暂住证560人，私房出租户708家、5847人，单位出租295家、3550人。同时，村计生协会对外来务工人员开展"均等服务"活动，以优质的服务提升流入人口计划生育管理水平。大力宣传计划生育、优生优育、生殖健康、奖励优待等计生政策，办理《苏州市非户籍人口计划生育管理服务卡》，还加强计生基础管理，对重点对象进行重点排查，重点跟踪管理，做到不落一户，不漏一人，同时村计生委与协管员一起做好"3618"新市民的登记工作，建立外来育龄妇女台账，跟踪管理。

2015—2020 年横泾村新市民情况一览表

表 56

年份		2015	2016	2017	2018	2019	2020
新市民总数	合计	10283	10035	10597	11431	10222	8332
	男（成年）	4549	4514	4778	5321	5705	4772
	女（成年）	4283	4135	4341	4618	4417	3560
	16 周岁以下	1451	1385	1478	1492	1309	826
	全年办理暂住证数	560	654	669	804	—	—
居住情况	私房出租户（家／人）	708	690	688	730	673	557
		5847	5805	5774	5949	5050	3615
	单位住房（个／人）	295	295	293	268	362	223
		3550	3248	3761	3874	3158	3764
	工地寄宿（个／人）	2	1	1	1	3	4
		54	19	11	10	370	489
	社会闲散集居点	1	1	1	1	1	0
		460	540	502	1075	1058	0
	自购住房户数、人数（家／人）	38	39	81	120	152	—
		136	160	291	399	480	—
	其他居住类型居住人数（个／人）	110	113	119	112	112	—
		236	263	258	134	—	—
劳动就业情况	就业总数（人）	8494	8140	8527	9233	8033	6879
	第一产业（人）	26	29	24	30	20	24
	第二产业（人）	7783	7442	7782	8366	7266	6275
	第三产业（人）	685	669	721	827	747	580
	无业（人）	63	124	87	6	18	32

对新市民开展全方位服务，帮助他们解决生活、工作上的困难，让他们安心在境内工作。2020年，新市民的随访服务率达90%以上。

民事调解

中华人民共和国成立前，民事纠纷由民间调解，家庭纠纷由家族长辈或请亲属娘舅、姑夫等公亲出面调解。如有较大的邻里纠纷，则由地方保长、贤达与当事人在茶馆公议解决。

中华人民共和国成立后，民事纠纷由农会干部和村干部负责调解处理，如遇到难度较大的民间纠纷，村里会同乡民政干部约期调处，尚不解决的，则到法院申诉，依法处理。1958年人民公社成立后，境内各大队成立民事调解小组，负责一方民事纠纷的调解。1964年，大队民事调解小组更名为大队调解委员会，调解委员会成员由大队党支部书记、大队长、妇女主任等组成，负责调解社员之间发生的婚姻、老人赡养、宅基地、道路等矛盾纠纷。1986年，各村成立民事调解委员会，由村主任、治保主任、妇女主任组成。在镇司法办公室的领导下，严格按照《人民调解委员会组织条例》开展工作。调解程序：要求当事人书面申请、调解委员会受理登记、进行调解时要写好记录、调解结束后协议书及回访记录一并归卷，长期保存。2007年，横泾村成立综治办、村调解委

员会、村警务室、联防队、外来人口服务站，构成五位一体的管理网络。村调解委员会利用这个平台，开展矛盾纠纷排查调处工作，进一步健全完善矛盾纠纷排查调处机制，提高发现和解决矛盾纠纷的能力。2017年，横泾村依托网格化社会治理信息平台，收集域内民事矛盾纠纷，分析、分类、分流，合理化解纠纷，全面提升社会治理现代化能力和水平。2015—2020年，横泾村调解民事纠纷43件，其中婚姻纠纷7件、财产继承2件、房屋宅基地纠纷5件、邻里纠纷4件、赡养老人纠纷3件、债务纠纷3件、土地纠纷1件、其他纠纷18件，避免矛盾激化，为社会和谐、人民安居乐业奠定了基础。

民兵与兵役

民兵

中华人民共和国成立初，境内各村建立民兵分队，隶属乡民兵中队领导，民兵的主要任务是保卫土地改革，防止特务土匪破坏，支援抗美援朝，维护村庄治安。1958年，妙桥人民公社成立，根据上级大办民兵师的指示，公社建立民兵团，大队建立民兵营，生产队建立民兵连，实行全民皆兵。1961年，境内设4个民兵营、12个民兵连、50个民兵排，民兵总数2443人。其中基干民兵1236人。1966年"文化大革命"开始后，民

兵组织瘫痪。1972年，大队恢复民兵组织。1978年，大队设武装基干民兵连，以复员退伍军人为主体，年龄统一调整为18—28岁。装备有五六式半自动步枪、捷克机枪、冲锋枪、自动步枪、半自动步枪、手榴弹、火箭炮、迫击炮等武器。1993年始，村基干民兵连指导员由村支部书记兼任，基干民兵每年由武装部组织到凤凰山训练基地集中训练。1999年，按照有利于组织领导、提高质量、开展活动、执行任务的原则，加强民兵应急专业技术分队和对口专业分队的组织建设，境内5村的基干民兵参与武装部编制的应急分队。2004年，横泾村有普通民兵2812人，设1个营、5个连，其中基干民兵212人。民兵训练每年在冬季进行，参训对象是思想好、身体素质高、年龄在18—19周岁新入队的基干民兵。参训民兵中专业技术兵占50%，基干民兵训练合格率99.5%。2010年，全村

1962—2020年境内各村（大队）历任民兵营长一览表

表57

大队(村)名	历任民兵营长
横泾大队（村）	邓金来　钱德生　朱祖元　朱根兴　陆学军　卢伟刚　姜卫义　顾爱兵　黄　超　陈海荣
洞泾大队（村）	顾茂郎　钱大元　朱兴华　谈建江　李仁良　许正东　顾明娟　谢福林
陶桥大队（村）	曹永生　顾炳如　郭祖昌　陈建英　谢福林　纪金元　黄耀龙
薛家大队（村）	邹苟喃　钱小金　宣友良　杨仁华　殷建忠　黄雪忠
吹鼓大队（村）	邹云兴　汤大二　杨正才　姜金华　黄忠良　顾雪忠　杨仁明　姜卫义

有基干民兵27人，2015年有基干民兵24人，2020年有基干民兵5人。

兵役

中华人民共和国成立前，国民党政府推行兵役法，对所征兵的年龄、兵役、禁役、缓征、体检等作了明文规定，但国民政府腐败，人民不愿当兵，许多青年逃往外地，国民党乡公所派自卫队到处抓壮丁。境内洞泾的顾六保，吹鼓的杨元保、杨关金等都是被国民党抓壮丁抓去的。他们在1949年投诚中国人民解放军，1950年赴朝参战。中华人民共和国成立后，实行志愿兵役制。1951年，境内青年积极响应"抗美援朝、保家卫国"的号召，踊跃报名参加志愿军。至1953年，境内有29名优秀青年参加中国人民志愿军，其中27名优秀青年跨过鸭绿江，奔赴朝鲜参战。吹鼓的查关生参加过多次战斗，陶桥的朱元保在朝鲜战场上荣获三等功。

1955年，国家实行义务兵役制，征兵一般在每年冬季进行，应征青年要经过报名、

政审、体检、定兵等程序，操作严密，统一时间，发入伍通知书，按规定时间送兵入伍。1984年，国家颁发第二部兵役法，规定实行以义务兵役制为主导的义务兵与志愿兵相结合、民兵与预备役相结合的兵役制度。义务兵役期限为陆军3年，海军、空军4年。1987年，以兵役法为依据，每年对适龄青年进行兵役登记。1988年起，对经过兵役登记的应征公民发兵役证，适龄青年收到兵役登记通知书后，按规定时间、地点履行兵役登记手续。2013年始，征兵由冬季征兵改为夏季征兵。军人役满退伍后积极投身家乡建设。50—60年代的军人复员回乡后跟乡亲们一起在农业第一线劳动。70年代，乡办工业兴起后，退伍军人由地方政府安排到乡镇企业工作。2001年起，镇政府对退伍军人实行货币安置，对自谋职业的退伍军人采用货币补贴。2010年始，村建立退伍军人服务室，由民兵营长具体负责退役军人安置服务工作。2019年，村将退役军人服务室改为退役军人服务站，对退役军人开展常态化走访，掌握其家庭情况、健康状况、收入情况、思想状况、需求状况、抚恤补助情况，切实解决退役军人的困难和合理需求。同时对新入伍的做到"四尊崇"，即欢送仪式、举行座谈、挂光荣牌、拍集体照。对退伍返乡人员做到五关爱，即迎接仪式、开展谈心、宣讲政策、推介岗位、高效办事。

1955—2020年，境内共有331名适龄青年应征入伍。其中有327名退役军人，4名现役军人。

附：1950—2020年境内退伍军人名录

横泾片区

朱三保、卢湘勃、邓永来、周祥保、王望云、邓金贤、杨永来、季炳元、卢敏丰、季雪峰、季金虎、季晓杰、卢伟新、刘叶罡、卢正环、卢环元、卢金元、卢　臻、卢正忠、陆卫东、陆学军、刘耀东、丁仲保、时祖恒、胡祥保、周　超、丁三保、钱丁峰、周建明、周绍丰、周忠宝、丁亚平、丁根源、朱余兴、朱祖元、钱志明、钱三男、丁祥兴、卢建丰、朱伟贤、朱晨阳、朱利平、周进江、朱建明、朱雪飞、袁爱兵、朱元凯、陈　欢、吉永良、陈若谷、陈正江、陈正球、陈君平、陈忠明、陈龙祥、钱德生、卢金环、杨正才、沙继新、吴仲明、卢建新、杨保元、卢　杰、卢建秋、杨虎诚、吴卫明、卢明华、卢雪华、卢年大、朱根兴、卢惠新、卢建虎、金仁昌、卢国民、陆永元、卢正才、卢迅军、严锦华、李忠华、朱湘琴、卢　力、王正刚、唐祖兴、唐敬德、赵佳豪

洞泾片区

谈永保、严庆生、顾六保、李关金、

曹永生、朱元保、戴乾保、杨士标、
周浩楠、周龙保、宋正锋、纪敏献、
纪小东、章小龙、李仁良、钱建东、
李志中、顾德明、顾雪刚、顾建刚、
李建平、陈卫祥、顾海彬、顾建明、
陈仁林、顾红波、顾正林、章士明、
顾健丰、杨　健、李佳豪、严志超、
马和祥、钱震宇、钱剑飞、钱正忠、
钱亦军、黄耀龙、钱文彬、钱建龙、
钱翼鸣、钱正年、陈百年、钱军建、
钱纯华、钱福江、钱福金、顾建龙、
高祥保、瞿永祥、钱卫秋、蔡拴虎、
顾惠棋、钱亚飞、顾佳健、谈德钧、
唐建艇、卢敏杰、卢　新、邹锦丰、
卢丁元、卢德明、卢　斌、瞿根祥、
瞿文斌、瞿鑫磊、卢仁龙、宋建斌、
刘建忠、郭祖昌、刘建明、谈保根、
郭勇杰、谈永石、谈正才、唐建江、
陈建龙、王建飞、王建东、夏元兴、
王林法、夏卫东、夏锡林、谢建林、
钱文龙、谢爱明、李妙峰、谢炳元、
李春阳、李岳保、夏金根、夏炳元、
李培保、胡建平、胡金东、胡伟国、
谢建石、徐洪根、陶　健、马宏远、
王建江、李元瑞、邱保华、王兴亚、
钱进兴、吴雪春、曹义杰、朱满球、
丁连保、杨金龙、葛新保、卢祖洪、
卢正龙、郁龙德、杨利刚、张佳俊、
许正东、钱志标、周正华、顾小保

薛家片区

黄祖章、宣祥保、黄根兴、王保金、
高祖德、朱保元、毛伟国、邹法宝、
姜金保、姜建华、姜　峰、姜何祥、
苏建龙、苏　醒、苏建新、殷德林、
殷荣华、朱卫国、邓召康、殷志斌、
殷建刚、殷建忠、殷德祥、钱小金、
谭根林、宣董良、邓志鹏、宣建飞、
宣正兴、宣正刚、宣正环、杨世明、
杨进生、杨桂生、杨小迷、杨仁华、
汪正明、汪毛保、李裕升、汪宝明、
汪　兵、黄雪明、黄建秋、丁仁良、
黄雪忠、黄仲民、黄　琪、杨保明、
范红才、芦建龙、宣关保、钱福生、
黄建良、宣关星、杨　斌、杨　文、
殷卫明

吹鼓片区

杨永元、查关生、唐　康、杨关兴、
杨元保、杨关金、杨良保、唐　永、
赵丽忠、赵　敏、查金林、查金龙、
查路根、查雪峰、查群秋、邹根祥、
陈晓春、黄铭杰、陈建新、张凤祥、
汤建新、汤正环、汤继新、张利民、
杨红斌、邹正新、徐　伟、杨正环、
杨建军、查正良、徐志清、钱金发、
汤永林、杨祖生、杨　伟、杨雪平、

我和国旗同框

杨敏科、姜金华、姜炳元、姜正华、章正法、章佩刚、王新刚、杨建良、杨正才、杨卫国、杨　剑、王国平、杨天飞、刘建祥、缪金坤、杨留保、杨建锋、顾雪忠、杨永环、杨志坚、李明保、杨伟江、杨思文、黄文彬、唐为明、黄建华、戴连华、黄建国、黄国平、杨根元、杨永兴

附：军人风采

朱湘琴　横泾村长浜岸自然村人，祖籍无锡，1933年出生。1950年3月毕业于无锡女子学校（私立），随后与同学一起积极报名参军，服役于中国人民解放军某部队。那时部队正在解放舟山群岛前线。朱湘琴接受部队安排，在后方做保育员。那时环境非常艰苦，儿童吃的、穿的均由保育员解决，有时儿童病了，保育员还彻夜守护在身边，递药送水，悉心照顾，以确保部队官兵放心在前线作战，为舟山群岛战役的胜利作出一份贡献。朱湘琴荣获中国人民解放军某军颁发的四等功1次。1951年，她被分配到部队慰问团，先后三次到安东（丹东）慰问中国人民志愿军，欢送志愿军战士雄赳赳气昂昂地跨过鸭绿江，打击美国侵略者。1952年3月，部队开展扫盲运动，她又担任教员，耐心辅导战士读书识字。1953年3月退役。

陈忠明　横泾村三五叉口自然村人，1941年8月出生。1960年10月参军入伍，服役于空一军后勤部汽车排。在部队驾驶车辆，无论是白天黑夜、刮风下雨、冰冻严寒，还是山路平地，只要接到任务，就勇往直前。由于他不怕苦，不怕累，驾驶技术高，出色完成各项任务，在部队4年里，年年被评为"五好"战士。1966年11月，随部队参加援越抗美战争，他冒着敌人的炮火，参战20余次，驾驶车辆确保部队运输物资安全，出色地完成各项任务。其所在单位荣获集体三等功一次，个人嘉奖一次。1967年5月，随部队回国。6月部队调防兰州，任汽车排教练。1969年3月退役。

许正才　横泾村北宅自然村人，1964年8月出生。1983年10月入伍，服役于中国人民解放军兰州军区某部工兵营机械连，学习掌握防化、汽车驾驶等各种工兵机械的维修与保养。1985年12月参加老山收复战役，历时13个月，蹲坑道、住猫耳洞，参与战斗10余次，其间负过伤。1986年8月在云南前线火线入党。他在防御作战中英勇顽强、机制灵活、不怕牺牲、勇往直前。1987年3月，被中国人民解放军某部队评为优秀老山战士。是年8月被评为"火线模范党员"。1987年底，许正才退伍回乡。

第十篇　文教·体卫

　　中华人民共和国成立初，境内群众性文化活动蓬勃开展。农民用歌咏、舞蹈等形式表达对翻身解放的喜悦。1966年后，广播进入农家，各大队建立业余文艺宣传队，文化设施逐步完善，特别是进入21世纪，横泾村加大对文化设施的投入，活跃了村民的文化生活。

　　境内教育起步较早，明朝永乐年间就建办"颐乐堂"，中华人民共和国成立前，就建有王家、迈步、横泾岸、周桥、苏家角5所私塾。1958年，境内横泾、洞泾、陶桥、薛家4所初小先后转为公办小学。1958年，人民公社成立后，采用民办耕读、夜校等多种形式办学，教育事业得到发展。1969年，境内各大队均办完小。1983年始，各小学设有幼儿班。90年代始，为优化教育资源，境内各小学先后撤并。2002年，妙桥幼儿园移址横泾村域。2006年，塘桥地区首家民办新市民子女学校——张家港市阳光学校在横泾村域创办。

　　清代，境内王家墩、邓家等村落就有习武活动。中华人民共和国成立后，群众性体育活动逐渐多起来，组建农民业余篮球队。1983年各村组织代表队参加妙桥乡首届农民运动会。2004年，横泾村代表队参加塘桥镇全民运动会。随着经济的发展，群众性体育活动广泛开展，横泾村不断完善体育设施，2020年建有全民健身路径4套、体育公园3个、塑胶篮球场2片、广场舞活动场所多处。

　　旧时，境内农民生活贫困，缺医少药。中华人民共和国成立后，人民政府十分关心人民的身体健康，大力加强健康教育、传染病防治和环境整治工作。1969年，境内各大队均建立合作医疗制度，农民看病有保障。2000年，横泾村率先改厕改水，整治环境，创建成省级卫生村。2004年四村合一后，村民医疗保障水平不断提高，公共卫生体系不断完善，2009年和2017年，横泾村被评为苏州市健康村。

文化

文化设施

2015年9月至2019年5月，村投入200多万元，新建横泾书场、图书室、棋牌室等文化设施。

横泾农家书屋 位于横泾村综合服务大楼底楼，2015年3月创办，建筑面积160平方米。这是一个集公益性、教育性、休闲性为一体的活动场所，具有藏书、借书、电子阅览等多种功能。至2020年底，书屋藏书7000多册，其中2000册是由村投入5万多元购进的，其余5000余册是由张家港市图书馆提供。农家书屋自创办以来，为扩大图书门类，张家港市图书馆每月为横泾村农家书屋更新书籍，与其他图书馆互换200册。书籍包含政治、法律、军事、经济、哲学、教育、体育、语言文字、文学、艺术、历史、地理、中外人物传记、天文、医药卫生、工业技术、少儿读物等门类。农家书屋还自费订有《人民日报》《新华日报》《张家港日报》等20多种报纸以及《风流一代》《莫愁》等多种刊物。书屋配有电脑10台，可上网阅览；条桌4张，可供20多位村民在此阅读。周一至周六上午8点到下午5点，书屋对外开放。村对农家书屋配备1名责任心强，具有一定工作能力的专职管理员，负责书屋的管理和维护工作。为了更好地满足广大读者的需求，除办理借书卡外，书屋还收集读者反映和意愿，进行预订或添置新图书。2016年，横泾农家书屋列入张家港市四星级农家书屋。

新时代文明实践广场 位于横泾村综合服务大楼南侧，2016年建造，占地面积2200平方米，场地铺设毛石。广场正南设有国旗升降台，北面设主舞台，高0.8米，东西长12米，宽9米，面积108平方米。主舞台设有背景墙，舞台东侧配置多功能升降杆，可升降横幅和露天电影的银幕等。舞台北侧设有宣传画廊。广场四周平面绿化与灌木绿化相匹配，绿化带旁设有休息区，配有石栏凳。广场四周道路配置路灯，一到傍晚如同白天。市镇两级组织的每月2次露天电影在这里放映，镇组织的"村村演"也在此演出，广场可容纳1000人同时观看。2020年6月至9月上演锡剧16场，每场观众350人左右。平

农家书屋

时，也是村文艺队、体育舞蹈队排练及演出之地。每天一到傍晚，众多中老年人在此健身跳舞等，广场成为黄金湾小区居民主要休闲娱乐场所之一。

妙桥书场 位于村文化娱乐中心北楼二层，2017年1月创办，建筑面积650平方米。书场设有化妆间、主舞台、2间公共卫生间、音控室、储藏室、服务台。书场大厅设有固定座位180个，可加座40个、60英寸彩电一台、5匹空调5台、高保真音响设备一套。同时为方便评弹演员生活，宿舍、厨房、沐浴房（配有洗衣机、热水器）、卫生间等生活设施配套齐全。大厅南侧还为老年人听书设置休息区和吸烟区。

书场配有专职管理员4人。其中1人负责联系演员，与文化局联系对接、安排演员生活、日常事务等。另2人负责卫生管理，并为听众提供茶水等，还有1人负责收费卖票。书场属张家港市惠民服务实事工程，采用政府开支、村委代管的模式。评弹演员由市文化局联系，确定书目后派遣到书场。省内外著名评弹演员到场献艺。其中有国家一级演员太仓市评弹团团长张碧华、国家一级演员张家港市评弹团团长季静娟及江阴市评弹团的陈希伯等到场献艺。演出的书目既有传统书目《乾隆》《火烧赤壁》《珍珠衫》等，还有现代类书目《汪精卫》《阿庆嫂在上海》《杜月笙》《路》等，这些节目为妙桥地区中老年朋友送上了一盘盘精湛的艺术大餐。书场创办后坚持月月有演出，逢31号才轮空休息。每月二档书，每档15天。听众只要每场花费2元茶水钱，就可以进场听书。至2020年底，书场共组织演出80档，听众超过7500人次，最高票房纪录216人。

妙桥文化广场 横泾村爱好广场舞者甚多,为满足他们的需求,同时缓解音响扰民的问题,2016年,村委在黄金湾小区西北角专门建设了一处广场,供广场舞爱好者跳舞。该广场西与吹鼓路相邻,北与商城路隔河相望,东西长45米,南北宽35米,场地面积1575平方米,场地周围的平面绿化(草坪)与灌木绿化(宽叶树)相结合,可有效防止噪音扩散。场地西设有交通隔离带,东部设有健身设施。东南部围墙与小区隔离,北面河岸设计高1.8米,长70多米的护栏,场地四周设有杆高10米的射灯8盏,杆高14米的杆灯9盏,地面射灯8盏。还设计了四座石栏凳共16张,东部建有一公共厕所,公共卫生由黄金湾小区物业负责管理。

群众文化

歌咏 中华人民共和国成立前,群众文化活动的举办时间主要集中在春节至农历正月十五以及境内举行的庙会。年初一有调狮子、唱春、贴财神等。正月初五开始热闹起来,有舞龙灯、猴子耍把戏、小热昏表演、西洋镜及民间武功表演,包括吞剑、吃铁蛋、滚钉板、喉顶、油锅取铜板、铁头功等,还有小马戏表演、走钢丝、叠罗汉、对打、骑独轮自行车等。农历三月二十四日,境内的妙桥庙会上,有表演踩高跷、荡(旱)划船、卖梨膏糖(边卖边唱)等,热闹非凡。遇民间婚丧红白喜事时,分别请吹鼓手、道教音乐演奏班子吹拉弹唱。富裕人家给老人做寿或庆

寿,还请戏班子表演节目,往往一演就是2—3天。农闲时,聘请评弹艺人到书场表演评书、弹词,或请小型剧社来表演唱滩簧、锡剧等。

除此之外,民间还有唱山歌传统。夏天乘凉时,乡邻们围坐在一起,由老人传授唱歌,其内容大多是男女爱情方面的民间故事,如《杨柳青》《十二月花名》《孟姜女过关》等等。也有几个识字的看书或听评书后,给乡邻讲《三国志》《水浒传》《杨家将》《岳飞传》等故事,你一言我一曲,尽情欢乐,释放一天劳动后的紧张、烦恼,使心情舒畅。

中华人民共和国成立后,群众文化逐渐活跃起来。1950年,各行政村利用晚间办冬学,农闲时办民校,教唱《解放区的天》《团结就是力量》等歌曲,人人会唱,逢会必唱。土改时教唱《谁养活谁》,人民公社时期唱《社会主义好》《我们走在大路上》等。1966年"文化大革命"开始,歌曲内容集中歌颂党和领袖,如《东方红》《大海航行靠舵手》和《毛主席语录歌》等。

改革开放以后,文化事业快速发展,文化生活丰富多彩,时代气息浓郁。80—90年代,青年男女爱唱流行歌曲,尤其喜爱卡拉OK,一些家庭、企业购买碟片、磁盘、磁带,在空闲时学唱和跟唱。进入21世纪后,青年人喜欢进商务场所或卡拉OK厅唱歌,老年人喜欢听评书。2016年7月,横泾村党员合唱队在镇纪念建党95周年"先锋引领,颂歌给党"歌咏会比赛中获一等奖。2017年6月16

日，村代表队在妙桥办事处组织的"党旗飘扬庆华诞红色咏新篇"诗词竞赛中获铜奖。2019年，塘桥镇老年大学横泾分校开班，其中唱歌班专教老年人练发声、教唱流行歌曲，满足中老年人的需求。

舞蹈　中华人民共和国成立前，民间舞蹈有龙灯舞、踩高跷、调狮子等，每年传统节日或庙会进行表演。中华人民共和国成立初期，时兴跳秧歌舞、打腰鼓、扭秧歌。"文化大革命"中，舞蹈内容强调政治性、严肃性，要求跳"忠"字舞，边唱边跳。80年代后，境内少数人学跳交谊舞，之后出现学跳迪斯科、拉丁舞、霹雳舞等。90年代后，舞蹈日趋商业化，境内开办了娱乐中心、馨妙舞厅、宝龙舞厅等多家歌舞厅，成为妙桥羊毛衫商城周围一道亮丽的风景。跳舞成为人们特别是青壮年的主要业余娱乐活动，不少人为之入迷。

2010年后，"广场舞"流行，村民晚饭后，以锻炼身体为目的，欢聚在黄金湾小区文化广场、江南路广场、妙桥文化广场上翩翩起舞。当中以中老年妇女居多，在晚上7：00—8：30活动。至2020年底，横泾村杨柳青、舞飞艳等舞蹈队在张家港市历届全民健身大展示比赛活动中多次获奖。

舞蹈

文艺演出

锡剧演出

地方戏曲　境内居民喜爱锡剧、越剧等传统曲目。30年代，农村只有"滩簧"（常锡文戏），最初系坐唱，四五个人扮几个角色，只唱不表演。慢慢发展到演唱、表演相结合，很受群众欢迎。滩簧开始不带任何政治色彩，常夹带着很多低级庸俗的东西来吸引观众。40年代流行锡剧，小型锡剧团来妙桥演唱，颇受群众欢迎。

50年代，村民利用民校，自编自演，组建文艺宣传队，以戏剧形式向村民宣传党在农村的政策。60年代后期始，群众文化活动很活跃，采用锡剧和京剧的表演形式，掀起学唱样板戏的热潮。横泾村亦组建毛泽东思想文艺宣传队，积极排练《白毛女》《红灯记》《沙家浜》等样板戏。演唱采用锡剧、京剧混唱的形式，在公社范围内巡回演出，还到附近公社以及常熟县部分大队演出，倍受村民欢迎。每逢演出时，在公场、大队小学操场或空旷地搭起简易露天舞台，锣鼓一敲，社员便前往观看。

80年代，戏剧演出很少。90年代有专业剧团到镇、村演出，每年演出场次很少，观众也以中老年妇女居多。2000年后，村委为丰富村民的文化生活，针对老年人普遍喜爱锡剧的特点，每年都要聘请相关锡剧团到村演出，费用由村委会负担或由工业企业赞

"村村演"演出

"党群一家亲"文艺演出

助。2019年9月1日至12日，横泾村邀请专业团队在新时代文明实践广场上演锡剧，受到村民们的欢迎和喜爱。在弘扬传统文化的同时，横泾村将"推进移风易俗、弘扬时代新风""深化全国文明城市创建""纪念中国人民抗日战争暨世界反法西斯战争胜利""人居环境整治"等文明理念植入精彩的演出当中，引导村民恪守文明准则，培养爱国情怀。

2016年始，张家港市文化局组建专业或业余艺术团体送戏下乡，每年到横泾村送戏两场，演出节目丰富多彩，为群众喜闻乐见。至2020年共演出10场次。

电影 50—70年代，电影由沙洲县农村电影放映队到各大队巡回放映。放映队自带发电照明设备，用竹竿撑起银幕在操场上放露天电影。1965年前，大队每年放3—4次，以后每年放5—8次，放映费由大队支付，社员免费观看。

1976年，妙桥公社建立电影放映队，每月到大队放映一次，也有生产队包场放映。在放映前，生产队让社员提早休工，吃完晚饭,妇女、儿童自带凳子去看电影,年轻的大都站在后面,场场爆满。放映前,一般要放一些幻灯片,宣传党的方针政策,大队领导简要讲一下当前工作。放映的影片主要有《白毛女》《南征北战》《古刹钟声》《上甘岭》《英雄儿女》等。"文化大革命"期间,放映《红灯记》《智取威虎山》《红色娘子军》等多部样板戏和《地雷战》《地道战》《铁道游击队》等抗战故事片。当时,只要哪个大队有影片放映,不管多远,都有青年男女前去观看。

80年代后,电视机进入村民家庭,村民观看电影的越来越少。放映队进社区,每年有3—4次,观众以外来人口居多。2012年,妙桥运通花园开办嘉宝电影城,满足了电影爱好者的观影需求。

艺文

明代,横泾境内进士杨仪、举人杨舫创作和出版了不少社会科学、自然科学方面著作,并在文学创作上取得了一定的成就。中华人民共和国成立后,邓绍基在元史研究和"红学"研究中取得了显著成果。民间文人还创作了较多有感而发的乡土诗词。

一、主要著作

横泾籍作者主要著作一览表

表58

时间	作者(主编)	书目	备注
明代	杨仪	《乐书》《格物通考》(20卷)	见《重修常昭合志》
		《马丽珠随录》(10卷)	明抄本,见《重修常昭合志》
		《高坡导纂》(3卷)	见《妙桥镇志》
		《南宫集》(10卷)	明抄本,见《妙桥镇志》
		《古虞文录》(2卷)	明抄本,见《重修常昭合志》
		《保弧记》(1卷)	见《稽瑞楼书目》刊本
		《垄起杂事》(1卷)	见《澹生堂书目》
		《金姬传》(1卷)	见《绛云楼书目》
	杨舫	《莒州志》(1卷)	见《常熟县志》
		《水利志》(1卷)	见《妙桥镇志》
		《杨莒州文集》	见《海虞艺文目录》
		《明良证》(4卷)	明刊本见《千顷堂书目》
		《格物通考》(20卷)	见《皇明常熟文献志》

时间	作者（主编）	书目	备注
1980 年		《红楼梦论丛》	上海古籍出版社出版
1987 年	邓绍基	《杜诗别解》	中华书局出版
1991 年		《元代文学史》	人民文学出版社出版
1998 年		《元诗精华二百首》	陕西人民出版社出版
1992 年	邓震垠	《计算机通信》	人民邮电出版社出版

二、乡土诗词

中峰寺

明·杨舫

看山有余兴，杖策入中峰。

绕屋听鸣涧，巡檐见怪松。

杯深明月堕，诗就碧纱笼。

尘迹向已绝，空吟壁上蛩。

选自《中国名镇志·塘桥镇志》

月下琴行

明·杨仪

铜龙水滴春夜长，明月悄悄窥西堂。

饮茗读罢《招魂》章，持炉添火烧沉香。

瑶琴脱却紫绮囊。玉轸拂拭生辉光。

举手一拨生琅琅，宫商角徵相低昂。

清如瑶台老鹤泪松霜，和如高岗彩凤鸣朝阳。

适如渔父濯足歌沧浪，怨如昭君马上啼红妆。

轻如落花飞絮春茫茫，重如六丁雷斧摧扶桑。

缓如鱼逐细水流春塘，急如狂风卷海波涛扬。

悄然弹罢倚绳床，千思万虑都消亡。

不闻人语暗东墙，满庭簌簌飞寒霜。

《广寒》一曲叹已亡，至今弹者怨嵇康。

我今欲换《流水》腔，知音人在天南方。

不如收拾天将旦，水云林下寻王郎。

选自《中国名镇志·塘桥镇志》

述 怀

清·邓思孝

同治四年（1865）岁次乙丑六月二十一日，值先室钱氏逝日二周年。家中空乏几于绝粮，不能遵礼致祭以慰妻魂。口作述怀四绝以表苦衷。

结发妻亡二足年，家中绝米又无钱。

灵前尘土封如雪，锭帛缸中不出烟。

怀思淑配世称贤，涕泪交流似涌泉。

一女今年始六岁，形单影只愈身怜。

入梦如生不觉眠，醒来惜别泪垂肩。

恩情相爱期偕老，熟练瑶琴忽断弦。

春花虽谢影无妍，见物伤怀在目前。

只愧寒门当不幸，清心寡欲学神仙。

选自《妙桥镇志》

徐家厅赞

君 伟

秀水环绕徐家厅，庭院深深幽更清。

男耕女织皆勤俭，读书识字不求名。

开塘治水农商便，积善布德泽四邻。

蝇头蜗角皆不逐，恬淡何必苦钻营。

选自《妙桥镇志》

阅开塘记

悟 伟

徐家有祖小老儿，仗义疏财有名望。

斥资独疏奂浦塘，后人钦佩怎肯志。

选自《洞泾徐氏族谱》

洞泾歌

君 伟

洞泾九曲十八弯，良田千亩四面排。

周遭百姓皆勤劳，男耕女织笑颜开。

河内鲜鱼带血烹，竹林活鸡随便斩。

丰衣足食人人乐，神仙也想下凡来。

选自《洞泾徐氏族谱》

水龙赞

君 伟

寒冬腊月柴草脆，闻言火警皆惊惶。

徐家积善置水龙，灭火消灾保四方。

选自《洞泾徐氏族谱》

看长江丁坝有感

李恺民

横挡潮头竖挑泓，犹如长龙锁江中。

自古保坍无良策，今朝治水显英雄。

选自《港城水利史话》

七绝两首

邓绍基

（一）

学文原是生平志，授业均为当代贤。

碌碌无成悲白发，忝蒙荣誉只惭颜。

（二）

情怀素愿记年华，却收依稀岁月淹。

致仕安将名位望，乡心常与雁争光。

选自《中国名镇志·塘桥镇志》

恭读李文《老有所为》新悟

邓绍基

爱深忧切出由衷，耿耿直言落落胸。

老有所为躬履践，口碑道路德声隆。

选自《妙桥镇志》

口占一首

邓绍基

置汝西窗下，宜乎君子陪。

花幽依碧水，根净脱尘埃。

屙病怜吾苦，清香喜尔来。

履端正始日，朵朵满枝开。

选自《妙桥镇志》

古迹遗址

徐塘桥 原名"万寿桥"。位于横泾村南部，南北走向，横跨河泾塘，其南是金村村

徐塘桥

倪家湾自然村，其北是横泾东巷自然村。据《金村小志》记载："徐塘桥，本名万寿桥，为缪桥程氏所造，道光中修。"该桥为花岗石三孔石板桥，全长26.83米，桥身高5.18米，中孔跨径11.65米。桥面宽1.8米，两条花岗石条分列两边，中间用17块小花岗石嵌于其中。桥面中心小块花岗石上雕刻有兽形图案。此桥是明清至民国年间居民至妙桥、恬庄的必经之桥。1998年，被列入张家港市级文物保护单位。

朱扈墩 又名吹鼓墩，位于横泾杨家宕自然村。相传朱姓世居此地。后又名为"猪虎墩"。此墩形成于明朝景泰年间。明朝进士杨伸（1372—1452），字孟舒，世居附近杨家巷，于永乐九年（1411）乡试中举，翌年参加会试再度登榜，后又经殿试登进士，官拜刑部主事。后左迁江西瑞州府推官，勤于守职，尤重义。因"有同年友赴京乏行资，鬻值赆其行，竟坐是免官"，归田后自号退庵，所居名曰"颐乐堂"。他设帐授徒，"是以受业多赖造就，题乡榜、登进者每有其人"。他"事亲备极孝养"，教育后代也极为严格，临终前曾告诫子孙："尔曹毋弛学业，坠吾家声。善者师之，其不善者远之。苟违吾言，死不瞑目。"他"与佃者言义勉尽力,是以一乡化之,莫不推重"。于明景泰三年(1452)十二月二十四日辞世。次年农历三月十八日葬先茔,铭曰:"学优而显,义行而晦。乃心弗怍,俯仰一致。寿考而可终,勒铭永赍。"子孙、弟子和里人在墓地堆垒大墩,占地十余亩,墩高五丈有余,其上种植松柏。20世纪80年代初,村民取墩土做砖坯时,掘出"明故前江西瑞州府推官杨公墓志铭"青石碑和陪葬景泰蓝花瓶12只。

崇古庵 又名横泾庵,位于横泾岸自然村。清乾隆年间里人捐建,并置斋田12亩。有房屋16间,其中山门5间,大殿5间,东西院堂6间,中间是庭院。山门曾于1917年重建。山门先后内置弥勒、韦陀两尊菩萨。大殿上列有3尊不同形态的观世音菩萨。两院奉祀刘猛将圣像。1950年后,该庙移作小学校舍。1973年横泾小学易地新建时拆除。

观音堂 原名德福禅院,位于吹鼓杨家巷自然村北侧。有大雄宝殿、天王殿、观音殿等建筑。元朝末年在战乱中焚毁。清代康熙年间,里人集资重建,更名为观音堂。有平房9间,其中正殿5间。堂内供奉观世音菩萨佛像1尊。中华人民共和国成立后,改作吹鼓民办小学校舍,1969年拆除。

教育

学前教育

1958年，妙桥人民公社成立后，境内各大队建立青年突击队，农业生产搞大兵团作战。为解决幼儿安全问题，各大队均办起了托儿所、幼儿班。1962年秋，幼儿班停办。1980年秋，幼儿教育被纳入了教育事业规划，境内各大队小学部均设幼儿班，并均配置1名幼儿教师，对4—5周岁的学前儿童进行复式班教育。设置的课程有语言、计算、体育、常识、音乐、美术等。1986年始，境内幼儿班纷纷扩展规模，分设中班与大班。1991年始，因生源不足，境内各大队小学附设的幼儿班先后并入妙桥幼儿园。

妙桥幼儿园 是张家港市最早的农村幼儿园之一，前身为妙桥中心小学附属幼儿园，开办于1974年。原址在原妙桥镇北沿河街2号、华妙河与西旸塘交汇处。2002年独立建制后，因村小附属幼儿班均并入妙桥幼儿园，镇政府决定异地重建，移址横泾章泾头自然村，北邻章泾新村。2003年8月28日落成，占地面积1.08万平方米，建筑面积6003平方米。2014年占地面积扩至1.35万平方米，建筑面积7960平方米。建有两幢混砖结构的三层楼，教育设施堪称张家港市一流。

2020年，该园有幼儿713名，其中外省市籍幼儿198名，分设22个班级。在校教师53人，员工35人。骨干教师20人，占比37.7%。其中市级学科带头人2人、教学能手10人、教坛新秀8人。学校现代化教学设备齐全，有钢琴27台、电视机20台。多媒体教室8个、电脑60台、多功能电子屏幕2台，卫生、饮食、午睡等设备一应齐全。活动场所内各种适合幼儿活动的配套器材应有尽有，学校环境舒适、宽敞、整洁、美观。

2004年，妙桥幼儿园被评为张家港市科技特色园。2011年，被评为江苏省绿色学校。2015年获评苏州市节水型先进学校及张家港市美丽学校。2018年获评张家港市依法治教先进单位、安全教育示范学校、苏州市语言文字工作达标学校、张家港市课程节水先进学校。2019年获评张家港市课程建设先进学校。

妙桥幼儿园新貌

小学教育

中华人民共和国成立前，境内共有5所私塾，1所由天主教建办的"洋学堂"。境内私塾偏重于国文教育，入学子女大多是殷实家庭子女，绝大多数农民家庭子女没有就读机会。中华人民共和国成立后，政府重视教育，境内各私塾先后转为初小，由人民政府接管，实行民办公助的管理体制。1954年，境内设有迈步初小、欧桥初小横泾分校、吹鼓初小（私立）、薛家苏家角初小。1958年8月，除吹鼓初小（周桥私塾）外，境内3所初小均转为公办学校，学校课程按国家规定开设。1958—1959年，入学儿童猛增，横泾分校增设1个民办班。1964年秋，出现了大队办学的新高潮，境内横泾小学独立建制，洞泾小学设徐桥耕读班，吹鼓初小改为吹鼓小学，包括薛家、陶桥小学共有5所耕读小学。1963年，小学入学人数虽呈上升趋势，但巩固率不高。每年开学之际，各校教师都要下乡走访，动员学龄儿童入学，且入学儿童年龄参差不齐，因当时国家处于经济恢复时

张家港市阳光学校

期，一些儿童往往读了几年就回家参加农业生产劳动，或学手艺，以减轻家庭负担，故小学入学率、巩固率偏低。1964年后，随着国民经济的好转，人们文化意识的提高，特别是政府对教育事业的投入增加，绝大多数学龄前儿童均进入大队小学就读。由于教师紧缺，各大队小学均以复式班进行教学，1名老师往往要教授2至3个年级的学生，且兼授语文、算术等课程。至1965年底，境内学龄儿童入学率达90%以上，初小学生巩固率达80%以上。

1969年，在公办小学下放到大队办后，各大队小学均为全日制完全小学，且学制由6年改为5年，学生可就近入学，入学率、巩固率、毕业率均在95%以上。1988年，张家港市人民政府在妙桥镇开展实施九年制义务教育试点工作，境内各村积极贯彻义务教育法，配合学校做好初中小学流生返校动员工作，使境内率先实现义务教育。为整合教育资源，优化教育配置，1991年后，境内各小学逐步并入妙桥中心小学与金村小学。2005年，由于大量新市民涌入妙桥，本地学校无法容纳新市民子女就读。经张家港市教育局批准，安徽籍人士钮家伟投资500万元，在境内创办张家港市阳光学校，满足了新市民子女就学的需求。

横泾小学 位于横泾村三五叉口自然村，原村委会驻地北侧。其前身是欧桥初小横泾岸分校。1949年秋季，龚心湛在横泾岸崇古庵创办私塾，国家适当补助，当时因归属欧桥初小，故定名"横泾分校"。学校有1个班级、1名教师、45名学生。1954年8月，由福山区人民政府批准，转为公办学校，定名"横泾初小"。1958年8月增设了一个民办班。1965年春季又增设了两个耕读班。

1969年9月，公办学校下放大队办时期改名为"横泾大队小学"。1978年春季，该校迁至三五叉口易地重建，占地1667.5平方米，建筑面积640平方米。学校有5个班级、200名学生、7名教师。1979年9月，经上级批准又更名为"横泾小学"。1986年该校又增2个幼儿班、44名幼儿、2名幼儿教师。

1992年秋季，因中国羊毛衫商城发展的需要，学校迁至羊毛衫商城南侧朱家湾和周家巷之间，成为妙桥中心小学办学点，中高年级学生转入妙桥中心小学，只设低年级和幼儿班，并更名为"横泾初小"。1998年8月横泾初小撤销，并入妙桥中心小学和妙桥中心幼儿园。

薛家小学 位于薛家村苏家角，原薛家村委会驻地旁边。其前身是薛家耕读班，1964年秋季建办，设在苏家角陈姓家，初名为妙桥中心校薛家耕读班。学校有1个复式班、42名学生、1名教师。1969年9月在公办小学下放大队办的潮流中，改名为"薛家大队小学"。占地600平方米，建筑面积75平方米。有2个班级、75名学生、2名教师。1978年秋季，学校重新翻建，占地面积1005平方米，建筑面积250平方米。有3个班级、84名学生、3名教师。1979年经上级主管部门批准更名为"薛家小学"。1986年秋季该校增设1个幼儿班、23名幼儿、1名幼儿教师。1990年秋季，因施教区范围内生源不足，薛家小学撤销，并入妙桥中心小学。

洞泾小学 位于洞泾村三条桥南面，原洞泾村委会驻地东侧。其前身是迈步私塾，1947年秋季，徐景炀在迈步宕3间民房中开办私塾，因而得名。学校有1个班级、40名学生、1名教师。

1950年8月纳入私立公助学校。1954年秋，福山区人民政府批准转为公办学校，定名"迈步初小"。学校有1个班级、32名学生、1名教师。1959年8月增设1个民办班，并易地重建校舍，迁到陶桥村章家宕和谢家宕的交界处，改名"陶桥初小"。

1964年8月洞泾大队在洞泾湾创办了1个耕读班，翌年又在钱家宕再办1个耕读班，共有74名学生、2名教师。1964年，陶桥村在宋家宕开办了1个耕读班，有32名学生、1名教师。1969年9月，在公办小学下放大队办的潮流中，洞泾湾耕读小学和钱家宕耕读小学合并，改名"洞泾大队小学"。校址选定在钱家宕西侧，占地面积1134平方米，建筑面积450平方米。学校有5个班级、182名学生、5名教师。同时陶桥初小与宋家宕耕读小学合并，改名"陶桥大队小学"。学校迁到宋家宕西侧，占地面积1385平方米，建筑面积500平方米，有5个班级、164名学生、5名教师。1979年9月，经上级批准，将洞泾大队小学改名为"洞泾小学"，陶桥大队小学改名"陶桥小学"。

1989年8月，因调整办学布局，便于管理，决定两校合并，定名"洞泾小学"。并在三条桥南侧重建校舍，占地面积3000平方米，建筑面积570平方米。小学部有6个班级、187名学生、9名教师。幼儿园部有2个班级、46名幼儿、2名幼儿教师。1996年8月，因施教区范围内学额不足，洞泾小学撤销，并入妙桥中心小学。校舍让给镇成人教育中心校和镇党校使用。

吹鼓小学　位于吹鼓村北杨家巷，原村委会驻地北侧。其前身是周桥私塾（大坝桥观音堂私塾）。1946年春，由时留云在杏市乡大坝桥开办"周桥私塾"。1948年春季迁至吹鼓杨家巷观音堂内，改名"观音堂私塾"，有1个班级、40名学生、1名教师。1950年8月，福山区核定其为私立公助学校。1954年，福山区人民政府将其批准转为公办学校，因老师不同意，仍为吹鼓民办小学，有1个1—4年级复式班、50余名学生、1名教师。该校各年级的教学质量较高，重视毛笔字训练，很受家长欢迎，在群众中声誉好。

1964年秋季，吹鼓大队在田堵办了1个耕读班，有32名学生、1名教师。1969年9月，公办小学下放大队办时期，吹鼓大队把南北两个办学点合并，将校址由观音堂迁移至北杨家巷南侧，在赵巷东重建新校舍，占地面积337平方米，建筑面积185平方米，改名为"红星大队小学"。

1978年秋季该校扩展，重新翻建，占地面积1334平方米，建筑面积500平方米，共有5个班级、190名学生、6名教师。1979年8月，经上级主管部门批准，更名为"红星小学"。1981年10月复名"吹鼓小学"。1986年秋，该校增设1个幼儿班、幼儿25名、1名教师。

1999年8月，因该校施教区范围内生源不足，撤销吹鼓小学，大部分学生转入金村小学就读，少数学生至妙桥中心小学就读。

张家港市阳光学校　位于张家港市妙桥集镇南部，横泾村黄金湾小区偏西北，东与妙桥医疗卫生服务中心相连，西近薛家地、黄家巷，南近商城路，北望妙桥幼儿园，占地面积2.31万平方米，建筑面积11516平方米，绿化覆盖率25%以上。校园布局合理，教学区与活动区东西分布，幼教部与小学部南北分离。2005年秋，经张家港市教育局批准，获准招生。按照张家港市公办学校标准设计课程，使用统一教材，由妙桥中学、妙桥小学各委派一名有相当教学管理经验的中层干部负责学校的教学业务管理，且委派18名支教老师全职参与学校的教学工作。是年，根据生源情况，学校共聘用教职工64名，分设幼教小、中、大班，共10个班级；小学22个班级、初中6个班级。因生源流动性大，学校采用规模化与个性化教学相结合的模式，有效地解决了新市民子女入学难问题。

2005年创办以后，先后有2500名小学生毕业。至2014年初中停办，共有500多名学生初中毕业。

2005年始，学校先后投入3500万元，建有体育场地3500平方米，环形塑胶跑道200米，标准篮球场、排球场各一个，标准乒乓台6张。建有艺术室、科学室、综合实践活动室、实验室、少先队活动室、计算机教室、多媒体教室等专用教室。教育教学设配套先进，符合江苏省教育厅颁布的民办学校办学标准。

2020年，小学部有20个班级，在校学生856人，聘用教师41人，其中38人持有教师资格证书，文化程度均在大专以上。骨干教师11人，其中张家港市教学能手7人，教坛新秀4人。同时妙桥小学委派一名副校长，负责学校的教育教学管理工作。

2020年，附属幼儿园有13个班，在园儿童445人，教师27人，职工17人。园内幼儿生活、学习设备按规定配套，各类玩具、卫生、饮食、午睡等设施按公立学校标准配置。幼儿活动的区域，设有攀爬、跳跃、滑梯、球类活动、投掷等12个区域。该园是张家港市新市民学校中规模较大、信誉较高的一所民办示范幼儿园。

建校以来，学校先后获得苏州市标准化建设示范学校、苏州市民办先进集体A级社会组织、张家港市常规管理先进学校，获得张家港市新市民学校办学水平综合评估一等奖。2020年江苏省教育厅、江苏省广播电视总台联合举办的全面小康教育担当栏目组对阳光学校进行专题直播，提升了学校在全省的知名度。

老年大学

塘桥镇老年大学横泾分校位于村文化娱乐中心北楼内，创办于2019年，建筑面积600多平方米。学校遵循老有所乐、老有所为的办学方针，以增长知识、丰富生活、陶冶情操、促进健康为宗旨，贯彻享受教育、学会快乐、收获幸福的教学理念，为区内及周边老年朋友提供良好的学习场所。

该校属张家港市惠民实事工程之一，政府提供场所，分担开支，村级代管。老年朋友免费报名入学（除点心制作班级收取部分食材费外）。根据学校设置的专业，学校分春秋两季招生，学校设有5个专用教室，有乐器室、手工室、舞蹈室、书法室、音乐室，教学配套设施完备。其中3个教室配有多媒体教学设备。乐器室配有古琴、二胡、洞箫、古筝、丝竹、琵琶、笛子、葫芦丝、圆鼓等各种乐器，设置班额30人，分期开班。手工室以创意改变生活、制作成就梦想为教学目标，设计班额30人，主要学习剪纸、编织、棒针编织、中国结制作等。舞蹈室主要教学民族舞、广场舞、瑜伽等，设置班额45人。书法室以隶书、楷书、行书初级教学为主，设计班额

书法班

舞蹈班

20名。音乐室主要学习声乐训练、基本乐理、合唱排练、发声训练、锡剧经典名段以及塘桥地方曲艺（唱春）等。

2019年，塘桥镇老年大学横泾分校春秋季共开班7个，其中锡剧班1个、45人；书法班1个、20人；柔力球班1个、30人；唱歌班1个、45人；广场舞班2个、45人；瑜伽班1个、20人；民族舞班1个、45人。

各班教学计划由塘桥镇老年大学制订，聘用的专职教师由校本部委派，各任课教师的课程计划须报校本部审核批准实施，原则上每班各专业总授课时间不少于10周次。每课授课时间为2小时，一般在上午8：00—10：00或下午1：30—3：30。横泾分校有专职管理员2人，村委派一名村副职干部专门负责协调，专职管理员负责管理日常事务。

莘莘学子

中华人民共和国成立后，党和政府十分重视教育，但因农民生活水平低，绝大多数农民家庭无法将子女送校读书。70年代前，本地学子就近读小学、初中到常熟县福山初中、沙洲县塘桥中学读书、以走读为主。极少数学生升入高中读书，进入大学学习更是凤毛麟角。1977年恢复高考，境内2人录取本科。1978年境内6人录取本科，时为妙桥公社录取本科最多的地区。1979—1989年，境内共录取大专及以上院校90人，占1963—1972年境内出生人数的10.5%。

1990—2001年，境内共录取大专及以上院校238人，占1973—1983年境内出生人数的25.98%。2002—2012年，境内共录取大专及以上院校451人，占1984—1994年境内出生人数的55.67%。2013—2020年，境内共录取大专及以上院校328人，占1995—2002年境内出生人数的79%。

优秀学子

1977年恢复高考，吹鼓大队赵巷自然村的赵卫良考入南京林产工学院，陶桥大队谢家生产队的谢建良考入江苏师院，成为恢复高考后的第一批大学生。1978年，横泾大队章泾头自然村的卢爱国、金建明分别考入西北电子工业学院、西南交通大学。季家自然村的卢维良考入华东师范大学。薛家大队苏家角自然村李东考入浙江大学。1979年，陶桥大队的陶雪良考入浙江大学，谢玉敏、沈建军考入南京大学，吹鼓大队的杨石明被中国人民解放军招收为预备役飞行员，录取中国人民解放军空军长春第一预备学校。1980年，横泾大队隆家自然村隆仲华考入浙江大学。三五叉口自然村的朱元龙父亲常年体弱多病，家庭经济极为困难。但朱元龙从小勤奋好学，在父母全力支持下读完沙洲中学，1980年以优异成绩录取江西冶金学院选矿专业。吹鼓大队杨家宕自然村查元明考入浙江大学。吹鼓大队唐家自然村的杨建良16岁丧父，既要就读高中，又要承担家庭责任，吃苦耐劳,勤奋好学,考入南通纺织专科学校。1982年,横泾大队尹家自然村的陆雪华,以优异成绩考入清华大学,成为境内首位清华大学学生。2011年,横泾村徐桥自然村的陶倩瑛琦以苏州市高考文科第五名、张家港市高考文科第一名的优异成绩考入清华大学。

至2020年底,横泾村学子录取国家重点大学的还有陆春明(复旦大学)、王斌(南京医科大学)、查丁石(浙江大学)、张建文(同济大学)、陆益(大连理工大学)、杨利刚(华东师范大学)、黄维(东南大学)、姜海斌(上海交通大学)、陈宇峰(南京航空航天大学)、杨栋(东南大学)、黄乙峰(南京航空航天大学)等。

书香家庭

陈雪琪家庭 对子女教育极为重视,其子女读书也极为勤奋。陈雪琪是张家港市妙桥中学英语教师,生有二女一子,从孩子懂事起,他就教育孩子们要认真读书。从每个孩子进校第一天起,他总是关心孩子们的一言一行,帮助孩子们养成良好的学习习惯。终于功夫不负有心人,孩子们个个出类拔萃,并考取了理想的学校。长女陈静芳,1980年考入江苏师范学院外语系(英语专业),1984—1987年留校任教,1987—1989年为北京外国语学院联合国翻译训练班硕士研究生,1990年赴联合国驻日内瓦欧洲总部任翻译;小女陈群智1989年考入江苏师院英语系,1993年毕业后分别任教于梁丰中学和塘市中学;儿子陈群益,1989年考入阜新矿业学院(矿山机械专业)。1993年录取东北大学(机电一体化)研究生。1997年,考取美国芝加哥威斯康星大学机电系博士研究生,毕业后在美国通用医疗设备公司工作。2004年进入美国北卡大学机电研究室从事博士后工作。2018年后进入美国明尼苏达州机械研究室工作。

陆永兴家庭 治家有方,教育子女有方,形成良好的好学家风。陆永兴在1959年初中毕业后长期担任大队会计,生有一女三子,都是读书的好料子,特别是三个儿子,个个聪明,学习成绩名列前茅,并都考上了名牌大学。长子陆春明,1967年出生,1984年录取复旦大学。1991年考取美国路易斯安那州立大学软件工程硕士,后读博士,为某软件公司技术负责人;二子陆春龙,1969年出生,1986年录取合肥工业大学车辆工程系,后成为机械工程师、注册安全工程师,任江苏华大新材料有限公司安全总监;三子陆益,1971年出生,1988年,录取大连理工大学企业管理(国际贸易)专业,1995年为美国蒙大拿州立大学工程设计硕士、软件工程硕士、美国哥伦比亚大学MBA,任某通信公司高级经理。

助学兴教

1990年始，国家各大专院校扩大招生名额，特别是在张家港市实施科教兴市战略情况下，境内学子接受高等教育的机会不断增多，有70%均能进入各级各类大专及以上院校。横泾村委十分重视教育及人才的培养，2012年就出台了《关于横泾籍子女录取大专院校奖励的规定》，激励学子积极进取，为中华崛起而奋发学习。规定：录取重点本科院校的一次性奖励3000元，录取普通本科院校的一次性奖励2000元，录取大专院校的一次性奖励1000元。据统计，2013—2020年间，横泾村学子共录取大专及以上院校259人，其中录取重点本科院校的有11人，普通本科院校的145人，大专院校的有103人。八年中，横泾村共发放助学奖励金42.6万元。

2013—2020 年横泾村助学奖励情况汇总表

表 59

年份	重点本科（人）	普通本科（人）	专科（人）	奖励总额（元）
2013	—	24	5	53000
2014	—	12	6	30000
2015	—	19	9	47000
2016	—	19	11	49000
2017	4	24	18	78000
2018	3	20	19	68000
2019	2	12	20	50000
2020	2	15	15	51000

体育

体育设施

  中华人民共和国成立初，境内就有甩石锁、举石担、舞龙灯、舞狮、踩高跷等传统体育活动。60年代，杨家宅生产队在公场东侧建篮球场，篮球架用树木自制。1983年，洞泾小学新建后，操场上建有篮球场、单杠、双杆等体育设施。2002年，妙桥幼儿园移址境内，投资30余万元，建有体育运动场5块，面积3450平方米，其中3块为多功能塑胶场

健身场地

篮球场

地，有2架大型滑梯、12件中型体育器材、950件小型体育器材。2006年，阳光学校建占地4000平方米体育运动场，设有1个标准篮球场、2个标准排球场，还有长200米塑胶跑道、8张标准乒乓球台、国标单杠和双杠各3副。

2015年，横泾村投资100余万元，新建3个活动健身场所，占地面积800平方米，各处配备由张家港金陵制造有限公司生产的太极推梯器、太空漫步器、太极推手器、双位蹬力器、钟摆扭腰器、压脚杠、并行梯、压腿、矮肋木等器具，并在村委西北侧新建一块高标准塑胶篮球场。

群众体育

习武 旧时，横泾区域有甩石锁、举石担、打马鞍石之类的武术活动。清末年，王家墩王念红乡试中武秀才，他平时使的一把大刀重达30千克。受其影响，境内青年打马鞍石、甩石锁、举石担的练武之风盛行，好多农家都有习武器械。中华人民共和国成立后，随着社会发展和新型体育活动的增多，人们的习武活动逐渐停止。

篮球 60年代初，篮球运动在境内兴起，杨家宕生产队利用集体打谷场，竖起两副用树木自制的篮球架，周边生产队的青年每至傍晚汇集在篮球场打篮球，如李嘉民、卢丁华、陈正方、宣关新等篮球爱好者，在劳动之余就活跃在球场上。

80年代，随着村办企业的发展，职工的业余篮球活动再次兴起。节假期间经常开展篮球比赛。2017年，由陆学军、卢伟刚、黄超等14人组成篮球队，设领队、干事、队长各1人。领队负责带领参加比赛和对外联谊交流。队长兼领训，负责组织日常训练和参赛等。球队还制订了一套规章制度，包括管理制度、装备要求、经费预算等。是年12月20日，在黄金湾球场举行村第一届迎元旦男子篮球邀请赛。参赛球队来自横泾、何桥、张家港市第三人民医院、塘桥初中。通过角逐，横泾村队获一等奖。2018年12月23日，横泾村在镇文体中心室内篮球场举行第二届男子篮球邀请赛，有友诚科技有限公司、金陵网咖（塘桥店）、横泾村、张家港市第三人民医院的篮球队参赛。经过角逐，金陵网咖（塘桥店）球队获第一名，横泾村球队获第二名。

杨柳青舞蹈队 于2014年成立。由杨氏家族的18名中青年妇女组建。队长杨卫玉，平时负责组织排练节目。每年庙会、五一节、重阳节、国庆节等重大节日，都要组织参加演出。2015年10月，参加张家港市第二届全民健身大展示体育舞蹈比赛，荣获全民健身活动优秀组织奖。2016年8月参加舞动港城、绽放风采"牙博士"杯竞赛活动中荣获张家港市优秀入围奖。2017年10月，荣获迎"十九大"张家港市第四届青年竞赛大展示体育舞蹈比赛最佳展示奖。2018年10月荣获张家港市第五届千人竞赛大展示体育舞蹈最佳组织奖。2019年，挑选年龄在40岁左右的妇女组成舞蹈队，由苏春艳担任队长，组织队员晚上排练，改名为舞飞艳舞蹈队。

运动会开幕式

1969年，农村实行合作医疗，境内各大队建立合作医疗室，配备"赤脚医生"，开展防病治病、妇幼保健、卫生健康教育、食品安全等工作，为保障境内各大队（村）居民的健康安全发挥了重要作用。2000年5月，境内横泾村创建成江苏省卫生村。2002年，境内洞泾、薛家、吹鼓村创建成江苏省卫生村。2007年，横泾村被评为苏州市"亿万农民健康促进行动"先进村。

医疗机构

中华人民共和国成立前后，境内群众有病去私人门诊登门求医，因经济困难，群众不及时就医，健康无法保障。1969年3月，境内横泾、洞泾、陶桥、薛家、红星等5个大队分别成立合作医疗委员会，选送培训"赤脚医生"。横泾大队有卢仁平、卢维峰2人，洞泾大队有卢丁华、瞿萍2人，陶桥大队有朱兴保、朱梅花2人，薛家大队有姜松保、卢桂英、殷江琴3人，红星大队有杨欢保、卞彩英

2人。是年9月，境内各大队设立合作医疗卫生室，一般配有2间房屋，面积有30余平方米，门诊、药房各一间。1983年，境内各卫生室改为乡村卫生室，"赤脚医生"改称乡村医生，并通过江苏省卫生厅组织的统一考试，成绩合格者由张家港市卫生局颁发乡村医生合格证书。1992年11月，吹鼓、洞泾、薛家3村卫生室创建成市文明卫生室。

2004年四村合一后，横泾村合作医疗卫生室移至商城路156号，合并成为横泾社区卫生服务站，建筑面积280平方米，内设门诊、药房、药库、康复、资料库、输液、消毒室等12间功能室，有乡村医生4人。在三条桥自然村另设横泾村第二卫生服务室，内有门诊、药房、消毒、换药、输液室等10间功能室，有乡村医生3人。合作医疗卫生服务站、卫生室分设后，方便了群众看病。

2018年，横泾村卫生服务站与妙桥社区卫生服务站合并，在塘桥镇妙桥幼儿园南侧建立妙桥社区卫生服务中心（张家港市第三人民医院分院）。卫生服务中心占地面积

6400平方米，建筑面积4850平方米，为片区居民提供"基本医疗、公共卫生、中医药服务、康复保健、健康促进"五大服务。卫生服务中心配备检验、生化、心电、B超、数字DR等医疗设备；开设3个全科诊室、1个专家诊室、体检区、预防保健区、中医治疗区、综合康复病区。卫生服务中心有29名医务人员，其中内科、外科、药科、检验科、超声、放射科室各2人，中医科8人，护理科4人，公共卫生科5人。卫生服务中心的运行，提升了村、社区医疗服务能力，有利于构建双向转诊的绿色通道。

妇幼保健

中华人民共和国成立前，妇女生育由民间接生婆接生，或自行包扎。遇有难产，产妇、婴儿往往会丧失生命。中华人民共和国成立初，境内仍延续此种接产方式。1958年，妙桥公社卫生院建立妇产科，推行住院接生，并对各大队接生员进行技术辅导。1971年，境内各大队选派一名女青年到沙洲县人民医院培训，实习新法接生，成为大队接生员。

1975年后，产妇实施住院分娩。1981年实行孕妇未产期保健，定期对产妇做系统检查，加强监测，发现有难产、隐患孕妊病变，孕妇必须住院接产，确保安全分娩。1994年，妙桥镇对各村孕产妇实行系统化管理，全程跟踪保健，产前、产时、产后全程监控。

在受孕12周内建立孕妇保健卡。产后42天检查，身体恢复后落实避孕节育措施。2003年妙桥镇并入塘桥镇后，孕产妇保健工作由塘桥镇卫管中心负责，至今未变。

妇女病普查从70年代开始实行，对妇女中常见的闭经、痛经、子宫下垂、宫颈炎及息肉、滴虫病进行普查。一旦发现疾病，医生当即开出处方，落实治疗措施。病情严重的，须定期服药、复查。普查工作每年进行一次，每次抽查境内妇女的三分之一，三年时间普查一轮，每轮普查率达100%。通过普查，境内妇女病的发病率明显下降。1980年，妇女病的发病率仅5.6%。1990年始，增加了两癌筛查，妇女病的发病率下降至1.2%，妇女的健康得到了保障。

中华人民共和国成立前，幼儿患病由家长自费诊疗。由于生活艰苦，幼儿营养不良者居多。中华人民共和国成立后，人民政府重视对儿童的保护，幼儿保健措施逐步落实。1950—1961年，对儿童普遍接种牛痘、鼠疫、白喉、百日咳、伤寒等疫苗，天花、白喉等病随之绝迹。1977年，对儿童接种卡介苗。1978年起，对满2—8个月的婴儿实行计划免疫，接种卡介苗、三联苗（百日咳、白喉、破伤风）、麻疹疫苗等。对1—7岁的儿童接种流行性脑膜炎、乙型脑炎疫苗。1981年始，新生婴儿出生42天即列入儿童保健范围，建立跟踪服务卡片，进行系统管理。1周岁以内3个月检查一次，1—3岁6个月检查一次，3—7岁一年检查一次。妙桥医院专门设立儿保门诊部，配专职医生和妇幼保健医生6名，切实做好幼儿保健工作。2000年后，镇在妇保所开设儿保门诊，对3岁以下的婴儿每周进行一次体格检查，针对婴儿易患的营养不良、生长发育缓慢、佝偻病、缺铁性贫血、腹泻等疾病，指导家长平时培养婴儿良好的生活习惯和重视合理的膳食搭配。同时开展计划免疫定期接种工作。除2000年前接种的疫苗外，增加了乙肝疫苗接种。2020年，全村13名3个月以内的婴儿参加了检查，接种率100%。1周岁内儿童17人，全部接受基础免疫接种。

省级卫生村创建

1999年，根据江苏省卫生村标准，村

垃圾分类箱

"红色精神永相传，垃圾分类我先行"文明实践活动

成立以党支部书记为组长的创建领导小组，分工包干各村民小组卫生。横泾村地处镇郊结合部，受地理位置、陈规陋习的影响，村民的卫生意识有待提高。首要任务是提高村民对创建活动的认识水平，为之印发健康知识、日常卫生等宣传资料，分发给村民，由领导小组成员讲解，把环境卫生纳入文明新风户评选条件，并列入领导小组成员年终考核。村民健康意识逐步提高，健康行为日渐形成，村民积极投身大环境整治活动，自觉清理场前屋后垃圾，填埋露天粪坑，新建三格式化粪池，改建水冲式马桶，实现粪便无害化处理。家禽散养改为圈养，生活垃圾入箱，从根本上控制蚊蝇蛆滋生地。并拓宽硬化道路，完善路旁植树绿化，添置建筑垃圾箱和装运车，做到垃圾日产日清。同时加强对农村饮水源建设的投入，由原来井水改自来水。到2000年10月，村改水改厕率均达到100%。结合镇河道管理办法，建立河道管理制度，由专职人员具体负责河道清理工作。村卫生室升级改造，达到张家港市甲级卫生室标准。接种"四苗"覆盖率100%，无脊髓灰质和流行性出血病例，无肠道传染病和暴发性疫情发生。

2000年12月，经苏州市爱国卫生运动委员会验收合格，横泾村被江苏省爱国卫生运动委员会批准，列入江苏省卫生村行列。2001年，境内其他各村投入创建省级卫生村运动，开展全民健康教育和环境整治，多方筹资，抓硬件设施建设，落实长效管理措施，至2002年10月，境内洞泾村、薛家村、吹鼓村均获"江苏省卫生村"称号。

苏州市级健康村创建

横泾村2017年1月始创建苏州市健康先进村。在创建活动中，按照江苏省健康村标准，以问题为导向，对照创建标准，投入100余万元，完善卫生基础设施，环境卫生做到无卫生死角，"四害"密度控制在国家标准之内，在社区场所设置醒目的健康专栏，并做到每季更换一次。服务大厅、食堂、会所、电梯口设置健康小贴士。新建标准型篮球场、健身场所及健康阅读室，组建篮球队、杨柳青舞蹈队、2个健身运动团队。同时建立居民健康档案，组织以社区医生为主的志愿服务团队，将患有糖尿病、高血压、内分泌疾病等的特殊病人及儿童、老年人作为重点监护对象，定期开展专项检测、健康咨询等多项健康监护。在创建过程中，评估组对村民的健康状况进行测评，村民满意率达到96%。2017年被评为苏州市健康先进村。

为进一步巩固苏州市健康先进村的成果，2018年，横泾村又投入100多万元，结合"331"整治，对金村路、立新路交会处的回字楼进行整治。横泾村委领导实地察看，倾听群众的意见，制订整治方案，组织人员实施，6月启动，年底完工，清除垃圾死角2处，清理垃圾20余吨，拆除走廊通道违章350米，违章建筑100余平方米，更换电线3000多米，粉刷外墙面17000平方米，油漆防盗栏3000平方米，整平硬化路面2000多平方米，回字楼环境卫生面貌得到改观。为实现长效管理，横泾村在此设立回字楼微型消防警务室，配备专职人员，落实安全、卫生工作责任制，做到回字楼区域内24小时有人值守，提升卫生、安全保障水平。

2019年，横泾村在整治、美化环境的同时，重点进行硬件和软件建设。硬件建有养老服务中心，配置聊吧室、手工坊、弈棋品茶室、健身房、多功能厅、理发室、游戏厅和健身广场等。生活垃圾按30—40户设一处垃圾收集房标准增建，每处配置垃圾分类箱4只。同时进一步清除卫生死角，对草坪、绿化带定期除杂草、治虫、修剪，清除小河小浜水面漂浮物，河岸用石驳或木桩护堤，并拆除违章建筑，创建健康社区。软件上，在社区、村组开辟宣传栏，宣传饮食健康、厨房卫生、常见病多发病防治、居民膳食指南、四季养生及运动等。

2020年在防治"新冠肺炎病毒"中，村团委妇联组织、布置栏目12期，对乡村医生开展新冠肺炎病毒防治知识讲座4次，围绕安全急救、安全用药、糖尿病预防、新冠肺炎防治等进行辅导。开展健康知识竞赛、健康膳食设计赛、义诊活动等。给老人配备家庭医生，定期走访、检查。对境内民间厨师每年进行体检，做到持证上岗。对村民家宴实行申报制，落实安全、卫生责任。把健康村创建列入常态化管理。

第十一篇　江苏省文明村

　　中共十一届三中全会后，全党工作重点转移到"以经济建设为中心"上，中共中央提出"要在建设高度物质文明的同时，建设高度的社会主义精神文明"。1981年始，境内全面开展群众性精神文明建设活动，先后开展"五讲四美三热爱"教育以及文明单位和五好文明家庭创建活动。1989年，开展评选"文明新风户"活动。1990年6月，境内各村参加妙桥乡"新风杯"竞赛活动，从而形成了全方位、多层次、系列化的精神文明建设新格局。1999年，境内结合文明建设开展创建省级卫生村活动。2004年四村合一后，横泾村不断开展五星文明家庭创建和学雷锋、学先进典型、公民基本道德教育、普法教育、革命传统教育、社会主义核心价值观教育、党史学习教育及争做文明市民教育活动，涌现了一批身边好人。

　　改革开放后，横泾村经济建设快速发展，精神文明建设持续加强，走出了一条两个文明协调发展的成功之路。至2020年，横泾村先后被评为江苏省卫生村、苏州市新农村建设示范村、苏州市民主法治村、苏州市健康村、苏州市文明村、江苏省文明村，并多次被评为张家港市文明村。

宣传教育

宣传阵地

宣传墙　黄金湾小区北门商城路入口处的东墙布置着横泾村村规民约，上面用简洁通俗的语句规范着人们的日常行为。西墙为《张家港市塘桥镇横泾村村民自治章程》。

章程共六章100条，对村各项工作做了具体明确的规定，使之有规可循。村委北墙布置横泾村村民公约三字经，三字经从爱国爱乡、勤奋敬业、遵章守纪、尊老睦邻、文明礼仪等方面规范着村民的言行举止。吹鼓路文卫新村的围墙上布置着关于文明礼仪、遵纪守法、扫黑

宣传墙

除恶等方面的内容。

宣传栏　村委大门西侧，建有不锈钢框架宣传栏4个。从东至西，第一个专栏专题为"讲文明、树新风"，布置社会主义核心价值观内容，选辑村部分家庭的家训、家规、家风内容以及移风易俗的图片。第二个专栏专题为"积极推进农村环境整治，营造整洁优美的人居环境"，并公示历年来村文明户名单。第三个专栏专题为党建工作，为村党委"金色五园"的党建平台，展示党员教育工作条例。第四个专栏专题为庆祝中华人民共和国成立70周年，布置宣传图片，回顾中国共产党建党后的历史发展过程，以及反映中华人民共和国成立后特别是改革开放后中国从站起来到富起来、强起来的社会主义建设

伟大成就。村委（横泾广场）东侧，用不锈钢框架建有四处宣传栏。其中两处为村务公开栏，及时公布村内的重要事项、民生问题，财务收支每季公布，接受村民监督。公开栏北侧一处宣传栏主题为"参与垃圾分类，共建绿色家园"，并布置垃圾分类的方法、类别、标识及好处。公开栏南侧外为健康教育宣传栏，主要传递健康知识信息。专栏内容根据阶段宣传工作重点，不断更换。

宣传牌　横泾村有65个村民小组，村委分别在各自然村显眼地段共布置宣传牌165块。有的用不锈钢框架做成，树立在路旁或村民进出口地段。有的用不锈钢做成简易框架，直接布置在村民房屋墙上。在黄金湾小区横跨东西的主干道及主干道南北的支道两

宣传栏

宣传牌

旁的路灯杆上，两面均悬挂宣传牌子，宣传社会主义核心价值观、张家港市民公约以及文明礼仪、环境卫生、遵纪守法、安全维稳、移风易俗等相关内容，让村民们在潜移默化中接受心灵启迪。

网站公众号　2017年，横泾村微信平台建立，公众号为塘桥镇横泾村民委员会。同年，横泾网站（网址http://www.zjgcm.cn）建立。村利用新媒体宣传横泾，进行爱国、爱乡教育。公众号以"服务村民、方便村民、贴近村民"为宗旨，对政策动态、最新要闻等内容及时推送，以方便村民及时掌握社会热点，紧跟时代步伐；将村情动态、活动安排、通知公告等信息迅速传递给村民，组织村民积极参与到本村建设中来，共享文明发展成果；准时进行党务、村务公开，广泛接受群众监督，营造透明、公开的发展环境。至2020年末，共发布信息400多条，关注人数超4500人次。

《横泾村报》　2017年创办，每年2期，上下半年各一期。版面为A3纸，共4版，彩色印刷。《村报》第一版主要宣传习近平新时代中国特色社会主义思想，以及其他的党的方针政策，并公布村半年内党建和重点工作情况。第二版主要设置民生议题、志愿者活动情况以及村农业和工业经济发展动态、治安安全等情况。第三版主要设置公民道德教育、文明行为规范教育、文化娱乐生活、关爱青少年活动情况的相关内容以及健康知识和身边好人的先进事迹等内容。第四版设置当年村惠民服务的政策和项目以及环境卫生保护及节日系列活动等情况的内容。《村报》中缝穿插横泾村市民公约、社会主义核心价值观及健康养生小常识。《村报》由村党委办公室负责收集、写稿、编辑。后由广告公司编排设计、校对、印刷，每期印刷2000份，每户1份，由村民组长分发到村民手中。到2020年末，《横泾村报》共刊印8期。

《横泾村歌》 该歌由村党委书记陆学军等作词、音乐人庞毅作曲，反映了村庄历史文化和农村的发展变化，抒发了村民对美好生活的向往，展现了乡村的新面貌，激发了村民热爱家乡的感情。

横泾在我心

作词 陆学军
作曲 庞 毅

1=F 4/4

横泾河从门前流过　带着多少先贤的故事

我们在这里　世代　耕耘　播种　希望　把幸福收获

水乡故里人文传说　一眼望去是满目锦绣　古老的
一路风雨百舸争流　文明创建有阵地守候　智能产

桥　用岁月守望　道不尽　多少人间往事风流
业　为乡村添彩　安居乐业笑语欢歌

横泾的　名字刻在我心　里　一根　血脉连接多少春秋
横泾的　名字刻在我心　里　初心不改书写春秋

新的　时代号角声声　一起　奋进大潮涌
强富　美高新的画卷　美丽　家园唱不够

教育活动

学雷锋活动

1963年3月5日，毛泽东题词"向雷锋同志学习"后，境内干部群众迅速开展"学雷锋精神，做雷锋式好青年、好社员、好职工、好学生、好干部"活动。境内各单位积极宣传雷锋事迹，阅读《雷锋日记摘抄》，还把日记中的精华句子，如"人的生命是有限的，为人民服务是无限的，我要把有限的生命投入到无限的为人民服务中去""对待同志要像春天般的温暖，对待工作要像夏天一样的火热，对待个人主义要像秋风扫落叶一样，对待敌人要像严冬一样冷酷无情"等贴在教室里、生产队集中开会处和大队办公室，激励每个人。1977年，中共中央再次发出向雷锋同志学习的号召，境内学雷锋活动又积极开展起来，涌现出了一大批学雷锋的先进集体和个人。1983年，境内把"学雷锋、树新风"活动与"五讲四美三热爱"教育活动结合起来。90年代，把学雷锋活动与社会主义公德教育结合起来。2010年后，境内开展的志愿者活动又延续了学雷锋活动。横泾村志愿者团队以村党员队伍为主要力量，组织企业骨干、入党积极分子、群团成员、热心群众等

祭奠革命烈士

志愿者47名，以服务社会、造福群众、关爱下一代、实现梦想等为主题开展系列活动。组织培训志愿者参加安全消防演练、环境卫生整治、交通值勤、扶贫帮困、关爱老人等活动，并联合妙桥小学，组建志愿者团队，开展"小小交通志愿者""香山祭英烈""关爱孤寡老人"等志愿活动。结对阳光小学，开展"手牵手圆梦行"活动，关爱新市民子女。巾帼服务团队由村妇女主任与各村民组妇女联络员组成，重点在关爱单亲子女、贫困家庭子女、伤残独生子女、失独家庭、空巢老人、流动妇女及新市民儿童方面开展活动。举办"居民同乐庆元宵，邻里守望共团圆"活动、

"红色回忆，听老党员讲故事"主题活动、"超轻黏土，超浓亲情"亲子手工制作活动、"粽叶飘香，喜庆端午"主题活动等。这样的活动仅2020年就有30次。

学雷锋活动的开展，使雷锋精神在境内代代相传，涌现出了许多助人为乐、拾金不昧、见义勇为、扶贫帮困、尊老敬老、敬业奉献、热心公益事业的先进人物。

公民道德教育活动

文明市民教育　1994年，境内各村以1993年张家港市委制定出台的《张家港市文

红色接班人

明市民守则》和《张家港市市民行为规范》（以下简称《守则》《规范》）为基本内容，结合各村实际情况，开展文明市民教育活动。其中《守则》内容为"六要十不准"。"六要"即要热爱祖国，建设港城，同心奋斗，勇于争先；要团结友爱，助人为乐，言行文明，自尊自重；要家庭邻里和睦，计划生育，拥军优属；要尊师重教，敬老爱幼，相信科学，移风易俗；要讲究卫生，美化环境，义务植树，爱护花木；要遵纪守法，维护公德，诚实守信，优质服务。"十不准"即不准粗言秽语，相骂吵架；不准随地吐痰，乱扔果壳、烟蒂、纸张；不准闯红灯，妨碍交通；不准乱停车辆，挤占道路；不准乱设摊点，无证经营；不准乱搭乱建，影响市容；不准乱倒垃圾，乱堆杂物；不准乱涂乱贴，私设广告、标语；不准损坏绿化、侵占绿地；不准擅自挖掘，破坏设施。《规范》的内容为"五讲十不"。"五讲"即讲文明、讲礼貌、讲卫生、讲道德、讲秩序；"十不"即不随地吐痰、不乱扔杂物、不损坏绿化、不损坏公物、不乱涂乱贴、不吸游烟、不骑车带人、不乱停车辆、不燃放烟花爆竹、不说粗话脏话。境内各村把《守则》和《规范》印制近千份，分发到各村民小组及村办企业，并举办各种主题活动，推动教育活动的深入开展。

公民基本道德教育　2001年10月中央精神文明建设指导委员会颁布《公民道德建设实施纲要》后，境内各村民委员会印发《公民道德建设实施纲要》手册，组织党员干部认真学习，着重抓党员干部的道德教育。各村共青团、关工委组织利用团课、黑板报、宣传画廊、讲座等形式介绍先进人物事迹，加强青少年的道德教育工作。对境内的个体工商户，则以诚实守信作为道德教育的重点，要求他们做到礼貌待客，不短斤缺两，不以次充好。同时以开展文明村、文明企业、文明家庭的评选作为载体，推动公民基本道德教育活动的深入开展。

2006—2008年，横泾村开展以"八荣八耻"（以热爱祖国为荣，以危害祖国为耻；以服务人民为荣，以背离人民为耻；以崇尚科学为荣，以愚昧无知为耻；以辛勤劳动为荣，以好逸恶劳为耻；以团结互助为荣，以损人利己为耻；以诚实守信为荣，以见利忘义为耻；以遵纪守法为荣，以违法乱纪为耻；以艰苦奋斗为荣，以骄奢淫逸为耻）为基本内容的社会主义荣辱观教育活动，着重从文明、礼仪、公共秩序、生态环境等方面入手，大力倡导文明健康的生活方式和行为习惯。

2012年11月，中国共产党在十八大上正式提出，要倡导"富强、民主、文明、和谐"，倡导"自由、平等、公正、法治"，倡导"爱国、敬业、诚信、友善"，三个倡导分别从国家、社会和个人三个层面高度概括和提炼出社会主义核心价值观。2013年12月，中共中央办公厅印发了《关于培育和践行社会主义核心价值观的意见》，就培育和践行社会主义核心价值观的重要意义、指导思想、基本原则、基本要求、具体措施以及组织领导作出全面的战略部署。村委将印有社会主义核心价值观的小册子发放给村民，并通过画廊、宣传栏、宣传牌、道德讲堂、订立村规民约等方式，对干部群众进行社会主义核心价值观教育。

革命传统教育　2013年，中共1926年金村支部纪念馆（园茂里）建立。横泾村党委立即组织党委一班人到园茂里参观，了解中共1926年党支部成立、发展的历史，观看中共1926年金村支部活动影像资料，进行党史学习教育。每年均组织新党员到金村园茂里进行入党宣誓，继承革命先辈遗志。每年中国共产党诞生纪念日前后，组织全体党员到上海中共一大会址、张家港市香山烈士陵园、沙洲县抗日民主政府纪念馆等红色教育基地进行参观学习，接受革命传统教育。

2015年，正值纪念抗战胜利70周年之际，横泾村团委、关工委利用暑期，组织100多名中小学生参观张家港市烈士陵园、沙洲县抗日民主政府纪念馆，了解革命志士为新中国诞生而抛头颅、洒热血的史实，感受今天的幸福生活来之不易，以继承革命遗志，为实现伟大民族复兴作出贡献。同时，塘桥镇纪念抗日战争胜利70周年宣讲团也向境内中小学生讲述"金村农民怒杀日本兵""塘桥牛尾巴湾惨案"等故事，揭露日本侵略者的暴行，激起广大学生的强烈愤慨，让学生们感受落后就要挨打的道理，从而激发学生的爱国情怀。

普法教育活动

1986年始，境内全面开展普法教育，历时30多年，围绕经济发展和社会稳定工作大局，有计划地在村民特别是在党员干部中进行法制宣传教育。村民学法、懂法、守法、用法，依法治村的观念日益增强，维护自身合法权益的能力不断提高。

2004年四村合一后，横泾村进一步加强法制教育，健全法制教育网络，成立以村党总支书记为组长、村其他工作人员为成员的普法领导小组，党委（党总支）宣传委员具体负责，经常性地召开会议进行研究部署，严格按照普法教育规划，制定具体实施方案，分年度逐步实施。在"四五"至"六五"普法教育期间，重点组织学习宪法、刑法，及《治安管理处罚条例》《村民委员会组织法》《农村土地承包法》等法律。党员干部、村民组长人手一册《法律知识读本》。印刷1000本主要法律文件小册子，分发给村民。同时，村组织一支由党委宣传委员、中学政治教师、镇司法办工作人员等7人组成的普法教育宣讲团，宣传法律知识。成立法律咨询服务小组，配合上级司法部门，在横泾村委设摊，发放宣传资料，进行家庭、婚姻、劳务等的法律咨询。该项活动共进行52次，接待村民1500余人次。聘请塘桥镇司法办、妙桥派出所的领导和塘桥法庭的法官开展法律知识讲座，对民法、刑法、刑事诉讼法的重点条文进行解读，以案释法，深入浅出，通俗易懂。

2016年，横泾村村委会参照《中华人民共和国村民委员会组织法》，对原有村规民约作相应的修改和补充，制定了《塘桥镇横泾村村民自治章程》，经村民大会审议通过，成为依法治村的重要依据。章程有总则、村民组织、村民的权利和义务、经济管理、精神文明、附则等六章，共100条。横泾村依照国家的法律法规和党的有关政策，并结合村实际情况，多方面征求村民代表意见，制定涉及村民关心的计划生育、建房、财务管理等方面的实施细则，对各项工作做出了具体明确的规定，以规范村民的言行。

横泾村综合治理小组还会同警务室、新市民管理站、联防队展开工作。坚持"调防结合，以防为主"的方针，依法调解村民之间发生的有关人身安全、家庭婚姻、老人赡养、房屋建筑、财产分割及其他方面的矛盾和纠纷。

附：横泾村村民公约（三字经）

横泾村，是宝地；本条约，要牢记。
建设好，新农村；爱国家，爱集体。
勤劳作，同富裕；务正业，谋生计。
多学习，守法律；遵章法，守规矩。
助弱贫，讲奉献；公益事，多出力。
好青年，服兵役；戍边疆，保社稷。
跟党走，志不移；反邪教，远陋习。
敬老人，孝为先；待儿童，重教育。
邻里间，有情谊；家和睦，守家风。
讲文明，行礼仪；宽待人，严律己。
讲卫生，好习气；不攀比，不浪费。
此条约，大家立；执行好，都受益。

新时代文明实践站

2019年3月，横泾村新时代文明实践站成立，村迅速组成以党委书记陆学军为站长的新时代文明实践领导小组，组织党员群众深入学习习近平新时代中国特色社会主义思想，紧密结合村内实际，组织开展形式多样的教育实践活动，让他们更真切地领悟思想，更好地用于指导生产生活实践。

整合阵地资源　整合党员远程教育终端站点、党员活动室、道德讲堂、《横泾村报》，建立理论宣讲平台；整合农家书屋、广播、书场、塘桥镇老年大学横泾分校、新时代文明实践广场等资源，建立文化服务平台；利用农村健身广场、健身步道、体育公园等，建立健身体育服务平台。尤其是村综合服务大楼启用后，底楼开辟占地200平方米的村便民服务中心，设立6个服务窗口，涉及业务包括农村低保、优抚、五保、社会保障审核办理，失地农民就业培训，劳务纠纷调解，土地争议，宅基地报批审核，农业技术指导服务等。便民服务中心采取一站式办公方式，突出以人为本的"人性化"服务理念，直接受理、办理、代理群众申办事项，让群众得到最方便、最快捷的服务。

融合网络资源　将新时代文明实践站与广电站统筹谋划、统筹建设、统筹运用，充分利用广播"村村响"开展文明实践活动。统筹网上网下两个阵地，注重运用"互联网+"方式，利用"学习强国"网络平台、村网站等

新时代文明实践站

载体，运用"两微一端"等新技术、新应用，发布文明实践活动内容和信息，总结推广好经验、好做法，实现文明实践活动信息互通共享、文明实践活动线上线下同频共振。

志愿系列活动 新时代文明实践站的主要活动方式是志愿服务。村志愿者团队有近50位成员。横泾村开展了一系列以"金色梦园"为主题的志愿服务活动，同时点亮了助苗成长"小橘灯"品牌。围绕"一园一灯"，突出"帮困助民、文化悦民、重教惠民"三大

服务理念，开展活动。一是重点开展帮困助民圆梦活动。对区域内的弱势群体进行了调查摸底，建立贫困、失独、残疾、孤老等几类弱势群体信息台账。然后，志愿者根据各人的能力及居家远近，分组开展"志愿手牵手，圆梦弱势者"结对帮困助弱和"圆梦困难家庭志愿爱心"活动，向20多户困难家庭伸出援手。同时，通过志愿者与区域企业联系，帮助多名家庭解决劳动就业问题。先后开展"牵手夕阳，与爱同行"关爱安置房老

志愿服务

年志愿服务活动，举办"我为孤独老人过生日""情系安置老人，爱心健康义诊""帮助打扫居室，洁美家园环境"等活动，同时，利用"我们的节日"开展了"志愿暖春，慰问弱者""元宵汤圆，圆乐孤老""端午粽是情，情系失独家""中秋月儿圆，圆梦新市民"等主题活动。二是以"文化悦民"为目标，搭建志愿草根舞台。村里有文化志愿者骨干10多名，通过骨干带动、培训，参与文化活动的中老年人达200多名，形成了广场舞、交谊舞以及戏曲等文体活动群体。同时，文化志愿者以"我们的节日""文化村村演""志愿

者才艺秀"等为载体，开展了各类文化进社区、志愿送春联、志愿助阅读、志愿乐童心、志愿民乐情、志愿戏曲情等文化活动。三是以"重教惠民"为目标，点亮助苗护苗"小橘灯"。志愿者以未成年人为对象，开展"重教惠民"活动，利用"多彩假日""缤纷冬日"以及"我们的节日"等时机，联合村委、企业、学校，通过远程教育、道德讲堂、讲革命故事、手工制作以及"大手牵小手，放飞田园梦"实践活动等形式，把助苗护苗行动作为"重教惠民"重点，同时与阳光学校挂钩，开展志愿培苗行动，与"肖坤家庭农场"挂

钩，建立志愿育苗阵地，打响以"小橘灯"命名的关爱新市民儿童志愿者服务项目，使其成为横泾村妇代会巾帼公益项目，把社区未成年人教育辅导站构建成新市民儿童欢乐家园。围绕"童眼看社区""童声飘社区""童心进社区"三大主题，横泾村还会同东渡团队、妙桥志愿团队，开展"送书进阳光学校""我为新苗过生日""放飞风筝，放飞梦想""手工制作，护苗共乐"等志愿服务活动。

横泾村庆"六一""亲情牵手、爱洒蓓蕾"农耕行

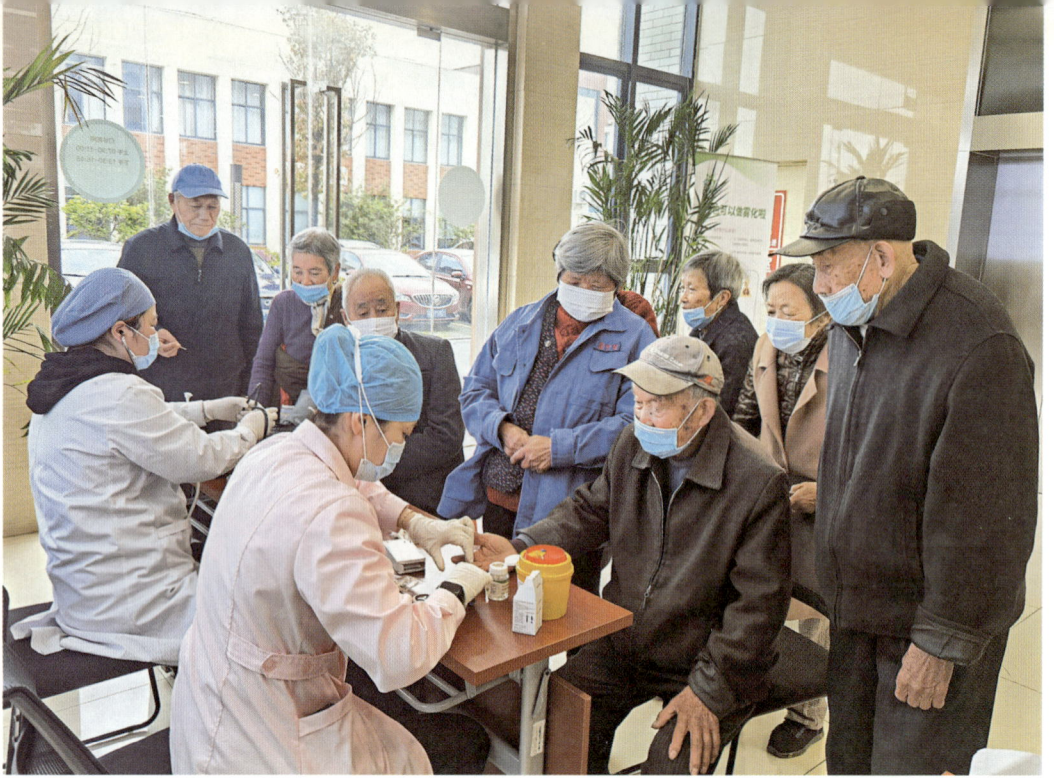

义诊

疫情防控宣传

文明家庭评选

文明新风户评选 1980年,沙洲县委提出在全县开展"五好"家庭评比活动。在此基础上,1989年7月,张家港市委、市政府下发《关于深入开展创建文明新风户活动的通知》,制定了文明新风户评选标准。境内各村根据中共妙桥镇党委、镇政府的统一部署,开展文明新风户的评比工作。

文明新风户评比活动每年两次,6月初评一次,年终总评一次。评比方法、程序:自我申报自评,各村民小组评议,村委考评,逐组张榜公布。评比结束后,举行文明新风户、五好家庭(五好家庭户在文明新风户中评选5%)挂牌或摘牌仪式。对落选户落实帮带,限期整改。凡评上文明新风户后,当年可以参加村里各种先进的评选,享受村给予的年终奖励和各项福利待遇。未评上文明新风户的,当年不得参加文明职工的评选。1989年,境内5个村参评率100%,有94.33%的农户被评定为文明新风户。1994年,党支部组织党员开展帮教活动,对被摘文明新风户牌子的农户,党支部指定党员结对帮教。1999年,境内有1872户,其中有1844户被评定为文明新风户,占总户数的98.50%。2004年,境内有1876户,其中有1803户被评定文明新风户,占总户数的96.11%。

1989—2004年横泾村(境内)"文明新风户"情况一览表

表60

年份	总户数	文明新风户数	文明新风户占总户数百分比(%)
1989	1832	1726	94.21
1990	1871	1765	94.33

年份	总户数	文明新风户数	文明新风户占总户数百分比（%）
1991	1864	1766	94.74
1992	1877	1767	94.14
1993	1891	1801	95.24
1994	1987	1808	90.99
1995	1875	1808	96.43
1996	1897	1812	95.52
1997	1882	1810	96.17
1998	1877	1810	94.43
1999	1872	1844	98.50
2000	1889	1821	96.40
2001	1915	1824	95.25
2002	1871	1801	96.26
2003	1872	1801	96.21
2004	1876	1803	96.11

五星文明家庭评选 2004年四村合一后，横泾村村民委员会将文明新风户评选升级为五星文明家庭评选。2005年4月，五星文明家庭评选活动在横泾村全面展开。村党委成立由副书记、村主任、妇女主任组成的五星文明家庭评选小组。

五颗星的分值各为20分，总分100分。五星文明家庭的评选采用年中初评、年终总评方法，先进行自测、自我打分，然后由村评议小组审核打分，根据得分多少，确定得"星"多少，评比结果分为一星户、二星户、三星户、四星户、五星户。村五星文明家庭评选小组根据评比结果给予上牌挂星。

2005年12月，横泾村通过年终总评，评出五星文明家庭1605户，占全村总户数的81.68%；评出四星文明家庭281户，占全村总户数的14.30%；三星文明家庭57户，占全村总户数的2.90%。对没有评上五星文明家庭的落实帮扶措施，限期满星。2005年后，横泾村每年五星文明家庭占总户数的80%以上。2020年，横泾村总户数1990户，评出五星文明家庭1667户，占比83.77%。

表61

2005—2020年横泾村"五星文明家庭"情况一览表

年份	总户数	五星文明家庭户数	五星文明家庭户占总户数百分比(%)
2005	1965	1605	81.68
2006	1965	1605	81.68
2007	1240	1041	83.95
2008	1244	1042	83.76
2009	1260	1044	82.86
2010	1270	1045	82.28
2011	2143	1807	84.32
2012	2127	1801	84.67
2013	2110	1772	83.98
2014	2093	1764	84.28
2015	2083	1754	84.21
2016	2064	1735	84.06
2017	2040	1711	83.87
2018	2001	1689	84.41
2019	1993	1677	84.14
2020	1990	1667	83.77

文明村创建

1982年始，境内各大队开展争创文明单位活动，重点是对村民进行思想道德教育和法制教育，全方位提高村民素质。是年，各大队（村）召开动员大会，举办各类培训班，发宣传材料，赠送普法读本、小册子1300册，分发宣传资料3500多份、法制教育图片250张，法律咨询20多次，受教育群众3000多人次。1989年，境内洞泾村首次被评为张家港市级双文明单位。1990年，境内洞泾村、薛家村被评为张家港市双文明单位。

1997年，境内各大队将创建文明单位与创建省级卫生村结合起来，以大环境综合治理为抓手，拓宽村级道路，疏浚整治河道，拆除违章建筑，消灭露天粪坑，清除污泥杂草，进行植树绿化等，村容村貌大为改观。1998年，境内各村以"清洁家园、清洁村庄、清洁河道"为主题创建文明村，进一步开展大环境整治，并将此作为为民实事工

环卫工人欢聚肖坤家庭农场

程，各村硬化道路2.1千米，铺设砂石路面19.7千米，铺设自来水管道28千米，自来水覆盖率达60%，路旁植树8.12万棵，河道清理4.8万平方米。1999年，境内各村把创建卫生村作为常态化管理。至2000年10月，村改水改厕率均达到100%。建立河道管理制度，专人负责河道清理。村卫生室升级改造，达到张家港市甲级卫生室标准。接种"四苗"覆盖率100%，无脊髓灰质和流行性出血病例，无肠道传染病暴发性疫情发生。2000年，境内横泾村率先被评为江苏省卫生村。2002年，洞泾村、薛家村、吹鼓村被评为江苏省卫生村。

2004年后，横泾村根据市文明办下发的《张家港市文明镇村创建管理办法》提出的文明村创建的六条标准，把创建的着力点放在强化社会主义核心价值观教育上，积极做好五星文明家庭评选工作，提高村民素质，营造良好村风民风。

2005年，横泾村为安置妙丰公路和集中区建设而动迁农户，建设横泾小区。2007年，村投资40余万元，加大保留村庄的整治力度，改善农民生活环境。2008年，村投资100余万元，对区域内108户铺设污水管道网，建立生活污水处理站，实行雨污分流，达标排放。对境内道路进行改造，硬化道路6000平方米。是年底，横泾村被评为苏州市新农村建设示范村。

2009年，村加大了对全村环境综合治理的力度，前后投入资金100余万元。新建垃圾收集房28座，使全村垃圾收集房达到80座，全村183座厕所改造达标。村工业污水治理达标率100%。全村生活垃圾收集率、清运率和处理率均达100%。全村自然村的绿化覆盖率达35%。农田秸秆无焚烧和乱堆乱放现象，秸秆综合利用率达94.5%。疏浚河道6750平方米，清除河面漂浮物，常年保持河道整洁。是年，横泾村创建成江苏省农村环境综合治理示范村、苏州市健康城市先进村。

2011年，横泾村以民主法治村创建为抓手，拓展法治文化阵地建设，着力提升横泾村新时代文明实践文化广场、法治文化宣传栏、农家书屋、横泾网站、《横泾村报》等各类法治文化阵地的综合效能，开展法治宣传教育活动3场次，受教育群众200余人次。发放法治宣传资料2500余份，解答群众法律咨询45余人次。村综合治理小组会同警务室、暂管中心、联防队依法调解村民间发生的关于婚姻家庭、老人赡养、房屋建筑、财产分割、劳务纠纷等方面的案件8件。坚持村务公开制度，村里的重要事项、民生问题、财务收支及时公布，接受村民监督，民主管理。是年，横泾村被评为苏州市民主法治村。

2017年，横泾村按照苏州市健康先进村标准，投入100余万元，大力整治小区内乱堆乱放现象。共用人工100多人次，清理卫生死角30多处，清理河道5条，补栽绿化200多平方米。添置卫生设施，生活垃圾日产日清。开展卫生整治，改善卫生环境。同时增加健康设施，建有健康路径1处、篮球场1处、健身活动小广场2处、舞蹈房1个、健身房1个。健康知识宣传栏有专人定期更换。是年末，横泾村被评为苏州市健康先进村。

2020年，横泾村着手将横泾小区创建为三星级康居乡村。为此，村镇投资450余万元，对横泾小区进行总体规划和景观改造专项设计。其中投资40万元，对小区破损的1800米道路进行修补，并添置路灯等。投资160余万元，对小区空闲地进行整合，对小区进行平面和立体式绿化。投入70万元，采用自然放坡办法，整理河塘两边驳岸及周边绿化，植树种草，还原乡村原生态风貌。投资20万元，对宅前屋后进行整理。投资40万元，对外墙瓷砖贴面进行清洗。横泾小区整个三星级康居乡村建设于2020年底结束，一个人居环境优美的康居乡村由此建成。

2004—2005年，横泾村被评为张家港市级文明村。2006—2007年被评为张家港市级文明社区。2011年和2015年被评为张家港市级文明村。2015—2017年被评为苏州市文明村。2016—2018年被评为江苏省文明村。

尊老爱亲

孝星殷丽芳 横泾村殷家角自然村人，1961年6月出生。20世纪70年代，年仅16岁的殷丽芳失去了母亲。邻村丧夫的中年妇女周某与其父亲重组家庭。随着年龄增长，继母体质逐渐下降，患有高血压、高血糖、鼻炎等多种疾病。平时，殷丽芳既要照顾继母，又要种好五亩多责任田。她顶烈日，沐风雨，起早摸黑，很是辛苦。2004年6月中旬，父亲经医院检查确诊为食道癌，殷丽芳又担负起两位老人饮食起居的重任。父亲在弥留之际，劝她让继母回儿子家。父亲去世后，亲朋好友也都这样劝她。面对大家的劝说，殷丽芳还是坚持留继母生活在一起。多年来，继母所服治疗高血压、鼻炎的药片都是她购买。有时老人要吃喝自便，她也尊重老人意愿，但不忘"监管"，让老人吃上热饭、

热菜、热汤，一日三餐荤素搭配，孝心不改。邻里们都夸殷丽芳是个孝女。2009年底，她被评为第三届"最可爱的苏州人"百名文明市民标兵、张家港"港城十大孝星"、塘桥镇"十佳孝媳妇"。

坚强女人陈琴芳 横泾村唐家宕自然村人，1959年4月出生。2007年夏的一天，丈夫黄金华在单位替同事顶班，突患高血压中风。那年，黄金华才47岁。其公公当时也中风在床。得知丈夫病情后，陈琴芳心情沉重，但她很快接受了这个现实，独自撑起一个家的生活重担。为了照顾家里两个病号，陈琴芳不得不辞掉工作，没有了固定收入，原本就拮据的家里愈加窘困。黄金华住院20多天后，医生建议回家休养。刚开始，黄金华只能卧床，无法说话。陈琴芳每天都守在他身旁悉心照料，常常对着丈夫"自说自话"，跟丈夫交流，鼓励他。陈琴芳的爱与坚持感染了

丈夫，黄金华恢复得非常快。半年后，他就能开口说话且可以慢慢站起来。等到丈夫刚刚恢复行走的能力，公公便去世了。陈琴芳独自操办完公公的后事，又张罗起儿子的婚事。整个家不论大小事，都由陈琴芳一人操办。孙女出生后，儿子夫妻俩外出上班，照顾孙女的事儿又落在陈琴芳身上。她常常一只手抱着孙女，另外一只手炒菜，忙得连擦汗的时间都没有。即便如此，陈琴芳也从没有喊过一声苦，叫过一声累。村民都称赞她是一个坚强女人。2012年11月14日的《张家港日报》对她的事迹作了报道。

助人为乐

爱心农场主肖坤 安徽宿州泗县人，1979年7月出生。2001年成为妙桥洞泾村女婿，在张家港打拼20多年，经营家庭农场。十多年来，他不忘初心，履行开展爱心事业的诺言。

2013年7月下旬，肖坤从电视上了解到家住合兴的吕涛身患肠癌，经过12次化疗，巨额的医药费击倒了吕涛一家。他从妙桥坐公交车，直奔市第一人民医院，直接捐助2000元。2014年2月，肖坤从《张家港日报》了解到，有两个安徽籍的小孩子患了怪病，不能晒太阳，不能受高温，经常泡在水里。他又赶到其家人租住地锦丰，掏出500

元塞给病童家人。2014年5月，塘桥滩里村陆侠家庭惨遭不幸，两个儿子都患上重症肌无力症，并已瘫痪在床。陆侠丈夫朱金哲骑电瓶车也意外摔倒昏迷。面对这一不幸的家庭，肖坤得知后，立即乘车前往市第一人民医院，捐献1000元善款，以后又两次捐助，共捐款1800元。2017年8月，肖坤一大早采摘120袋翠冠梨，赠送塘桥镇敬老院（福沁苑）。2018年春节前，肖坤带着农场种植的农产品，慰问横泾村30多户困难家庭。2018—2020年，肖坤连续3年为塘桥镇150名环卫工人提供暖心年夜饭，感谢他们为美容港城所作的贡献。2015年，肖坤被评为张家港市道德模范、张家港市身边好人。

热心人黄雪忠 横泾村黄家巷自然村人，1972年10月出生。他任村委副主任期间，工作认真踏实，为人热心善良，默默照顾和他没有亲属关系的孤寡老人陈卫芬十多年。

村民陈卫芬与丈夫陈世林1971年结婚，婚后育有女儿陈梅花、儿子陈斌。不幸的是，儿子陈斌5岁时溺水身亡；女儿陈梅花1999年查出患胃癌，多方求治，最终还是病入膏肓，不幸去世。祸不单行，2000年，陈卫芬丈夫陈世林又因患肝癌医治无效去世。面对如此家庭，女婿顶不住巨大压力，抛下女儿，不辞而别。对此，陈卫芬精神遭受重大打击，患上了精神分裂症。同村的黄雪忠看她一个人无依无靠，生活没人照顾，便义无反顾地扛起照顾陈卫芬的重任。陈卫芬每天生活由其安排照顾，日用品由其购买。陈卫芬糖尿病复发住院，黄雪忠总是全力安排，带去必需的生活品，并负担她的医药费。2008年2月28日，陈卫芬的精神疾病越来越严重。黄雪忠与村委的同事一起将陈卫芬送到张家港市康乐医院就医。在后来的六年时间里，黄雪忠每月定时去探望她，有时候医院里没有医生开的药，黄雪忠就会从外面买了送过去，像亲人一样无微不至地照顾她。

2015年1月19日，张家港电台《张家港新闻》栏目播放了黄雪忠的先进事迹。9月，他被推荐为"江苏省百佳孝星"候选人。

敬业奉献

金牌调解员邹建刚 横泾村薛家地自然村人。1954年3月出生。原是横泾村信访调解委员会主任。在岗30年，他任劳任怨，淡泊名利，为民解愁，积极做好村民的调解工作。

横泾村隆家组的卢老太，三十多岁时就守寡，抚养两个小孩非常辛苦。后经人撮合，与同住一组的独身男卢某结婚，又生育女儿卢妹。2003年，丈夫也因病去世。2008年5月，卢老太因病住院，且病情非常严重，命在旦夕。卢老太与前夫的儿子、女儿，以及与现任丈夫所生的女儿守护在病房中，商量卢

老太的后事。在商量过程中，为"争母"发生矛盾。邹建刚得知后，立即进行调解、协商，但双方坚持各自的意见。邹建刚建议兄妹双方一起到医院征求母亲的意愿。后因卢老太病情已转危为安，"争母"一事暂告段落。2010年5月初，86岁高龄的卢老太旧病复发住院，"争母"矛盾再次凸显。6月4日下午，双方当事人来到村委会调解室。待双方坐定后，邹建刚对兄妹双方争抢母亲一事进行道德教育，并委婉批评他们为争抢母亲的遗体和骨灰这一"认祖归宗"的做法不符合法律规定。后又经过多次与卢老太女儿沟通，矛盾缓解。前夫儿子将出院的母亲接回自己家中，并全部负担卢老太的医药费。在此基础上，与卢老太双方子女签订调解协议，对老人身故后的丧事料理、骨灰处置按照本地风俗习惯进行约定，矛盾就此解决。

2011年6月13日上午，一对中年夫妇急匆匆地走进村信访室，他们是安徽籍种田大户盛某夫妇，主要来反映自己家灌溉用的水泵被本地村民杨某兄弟扛走了。其原因是杨某兄弟怀疑是他们毒死了他家的鸭子。正值夏种季节，没有水泵无法灌溉插秧。邹建刚马上通过电话向该组村民组长了解情况。通过了解，邹建刚对盛某夫妇进行了安慰，承诺马上处理。后了解到杨某80多岁高龄的老母亲骑电动三轮车不慎摔倒，住院后回家休养，邹建刚立即采取迂回调解办法，于6月14日上午会同村信访室同事，冒着蒙蒙细雨，

怀揣红包,前去探望。杨某的母亲看到村领导看望,十分激动。在询问她的病情后,邹建刚又简略地提起他家鸭子之事,讲明情况。杨母当场承诺做儿子工作,让其将水泵归还盛某夫妇。盛某夫妇领回水泵后,马上灌溉田地,未误农事。

2018年12月14日,张家港电视台《张家港新闻》栏目播放了邹建刚的事迹。

百姓贴心人周董良 横泾村洞泾湾自然村人,1966年4月出生。他一直是组里的热心人,2016年,以高票当选洞泾湾组新一任组长。当选后的周董良做的第一件事便是将组里每家每户家门前的路都浇成混凝土路,使乡亲出行更加方便。2017年,组里两户村民因为搭建车库引起纠纷。两家人就车库的位置安排谁也不肯退让。周董良到场了解情况后,耐心协调,最终,其调解方案得到了两户人家的同意。但问题是,按照协商好的方案修建车库,就会剩下很多早已购买好的砖头。周董良没有丝毫犹豫,便自掏腰包将这些价值上万元的材料买下来。

组里有一位村民患有精神疾病,一直和老母亲以及养女相依为命。多年来,周董良把他当作重点帮助对象,关注他的日常生活。看到他们的屋子破旧,第一时间请人维修。2018年,该村民不幸遭遇车祸,腿部受伤严重,却因为经济拮据,只得躺在家中,自行休养。周董良得知情况后,立即叫来乡邻一起将他送医。由于伤情严重,医生诊断可能需要截肢。养女急坏了,六神无主的她立马找到周董良。最后在周董良的建议下,她决定将养父送到苏州第一人民医院进行医治。周董良陪同前往苏州,将事情都安顿好后他才回家。后经医院及时治疗,腿保住了,周董良心里的一块石头才落了地。

组里村民办事,乡亲们总是第一个找他。2019年9月30日,张家港市融媒体中心"今日张家港"发布了他的事迹。

诚实守信

拾金不昧大学生郭际 横泾村杨家巷自然村人,1994年11月出生,南通大学医学院2012年临床专业本科生。2016年2月10日下午3点左右,郭际到市区观看电影后,乘坐公交车返家。她从公交车下车步行走到原吹鼓村委边的一个十字路口时,突然发现路边有个黑色的钱夹。当时,周围没有一人,郭际打开一看,发现包内有2600元现金和一张12000元存单,还有身份证等证件。郭际告诉母亲,想及时归还钱款。母亲表扬了女儿,让她问问爷爷、奶奶,兴许能很快找到失主。郭际回到家把情况告诉了爷爷、奶奶,两位老人听到孙女拾金不昧,直夸孩子做得对。爷爷查良以前在村委做过电工,熟悉的人多,他打开黑色的钱夹,看了身份证,觉得失主有点熟悉,就住在相邻的金村老街。于是,查良用电瓶车乘着孙女郭际来到金村街上，寻找失主。见到他们时，失主汤利寿心情尤为激动。原来当天午后，汤利寿与家人从市区乘车返乡，车到原吹鼓村委边一个十字路口时，钱包不小心掉在了路上。他回到家，一摸口袋才知掉了钱包。钱包失而复得，汤利寿非常感激。

见义勇为

勇救落水者卢永高　横泾村章泾头自然村人，1954年4月出生。1990年9月上旬的一天傍晚，横泾村章泾组村民尹某与丈夫赌气，走到章泾河梢，往下一跳，欲投河自尽。河水深6米以上，不会游泳的她落水必死无疑。此时，在章泾河北面的朱金元正好出来散步，见到后因自己不会游泳无力救她而急得满头大汗。正好，同组村民卢永高从外边干完活回家，经过庄泾河岸边，朱金元立即呼喊"快救人"！卢永高见尹某已在离南岸5米处河中挣扎，毫不犹豫地脱掉外套，跳入河中。深秋的河水冰冷，但他全然不顾，迅速游到尹某背后，抓住她的衣服，用力向岸边推。可刚把她推到岸边，准备由他人将她扶上岸之时，尹某一下子立直，突然脚一蹬，人又在卢永高头顶上滑出去，再次落入河中。卢永高又一次游到尹某背后，抓住一把头发，让尹某面朝天，迅速把她拖向岸边。到岸后，紧紧抓住她的衣服，并让同组村民迅速将其拉上岸。村民张艳文立即陪尹某回家换衣服，并及时做好调解工作。夫妻矛盾解决后，和好如初。

第十二篇　社会风土

　　境内居民在长期的生活、生产实践中形成、创造了独特的地域文化。生产上，人们适时播种收割，合理安排农活，祈愿风调雨顺。生活中，人们崇尚节俭、纯朴，脚踏实地，与时俱进。欢乐喜庆的婚俗以及充满追思、隆重有序的丧葬风俗，传承慈孝美德。丰富多彩的岁时习俗，适时令、合规矩、和谐文明。

　　境内方言属吴语系统虞西话，全境语音比较一致。中华人民共和国成立后，随着社会的进步，经济的发展，文化的繁荣，交通的便捷，城乡一体化的推进，人际交往日益频繁，不同年龄人群的语言逐渐出现差异，老年人仍有浓重的乡音，而青年人多数讲普通话，一些方言词语逐渐被普通话词语所替代。

元宵节猜灯谜

传统节日

春节 春节历史悠久，起源于殷商时期。辛亥革命后，将农历正月初一定名为春节。是日子时至清晨，境内家家户户都要放开门鞭炮或礼花，寓意新岁开门喜庆。早饭都要吃"团圆"，象征全家团团圆圆、甜美幸福。然后，阖家或派代表到附近庙宇去烧香，老年人进茶馆喝橄榄茶。当天，男女老少穿戴一新，象征万象更新。是日全天不向外泼水，表示肥水不外流。晚饭都要吃馄饨，俗称兜财馄饨，祈求发财致富。晚饭过后，关门时也要放鞭炮或礼花，以示在新的一年里，天天吉庆祥和。新年里，家家户户都要贴春联，走亲访友，表示人际和顺，促进友谊。1999年9月，国务院规定，春节放假3天，加之前后周末休息假4天，共放假7天，假期成为"黄金周"，为外出旅游者提供方便。

元宵节　农历正月十五日，为上元节，上元之夜叫"元宵"。旧时，是日各家均吃"汤团"（即元宵）。乡间的青年、儿童要走街串巷，敲打元宵锣鼓。入夜，城乡的大街小巷燃放鞭炮焰火，并有灯市、舞龙灯等活动，以欢庆元宵，称"闹元宵"。家家户户焚香点烛，陈设供品，迎接灶神。小孩则用柴把到田头点火烧田，称"旺田角"，以祈求驱除田怪，来年丰收。青年妇女要举行"扛门臼娘娘""调花灯"等游戏。"文化大革命"开始后，元宵节习俗渐趋简约，只有焚香点烛、迎灶神、吃"汤团"、"照田财"等习俗仍在延续。进入20世纪，基层文化部门举办元宵节文艺晚会、猜灯谜等文娱活动，大多数人在家收看中央电视台元宵晚会节目。

清明节　清明是民间祭祀先人的日子。清明前后，人们举家携带酒肴、锭箔、纸钱，前往祖坟祭扫。公历4月4日或4月5日为清明节。当地有"新清明"和"老清明"之分。"新清明"是指家里有新亡者（已满100日），要连续三年在清明节当天祭祀亡灵。此外便是

"老清明"。"老清明"在清明节前后10天左右任选一天祭祀祖宗。民间有清明节扫墓的习俗，以示晚辈对先人的缅怀。中华人民共和国成立后，每逢清明节，机关、学校、企业事业单位都要组织干部、学生、职工祭扫烈士墓，敬献花圈，缅怀先烈，进行爱国主义和革命传统教育。2012年，村民将祖先骨灰移至镇憩园（安息堂），开展文明有序的祭祀活动。

端午节　农历每年五月五日是端午节，又称端阳节。当地各家各户将大蒜头、蓬头草、菖蒲等扎在一起，悬于门上、床头，传说这样可以避邪驱鬼；还有用雄黄酒擦在小孩的额部、耳部、手心、足心等部位，这样可以防毒虫叮咬。家家户户都要吃粽子、咸鸭蛋等，境内居民包肉粽、豆粽、枣泥粽、蛋黄粽居多。相传这是为纪念楚国诗人屈原投江殉国而流传下来的习俗。有谚称"吃了端午粽，便把棉衣送"，言端午节后，进入夏季，棉衣可以不用再穿了。中华人民共和国建立后，原习俗已大都消失，但吃粽子、咸鸭蛋等习俗还依然保留。至20世纪80年代，在大门上悬挂大蒜头、蓬头草、菖蒲等习俗又有所恢复。

中秋节　农历每年八月十五日，因这天介于秋季之中，故名中秋节。明代《西湖游览志余》中说："八月十五谓中秋，民间以月饼相送，取团圆之意。"在中秋佳节之际，民间有以月饼馈赠亲友、长辈的习俗；家家吃月饼、菱、藕、糖烧芋头及馄饨等；农家用糯米和豇豆蒸食豇豆糕，豇豆糕俗称"乌龟麦

中秋茶话

糕"。中华人民共和国建立后，吃月饼、糖烧芋头及馄饨的习俗仍延续下来。20世纪80年代后，中秋节赏月活动逐渐丰富，上市月饼品种繁多，包装精美。每当夜幕降临，"玉兔"升起，许多家庭都在庭院中、楼台上摆起酒菜、月饼、瓜果、糖食等，邀亲友同喝赏月酒。2007年12月7日，国务院将中秋节定为法定假日。2020年，横泾村举行"庆国庆，迎中秋"侨眷、少数民族代表联谊会。

重阳节 农历九月初九日为重阳节，又名"重九"。是日，家家吃重阳糕、饮菊花酒。市场上出售插有三角形五彩小旗的重阳糕，相传有登高避祸之说。是日，也有人登高望远，欣赏秋色。2013年7月1日起实施的《老年人权益保障法》（简称《老年法》）中规定，"每年农历九月初九为老年节"，倡导社会树立尊老、敬老、爱老、助老新风。横泾村每年向60周岁以上的老人发给重阳糕，组织志愿者慰问孤寡老人，举行老干部座谈会等。

除夕 腊月十二月三十日（小月二十九日）为除夕，俗称"大年夜"。境内除夕前一天，俗称"小年夜"，又称"小除夕"。年前，各家各户都要办年货，蒸年糕，蒸馒头，以祈求来年高升大发。家家户户都要过年，祭祀祖宗；然后阖家团聚吃年夜饭。餐桌上除丰盛的菜肴外，必备一碗豆芽菜和长梗青菜，以祈求全家人来年头脑清醒和长命百岁。年夜饭内都要放些黄豆（表示一切从头开始），剩余的饭盛在饭篮里，放在中堂，插上冬青柏枝，以祈求年年有余。吃过年夜饭后，长辈持红包给儿孙们发压岁钱，以祈求晚辈身体健康，年年长进。家家户户都要炒花生、炒瓜子、炒发芽豆等，此谓之"炒发禄"，以祈求发大财。同时在大门两侧都要竖甘蔗，以祈求来年节节高。当天晚上，家家户户都要放关门鞭炮或放礼花，以示辞旧岁、迎新年。除夕守岁是最重要的习俗。80年代始，大多数人家围在电视机前看中央电视台春节联欢晚会的节目。年终岁末，镇村对困难群众，进行节前慰问，向他们送温暖，献爱心。

新节假日

元旦 1月1日为元旦，俗称"阳历年"。1950年，政务院规定法定假日1天。是日，机关、团体、企事业单位均要张灯结彩，悬挂国旗、横幅、彩旗，以示祝贺。人们可以短程旅游、走亲访友等。

国际劳动妇女节 3月8日为国际劳动妇女节，简称"三八节"。是日，给女职工放假，或以召开会议、组团外出旅游等形式组织妇女开展活动。政府的一些职能部门还于是日上街设摊，开展宣传、咨询、维权等活动。

国际劳动节 五一国际劳动节来源于美国芝加哥城的工人大罢工。为纪念这次伟大的工人运动，1889年召开的第二国际成立大会宣布将每年的5月1日定为国际劳动节。中华人民共和国成立后，将是日定为劳动节。1999年9月，国务院规定劳动节假期由原来的1天延长为3天，加上前后周末调休，成为人们外出旅游的黄金周。每年的5月1日，举国欢庆，人们换上节日的盛装，兴高采烈地聚集在公园、剧院、广场，参加各种庆祝集会或文体娱乐活动，并对有突出贡献的劳动者进行表彰。

中国青年节 1919年5月4日，北京学生举行示威游行，抗议帝国主义列强侵略中国领土和主权。1949年12月，政务院决定把每年5月4日定为中国青年节。横泾村在节日前后组织青年开展有益身心的社会活动和文体活动，举行新团员入团仪式，或开展各类义务活动。

国际儿童节 1931年，根据中华慈幼协会建议，国民政府将每年的4月4日定为中国儿童节。1949年1月，国际民主妇联理事会在莫斯科召开会议时，决定把每年的6月1日定为国际儿童节。1949年12月，中央人民政府发出通令，废除旧时的"四四"儿童节，将6月1日作为国际儿童节。自1950年起，各小学、幼儿园都于是日组织文艺表演等各类活动欢度节日，同时会举行少年先锋队入队仪式。机关、团体及企事业单位大多要向本单位职工子女、幼儿园馈赠书籍等各种礼物。进入21世纪，境内幼儿园常邀请家长到园举行庆"六一"文娱联欢会。

中国共产党诞生纪念日 1921年7月，中国共产党成立。1938年5月，毛泽东在《论持久战》一文中提出："今年七月一日，是中国共产党建立的七周年纪念日。"1951年，党中央正式决定以7月1日作为中国共产党的诞生日。20世纪80年代后，境内各单位党组织均于是日召开座谈会，举行新党员入党仪式，组织红色旅游，进行党的优良传统教育。

教师节 1951年，教育部、总工会商定，将教师节与国际劳动节合并。1985年1月21日，第六届全国人大常委会第九次会议通过《关于教师节的决定》，决定9月10日为教师节。进入21世纪后，各中小学校都要在教师节前后宣传当地改革开放后教育战线发生的巨大变化，表彰先进教师，宣传先进教师事迹，弘扬人民教师无私奉献的高尚师德。

国庆节 1949年10月1日，举行开国大典，宣告中华人民共和国中央人民政府成立，以后就定此日为国庆节。1949年9月27日，中国人民政治协商会议第一届第一次全体会议决定把每年10月1日定为国庆节。1950年，政务院规定放假2天。1999年，国务院改为放假3天，再加上两个双休日，共放假7天，为村民长途探亲和秋游提供了方便。是日，境内机关、学校、企业等单位都要举行升国旗仪式，并悬挂彩旗、标语、横幅，举行各种形式的庆祝活动。

传统礼仪

婚嫁习俗

定亲 定亲又名"订婚"。男女双方择定吉日，男方要送"彩礼"，俗称"掸头"。这种习俗从旧时一直相沿至今。女方收受现金、首饰、布料等彩礼，并退回部分礼品，俗称"回礼"。彩礼多少，各家视经济实力而定，没有统一标准。

入赘 男子结婚落户女家，俗称"招女婿"。旧时，"上门女婿"地位低，入赘后，一般要改姓女方的姓氏，所生子女也随女方的姓氏。中华人民共和国成立后，提倡男女平等，入赘后一般不改姓，子女可随母姓，也可随父姓。90年代后，双方家庭均是独生子女，出现"两头蹲"婚居模式，即男女两头都设新房，两头居住。男方不出礼金，女方不办嫁妆，两头都办喜事，有了孩子两头共有，姓氏由双方商定，长大后赡养双方的老人。这种模式打破了男娶女嫁的旧框框，有利于消除重男轻女的陈规陋习，实现男女平等。

结婚 俗称"好日"。结婚办喜事，男女双方都要讲排场，均大摆酒席。结婚当日，一般是中午男方要请媒人（介绍人）吃饭，下午媒人带领一帮人到女方家抬嫁妆，其中必带甘蔗和秤，由童男童女抬"和合被""子孙桶"。"子孙桶""和合被"内要放5个红蛋（熟鸡蛋上涂上红颜色），寓意五子登科，还要放花生果（长生果）与红枣，寓意是早生

扛和合被

扛子孙桶

贵子、天长地久。嫁妆到达男方时，有男方家长迎接，童男童女要连叫3次"涨"，男方家长连给3次红包，方可将"子孙桶""和合被"放入中堂，然后抬入新房，由男方长辈夫妻双方一起将"和合被"铺好。傍晚，媒人带了新郎及迎亲队伍到女方家迎娶新娘。迎娶时，必须带5个盘，盛有一对活鸡、二条青鱼、猪大腿数只、黄酒、红糖包、枣子包、定胜糕、粽子等，数量上均是要双数。到女方家时，男方要鸣放鞭炮，女方也鸣放鞭炮，以示回礼。旧时，舅爷不出来迎接新郎，新郎只好在外等，俗称"吹补代"，寓意是让新郎婚后处事老练些。舅爷出来迎亲后，新郎方可从上首进宅。新郎吃罢"团圆"，由新舅爷（新娘兄弟）陪新郎举行"吃碰风"仪式，以示正式认亲。八仙桌上的碗里盛着6个用肉油氽的剥光的鸡蛋。新郎等人用筷子夹又滑又烫的鸡蛋，每人一个，必须在鞭炮放完之前夹住鸡蛋吃完。此仪式完成后，由新舅爷陪着从新郎上首入席。

傍晚新娘上花轿出嫁。起轿时，新娘的母亲要把事前准备的一盆清水泼在轿后，表示"嫁出因，泼出水"。花轿进入男方家宅时，要鸣炮奏乐。接新娘进房后，由伴娘或新郎的姐妹喂吃"团圆"。略微休息后，由伴娘带领新娘拜见公婆和主要长辈，长辈要送上见面礼。然后在中堂"待舅爷"，随即拜堂，然后婚宴开始。

酒席结束后，还要闹新房，直到半夜。旧时，新郎、新娘要饮花烛酒，点起洞房花烛，有伴娘看守，保证两红烛齐头并进。

60年代后，男女双方结婚前要到民政部门办理结婚登记手续，领取结婚证，然后选定吉日，再举行婚礼。其中"坐花轿"和"泼出水"等习俗已取消。70—90年代末，一般用步行代替花轿。21世纪始，用轿车接新娘，嫁妆在婚前用汽车装运到男方家。结婚仪式也由婚庆公司筹划，排场越来越大。也有的婚事简办，实行旅行结婚、集体办婚礼等新方式。

回门　结婚第二天或第三天，新婚夫妇要回家看望双亲，俗称"回门"。新女婿要随身带糕点礼物，女家则设宴款待。当日晚饭后，新婚夫妇带着糕点礼物等回男家，以示新亲之间热情、礼尚往来，也寄托新婚夫妇步步高升、亲情和美的愿望。

丧葬习俗

挺尸　丧葬礼仪文化源远流长，"挺尸"是人死后的第一个程序，本地俗称"挺尸硬，家要长；挺尸软，家要衰"。先在死者口里放银物，俗称"含口"或"撬口银子"。然后把尸体抬到中堂里，并在死者床上放上"千金石"，以示压邪。又将蚊帐卷起扔到屋面上，以示百无禁忌。将尸体仰卧在中堂下首墙壁边门板上，门板上放1条席子，将尸体盖上被单或被子，脚上磕一笆斗；头边放一张骨牌凳，点亮头边火，摆上祭品（一个油面蛋）；凳旁边放一只钵头，供烧纸钱用。

在"挺尸"过程中，要放鞭炮，请吹鼓手吹喇叭，亲人大声哭泣。

报丧 将噩耗通知亲戚、朋友及乡邻，俗称"报丧"。由亡者家属派人到亲戚朋友家里口头通知死讯和开丧日期。本地有的头面人物死后，也有通过派人送丧帖或发讣告等书面形式报丧的习俗，但此类人家极少。

超度亡灵 这是治丧活动的主要习俗。先要入殓，为亡者整理妆容和衣着。然后将尸体放入"卫生棺"。亡者家属要请道士上门，彻夜念佛、诵经，以祈求亡者顺利超度。亡者至亲要穿孝服，举行祭奠仪式或开追悼会时要烧纸钱、锡箔等。直系晚辈均要穿白鞋、戴白捆头；平辈只系白束腰（白布条），同时还有送火纸、蜡烛、花圈、花篮、挽幛等丧物。

吊唁 死者出殡之日，亲朋好友、邻居和有关单位都要到场吊唁，丧礼以送钱为主，本地俗称"折白份""吃豆腐"或"吃素饭"。丧家要备好酒菜，以飨宾客。丧事的排场有大有小，一般视经济实力而定。

开丧 开丧即出殡之日，一般不必选定日期。要请道士吹吹打打做超度仪式和念诵经卷，这叫作"念芝灵课"。再举行遗体告别仪式，一般在亡者遗体前绕三圈；然后再由直系亲属、亲朋好友朝亡者跪拜，以示晚辈和亲朋好友对亡者的尊敬。接着将卫生棺套在花轿里，开四杠，四人合抬一段路程后，将遗体送上灵车，前往火葬场火化。至亲领了骨灰盒返回家中，再祭奠一番后，送往公墓安葬，或放入指定的安息堂内。

做七 又称"七期""终七"。其间，每日要送饭，送洗脸水，按时放在灵台上，让亡者享用。亡者的第一个七天为"头七"，第二个七天为"二七"，以此类推，直到"七七"四十九天为"终七"。"终七"的划分，本地也不一致，有的人家"七七"奠终，有的人家"五七"奠终，也有的人家"三七"奠终，有的人家开丧过后，第二天就"终七"。做法大致相同，都要请道士6—12人不等，做道场、念经卷、诵祭文，给亡者超度。是日，还要"化库"（纸扎的房子模型）、化纸钱，并烧好一桌祭菜供奉亡灵，以示活人对亡者孝敬。"终七"后，直系亲属一般可以"脱孝"了。

上新坟 亡者亲属脱去孝服、孝鞋后，逢时过节，要对死者和祖先举行祭祀活动，连续三年的清明节、十月朝（农历十月初一）清晨要上新坟（扫墓）。七月半、春节也要举行祭祀活动。三年期满后，就恢复为正常祭祀活动。

喜庆习俗

催生 这是本地由来已久的习俗。特别是头胎婴儿，格外重视。产妇在分娩前，娘家备办新生婴儿所需衣服和产妇服用的益母草、红糖等送到男家，俗称"催生"。产妇分娩后，亲友要携带鸡、糕、饼干、蛋、首饰、玩具或、红包等礼品前往慰问，俗称"送汤"。

满月酒、满季团　新生儿（女）满月，要择取吉日为新生儿（女）理发，俗称"剃胎头"，并大办酒席、备好酒菜、蛋糕或红蛋等，宴请答谢"送汤"亲友。孩子满一年，要备办酒席，宴请亲友，并向邻里送长寿面和"满季米团"，以此祈求儿（女）岁岁健康，长命百岁。

庆寿　当地老年人有庆寿的习俗，一般从60岁开始，每隔10年庆一次寿。庆寿前，先告知亲朋好友，亲友要备好寿烛、寿面、

合家庆寿

寿衣、寿联或红包等礼品。中堂里高挂寿星轴或金色大"寿"字，左右两边挂着寿联。桌上红烛高照，并放着桃子等果品及寿面。主人备好酒菜，宴请亲友、邻居。改革开放后，随着农村经济发展和人民生活水平提高，庆寿活动越来越普遍。

过生日　本地还有过生日的习俗，特别是小孩、年轻人，每逢生日，全家人都要在一起吃蛋糕、喝酒、吃面条，庆贺一番。

生产习俗

撒田财　农历正月初五为财神生日，本地有撒田财的习俗。主人一早起床后，把初一至初五积累的垃圾收集在一起，挑着担子将垃圾撒在自家田头四角，祈祷田公田婆帮忙，新年庄稼长得旺，收成好。

旺田角　每年元宵节晚，主人提着火把，到自家田头照亮四角。其寓意是用火光驱赶田怪和害虫，祈祷新年风调雨顺，有个好年景，明明亮亮发大财。

赶荒（备春耕）　每年清明节前后，当地农民都忙于赶荒（春耕）。犁冬闲空地（翻耕秧田），将秧田整平，施好肥料。浸种时，先抓一把谷子放入小盘，然后将小盘放置家中灶头上，祈祷灶神老爷保佑谷子出全苗、壮苗。

开秧门　每年芒种时节，秧苗要移栽到大田。在没有插秧机的年代，要先到秧畈（秧畈）上扯个缺口，叫开秧门。将扯下的秧苗放在水里烧开，再倒入盆中，将双手放在盆上焐，等水冷却后，双手放进盆里浸。这样做，等到大面积拔秧和插秧时，双手不会红肿，患"秧疯病"。开秧门习俗，意在期望劳动者在大忙季节身体健康，大吉大利。

开秧船　第一天莳秧叫开秧船。当天，农户要准备酒菜，等秧插完，或在田头，或在家里，与家人、伙伴饮酒庆贺一番，祈祷秋后有好收成。

开镰　稻子成熟，选择好天气，开始人工收割稻子，第一天割稻叫开镰。每块田开割第一行叫开行。领行人是割得又快又好的开镰能手。开行都在田块右边，便于挥镰和放稻铺。每横6棵一把，也可以前后两横12棵一把。放稻须呈"X"形，上下交错，这叫剪刀铺。据说这样放，可以剪断田怪偷稻的手，同时容易通风晒干，捆稻时亦能整齐省力，做到颗粒归仓。

生活习俗

衣着　20世纪50年代，当地时兴列宁装、中山装、人民装、春秋衫等。"文化大革命"时期，男女老幼时兴穿藏青色或铁灰色布中山装、人民装，青壮年流行穿黄布军装。70年代，时兴中式男女上装、中山装、人民装等。80年代，开始流行西装、裙子、连衣裙、牛仔裤、夹克衫、长短大衣等。90年代后，出现各种款式的羊毛衫、羊毛裤等。2000年后，出现各种棉织、丝绸、毛呢、皮革等制品，色泽鲜艳，四季各异，款式多样。

饮食　境内居民主食以米、面为主。一般一日三餐，两粥一饭或两饭一粥。面饼、馒头、包子、馄饨、团子偶尔吃，以调节口味。20世纪50—60年代，一般人家的菜肴以素为主，间隔吃点荤菜。80年代后，大半人家每天荤素搭配。亲友来访，必沽酒买肉，杀鸡款待。每逢喜庆、婚假，菜肴最为丰盛，有冷盘、热炒、蒸菜、点心等。桌数视各家情况而定，少则几桌，多则四五十桌。寿宴可简，但必备寿糕、寿面。丧事菜肴与一般宴席类似，但不上甜菜。传统点心：农历二月初二，农家要蒸撑腰糕；农历五月初五裹粽子，煮咸鸭蛋；农历七月初七，油煎巧果；农历八月十五中秋节，食月饼、糖芋艿粥；农历九月九重阳节，吃重阳糕；农历十二月初八，煮腊八粥；农历六月二十四、十二月二十四、元宵节、新婚满月、孩子出生满季（满周岁），均要做团子。

住宅　20世纪50—60年代，住房大多为三间茅草房。70年始，开始翻建平瓦房，多为坐北朝南三开间正屋，坐东朝西1—2间副房。70年代，开始翻建楼房，一般为三间二层，旁建1—2间副房。1995年始，翻建别墅式新楼房，设有厅堂、卧室、书房、厨房、卫生间等。当地农户建房，均偏东南或西南，并遵循哥东弟西、哥南弟北、东不抢前、西不落后及屋脊、屋檐不超西首房屋的规则。

出行　20世纪70年代，金村公路通车，各大队均修筑机耕路。在社队企业工作的青年职工购买自行车上下班。1990年前后，境内时兴摩托车。2004年后，轿车、面包车逐渐增多，二轮、三轮电瓶车等代步车进入村民家庭。2020年，境内有轿车2517辆，面包车142辆，二轮、三轮电瓶车3256辆。

用具

八仙桌　当地农户均有八仙桌，正方形，边长0.99米，高0.63米，讲究雕花台檐、红漆，制作精美。一般办喜事或有来客才使用。男女青年结婚，男方必备此桌。

床　20世纪50—60年代，当地居民睡的是花板床，床垫用木板或棕绷。70年代为片子床，床垫也是木板或棕绷。80年代普遍使用席梦思床，床垫用硬垫或软垫。

浴锅　20世纪70年代前，当地少数农户通常在柴房或小屋里砌单眼灶,上面置直径1米的铁锅,四周有锅台,旁边放一木板,以作坐垫之用。洗澡时,一人烧火加热,一人洗澡。

忌讳

建房朝向忌正南。

煤称"利市"。因煤与"霉"谐音。中华人民共和国成立前忌,中华人民共和国成立后已不忌。

店铺晚上关门称打烊。因关门与停业同义,故忌。

肉铺卖的猪舌头称"赚头"。因"舌"与"蚀"谐音,故忌。

病人服中药称吃"人参"。今已不忌。

农村老人忌称63岁。因有俗语"七九六十三,不死鬼来搀",故多数超前自称64岁。另外,29岁称小30岁,49岁称50岁,69岁称70岁,怕过不了9这一关。

产妇未满月忌去亲戚邻舍家。今乡间仍忌。

父母去世未满月,子女忌理发,否则会被认为不孝。戴孝期间,忌走亲访友,更忌入喜筵、寿堂。办丧事时向人家借的台凳及用具,在归还时要贴上红纸,忌晦气。

商店的门槛忌坐,怕挡生意,不吉利。今已不忌。

商店扫地忌向外扫,台上灰尘忌向外抹。因向外意为散财。今私人小店仍忌。

向人敬酒忌反手倒酒。今仍忌。

裁缝做蚊帐时忌开口说话,意为开口后挡不住蚊虫。

送礼物忌送钟,因送钟谐音"送终"。

串门走户时,忌站在门槛上,意不吉利。

请客就餐时小辈忌坐上首,吃罢饭后忌把碗倒扣在桌上。

农耕风情

农耕轶事

耥稻　旧时，稻田没有除草剂，耥稻是一项专为水稻除草、松土的农活，须有专门的工具和技术。

耥稻的工具叫"耥"，分小耥和大耥，都是用树板和铁钉制成。小耥也称"竖躺"，长约8寸、宽约3寸，形如木屐。板下有3排铁钉，前排4枚，后两排各5枚。钉尖一律向下且向后微弯。耥板前上方竖装一支"耥仙人"，后上方装一块"耥撑根"，两者上面斜装一个两米长竹柄，耥板与竹柄组成了一把"大牙刷"。劳作时，耥者双手握手柄，在6条稻肋（每两颗稻之间的空隙称为"肋"）里挨次反复推拉，耥松泥土、挫断杂草根茎，然后逐段纵向推进。这是插秧后第一次耥稻，俗称"竖稻"，也称"竖生"。

大耥的结构、形状与小耥相仿，只是耥板要长一倍，约1尺6寸。板下有5排方头大铁钉，中段3排各有5枚，前后两排各钉4枚。耥板上也有"耥仙人"和"耥撑根"，其上斜装一根长梢竹竿，叫作"稿竿"，约6米长，主要起平衡作用。

大耥是横稻的工具。所谓横稻，就是横向耥稻（与竖稻相对）。耥者高卷裤管，赤脚下田，侧身站立于"脚三路"里，双手前后一反一正握着这把"大牙刷"的"后颈"，使耥竿前后基本平衡。将耥板置于前一行的稻横之间，前手轻按，两手同时推拉5至6个来回，耥好一横，向前换一横，脚也随之往前移一小步。循此方法，耥了一横又一横，换了一行又一行，一直将一片稻田耥完。

大耥宽而长，劳作时，那特长的竹竿不住地晃悠，故横稻须掌握高超的技术：当耥板换横时，应趁竹竿长梢下沉之势，将耥板往前下方拍送下去，"啪"的一声，水花飞溅、耥板着泥。又紧随着竹梢的上下弹跳，将耥板前推后挪。这一推一挪，均须契合竿梢的晃动之势——耥梢下沉、耥板前推。推挪之间，耥板头尾的泥水会前激后涌、掀起重重波浪，涌得两侧稻苗左右摇晃，同时发出"哗——哗——哗"的激水声。合着耥竿的送拉，耥者的身躯也不住地前后晃动。农民耥得兴起，便会和着"啪——啪——啪"

的激水声节律，唱起山歌来：

　　栀子花开心里香，徐志坚做官不还乡；

　　白罗衫结识苏氏女，徐家村改造成白家庄。

　　……

　　这大概是将《七侠五义》的故事改编成的歌词，耥稻山歌除唱历史故事外，还有唱植物的，如《十月花名》；唱纺纱织布的，如《十张布机》；也有唱情歌的，如《十大姐》《十熬郎》等。有的农民记性好，嗓音亮，能连续唱半天。在这广阔的水乡田野里，每片稻田都有农民在耥稻唱山歌。耥梢在云幕下晃动，歌声在旷野上飞扬，击水声此起彼伏……这该是世界上规模最大、时间最长的锄禾演唱会了。

　　耥稻是一项单调而又辛苦的农活，尤其是在雨中劳作更觉寂寞。唱山歌能助兴，也容易使人忘却劳累，加快进度。

　　做草鞋　旧时，境内农民劳作时都穿草鞋，年纪大的都会做。做草鞋也叫"打草鞋"。其制作有5道工序：

　　1.搓绳1托，挽成两个圈，"Y"形绳端会于双圈交合点，合成两大股后再搓1托"穿襻绳"，其形如1根豆芽。两瓣为圈，芽为穿拳绳。

　　2.将双圈各套在草鞋别头两侧的3枚齿上，成4经。制作者将穿襻绳系于腰间，人稍后仰绷紧经绳；取3—4支软熟稻草插于"豆芽瓣"分叉处，在经间来回纬编，左纬时右搓，右纬时左搓。纬5—6道，右侧连续做2—3个大襻，每襻约1寸半长；之后左侧连续做

两个半寸长的小襻，纬至小半拔经，并将经绳移至中间，各套在两枚齿上，使成平行。

　　3.编至三分之二处（近鞋跟处），拔经后，两侧对称各做两个小襻，再编8—10纬；拔经后，4经合于1齿，用纬柴绕5—6道，收紧打结。

　　4.余下的经圈各约3寸多长，分别穿在后跟两侧的小襻里，并透出指头粗1个经圈。

　　5.从腰间解下"芽"状绳，由前往后，将"芽"梢穿过大襻、左小拳，到后跟从左襻余经圈进，又从襻后大经间出；绕过后跟，再从右侧经间进，至右小襻前经圈出，打一个结。这样，一只草鞋就做好了。这是右脚草鞋。左鞋做法同理。但大襻须做在左侧；穿绳过程与右鞋相反。草鞋轻便而又省钱，农民在垄地、捣土、收割、挑担时都要穿上它。尤其在尖利的麦桩地上和坚硬的地埂上挑肥、施肥，更离不开它。

　　粗布制作　旧时，横泾人都穿粗布衣服，妇女大多要学会织粗布。老粗布线条粗，织的布花样单调。其制作过程有纺线、浆线、经线、穿缯、穿扣和织布等工序。

　　纺线　右手转动纺轮，带动线锭子转动，左手捏着棉条接向线锭子的线头，棉条上的棉花随着线锭子的快速转动自动加捻成线，缠绕在线锭子上，左手顺势向后拉，纺出的线越来越长，手不断由前向后，由后向前，线丝丝缕缕绵延而出。纺出的线一层层缠绕在线锭子上，越积越多，逐渐成为一柱，这时一锭线就纺好了。两只手如果配合不好，纺

纺线

出的线不是断头就是粗细不匀。向后扯慢了，线就粗了；向后扯快了，线又细了，没有一点儿劲道。缠到差不多时把线锭子卸下。注意用力一定要均匀，左手与右手要配合得恰当。如左手向后扯拉的速度慢，线就断；速度快，纺出的线又粗又硬。现在为了方便快捷，可以直接从纺织厂买到纺织好的成品线。

浆线　浆线是为了增强线的黏度，提高线的韧性，使其挺括。这样织布时不易断线，以便后续各道工序顺利进行。手工织布都是用面来浆线，完全不用任何化学增强剂，因此织出的布更绿色环保。用面和水打成稠糨糊，倒入盆中，再加入少量凉水搅匀，用手搅拌，将面疙瘩捏碎，把线放入盆中反复揉搓，把糨糊全部揉到色线中去，使浆均匀把线充分浸透。注意在揉搓时不要把线弄乱。浆好后的线要用力拧干，抖开，挂在通风的地方使其自然风干。这里要注意避免直接曝晒，防止褪色。然后将线穿晾在竹竿上，摊

开，每一挂线都要用力抻开，避免线粘连在一起。让线彻底干透，彼此不会纠缠，不会乱，为制作经线和织布打下一个很好的基础。

经线　用几根木板作经板，上面固定有75根铁柱，线筒按花色设计的要求顺序套在这些铁柱上，要织出什么图案就按照事先准备好的图案依次摆放。因为共有75根铁柱，所以一次只能纤出75根线。将所有的线头固定在第一根经柱上，接下来用一截木棍套在线中拉线，用木棍是为了防止线把手划伤。拉出的线按照"之"字形依次套在经柱上，从第一根经柱循环依次绕到最后一根经柱。到最后一根经柱时应该注意，经线在这里完成一个重要的步骤，就是每根经线要在大拇指处完成交叉，这种交叉是织布的关键，要一直保持到织布完成。交叉后，一根经线就变成一对经线了，然后利用最后的两根经柱将这种交叉状态保持下来。然后拉着手中的经线按原路依次返回，将经线拉回到第一根经柱，让线尾和线头重合，将线尾剪断。这样就牵出第一组75对经线了。因为经线共有600对，所以要换线筒继续牵出另外几组经线，依照同样的办法一共要牵出8组经线。经线的过程其实就是将600根线排序和交叉成对的过程，是织布成功的关键。经线完成后就要收线，收线时要从最后的经柱收起，也就是从经线的交叉处收线。为了保持每一批线原来

交叉的状态，必须用线绳将交叉孔捆系。这种交叉在织布时非常重要，是为了使经线和纬线可以相互交织，所以一直保持到最后都不能改变。从最后的经柱处将线提起，然后将经线缠绕成一个大线团，就可以进入下一道工序了。

穿扣　从穿扣开始，各道工序都在为上机织布做准备。从线团中心将交叉线头掏出，用两根竹棍（也叫交棍）穿过交叉头，将交棍两边用绳子连接固定牢，让线始终保持交叉的状态。然后把两根交棍与支架系紧，把经线搭在支架上，去掉绑着的绳子，把线抖开铺平，开始穿扣。钢扣是由排列有序的钢片组成的，中间有均匀的缝隙，经线可以从中间穿过，既是织布过程中重要的部件，也是经线排序的重要工具。第一次穿扣，就是要让经线的排列顺序用钢扣固定下来，用篾片将经线按顺序一根根分离，然后全部插入扣中，使经线各司其位，防止纠缠。这是一个非常重要的环节，是经线最终定位的第一步。所以，需要有很大的耐心，而且顺序丝毫不能马虎，穿扣时特别需要注意每一根线与扣缝的次序必须彼此对应，不得有误。这直接关系到布的质量。

穿缯　穿缯是由一根根缯丝组成的，每根缯丝中都有一个圆孔。穿缯就是让经线一根根从缯丝中的圆孔穿过。穿缯时，先将经线的节解开、理顺，然后依次穿入相对应的缯孔。上层线要穿入前排缯，而下层线则穿入后排缯。每一根线要对应好每一根缯，直到穿完所有的经线。

织布　在织布过程中，手脚的配合最重要，双手轮流操作，右手投梭，穿过经线，交给左手，右手拉动钢扣，拍打一次纬线，这时脚踩踏板一次。然后左手把梭子穿过经线交回给右手，左手再拉动钢扣，拍打一次纬线。双手就是这样循环往复地投梭拉扣。要注意的是，甩梭时，手腕放松，要保持梭子的水平，否则容易断线，拉扣时，手要拉钢扣的中间，否则纬线的密度会不均匀。双脚踩踏板也很有讲究，每个踏板和一片缯相连，两片缯为一对，挂在织布机上面的转轴上。织布时利用了杠杆原理，人们用脚踏板分别带动四片或两片缯上下交替运动。缯的主要功能就是将600对经线进一步分组，四片缯就将经线分成四组，通过脚踏板的带动，四组经线形成不同组合，就可以实现与纬线不同方式的交叉，这样可以织出更多的花纹图案，因而更具有艺术魅力。

织布

民间技艺

竹编 横泾竹匠多，能制作各种竹器，有扁担、畚箕、箩筐、连枷等生产工具；有蒸笼、竹盘、竹筛、竹匾、竹席、枕席等生活用品；有花盘、盘篮等装饰品。其中横泾马家组的顾顺来15岁入行，一直干到80岁，手艺精湛，会做各种竹器具。竹席编织是他的强项，编好一张优质竹席，要选用黄瓜竹或蜜竹，它细腻且韧性好。首先，根据床的大小断料，开成1寸左右的竹片，再十等分，用作刀劈成细竹片。第一层为竹青，第二层为头篾，用这二层编成的竹席经久耐用。其次是刮篾，用刮刀将篾片刮光，使篾片光滑，厚薄均匀。刮篾完成后，要仔细整理，去掉次品，保证篾席质量。编席采用经纬法，经400多根，纬400多根。整条用料800多根篾片。编者整天蹲在地上，腰酸背痛，汗流浃背，不小心还会被刺破皮肤。编席用工量大，如平打一条4.5尺竹席要用5天；如打"回"形花纹竹席，要用7天以上时间，工艺更复杂。最后扎口，并用土布在席正反两面反复擦抹，去掉表面竹屑。为防虫蛀，用沸水浇于席面，晾干后卷好保管。

补镬子 旧时，农户家庭烧饭用铁锅，用不了多长，铁锅会坏，所以在农村常见一些补锅匠，走街串巷为农户补锅。横泾村王泾湾组的卢金生，就是常年为民补锅的手艺人。补锅俗称"补镬子"，补锅匠挑一副小担，一端是只船形的小箩，箩里放着小搪泥炉、煤炭、生铁片、锤子等东西；另一端是一只小风箱。到了农户家歇下担子，就地摆开炉灶。从小箩里拿出小矮凳坐下，身前放一只如笔筒大的铁壳搪泥炉，旁放风箱，一根竹管将风箱口与炉底孔相连。生火时，先用稻草、木片在炉内引火，上覆煤炭。煽风火旺后，炉中放入一只耐火泥小锅，锅形如牙签瓶，锅内放敲碎的旧锅片，锅周围添煤以固定。口上盖一铁片。风箱被拉得"恰啪恰啪"地响，炉内火苗蹿得老高，发出"呼——呼——"的声音。不久，锅和盖铁都烧得通红，锅内铁片已熔成铁水，红得发白。此时，补锅匠停下煽风，从箩内取出一块碗口大的黑布垫、一支爆仗粗的布捻。先在布垫上放一层灰，然后用铁钳夹了一只小勺子，伸到锅里舀一勺铁水，倒在布垫上。那铁水如一颗红色的糖豆，匠人左手手托着布垫伸到锅底洞下，将"糖豆"对准洞口往上一抵，部分铁液便从洞口冒出。匠人右手握布捻，迅速地将铁水一捻，冒出一股青烟，铁水便牢牢地平贴在洞口上。这种补上的铁水，俗称"补镬子"。匠人再用钢钎细细地把"镬子"周围的铁屑去掉，将"镬子"磨平，防止刮锅灰时铲下补上去的"铁镲"。

如果洞较大，则先补洞外圈，再补中间。此法须用好几个"镲"连缀起来，才能将洞补住；也有的锅裂了缝，须用尖嘴小锤将缝轻轻啄宽，以便铁水从外透入，"咬"得牢。补时也要用几个"镲"，从一端补到另一端，最后将缝补住。补好的锅已有了"疤"，在洗锅或去锅锈时要当心，尽量"避让"，否则易被刀、铲刮穿。

磨剪刀 磨剪刀也是一门手艺。旧时，横泾村也有几个磨刀匠，挑副担子，走街串巷。担子一端是一只四脚木架，高约1尺，架上放1只脸盆大的竖口木盆，旁挂一条两脚板凳，此凳一端有两腿而另一端无腿。担子另一端是一只剪刀箱，说它是箱，其实有点像4脚小橱。箱分三格，中间是抽屉，内放各类剪子；上下格都有小门，底层存放锤子、铁砧、削刀、磨刀石之类的工具；上层放布片、棉絮，用以试剪和擦抹刀口。

磨剪刀师傅进村时吆喝一声："磨剪刀——"，并将"刀"拉得特长，而且上扬，声音格外响亮。

旧时的剪刀有裁缝剪、长餐剪、膀皱剪、绣花剪等，它们的构造和形状基本相同，都是两片刀片合成的。有则谜语："有嘴没舌头，有眼没鼻头，两脚弯到屁股头。"说的就是剪刀。

磨剪刀师傅揽到生意后即歇下担子，放下凳子。板凳前端搁于桶架的一条粗腿上，后边两脚着地，凳稍前倾。桶口上纵搁条木板，板上放条状细沙石。先用小拖把蘸水抹于石上，然后将刀双腿错位反铰，使刀口双刃向外，左手抓刀腿，将刀口斜面按于石上；右手持一支木"捺头"（与笔等长的小木棍），抵于刀口上侧。这样，磨刀时右手指就不会被砂石蹭破皮。左右手同时推拉，砂石上发出悦耳的"沙沙"声。磨了一片，换另一片，这是粗磨，撤下砂石，换上"油砖"，作第二次磨，这是"深加工"。待刀口斜面磨好后，内侧平面稍磨一下就行了。

磨剪刀讲究"磨三敲七"，意思是一把剪刀要磨得好，磨工占三成，而敲工占七成。磨好的剪刀最怕"嚼铁"、不咬布。"嚼铁"，是刀刃相咬，咬出一个豁口；不咬布是剪不断布，或即使剪断，但布边毛糙。这些毛病并不是刀不锋利，而是销钉松了或刀片稍有变形。这时就要敲打销钉头，使之松紧适度；敲打刀片、刀腿，使它们的凹势、弯度恰到好处。然后再试剪厚布片或老棉絮，就锋利无比了。

磨剪刀师傅也兼磨家用菜刀、厨师用刀和屠夫的斩肉大砍刀。有的刀口厚了，他们便用双柄

磨剪刀

锋钢削铁刀将刀口削薄，然后再磨，旧刀便锋利如新了。

如今，磨剪刀生意已渐萧条，街头巷尾虽能偶见花甲老艺人在磨刀，但很少见他们走街串巷了。

箍镶盖 在横泾村，时常见到踏着三轮车的陈福明走村串巷，为村民箍镶盖。这手艺在城镇已绝迹，可在农村还能见到。

箍镶盖是箍木板做的锅盖。这种木盖专用于砖砌灶的敞口大铁锅上，圆形，周长略小于锅口，盖面中间有横档，作提手用。木锅盖用久了，周围会被铁锅烤焦，变薄而漏气，这时就须请匠师在锅盖上箍一道边。

匠师以圆桶作凳，开始工作。他先在盖底上找圆心，用一只竹圆规在锅盖边内划一道圆，用蟹刨将线外焦木烂边刨掉，露出新木。然后从椭圆桶的支架上抽出一条皮带宽的篾片。这种篾片用粉青毛竹劈成，第一层称"篾青"，质硬但容易开裂；第二层为"二黄"，硬度稍逊篾青，但很韧，不易开裂，是箍在锅盖外层的首选材料。量好长度，将篾片两端交叠，镶过半尺，在外侧接头处钻眼。

篾匠用的钻具较粗糙，木制，有日光灯管粗。它分钻杆与拉弓两部分。钻杆又分两截，下截底端装1支矛头形小铁钻，上截长约半尺，半段内空，套于下杆上，可随意转动。弓用杨树条弯成，两端系棉纱绳为弦。弦绕于下杆，宽松适度。打眼时，上杆夹于左腋窝内，下杆钻头顶于篾片镶头上，左手攥紧镶头，微往里拉，左肩微往前抵，右手拉弓，只几下就可将竹片钻穿。打好了4个眼，用藤线将眼串扎起来，这叫"穿藤缚"。如此，一道篾箍已成，用板凿将它箍于锅盖上。再沿锅盖外圈打8个孔，此孔须深及木板内，但不能偏上或偏下，否则销钉会"出脚"。每个孔内钉一枚竹销钉，多余部分用篾刀削去。

接下来在箍圈内撑3道内箍，每道箍的两端都要紧紧相顶，且接头不能在同一侧，以免箍头拱起。撑好里衬，还要打4个眼。此眼从外箍到内衬一起钻穿，孔内也钉竹钉，削掉内外余钉，镶盖基本箍好。篾匠起身进灶间，将锅盖放在锅上，边转边摇，发现有高低，即用蟹刨刨平，直至完全吻合。

竹箍的镶盖一般可用一年，如果坏了，还可再箍。

横泾地方语言词汇丰富,具有形象、生动、通俗的地方特色,在民间广泛流传运用。特别是谚语、歇后语,言简意赅,含蓄幽默,富于哲理。本书所录的地方语言,仅是地方语言文化中的一部分,有些用普通话中相应的词语替代并作注,有些字词找不到相关的现代汉语本字,只能运用方言的谐音字。

方言的哲理无法用文字表达清楚,微妙之处尚请意会。

口语

日常用语

横泾地区日常用语一览表

表62

方言	普通话	方言	普通话	方言	普通话	方言	普通话
上昼	上午	麦柱头	麦穗	灶户	厨房	打相打	打架
户昼	下午	稻柱头	稻穗	白席	凉席	启风凉	乘凉
早起里	清早	长生果	花生	步槛	门槛	弄怪涨	开玩笑
今朝	今天	羽麦	玉米	汁勺	汤匙	拌相骂	吵架
门朝	明天	毛豆	青豆	额角头	前额	畔开	躲起来
牙夸	傍晚	斜菜	荠菜	镬根	锅盖	壳帐	打算
开年	明年	类麦	元麦	纽头子	纽扣	困高	睡觉
旧年	去年	毛栗子	板栗	手撑根	肘部	勿作兴	不应该
亮额	月亮	猪奴	猪	膝馒头	膝盖	眼热	美慕
勃萄	葡萄	老虫	老鼠	混堂	浴室	发寒热	发烧
耐泥	泥土	偷瓜畜	刺猬	宿姆娘	产妇	促客	奸诈
洋芋头	土豆	癞团	蟾蜍	叫花子	乞丐	情	开心
洋煤头	火柴	田鸡	青蛙	鸭屎臭	丢脸	勿色头	倒霉
草头	苜蓿	结蛛	蜘蛛	酒瘪	酒窝	做人家	节俭
黄老卜	胡萝卜	和蜂	马蜂	汰浴	洗澡	耐墨好	不好了
番茄	西红柿	百脚	蜈蚣	出松	溜走	一塌刮之	总共
团菜	包菜	曲蟮	蚯蚓	白相	玩耍	朝南话	闲话

称谓

称呼对象	称呼名称
父亲	阿爸、爹、老子、老爸
母亲	姆妈、娘、妈、老妈
父亲的父亲	老爹
父亲的母亲	亲娘
父亲的祖父	曾祖父、老太太
父亲的祖母	曾祖母、太太、老太太
母亲的父亲	外祖父、好公、外公
母亲的母亲	外祖母、好婆、外婆
母亲的祖父	外曾祖父、外曾太太、外太太
母亲的祖母	外曾祖母、外婆太太、外太婆
父亲的哥哥	伯伯、老伯伯
父亲的哥嫂	阿娘、伯娘
丈夫的舅父	大娘舅、小娘舅
丈夫的舅母	大娘妗、小舅妗
丈夫的姑父	姑父、姑夫
丈夫的姑母	姑母、姑妈
丈夫的姨夫	姨父、阿姨夫
丈夫的姨母	姨母
丈夫的哥哥	阿哥、大伯、伯只
丈夫的哥嫂	阿嫂、大嫂
丈夫的弟弟	叔子、叔叔、小叔（或名字）
丈夫的弟媳	弟媳妇、婶婶、婶子（或名字）
丈夫的姐姐、妹妹	阿伯、好叔
丈夫的姐夫、妹夫	伯伯、小伯
丈夫的妹妹	阿妹、小姑娘（或名字）
丈夫的妹夫	姊妹婿、弟弟、小姑夫（或名字）
妻子的姨夫	姨夫
妻子的姨母	阿姨
儿子的岳父	亲家公、阿哥、弟弟
儿子的岳母	亲家母、阿姐、妹妹

称呼对象	称呼名称
女儿的公公	亲家公、哥、弟
女儿的婆婆	亲家母、姐、妹
丈夫	老公、小官人、长子女爹、男人、男尼家
妻子	老婆、家主婆、长子女娘、堂娘娘
父亲的弟弟	叔叔、爷叔
父亲的弟媳	婶娘、姆娘
父亲的姐姐、妹妹	好叔、好伯
父亲的姐夫、妹夫	姑父、姑夫
母亲的哥哥、弟弟	舅舅、娘舅舅
母亲的兄嫂、弟媳	娘舅姆、娘妗
母亲的姐姐、妹妹	姨妈、阿姨
母亲的姐夫、妹夫	阿姨夫、娘姨夫
丈夫的父亲	公公、阿爸、公爹
丈夫的母亲	婆婆、姆妈、妈妈
妻子的父亲	阿爸、丈人
妻子的母亲	姆妈、丈母娘
妻子的伯父	岳伯父、伯伯、老伯伯
妻子的伯母	岳伯母、鞋娘
妻子的叔父	岳叔父、爷叔
妻子的叔母	岳叔母、婶娘
妻子的舅父	舅父、娘舅
妻子的舅母	舅母、舅妈
妻子的姑父	姑丈
妻子的姑母	姑姑
哥哥	兄、大哥、大大、阿哥
嫂嫂	阿嫂、姐姐、嫂嫂、嫂子
弟弟	阿弟（或名字）
弟媳	弟媳、妹妹（或名字）
姐姐	阿姊、姊姊
姐夫	阿哥、哥哥
妹妹	妹妹（或名字）
妹夫	妹夫、弟弟（或名字）

俗语

俗语指通俗并广泛流行的语句,简练而形象化。本节选录境内民间流传的语句如下:

一潮通百港。

一出孟姜一出戏。

一只袜统管。

一好遮百丑。

一朝被蛇咬,三年怕草绳。

一张嘴,两面皮,翻来翻去全是理。

九个囡女九样嫁,十房媳妇十样讨。

三句不离本行。

千烧不如一焐。

千思百肝肠。

千拣万拣,拣仔个痘嘴瞎眼。

天大阵头无雨落。

六十年风水轮流转。

火到猪头烂。

心慌吃不得热粥。

石头朝山里搬。

石子里榨不出油来。

外甥不断舅家门。

丝瓜缠在茄亩里。

吃啥饭,当啥心,敲啥木鱼念啥经。

吃瓜不留种。

羊毛出在羊身上。

好肉生勒骨头边。

还汤豆腐干。

芦席上爬到白席上。

冷水里爆个热栗子。

拔起萝卜带出泥。

贪多嚼不烂。

要么楼上楼,要么楼下搬砖头。

歪理十八条。

拾勒篮里全是菜。

临时上轿穿耳朵。

急惊风碰着慢郎中。

浑水不落外浜。

黄牛角,水牛角,角归角。

象牙筷上扳皲丝。

硬装斧头柄。

螺蛳壳里做道场。

莳秧照上大(行)。

谚语

一、农事谚语

三月清明麦勿秀,二月清明麦秀齐。

三月清明秧如草,二月清明秧如宝。

小雪大雪,种麦歇歇。

小暑莳秧大暑糙,三石一亩稳当当。

头时黄秧二时豆,进了三时种赤豆。

麦秀风来拜,稻秀雨来浇。

麦怕清明连夜雨,稻怕寒露一朝霜。

闰年勿种十月麦。

昏咚咚,六月初三浸稻种(指太迟)。

秋前勿搁稻,秋后喊懊佬(懊悔)。

黄秧隔一夜,十日追勿着(谓不可栽隔宿秧)。

清明晒得沟底白,野草要变麦。

寒露落草,死多活少(指红花草下种)。

四月初八一场雨，小麦要变鬼。

二、生活谚语

一只手揿两个人。

吃一夜不如困一夜。

一着不慎，全盘皆输。

人不可貌相，海水不可斗量。

十网九网空，一网卜咙动。

上梁不正下梁歪。

丈一还有丈二，丈二还有十三尺。

三百日不做，六十日赶忙。

小洞不补，大洞吃苦。

门里官司户里打，家内事情不外扬。

门前结了高头马，勿是亲来也是亲。

廿年媳妇熬成婆。

不听老人言，吃亏在眼前。

不要气，只要记。

打折手臂朝里弯。

手心手背全是肉。

手里无钱拍勿响。

六十勿借债，七十勿住夜。

平时勿烧香，急来抱佛脚。

打蛇打勒七寸里。

行只春风有夏雨。

老大多则驶翻船。

吃趸苦头学趸乖。

好马不吃回头草。

好记性勿如烂笔头。

坐吃山坍海要干。

远亲不如近邻。

爹有娘有，勿如自有。

墙倒众人推。

三、气象谚语

三朝迷露（雾）发西风。

干净冬至邋遢年，邋遢冬至干净年。

小暑一声雷，四十五天转黄梅。

小满日头，晒开石头。

开门落一谢（阵），关门落一夜。

日落乌云洞，晒得背皮痛；日落腻冲冲，明朝有大风。

日枷风，夜枷雨（指日晕、月晕有风有雨）。

中午现现，呒不大好天（现现，指太阳）。

乌云接日头，半夜里头雨潺潺。

五月南风水连天，六月南风海底干，九月南风连夜雨，十月南风吹火着。

东北风，雨太公（要下雨）。

东鲎（鲎，即虹）日头西鲎雨，朝鲎日头夜鲎雨，立冬无雨一冬干。

冬至西北风，来年干一春。

发尽桃花水，必是早黄梅。

芒种火烧天，夏至雨绵绵。

西南风，腰里硬，着夜静。

早雾晴，晚雾阴。

伏里东风海底干，伏里西风海里满。

伏里西北风，腊里船勿通（天冷结冰）。

雨打黄梅头，小麦逐个偷（"偷"即指歉收）。

夜晴呒好天（谓连天下雨，却在日落后停歇，必定难于转晴）。

迷露（雾）勿散就是雨。

三朝迷露发西风。

朝看东南，夜看西北（早晨东南方，傍晚西北方，天空清爽无浓云，即无雨，反之有雨）。

梅里西风苪里雨。

曲蟮唱山歌，有雨不会多（"曲蟮"即蚯蚓）。

鲎高日头低，早晚披蓑衣；鲎低日头高，明朝晒断腰。

燕子低飞有雨到，蜜蜂早出天放晴。

歇后语

歇后语是汉语语汇里群众在生活实践中所创造的一种特殊语言形式，是一种短小、风趣、形象的语句。本节收录了具有横泾地方特色的部分歇后语，主要如下：

大寒里雷响——腊崩。

三亩竹园出一只笋芽芽——独苗。

三个手指扭田螺——稳吃（稳当，言指肯定能成功）。

小葱烧豆腐——一清二白。

小干（小孩）买馒头——拣大捭（挑大的）。

门缝里看人——看扁了人。

卫生口罩——嘴上一套（谓言行不一）。

飞机上吊蟹——路远八只脚（谓相去很远）。

牛吃稻柴鸭吃谷——各人修各人的福。

六月里着棉鞋——好热脚（日子）。

石灰船火着——无救。

石头上掼乌龟——硬碰硬。

芝麻里黄豆——独大。

老鼠钻在风箱里——两头受气。

老太婆吃水豆腐——有嚼无嚼（谓说话多）。

肉骨头敲鼓——荤（昏）咚咚。

金刚摇船——大推扳（极差）。

哑巴吃黄连——有苦说不出。

牯牛身上拔根毛——不在乎。

带泥萝卜——吃一段，揩一段（谓只好先顾眼前事）。

脚炉盖当眼镜——看穿

蛇吃黄鳝——屏煞（互不相让）。

棉絮里尖刀——软凶。

隔年蚊子——老口。

曲蟮翻跟斗——直不起腰。

鼻头上挂鲞鱼——嗅鲞（休想）。

橄榄核垫台脚——活里活络（不确定）。

额骨头上搁扁担——头挑（俗语"头挑"有名列前茅之意）。

第十三篇　人物·荣誉

　　自明代以后，横泾地区人才辈出，涉及政治、文化、教育、科技、医疗等方面，涌现出了一批专家学者、先进人物和先进集体。本篇收录传记人物13人，收入名录人物68人，其中正高级知识分子10人、海外高级知识分子7人，副镇（科）级以上干部25人，先进人物26人。收录张家港市级以上先进集体荣誉37项，其中，江苏省级荣誉8项，苏州市级荣誉10项，张家港市级荣誉19项。

人物

人物传记

杨　伸（1384—1452）　字仲舒，又字孟舒，北杨家巷人。明永乐九年（1411）乡试中举，翌年中进士，授刑部主事，后降为江西瑞州府推官。为官忠于职守，重义气。友人鲍英与杨伸仅一面之交，欲赴京城，贫无行资。杨伸变卖值钱的物品资助他。后杨伸因受鲍英株连被免去官职，返回乡里授徒，上门受业者颇多，学成后有高中进士者。杨伸对父母极为孝养，教育后代也极为严格。相传，杨伸死后，送葬队伍有一里许，一路吹吹打打，于是当时的朱扈墩改名为吹鼓墩。明监察御史、左副都御史吴讷为之著《颐乐堂记》。

杨　集（生卒年月不详）　字浩然，北杨家巷人。明景泰五年（1454）中进士，于兵部观政。当朝礼部郎中章纶、御史钟同为民请命上书而下狱。杨集认为章纶、钟同是受奸臣黄宏陷害，就上书朝廷为他们说情，未果，而被调任安州知府。其时，安州正逢水灾，杨集体察民情，减免百姓徭役，并上书朝廷，要求朝廷内臣退田，归还老百姓，为此得罪权贵。适逢辖区内安州种马场发生瘟疫，死掉的种马数目较多，杨集下令以不成熟的雌马充数上报，被权臣庄田发觉，奏报朝廷。杨集被革职归田，卒于安州。

杨　舫（生卒年月不详）　字宏载，杨集之子，北杨家巷人。明成化年间乡试中举人，并参加吏部选考，后官至山东莒州知府。他为官清廉，导民力本，平其赋役。在莒州任职期间，他创办"贤贤堂"，亲自召集地方名士了解民情，称他们是"政之道合"、为政的一面镜子，把莒州治理得政通人和。他擅长古文诗词，文章明整，善述叙事，著有《水利书》一卷。后客死于莒州。

杨　仪（1488—1564）　明代收藏家，字梦羽，号五川，北杨家巷人。嘉靖五年（1526）中进士，任工部主事，转任礼、兵二部郎中。因太常乐废缺，杨仪曾受命考订，纂成《乐书》。后升山东按察司副使，备兵霸州，擒盗捉贼，保一方平安，赢得"文人带兵，盗贼全尽"的美称。后因政见不同，称病归里，以读书著述为务，并致力于宋、元旧本收藏和文物古董的鉴赏，其书室名"七桧山房"，又建万卷楼，多聚宋元旧本、名人墨迹、鼎彝古器，江东誉称"博雅"。著有文集《南宫集》《高坡异纂》《古虞文录》等，另有小说《金姬传》、笔记《骊珠随录》等。后因与权臣钱籍有矛盾，钱上书污蔑杨仪的儿子曾杀过人。杨仪牵连下狱，受辱而死。杨仪去世后，万卷楼所藏精本为其外甥藏书家莫是龙所得。其余遗书被杨家仆人和亲友窃去，逐渐散失。

赵　牧（？—1647）　字公安，又名赵陵，又字侠侯，赵巷人。他少有大志，明崇祯年间，任恬庄乡兵长。崇祯十七年（1644），他去常熟城领取火药时，因失火炸毁县府厅堂，遂率家人和部下出走海口，与福建林簘舞一起投奔平海将军。翌年，任海口总兵，人称"虞山赵牧勇士"。清顺治四年（1647）4月，清兵攻海口时，他死守四月，城破身亡。尸骨葬于海口，后人将他的牌位立入昭忠祠。

邓　伟（1817—1864）　乳名润泉，字仲才，邓家自然村人。清道光年间举人，以耕读为本。他救济贫苦百姓，并热心修桥、补路等公益事业，在民间享有盛誉。同治三年（1864）病亡。

卢宝云（1910—1941）　季家宕自然村人。幼时读过8年私塾，后跟大哥卢宝卿、二哥卢宝钧学习中医。1926年，他秘密参加金村青年读书会。是年7月，经周文、金朴存介绍，秘密加入中国共产党。因革命工作需要，他在金村集镇做木材生意，常利用经商之便，与中共常熟特别支部联系，传递信息。同时，他常去大义、港口、谢桥、福山、郑桥

等地张贴标语，宣传国民革命，支援北伐战争，并开展减租减息等活动。1941年1月，日军到木行强抢木材，卢宝云被殴打吐血，再加上劳累过度，于2月去世，年仅32岁。

卢宝钧（1898—1963）　季家宕自然村人，乡村名医。1918年师从名医金兰升学医，他天资聪颖，好学善问，尽得师传。1922年，他在金村开办诊所，为百姓解除病痛，医术日有长进。1951—1957年，他在金村联合诊所工作，与王近仁、李学仁、金国澄等共事。1958—1961年在妙桥医院工作，1961年退休。1963年因突发心脏病去世。他善治风寒，疗效显著。病愈者赠匾酬谢，称为"卢医扁鹊""华佗再世"等。他对治疗妇科病、多发病亦有探究，治愈患者无数。卢宝钧带金一飞为徒，精心选教材，言传身教，为其在1958年顺利考入南京中医学院后成为教授奠定了坚实的理论基础，积累了丰富的临床经验。

沈仲年（1931—1997）　陶家桥自然村人。1949年中华人民共和国成立后，他参加当地农民协会。1950年，任福山区杏市乡中民村民兵分队队长、村主任。1952年，积极参加镇压反革命和农业互助合作化运动。是年10月加入中国共产党。1953年至1957年，先后任互助合作总组组长、初级农业社社长、高级社会计、杏市乡副乡长。1958年，调妙桥信用合作总社工作。1959年，任陶桥大队党支部书记。1969年，任陶桥大队革委会主任、沙洲县革委会委员。1970年，任陶桥大队党支部书记、革委会主任。是年6月，

当选为中共妙桥公社委员会委员。在陶桥大队工作期间，他工作踏实，和支部一班人艰苦奋斗，把陶桥大队建设成为妙桥公社先进大队。1971年，陶桥大队水稻亩产536.16千克，列境内各大队之首。是年，陶桥大队人均分配128.3元，列妙桥公社第一。1975年，陶桥大队工业总产值29.72万元，占全大队工农业总产值的55%，名列妙桥公社第二（仅次于欧桥大队）。是年6月，他调任妙桥公社交通管理所党支部书记。1984年5月，调任妙桥乡多种经营服务公司副总经理。是年，调任妙桥乡交通管理所党支部书记、所长。他多次被评为优秀党支部书记。1992年退休，1997年因病去世。

邓祖煜（1934—2009） 邓家自然村人。教授级高级工程师，国务院特殊津贴享受者。1954年8月毕业于上海交通大学有线电信专业。毕业后，先后在天津市电信局、电信工程总队、邮电部邮电科学院、邮电部第五研究所、邮电部成都电缆厂从事科研技术工作。1965年，任中国邮电部第五研究所

邓祖煜

研究室主任。1999年退休后，受聘广东汕头奥星通信设备有限公司，任总工程师。1974年，他与同事一起制定了中日海缆工程设计、施工、建设等方案，负责中国海缆登陆区域90余千米的电气测试，出色完成了任务。其8管同轴电缆精密测量方法与万路载波技术获得1978年全国科学大会奖。铝护套小同轴电缆获得1985年邮电部科学技术进步一等奖。松套层绞式通信光缆、电缆与光缆土壤腐蚀数据积累和防护研究分别获得1993年邮电部科学技术进步一、二等奖。其研究成果已广泛应用于国内相关长途光缆工程。在通信理论研究中，他提出了不破坏系统性串音的64种选交叉方式及多段平衡技术的论点。其对称通信光缆一次性多段平衡技术获得1987年全国科学大会奖。在国内刊物发表有关通信电缆、光缆等学术性论文、研究报告20余篇，多次作为高级专家出国考察，进行学术交流，并以邮电部相关代表团团长身份率团出席国际电信联盟第15研究组（传输系统与设备）会议。曾任邮电部科技委员会委员、中国通信线路委员会委员、四川省通信学会理事、四川省电子学会电子测量与计量专业委员会委员。先后被评为优秀邮电科技工作者、四川省科技先进工作者、成都市优秀共产党员、邮电科学研究院有突出贡献专家。

邓绍基（1933—2013） 邓家自然村人。中国社科院荣誉学部委员。1955年毕业于复旦大学中文系，同年入职中国社会科学院文学研究所，历任研究室主任、副所长、

学术委员会主任、文学部主任、博士生导师、中国近代文学学会会长、中国杜甫研究会副会长、中国小说学会副会长、国家古籍整理规划小组学术委员。20世纪50年代以后，邓绍基长期从事中国文学史研究工作，积累了丰富的实践经验，是著名的中国古代文学专家、文学史专家。60年代初期，协助余冠英编纂的三卷本《中国文学史》，80年代以后主持编纂的多卷本文学史著作《中国文学通史系列》，参加主持的多民族文学史著作《中华文学通史》，在国内外产生了广泛影响。他主持的《元代文学史》具有开拓意义，是近百年来最完整而有系统的元代文学研究著作，曾获中国社会科学研究成果奖。邓绍基还撰有《五四以来继承文学遗产问题的回顾和探讨》《建国以来关于继承文学遗产的一些问题》《五四文学革命与文学传统》等论文。另有专著《杜诗别解》，其选注并作序的《元诗三百首》是近百年来第一部元诗选本。晚年还关心《邓氏宗谱》的续编和家乡的宗教文化，亲自为金村永昌寺"总管殿"

题词。2013年3月25日于北京逝世，终年81岁。在去世前的两个月，他写过一首诗，寄赠关心他健康的同邑亲友："清寒闭户听昆曲，曝背扶犁绕池苑。衰病蒙君来问讯，依然同好念唐诗。"家乡的山山水水令邓绍基魂牵梦绕。他很希望病愈后回到乡妙桥老家看看，可惜这一愿望最终未能实现。

邓震埌（1933—2018） 邓家自然村人。中共党员，国务院特殊津贴享受者。1954年7月毕业于长春邮电学校，1954年9月入天津大学电信系学习一年，1955年9月入北京邮电学院有线电通信工程系学习三年。毕业后留校任教，先后任教研室主任、党支部书记、培训中心主任和北邮外事办公室主任。1986年，任西安邮电学院（现为大学）院长。1990年调回北京，任中国通信学会秘书长，一直至2004年。工作期间，他曾主持并参与开发研制用于大庆油田的数据传输设备，并获北京市科技进步二等奖。其编著的《计算机和通信》一书由人民邮电出版社出版，并合译《信号、系统、计算机》（英文）

邓绍基

邓震埌

一书。另外，分别在《电信科学》《中国通信技术》《世界电信网络》等杂志上发表过论文十多篇。

李恺民（1935—2020） 苏家角自然村人。中共党员。1951年4月参加工作，任常熟县福山区委文书。1955年任常熟县人民政府办公室秘书，1958年任中共常熟县委办公室秘书，1963年调任中共沙洲县委办公室秘书，1975年8月任中共沙洲县委（革委会）办公室副主任，1976年10月任中共沙洲县办公室副主任，1984年2月任中共沙洲县委党史资料征集研究委员会办公室副主任（主持工作），1986年5月任中共沙洲县委党史资料征集研究委员会办公室主任。他主持审定多部志书，其中《沙洲县人民革命斗争史》获江苏省党史资料优秀成果奖；《张家港市乡镇工业志》填补了全国乡镇工业研究的空白，并被评为江苏省地方志书一等奖；主编的《沙洲县志》被中国地方志指导小组评为全国优秀志书成果奖。1995年，他被江苏省党史工作委员会评为江苏省党史先进工作者。1996年退休，2020年3月因病去世。

人物名录

一、知识分子

2020年横泾籍正高级知识分子一览表

表63

姓名	性别	出生年份	职称	工作单位
顾如保	男	1940	译审	外交部旅游局欧洲区
陈绍祥	男	1940	主任医师	中国人民解放军空四军医院
谈丽君	女	1951	主任医师	张家港市第一人民医院
卢祥云	男	1960	教授	常熟理工学院
李东	男	1961	研究员	浙江省南都电源有限公司
查元明	男	1964	教授级高级工程师	上海市中国石化三井化工有限公司
孟德兴	男	1964	译审	北京市西城区中国石油设备有限公司
王国民	男	1965	主任医师	张家港市妙桥医院
查丁石	男	1966	研究员	上海市农业科学院
杨利刚	男	1968	教授级中学高级教师	江苏省苏州中学

2020 年横泾籍海外高级知识分子一览表

表 64

姓名	性别	出生年份	职称(职务)	工作单位
谢玉明	男	1963	研究员	美国休斯敦光电研究所
卢爱国	男	1963	高级工程师	美国加州软件开发公司
陶雪良	男	1965	研究员	美国北极星医药集团有限公司
沈建军	男	1965	研究员	美国德州安德森癌症研究中心
邓海虹	女	1965	研究员	新西兰奥克兰市软件研究所
陆春明	男	1967	高级工程师	美国圣尔登弗立寨公司
陆　益	男	1971	高级工程师	美国加州通信公司

二、副镇级以上干部

横泾村籍副镇（科）级以上人员一览表

表 65

姓名	性别	出生年份	职务	工作单位
谈世成	男	1936	副院长	常熟市检察院
俞新逸	男	1936	党组成员、纪检组长	新疆维吾尔自治区劳动厅
顾元昌	男	1945	副局长	张家港市供销合作总社
周大保	男	1941	部长	上海市闵行区人武部
王桂芳	女	1943	党委副书记	中国人民解放军总参谋部政治部
刘元康	男	1944	副主任	张家港市建设委员会
瞿增元	男	1944	党委副书记	张家港市妙桥镇
许德元	男	1944	政协主席	新疆巴音郭楞蒙古自治州和硕县
朱海英	女	1944	机关党工委书记	新疆巴音郭楞蒙古自治州和硕县
严鼎丰	男	1944	常务副主任、党工委副书记	张家港市经济开发区管委会
顾仕元	男	1941	副主任	张家港市物资局
杨妙兴	男	1948	团级	解放军某部

姓名	性别	出生年份	职务	工作单位
郁龙德	男	1949	副镇长	张家港市塘桥镇
杨凤兰	女	1950	副镇长	张家港市妙桥镇
杨叙保	男	1952	主任（大校级）	沈阳军区卫生人员训练基地
姜银保	女	1952	副镇长	张家港市妙桥镇
赵惠良	男	1956	副局长	张家港市园林局
朱建才	男	1958	党委副书记	张家港市建设委员会
季永东	男	1960	副局长	无锡市水务局
季 红	女	1962	党委副书记	徐州医学院
金建明	男	1962	党委书记	西南交通大学力学与工程学院
李仁刚	男	1967	总经理	南京龙源环保有限公司
李俊丰	男	1972	副院长	常熟理工学院
邱月花	女	1973	纪委书记	张家港市金城投资发展有限公司
俞颂家	男	1974	董事长	苏州市农业发展集团有限公司

三、先进人物

1980—2020 年横泾籍张家港市级以上先进人物一览表

表 66

姓名	性别	荣誉称号	授予年份	授予单位	工作单位
陈忠明	男	省外事服务先进个人	1980	江苏省人民政府	省外事旅游服务公司
宣丽芹	女	苏州市劳动模范	1986	苏州市人民政府	张家港市羊毛衫厂
杨美玉	女	张家港市劳动模范	1980	张家港市人民政府	张家港市羊毛衫厂
许正才	男	火线模范党员	1987	解放军某部党委	直属工兵营
王正球	男	防治非典型性肺炎工作先进个人	2003	张家港市人民政府	横泾村委
卢正兴	男	优秀共产党员	2005	张家港市委	横泾村委

姓名	性别	荣誉称号	授予年份	授予单位	工作单位
卢正兴	男	中小企业管理服务系统先进个人	2010	张家港市委农村工作办公室	横泾村委
郁龙德	男	关心下一代工作先进个人	2005	张家港市关心下一代工作委员会	塘桥镇政府
姜卫义	男	社会治安治理先进工作者	2005	张家港市综合治理委员会	横泾村委
		爱国卫生系统先进个人	2009	张家港市爱国卫生运动委员会	
		计划生育工作先进个人	2015	张家港市人口和计划生育委员会	
王兴祥	男	张家港市劳动模范	2006	张家港市人民政府	薛家村兴旺养猪场
顾爱兵	男	先进武装干部和"四有"民兵	2006	张家港市人武部	
		民兵先进个人	2008		
		优秀体育健身工程点管理员	2010	张家港市体育局	
谈建江	男	先进爱卫工作者	2006	张家港市爱国卫生运动委员会	
邹建刚	男	先进调解工作者	2006	张家港市综合治理委员会	横泾村委
		司法系统先进个人	2011	张家港市综合治理委员会	
顾明娟	女	计生先进工作者	2006	张家港市人口和计划生育委员会	
		优秀妇女干部、计划生育先进个人	2008		
		计划生育工作先进个人	2012		
卢伟刚	男	村级财务先进工作者	2002	张家港市委农村办公室	
		创建充分就业社区（村）先进个人	2009	苏州市促进就业领导小组办公室	
戴忠林	男	社区建设先进个人	2009	张家港市精神文明建设指导委员会	妙桥社区

姓名	性别	荣誉称号	授予年份	授予单位	工作单位
陆学军	男	五好文明家庭标兵户	2010	张家港市精神文明建设指导委员会	横泾村委
		优秀共产党员	2013	张家港市委、市政府	
			2014		
			2017		
			2018		
			2020		
陆明祥	男	政法、综合治理先进个人	2014	张家港市社会综合治理委员会	
		社会管理综合治理先进个人	2015	张家港市委、市政府	
纪金元	男	农业工作先进个人	2014	张家港市委农工部	
李俊峰	男	教育工作先进个人	2016	江苏省教育委员会	常熟理工学院
季丽霞	女	省人口计生基层信息应用操作标兵	2012	省人口和计划生育委员会	横泾村委
		新市民共进协会先进个人	2013	张家港市新市民共进协会	
		人口和计划生育工作先进个人		张家港市人口和计划生育委员会	
		关心下一代工作先进个人	2017	张家港市精神文明建设指导委员会办公室	
李亚	女	全国农业普查工作先进个人	2018	苏州市农业普查领导小组办公室	
李玉良	男	苏州市能手网格员	2019	苏州市政法委员会	
刘晓东	男	苏州市能手网格员	2019	苏州市政法委员会	
黄雪忠	男	幸福港城惠老保险先进个人	2020	张家港市民政局	

江苏省级荣誉

1995—2019 年江苏省以上先进集体一览表

表 67

获奖单位	荣誉称号	授奖单位	授奖年份
妙桥·中国羊毛衫商城	全国文明市场	国家工商行政管理总局	1995
横泾村	江苏省卫生村	江苏省爱国卫生运动委员会	2000
洞泾村	江苏省卫生村	江苏省爱国卫生运动委员会	2002
吹鼓村	江苏省卫生村	江苏省爱国卫生运动委员会	2002
薛家村	江苏省卫生村	江苏省爱国卫生运动委员会	2002
横泾村	江苏省农村环境综合治理示范村	江苏省人民政府	2009
横泾村	江苏省和谐社区建设示范村	江苏省民政厅	2018
横泾村	2016—2018 年江苏省文明村	江苏省精神文明建设指导委员会	2019

苏州市级荣誉

2007—2018 年苏州市级先进集体一览表

表 68

获奖单位	荣誉称号	表彰单位	表彰年份
横泾村	苏州市实践"三个代表"，实现"两个率先"先锋村	中共苏州市委	2007
横泾村	苏州市新农村建设示范村	中共苏州市委	2008
横泾村	苏州市健康城市先进村	中共苏州市委	2009
横泾村	苏州市先锋村	中共苏州市委	2009
横泾村	苏州市民主法治村	苏州市依法治市领导小组	2011

获奖单位	荣誉称号	表彰单位	表彰年份
横泾村	苏州市先锋村	中共苏州市委	2015
横泾村	苏州市健康村	中共苏州市委	2017
横泾村	苏州市示范妇女儿童之家	中共苏州市委	2017
横泾村	苏州市"三创"及基层平台建设规范化工作先进集体	中共苏州市委	2017
横泾村	2015—2017年苏州市文明村	苏州市精神文明建设指导委员会	2018

张家港市级荣誉

1989—2020年张家港市级先进集体一览表

表69

获奖单位	荣誉称号	授奖单位	授奖年份
洞泾村	张家港市双文明单位	中共张家港市委、市政府	1989
薛家村	张家港市双文明单位	中共张家港市委、市政府	1990
洞泾村	张家港市双文明单位	中共张家港市委、市政府	1990
洞泾村	张家港市双文明单位	中共张家港市委、市政府	1991
横泾村	张家港市文明村	中共张家港市委、市政府	2004
横泾村	张家港市文明村	中共张家港市委、市政府	2005
横泾社区	张家港市文明社区	中共张家港市委、市政府	2005
横泾社区	张家港市文明社区	中共张家港市委、市政府	2006
横泾社区	张家港市文明社区	中共张家港市委、市政府	2007
横泾村	张家港市文明村	中共张家港市委、市政府	2007
横泾村	张家港市文明村	中共张家港市委、市政府	2012
横泾村	张家港市文明村	中共张家港市委、市政府	2015
横泾村	张家港市先进基层党组织	中共张家港市委	2015
横泾村	张家港市文明村	中共张家港市委、市政府	2016
横泾村	张家港市廉洁文化示范村	中共张家港市委	2016
横泾村	张家港市文明村	中共张家港市委、市政府	2017
横泾村	张家港市文明村	中共张家港市委、市政府	2018
横泾村	张家港市文明村	中共张家港市委、市政府	2019
横泾村	张家港市文明村	中共张家港市委、市政府	2020

志　余

关于在张家港市进行妙桥·中国羊毛衫商城试点的请示

省体改委：

自1993年4月省体改委批准建立"江苏妙桥针织精品市场"以来，招商势头越来越好，经济效益更加明显，办场条件日益优越，市场管理日趋规范，目前市场覆盖面已达全国二十九个省（自治区）、市，在海内外均有很高的知名度。为抢抓机遇，高起点建设市场，今年五月又投资4000万元人民币进行二期扩建，工程交付使用后，一个现代化、规模庞大的羊毛衫专业市场将屹立在世界的东方。为此，我委申请在江苏妙桥针织精品市场的基础上进行中国妙桥羊毛衫商城的试点。

（一）试点的指导思想

为认真贯彻落实中共中央、国务院《关于加快发展第三产业的决定》，培育和建设市场，搞活流通，促进生产，以适应建立社会主义市场经济新体制的需要，加大对市场的投入力度，使之尽快成为在国内外知名度高、辐射面广的特大型市场，为企业提供一个声势浩大、有声有色的经济大舞台，使生产与流通、本地市场与外地市场、国内市场与国际市场有机地结合起来，从而推动企业向新工艺、新技术，高创汇、高效益方向发展。

（二）总体规划

江苏妙桥针织精品市场占地2万平方米，摊位已达2200个，1993年成交额达10.17亿元，1994年度将突破15亿元大关。今年五月总投入4000万元的二期工程内设羊毛衫交易场所、综合服务大楼（内有快餐公司、娱乐中心）、毛纱交易场所、食品交易场所和变电所、自来水厂、停车场等各项配套设施。1995年二期工程全部运行后，交易额可望突破20亿元大关。张家港市决心为我国高速度、高起点建设国家级大型市场提供可靠的经验，并作出应有的贡献。

（三）试点的有利条件

——有较高的知名度。市场自创办以来，已接待了1000万人次以上的国内外客商，人到张家港，必到羊毛衫市场逛逛。新华社编发的《捎给小平同志的喜讯》长篇通讯用四分之一版面的篇幅报道了这一市场，将之看成是"发展才是硬道理"的典范，告诉改革开放的总设计师小平同志。中央电视台、上海电视台、江苏电视台、《文汇报》、《市场报》、《新华日报》、《中国乡镇企业报》等国内数十家省级以上新闻单位对该市场进行了专题报道。香港《大公报》《商报》等新闻机构称：中国大陆最大的羊毛衫市场在张家港市妙桥镇。江苏妙桥针织精品市场成了华夏大地的一枝独秀，名闻遐迩于海内外。

——妙桥针织业历史悠久，实力雄厚。妙桥镇素有"针织之乡""针织王国"之美称。1954年，该镇就兴办了针织社，四十年来，妙桥镇的针织业走过了黄纱手套—尼龙衫—腈纶衫—兔羊毛衫—高支羊毛衫的产品升级换代过程，70年代初期，妙桥的针织产品就率先打进了国际市场。之后，产品远销欧、美、亚、澳四大洲，深受外商欢迎。80年代后期，随着商品经济的蓬勃发展，乡镇企业由劳动密集型向技术密集型转移，传统的针织业向家庭加工业自然过渡，逐步形成了千家万户进行针织生产的社会化大工厂。据有关资料表明，至1993年底，全镇从事家庭针织业的农户已达6000多家，拥有手工针织机械、电脑针织机械及配套设备18000台套，年产羊毛衫、羊绒衫3000多万件，年销售额达10亿元，妙桥镇成为我国重要的羊毛衫生产基地。

——优越的地理位置，确保了市场货畅其流。羊毛衫商城距波涛滚滚的扬子江近在咫尺，3千米长的宽阔的优质混凝土路直通204国道，西距张家港市区21千米，离国际通商码头张家港港区及张家港保税区仅42千米，傍扬子江，靠苏、锡、常，水陆交通极为便利，为中国妙桥羊毛衫商城的发展创造了得天独厚的地理位置优势。

——市场管理严格规范，交易场所井然有序。江苏妙桥针织精品市场一成立，市场、工商、税务、公安、计生等部门就联合组成了管理委员会。这些部门进场挂牌办公，各负其责，密切配合，坚决打击假冒伪劣产品，狠刹欺行霸市的恶劣行径，杜绝了场内吸烟及随地吐痰的不文明现象，严禁偷税漏税。场内还经常开展"信得过摊位和文明工商户"的评比活动。通过一系列规范管理，面貌焕然一新，礼貌待客的风尚已蔚然成风。

由此可见，在江苏妙桥针织精品市场的基础上进行中国妙桥羊毛衫商城的试点是切实可行的。为使江苏妙桥针织精品市场及早成为多功能、向国内外全方位开放的大型商城，我委恳望省体改委及时向国家体改委申报试点请示。

张家港市经济体制改革委员会

1994.7.1

关于同意建立中国共产党
张家港市妙桥中国羊毛衫商城
总支部委员会的批复

中共妙桥镇委员会：

你委《关于建立中国共产党张家港市妙桥中国羊毛衫商城总支部委员会的请示》收悉。

经研究，同意建立中国共产党张家港市妙桥中国羊毛衫商城总支部委员会。党总支部委员会所辖的各党支部委员会，应按照《中国共产党基层组织选举工作暂行条例》的规定选举产生。选出的党总支书记、副书记及党总支部所辖的各党支部书记、副书记由你委批准。发展党员由你委审批。

此复

中共张家港市委组织部

一九九六年七月九日

关于撤并陶桥、仇家等村的通知
妙政发〔2000〕21号

各村、企事业单位：

经报市人民政府批准，按张政组〔2000〕20号文件《关于同意妙桥镇撤并陶桥、仇家等村的批复》的精神，我镇原陶桥村与洞泾村进行合并，建立洞泾村；仇家村与蒋家村合并，建立蒋家村；将周院村南片6个村民小组并入塘湾村，将北片6个村民小组并入立新村。同时撤销陶桥村、仇家村、周院村的村名和村民委员会。

特此通知

妙桥镇人民政府

二〇〇〇年六月二十五日

关于同意塘桥镇部分行政区划调整的批复

张政发〔2004〕26号

塘桥镇人民政府:

你镇关于调整部分村行政区划的请示收悉。经研究,同意行政区域相邻的杨园村撤村并入镇中社区居委会;禄荡村、李王村、金巷村与周巷村合并,建立新的周巷村;南塘村、十字港村与何桥村合并,建立新的何桥村;上相村与青龙村合并,建立新的青龙村;水渠村与韩山村合并,建立新的韩山村;妙桥村撤村并入妙桥社区居委会;横泾村、薛家村、吹鼓村与洞泾村合并,建立新的洞泾村①;陈庄村与顾家村合并,建立新的顾家村;西旸村、立新村与欧桥村合并,建立新的欧桥村;沙田村、跃进村与蒋家村合并,建立新的蒋家村;前巷村、勤丰村、塘湾村与金村村合并,建立新的金村村;西苑村撤村并入鹿苑社区居委会;鹿东村、奚浦村与巨桥村合并,建立新的巨桥村;鹿北村、南林村与滩里村合并,建立新的滩里村;徐湾村与花园村合并,建立新的花园村;马嘶村、五厢村与牛桥村合并,建立新的牛桥村;泾西村与刘村村合并,建立新的刘村村。同时撤杨园村、禄荡村、李王村、金巷村、南塘村、十字港村、上相村、水渠村、妙桥村、横泾村、薛家村、吹鼓村、陈庄村、西旸村、立新村、沙田村、跃进村、前巷村、勤丰村、塘湾村、西苑村、鹿东村、奚浦村、鹿北村、南林村、徐湾村、马嘶村、五厢村和泾西村的村名及村民委员会。撤并工作具体事项由你镇负责实施,并按《村民委员会组织法》和《居民委员会组织法》建立新的周巷村、何桥村、青龙村、韩山村、洞泾村、顾家村、欧桥村、蒋家村、金村村、巨桥村、滩里村、花园村、牛桥村、刘村村的村民委员会及镇中、妙桥、鹿苑社区居民委员会。

此复

张家港市人民政府

二〇〇四年三月四日

注①:洞泾村于2004年6月更名横泾村。

关于建立中共塘桥镇何桥村委员会等3个村党委的通知

各镇党委、市委各工委、各部委办局、市直属各单位（公司）、各人民团体党组织、各条线管理单位党组织、沙洲职业工学院、梁丰高级中学党委：

2015年11月4日十届市委第74次常委会研究决定：建立中共塘桥镇何桥村委员会、中共塘桥镇横泾村委员会、中共锦丰镇店岸村委员会。

中共张家港市委员会

2015年11月10日

关于明确全镇企业实行属地管理的通知

（塘政发〔2016〕4号）

各办事处、各村（社区）、各企业单位、相关部门：

根据上级相关法规及文件精神，为进一步明确义务责任，实现服务重心前移，我镇所有企业实行属地管理。现将有关事项通知如下：

一、属地原则

原则按照各企业所在驻地进行划分，由企业所在驻地村（社区）实行属地化管理。

二、相关内容

（一）企业管理。凡在各村（社区）行政区域内从事生产经营的企业，由各村（社区）履行安全生产、环境保护、社会保障、企业稳定等属地监管职责和督促企业落实主体责任。

（二）企业服务。凡在各村（社区）行政区域内从事生产经营的企业，由各村（社区）履行企业经济服务职责，同时做好企业风险预警排查有关工作。相关属地管理企业的各项经济指标一并列入所在村（社区）进行统计。

三、职责分工

实行属地管理后，各村（社区）具体实施企业日常管理服务工作，通过细化服务，帮助企业实现更好运行。办事处负责指导辖区内企业的管理服务，镇政府职能部门负责做好条线指导服务工作。

本通知自2016年1月1日起实施。

塘桥镇人民政府

2016年1月16日

颐乐堂记

吴　讷

予友杨君孟舒，自筠谢事归养。二亲黄发儿齿，日受色养，心甚乐之。而孟舒亦乐其志之克遂也，因颜其居曰"颐乐"。翰林修撰王君为之记，士大夫多为之歌美，复嘱予为序。予与孟舒生同里，孟舒之尊人敦本力善，世尚孝友。孟舒早精《蔡氏书传》，一举遂掇巍科，所至扬历有声。当其歌鹿鸣而出也。有伯兄综理家政，以为养，故孟舒虽离亲侧而其志乐也。比年，伯兄弃世，二老人年垂九十，孤侄茕茕无依。故孟舒之在官，无一息而能忘亲，而其亲亦无一日不倚门思也。乃今克遂归养，日进甘腬滫瀡之奉，朝而省、昏而定，寒暖饥渴能谨调之，痒疴疾痛能谨问之，动履寝息又能审而候之，怡怡愉愉，承顺颜色，其爱日之乐为何如哉？宜乎士大夫君子闻之，而形于歌咏也。虽然，人子以方壮之齿，当父母垂尽之年，虽竭力营养，能几何时？孟舒其可不益敦孝友，躬率妇子曲尽爱敬，以报罔极之恩乎？他日乡闾子弟得所观

感，必来取法，则传孝友者，舍孟舒其谁乎？予尚当为特书不一书也！

选自《金村小志》

开塘记

徐君伟

乾隆五六十年间，奚浦塘等河道严重淤塞。时常熟县署文奚浦塘、三丈浦、竺塘、河泾塘等河道同时疏浚。责成董事会向农户摊派钱粮费用。农田所距水道远近不尽相同，获利有所多寡而争持不下。此时有人击案而起曰："不就是区区几千两银子嘛，我一家出资又何妨？"此语一出，举座寂然。视之，乃吾二世祖也，人称"小老头"。继而欢声雷动，自是皆大欢喜。而吾家之田俱在奚浦塘边，时吾祖财力尚雄，恐人说尔之出资开塘乃是一己之私，故而将河泾塘自金村向西一段疏浚也一并承担。自此，金村之西河泾塘，遂称徐塘焉。

光绪年间，议开白茆塘。有人说："你

积善堂徐家有名行善积德，这次开白茆塘何不也出些力呢？"徐氏六世祖徐堃赌气出资疏浚白茆塘。自此，吾徐家一族开始中落焉。《常昭合志》中说"民力疏浚"，则指其事。然此乃我族之重要大事，自然世代口口相传。而吾年轻时曾遍访祖辈耆老，俱皆言之凿凿，可见其不谬也。

节选自《洞泾徐氏族谱》

常熟合兴桥邓氏宗谱序

吾邓氏以南阳名郡者，为系出东汉太傅封高密侯谥元侯仲华公讳禹之后。至瑞甫公，兄弟三人早失怙。又值明季遭世乱，随母播迁，由无锡至常熟西乡上塘桥。瑞甫公之兄弟，有一人已得成家。复至昭文(琴川)县梅里(今昭文已并入常熟)，瑞甫公之兄弟，有一人亦得成家。惟瑞甫公至常熟县西北乡南三场下十四都十五图合兴桥(俗称"刘家桥")，为刘氏赘婿。时刘氏夫妇吃长素，好清修，得一女为瑞甫公淑配，遂占籍焉。窃思尊祖敬宗，须知收族。收族之义辑谱为先，用启微忱，为之详述，以兹继继承承本支百世，昭然可考，似合收族之义矣。如有同志助修、捐资、助刻，是思孝之幸矣，能不引领待望哉！

光绪二年岁次丙子荷月，

瑞甫公之八世孙思孝谨序

选自《妙桥镇志》

邓义士允贤公尚义记略

追思先曾祖允贤，为人公平正直、乐善好施。知有贫乏者无费赒即待，寒士胡某可征矣。盖胡某向住城中，系读书者，为命薄衰，饔飧不继，因率妻子而诣曾祖前恳求愿为家属。曾祖诘知其情而谓之曰："汝读书人，岂不知君子固穷？汝能守分安命、勤俭持家，吾当时时周济。设果为吾属，汝已玷辱终身矣，汝将何以自安乎？"胡某闻曾祖之言，恍然大悟，即于曾祖前谢之。曾祖遂施之钱米与棉花等物，以济其急。后胡某迁居横泾岸，结草庐而处之。时恪遵予曾祖之训，以古耕为业，其妇亦安荆布、勤纺织，以为内助。所生三子，长曰受堂，次曰爱堂，三曰严堂，各习技艺，俱有令名，而家道日裕矣。曾祖尤喜有功于世，如疏河、造桥、办帐、糜饥絮冻、不胜槽亡等诸务，必躬先之。至于恶人不善，知有恶少者，无弗惩。即禁人赌博之严，胜于官府之示禁，父兄之约束。曾有一人姓王名双元者，靠赌营生，畏曾祖之威而不敢于永昼，乃窃俟于深宵博赌。曾祖闻之，勃然大怒，披衣而起，即呼弟要去禁赌。弟起，未及正其衣冠，曾祖已赴赌场，将开赌者责罚。群小亦惧警，鼠而散矣。斯时，曾祖怒犹未熄，尚言且待天明呈官究办。翌日，开赌者乞怜求免，愿改前非，乃恕之。曾祖之禁赌非以其输赢大而禁之，若平日见赌牌即毁其牌，由是当时邻里无赌博矣。曾祖之弟洵贤公，是予本生之曾祖，秉性与曾祖同，而长于和顺。其时兄友弟恭如足，故仗义举必相知之。呜呼！追思曾祖之心，见人之得如知己之得，见人之失如己之失，故能承先启后，建功立业。后世好赌者是曾祖之罪人也，予是以见赌博者如淫声美色以远之。

同治四年乙丑夏六月初五日，曾孙思孝谨述

光绪二十四年夏六月十四日，玄孙钟鎏谨录

选自《邓氏宗谱》

明故前江西瑞州府推官杨公墓志铭

章　珪

南沙杨公孟舒，寿七帙而终。厥子济，以公门人河南汝州学正褚钦所述行实，踏门泣拜，蕲铭诸墓。噫！公之显晦，予知颇详。苟靳而拒焉，则无以著厥声而慰其灵于地下，遂序其世系而铭之。公讳伸，杨为氏，孟舒其字也。曾大父彦芳，先考字德全，蓄德弗炫。公生质凝厚，性且孝友。早游邑庠，励志于学，诸经子史，靡不拔究，尤长于书。登永乐壬辰进士第，拜刑部主事。详谳平怨，狱无滞冤。越历两考奉以高，左迁江西瑞州府推官。勤于守职，尤重于义。适同年友人鲍英忧制服阕，欲之京，贫无行资，以笺札谒公，卖值悉赆其行。未几，竟坐是免，遂号退庵而自适。嗟乎！世有宗族至亲流离饿殍而已，独富贵曾莫之恤者比比焉。视乎彼鲍君与公，路隔千里，平素弗交，偶同科第，乍识面耳，公乃慨然济其行。向甘受谴迎重于义，能若是乎？家居，设帐授徒，自少壮而持所习经书，悉遗子士者，每有其人从游终日，危坐解经，至篝灯夜分，略弗少懈。是以受业者多赖造就，题乡榜，登进士者。与少众言义先孝弟，与佃者言义勉尽力，是以一乡化之，莫不推重。忽遇疾，且革。诚子孙曰："吾弗起矣，尔曹毋弛学业，坠吾家声。善者师之，其不善者远之，苟违吾言，死不瞑目。"遂卒，实皇明景泰三年十二月二十四日，以明年癸酉三月十八日葬朱扈墩先坟兆次，距其生之辰，洪武甲子十一月初五日也。娶赵氏，子男四人，长曰洪，赵所生，娶侯氏，俱先卒；次济，补邑庠弟子员，娶黄氏；次准，娶周氏；次湘，娶钱氏，皆侧室王氏所生。女六人，长赘周，次瞿纲、庞璿、潘洪、徐瑞、季璜。孙男二：长宗，娶周氏；麟孙尚幼。

铭曰：

学优而显，义行而晦，乃心弗怍。

俯仰一世，寿考而终，勒铭永贲。

选自《妙桥镇志》

故事传说

徐塘桥传说

横泾村最南端有一座横跨在徐塘（又名河泾塘）上的古石桥，又名徐塘桥，本名"万寿桥"，1998年被列入张家港市级文物保护单位。据说，徐塘大河水面宽阔，非人工开挖而成，古代这里本是港口龙潭湖的一个组成部分。古往今来，沧桑巨变，龙潭湖早已成陆，传说湖内居住的母龙和小蛟龙早已移居东海，只留下徐塘大河给后人去探索和考证。这里河水极深，清澈见底，两岸野榆、枫杨的枝条或婆娑横逸河边如老妪汲水，或弯曲斜出河岸如老翁负重，或动或静。人们置身于徐塘桥原生态的绿野之中，不禁有许多历史的回忆。

据《金村小志》记载："徐塘桥，本名'万寿桥'，为缪桥（妙桥）程氏所造，道光中修。"又据妙桥程氏后代回忆，徐塘桥是妙桥程获产出资所造。其人本名为程福禄，祖籍在南通市郊区。清代乾隆年间，他迁居妙桥后，以贩卖土布为业，往返于常熟与妙桥之间，必经河泾塘渡口。乾隆三十年（1765）春夏之交，程氏因生意延误时间，从常熟返回妙桥时，河泾塘渡口的船工早已回家休息。渡口上寂静无声，既无船只，又无人影。河泾塘渡口南岸是芦庄王氏的坟地，众多的坟头宛如长满野花、野草的"馒头"，散落在渡口的两侧。其北岸是杨氏的坟冈，杂草丛生，是狐兔经常出没的地方。渡口可谓前不靠村，后不着店。此时的程氏人困饥寒，他硬着头皮，在旁边的坟冈上躺下休息。半夜过后，他一觉醒来，只见身旁一口暴露棺材的缝隙里透出异样光亮。程氏定神细看，发现里面装的均是珍珠宝贝。此刻，他又惊又喜，不知所措。其实，这些珠宝是一年前金村金氏不肖子孙阿四从金家祠堂金库中偷出的，藏到了芦庄王氏一口暴露的棺材里。俗话说得好，兔子不吃窝边草。阿四大逆不道，偏吃"窝边草"，作恶太甚，冒天下之大不韪。就在藏宝后几天，他就暴病身亡了。这批货已无人知晓。现在正巧被程氏碰见，因此，他就利用几个深夜，只身绕道偷偷地将这些珠宝运回家里。从此，程氏就发了大财。四乡百姓还误认为程氏贩卖土布，生财是理所应当的事情。程福禄发大财后，就把自己的名字改为程获产，顾名思义是获得财产之意。他慷慨出资，在河泾塘渡口建起一座石桥，全长26.83米，3孔，宽1.8米，取名"万寿桥"。清道光年间，因有农民牵牛过桥，将中间1块长石条压断。当时，桥南岸的钱巷里（前巷自然村）有个姓肖的富户嫁女儿至西村（港口杏市），苦于石桥损坏后往来极不方便，于是出资修复，改名为"徐塘桥"。因行人走过时发出响声，后人又称"响板桥"。

妙桥羊毛衫商城报道选辑

妙桥的羊毛衫市场

傅　刚、周学仁、蒋亚亭

一个位于张家港市东南部的江南小镇，这几年沸腾起来了，每天吸引数以万计的客商、游人云集于此，这就是妙桥镇的羊毛衫专业市场。

两年前，这里是一家濒临倒闭的乡镇企业所在地，镇上因陋就简将它改建成针织品市场，开业不到一个月，数百个摊位被一抢而空。目前，这个市场经四次扩建，摊位从100多个增加到2200多个。1993年，市场成交额超过8亿元，每天平均销售羊毛衫5万多件。去年上半年，市场成交额达6亿元。

妙桥镇素有"针织之乡"的美称，从黄纱手套到尼龙衫、腈纶衫、高级羊毛衫，这里的企业都生产过。到80年代初，乡镇企业拥有2000多台针织横机，年产上百万件针织服装。

近年来，这里的一个突出的经济现象是，从事个体针织业的家庭越来越多，其产量和销量逐步超过了乡镇企业。据不完全统计，到1993年底，家庭工业拥有各类手工针织横机、缝合机、电脑绣花机，以及各类印染、整烫、缩绒设备1.5万台以上，年产中高档针织产品5000多万件，并形成了机械制造、毛纱纺织、成衣制作、市场销售一条龙。

家庭工业以其特有的活力，对乡镇企业形成了一股强劲的冲击力。双方一度出现争原料、争人才、争市场等现象。针织业的技术骨干、经销人员成了"抢手货"。在市场竞争中，最受冲击的是那些档次低的产品和效益低的企业。

目前，妙桥镇一年生产毛纱2000吨，而羊毛衫市场每年最少需要毛纱7000吨，生产潜力仍然很大。这样既为集体企业找到了新路，又促进了羊毛衫市场的繁荣兴旺。

妙桥羊毛衫市场从创办到现在，只有两年多时间。这么短的时间里，培育一个年成交额10亿多元的专业市场，这里有不少经验值得借鉴。

启示之一：建市场要因势利导，并与当地经济发展水平相适应。一个地方如果孕育着市场的胚胎，内在动力又较强，特别是同地方经济相联系，那么，加以组织和引导，一旦市场形成，规模会迅速扩大。妙桥镇的针织业发达，大量的针织品需要销售市场。在这种条件下，把分散在一家一户的羊毛衫集中起来交易，既为农民解决了产品销路，又为国家增加了税收，因此市场越办越兴旺。

启示之二：各种经济成分平等竞争，共同发展，有利于农村脱贫致富。有的人认为，要对家庭工业进行整顿，但其效果并不明显。经过几次反复，当地政府认为，家庭工业的发展表面上对乡镇企业有所冲击，但实质上有利于市场竞争，促使乡镇企业向更高层次发展。

启示之三：发展经济没有固定的模式，"苏南经济模式"也在变化。80年代初，妙桥镇工业总产值为张家港市的第一位，是"苏南经济模式"（城乡集体经济）的典型代表。随着家庭工业的发展，一些乡镇企业的职工和技术骨干离厂离职，搞起个体针织业，有一部分还雇工经营，生产规模越来越大。目前，妙桥镇的经济结构已形成多元化格局。

摘自1995年2月2日《人民日报》6版

妙桥：羊毛衫的世界

一件百十来块的带围巾的羊毛衫外套，在江苏张家港市妙桥镇的"中国羊毛衫商城"，比在上海买要便宜几十块。这是笔者十月末的新发现。

妙桥这几年搞起了占地面积超过10万平方米的"中国羊毛衫商城"，有羊毛衫摊位3300个，几万个花色品种，据说是国内最大的羊毛衫专业市场。自1994年9月国家体改委批复在妙桥镇建设商城、倡导"以市兴镇"以来，妙桥羊毛衫商城名声在外，商贾云集。商城内羊毛衫花色款型各异，既有薄型内衣，也有羊毛外套。这里平均日客流量达2万人次，去年成交额高达18亿元。

别看这个商城是新兴的，又似乎位于一个小地方，但在时装个性化的趋势影响下，这儿的款式趋于时装化，既有亮丽的暖色调，也有柔和稳重的中性色，还有许多款式用饰物装饰出温馨大方的风格，融传统的温柔含蓄和当代职业人的风采于一体。

"哪儿来这么多花色款型？"

柜台上的营业员告诉我，商城老板与各大城市都有生意往来。他们平时会去各城市的各大商场看一看，发现什么款式花型好销，马上让羊毛衫专业户生产。在妙桥镇，千家万户都在生产羊毛衫，早在80年代，他们就已有了生产针织尼龙衫的经验。

妙桥众多的款式花型可以给消费者以充分的挑选余地，但低廉的价格却常使一些人生疑，人们常习惯性地推理："便宜没好货。"而妙桥人则认为，"我们便宜有好货"。一位售货小姐告诉笔者说："前几天在此地开会，上海市的一位领导还来我们柜台买了件全毛开衫。大城市的大商场要把运费、商场装修的费用摊到商品上去；我们用工成本低，又是自产自销，价格自然便宜。"

商城门外是个大广场，这里各种车辆排得满满当当，一批又一批的人涌进商城。双休日实行后，外出旅游购物已成为时尚。一位特意过江来买羊毛衫的南通人说，现在毛衫的新花色层出不穷，年轻人追求款式新颖别致，到这儿来买羊毛衫图的是花钱不多也能买个新潮。当然，到这里来买羊毛衫的人更多的是几包几十包买的生意人。

环顾广场四周，竟有三家托运部。朝北的那家，还用大小不等、颜色不同的字体写着："汽车直达沈阳、长春、哈尔滨、北京、天津、成都、重庆、西安、兰州、石家庄、上海、桐乡、濮院。"

妙桥汽车站里，也是羊毛衫的世界。开往浙江嘉兴的车，少也有四辆，零担汽车上装的和客车顶上驮的，尽是成包的羊毛衫。不断有驮着数包羊毛衫的摩托车，一辆接一辆地从商城开到这儿来办托运。

从常熟市大义镇来的小陆和同伴，今天发了3件货，每件内装80件羊毛衫。多是男式鸡心领和半高领的。到浙江，如果每件赚一两块钱的话，他们一次就可挣400多块钱。

据当地有关人士介绍，妙桥镇有毛线精纺厂家，商城又有50个毛纱门市，全毛、混纺毛线应有尽有；镇上还有生产针织横机、圆机、电脑提花织机的厂家，附近县市又有印染厂家。因此在妙桥，集体和私人都在生产羊毛衫。搞起商城后，精纺、印染、纺机、成衣、销售就形成一条龙，整个妙桥就成了一个生产羊毛衫的大工厂、销售羊毛衫的大市场。并且此地外来劳力挺多，劳动力价格比较便宜，所以妙桥的羊毛衫价格便宜得惊人，连南京的报纸都在登：《南京人在打妙桥牌》。

摘自1995年11月3日《中国青年报》

2018年初，横泾村党委研究决定编纂张家港市名村志《横泾村志》，并成立编纂委员会，下设编纂办公室。4月，落实编纂人员。5月，举行《横泾村志》编纂启动仪式。根据横泾村的实际情况，编纂人员学习了《张家港市名村志编纂指导手册》，初步拟订纲目和收集资料细目，明确分工，落实任务，确保编纂工作顺利进行。

2019年3月，《横泾村志》初稿基本完成。市委史志办领导、专家到横泾村指导修志工作，对体例、结构和内容提出了具体修改意见，并建议志稿下限时间由2018年延伸至2020年。编纂人员根据修改意见，进一步理顺纲目，深入挖掘资料，对志稿内容作了大幅度的调整和增删。2020年7月，完成初稿修改，送横泾村委初审。村党委副书记卢伟刚立即组织召开《横泾村志》初审研讨会，并亲自逐章逐节进行审读、修改。村委各条线密切配合，反复核对有关数据和史实。12月，通过塘桥镇史志办复审。2021年9月，通过市委史志办终审。随后，根据市委史志办终审修改意见做全方位修改。在此基础上，编纂人员对志稿进行自审、互审、统稿。坚持实事求是和历史唯物主义原则及"贯通今昔，详今略古"的精神，涉及横泾村的发展历史，无论是时空、数据，还是人物、事件，尽量做到有根有据、真实可靠。在行文上使用现代语体文记述，力求规范统一，尽可能符合《江苏省地方志行文规范》。2021年10月，志稿送至出版社。

在编纂《横泾村志》过程中，编纂人员一方面多次到常熟市档案馆、张家港市档案馆、塘桥镇档案室和镇各部门查阅资料，另一方面认真翻阅了《重修常昭合志》《常熟市志》《沙洲县志》《张家港市志》《张家港地名志》《妙桥镇志》《福山镇志》《妙桥地名志》以及历年的《张家港年鉴》等资料和其他书籍，获得了大量有价值的史料。还多次走访老干部和村民，获取信息，核实情况，确保资料的真实性。正是由于横泾村党委、村委会的支持和关心，市委史志办的悉心指导，广大干部群众的积极配合，我们才能顺利地完成《横泾村志》的编纂和出版工作，在此向他们一并致以真诚的谢意。

由于我们的编纂水平有限，在修志过程中难免存在谬误、疏漏和不尽如人意之处，敬请广大读者批评指正。

编者

2022年4月

村志编纂研讨会